中央财经大学中央高校基本科研业务费专项资金资助
Supported by the Fundamental Research Fund for the Central University, CUFE

清代财政金融史叙事

乔　恒　著

中国财经出版传媒集团
中国财政经济出版社
· 北京 ·

图书在版编目（CIP）数据
清代财政金融史叙事 / 乔恒著. -- 北京 : 中国财政经济出版社, 2025. 6. -- ISBN 978-7-5223-3843-9
Ⅰ. F832.949
中国国家版本馆CIP数据核字第20259MH463号

责任编辑：康　苗　　　　责任校对：胡永立
封面设计：孙俪铭　　　　责任印制：史大鹏

清代财政金融史叙事
QINGDAI CAIZHENG JINRONGSHI XUSHI

中国财政经济出版社 出版
URL：http：//www. cfeph. cn
E－mail：cfeph@ cfeph. cn

社址：北京市海淀区阜成路甲 28 号　邮政编码：100142
营销中心电话：010－88191522　编辑部电话：010－88190639
天猫网店：中国财政经济出版社旗舰店
网址：https：//zgczjjcbs. tmall. com
涿州汇美亿浓印刷有限公司印刷　各地新华书店经销
成品尺寸：170mm×240mm　16 开　19. 75 印张　318 000 字
2025 年 6 月第 1 版　2025 年 6 月河北第 1 次印刷
定价：80. 00 元
ISBN 978－7－5223－3843－9
（图书出现印装问题，本社负责调换，电话：010－88190548）
本社质量投诉电话：010－88190744
打击盗版举报热线：010－88191661　QQ：2242791300

前言

本书将经典经济学理论结合其现代丰富的交叉学科的新知，一并应用于对我国古代经济历史基本理论问题的研究中，在研究中使用了下述方法论。

近代以来，经济学逐渐成为集大成的学科，从某种意义上来说，成为诸多社会科学百年来发展相互融会贯通的汇入口。经济学，尤其是经济学的理论部分，在近代融合了心理学和认知科学的基本方法论之后，逐步在脑神经科学的发展基础上，开始引领社会科学认知的变革，这在博弈论和经济学现代理论中蔚然成风，尽管经济学理论从配第时代的西方学术演进中就是哲学、认识论和医学实践的综合大成的显学，但那时还是萌发初期，到了近代才逐步融合了诸多学科的发展。

我国经济史研究中对于艰难的问题，需要上述诸多学科的融合和对于基本方法论的不断更新，所以本书尝试在基本的丰富的历史文献收集基础上，在多学科的方法论嵌入上，以及在具体的财政史、金融史、货币史和商业史相互参照结合的基础上，推进对于一些中国古代问题的研究和创新。

本书的另一个特点是综合使用文献资源。本书研究中国史，不仅限于中国文献，而是按照西方主要文明历史的线索来串联审视中国历史在当时的世界格局的定位和意义，其中重点参照的是美国史、英国史、欧洲历史演进路径，在古代朝贡区我们特意选择了日本史和西南少数民族史等具有关键意义的历史文献。本书为什么没有将中东和内亚史带入问题，不是因为不应该，而是因为篇幅所限，暂时放弃了通览尽可能多样史观的叙写，这也是本书诸多未完成之缺陷之一。但是在接下来的工作中，将会不断弥补这些叙事上的缺陷，在更前期历史的深入描述中，不得不将更多的亚洲其他地区的历史也一并结合起来充分给出有说服力的观点和叙事逻辑。

本书所涉及内容严格限制在清代的历史时段，这段时间是我国作为多民族统一的帝国形态逐步瓦解和东方文明逐步让位的历史时段。如何使用现代的认识论和方法论体系来加深对于这段历史所发生的诸多经济学疑难问题，乃至在诸多货币、金融和财政问题上的复杂难解的关键古代问题的探讨上，都需要我们不断结合新数据、新方法和新认识，来推进我们对于古代问题的现代经济学认识。这不是简单的历史问题，而是对现代经济学理论的一个大检阅。我们可以说，在现代经济学理论上很少有系统探知中国古代经济学现象的勇气，其中不仅是术语认知体系的系统性认知障碍，还有我们深入研究的方法论本身的匮乏所致。然而，这本身也是中外学人百年以来的夙愿，本书提供了一些现代的理论和方法上的推进，在富裕起来的中国人广泛产生了对东方文明的强大的认知动力的时代，我们的学者毫无疑问需要贡献自己绵薄之力于伟大的东方文明的再认识过程，本书所能做的不过是沧海一粟，以期后学能从历史中重新站起，知耻后勇，重塑祖业文明。

乔 恒

2024 年 10 月

目 录

第一篇　清代财政经济史叙事　// 1

第一章　编年体视角下明清易代之际的世界格局　// 3

第二章　明末乃至清代初年的不可抗力　// 20

第三章　古代贸易的基础性问题——理解清代的认识基础　// 36

第四章　编年史叙事——东印度公司贸易和货币财政分区　// 49

第五章　前清时代的历史叙事——入关三帝编年史　// 67

第六章　清代的人参经济和财政制度——清代制度奠基　// 83

第七章　历史叙事的核心逻辑——从人参到荷兰　// 97

第八章　工业革命和经济发展——审视清时代的世界经济　// 128

第九章　收入分配问题　// 136

第十章　亚当·斯密视角下的清朝——理论先行铺垫　// 142

篇附录 1　西方国家编年简史参略　// 162

篇附录 2　秩序真空中的思想萌芽——威廉·配第　// 168

篇附录 3　英国视角的西方格局（而非世界格局）　// 175

篇附录 4　Wage Goods 概念解释和阶层收入结构　// 182

第二篇　清代货币金融史叙事　// 191

第一章　基本方法论和假设——经济指标的基本测度问题　// 196

第二章　清代贸易和财政金融概述　// 213

第三章　经济叙事一般问题和经济增长观念　// 235

第四章　以货币金融为基础的格局性属性　// 245
第五章　金融货币Ⅰ——金属货币的基本原理　// 264
第六章　金融货币Ⅱ——商品货币的本位问题　// 274
第七章　金融货币Ⅲ——清代的货币政策与其治理理念　// 290
第八章　金融货币Ⅳ——清代的通货膨胀　// 301

第一篇　清代财政经济史叙事

第一章　编年体视角下明清易代之际的世界格局

现在几乎所有的资料都毫无疑问地指向了一个公认的事实，明朝在当时是最强大和最先进的国家。虽然有不少不同层次的质疑和声音，这些声音可能对任何细节发问，但是毫无疑问，我们以中国的明朝作为视角来审视当时的世界格局，是一个很自然的历史叙事逻辑的起点。而多数的西方或中国的历史视角，都避免谈及对方。这不仅因为当时的世界范围始终存在严重的恶性传染病肆虐和生态持续恶化带来的灾难（本篇第二章重点讨论），还因为自然历史和社会制度的多重安排，使一般的民间视角包括官方叙事都是非常本地化的。

而以一种世界历史的视角来叙事，也即一个整合（完整）的世界格局对于历史叙事是非常重要的，而且这类资料并不完全缺失。这里举一个很常见的视角，即东印度公司的视角，来切入并探讨中国叙事的基本展开方式。当我们使用这个视角来进行叙事的时候，暂时仍旧很难立即深入任何一个局部历史的细节中，但是我们会发现，我们立即陷入了诸多问题之中。本书很难让自己不陷于任何一个泥淖，或者彻底避免全部泥沼，所以为了找到一种人类自然语言和术语语言的平衡，采取了各种办法来尽量使叙事和专题的切换变得比较自然得体。但是读者很快就会发现，这个问题是不容易兼顾的，为此我们不得不随时准备探索解决难题的暂时办法。希望这类暂时的谋篇布局没有让所有读者彻底失望。总之，以中国明朝作为世界最强的国家为视角和起点，进行世界史的描述和叙事，是极为重要的工作。而本书将以这样的视角来尝试进行清史的专门史叙事。

明清易代历史简述

明朝中央帝国的瓦解和式微，无法维持世界秩序朝贡贸易，导致世界范围内开启了利益和资源再分配的分蛋糕时代，原来的主人消失不见，契约被废弃，重来一次新的瓜分狂潮。

这一世界范围的瓜分狂潮，从明朝的末年就开始了，明朝深深陷入自然灾害、严重疫病蔓延和内部叛乱的漩涡中，在小冰河期呈现出一种典型的被迫放弃状态，绝对的无暇外顾，外部周边的族群开始有机会凭借自己的财政能力重新开始整合，而较远的国家，则因为没有了管理贸易和航路的共主，则体现出原有的秩序被打乱，旧秩序无人维护的条件下陷入丛林的危险，此时豪强并出，开始凭借武力维系自己的地盘。所以从本质上看，这种分蛋糕的时代有双重的意义：首先，明朝周边的势力整合，这也伴随着合纵连横、共同伐明的一个中心性事件；其次，其后延续的不是彻底的稳定，而是问鼎中原者为了维持自己的既得战果，还需要同其他并起的豪强一决雌雄，而能够达到的深度和高度，决定了未来世界秩序的模式。

清朝的目标从问鼎中原之后，就可以看出，并没有问鼎世界并维持世界范围的秩序的概念，仅仅想维护自己在中国核心地区的地盘，所以在后续的清代诸帝中始终维持着自己的防御态势，对于遥远的西方外国势力采取的措施，是牵制和间接控制。

尽管清王朝没有建立世界范围的朝贡体系的雄心和法略，但是如果说清王朝根本没有世界秩序的概念，也在漫长的时期没有成功干预西方世界的事务，则实属对于清朝的贬低，这根本上是观者限于自我的眼界和思维，对于清代的治国之术的误解和偏见。在一个王朝之后对其施加更加贬低的偏见也是常态，是我们在进行研究中经常见到的一个在研究文献中甚至于在官修史书中刻意为之的普遍的叙事方法。我们因为失败者的力量减少了，势力消弭了，就加之贬抑，这是弱者的行为，也不是公正的裁判。正确的裁判应该是究其当时的局势，通过互动和实际的力量对比反映出来的细微和深入的文献，来评判其在真实的当时世界格局中的地位。

我们看一个王朝是否有问鼎世界的雄心，是否有了解世界秩序的眼界，是否有实际规划世界秩序的才能，都不是从其动机来探索，也甚至不是从其实际的行为来审视，而是通观全部的时段，对其在世界格局中的策略互动和整体设计，用历代王朝的横向对比法来判断。从动机上看，我们无法判断，因为我们无法窥测了解帝王的动机，从实际行动上看，我们不应该忽略那些刻意隐秘的未实现的行动和努力，我们只能了解到实际发生，且公开被了解到的，且在史书中能够加以描述且不被篡改的部分，所以我们了解到的与实际的历史行动相关的信息的确比所了解到的与帝王的动机相关的内容（极为匮乏）要多很多，但是我们还是需要知道，自己远远不了解所有这些已经消逝在历史中数百年之前的动机和行动，所以我们基本的判断，只能根据我们对于人性的揣测和对于常识的把握以及对于当世局势的评断，从而分析或者感觉出来我们希望了解的课题到底是否可能感知。这是历史思考的基本无奈。

明朝之后，世界秩序大乱的结果，就是世界范围内没有世界观念的民族和国家开始在无秩序的丛林中成长，他们开始探索世界，形成一种新的世界观念的过程就是他们眼中所谓的“地理大发现”，他们对于清朝的威胁需要等到他们整合势力之后，才能开始合纵连横，使用他们新整合的势力，来完成他们眼中的“世界图景”。而这个世界图景真正开始以飞扬跋扈的姿态侵入清朝的视野是在维多利亚一朝才真实发生的。清朝的机会窗口，是在这个时刻之前尝试三种策略：第一，立即恢复明朝的正统地位，维系原来的中国世界秩序；第二，军事上瓦解外部势力大一统的进程，尽量与新势力维持一种稳定的平衡；第三，茫然在周边的混乱中，失去上述两种时机，沦为世界未来新帝国的盘中餐。

第一种，就是明朝开始的时候所曾经采取的世界图景，很快完成了世界范围的重塑，明朝在没有卸下周边的障碍时就开始了对于世界的控制。而在这一标准下，清朝显然没有类似的深度，所以我们在前面判断，清朝没有维系和维护世界范围中国的基本思路，但是清朝有中国的基本概念，从康熙开始，清朝就致力于承袭前朝的世界遗产，但是如何布局、如何成就，始终没有一个整体感。我们不能说因为深陷在周边的战事中就没有时间来完成世界图景，康熙周边的人此时已经部分换成了西洋传教士，而掌握中国概念的士族，此时已经隐退。康熙学习能力超强，但是因为缺乏士族鼎力还是没有自悟出来前朝的谋略。我们说第一种图景没有实现，甚至于其计划也没有真的思路。第二种，是清代实际使用的世界范围的合纵连横之术，这个蓝本不仅建立在清的统治者对于周边局势的把握中，而且从清的前期就开始培育并且加速吸收西方的信息和知识，这一点毫无疑问是积极的，但是清代所建立的世界图景和知识体系中已经几乎涵盖了西方当时最高的水准。在西方没有超前可言的时代，我们看到康熙周边的传教士是一个基本的知识来源群体，而此时清朝统治者还掌握着全套的中国遗留的皇家图书馆珍藏的内部材料，尽管能为之解读的中国人才匮乏，明末的遗老远避尘世，但是清王朝还是依赖着自己超强的自学能力，在探索治理的门径。终清一季，其已经达到了第二种可能达到的几乎最大的深度，其所展现出来的治理智慧，在世界范围也并不输于当世的任何王朝，但是清代受到多重的历史和其他局限，能使用智慧解决的问题本质上也是有限的，实际的资源和财政始终是清代无法逾越的障碍，所以对在理性水平的治国者而言，清代已经臻于完善。因而可以得出结论，说清朝是第三种玩家，实在是一种对于历史认识毫无用处的贬损。乾隆时期已经开始尝试揭示万国来朝谋略的冰山一角，无疑万国来朝图是真实的，但是这个万国来朝，基于的是清代第二种谋略的实施，而不是第一种谋略的实践。

历史不可重来，如果给清代鼎盛期的统治者更多的历史机遇，那么我们很难说乾隆终其统治不可能发现前朝关于第一种谋略的实现和完成方略，但是历史就是历史，是在有限的资源、禀赋、时间和严峻的压力下，部分得到展开的图景，这样的假设和问题都是不实际也不对的打开问题的方式。我们可以说，一个前朝的虚拟的老师始终是清代的统治之术的榜样，但是终其十一帝也未能领悟这个老师的玄机。谁又能说这些学生们都没有雄心呢？雄心有时不过是欲望，欲望变成愿望，还需要漫长的路。

在本书中我们叙述这两层竞争的格局在历史上的交错，尝试提供一种新的叙事方式，来更全面描述清代的信息结构。

编年史文献

“In 1517 a fleet of trading ships was dispatched to Canton; and in the following fifteen years several factories were established at ports on the coast of China, as far north as Ningpo. The Portuguese frequenting these factories gave so many illustrations of the buccaneering spirit common to the European nations of that day, that, between 1545 and 1549, they were attacked by the Chinese, many of them killed, their ships burned, and the factories closed. In 1557 they were allowed to settle at Macao"[①].

"1517 年，有一队商船驶往广东，在其后的十五年间，葡萄牙在中国沿海各口岸及北至宁波（Ningpo）[②] 等地都建立有商馆。葡萄牙人在这些商馆中，做了很多是当时流行欧洲各国之间的海盗劫掠行为的事例，因此，1515 ~ 1549 年为中国人所攻打，杀死了很多葡人，把葡人的船只烧毁，并将商馆封闭。1557 年才准许葡人定居澳门"[③]。

"在欧洲商队经由波斯湾及红海航线以取得东方商品的时期，欧洲的交通在不同阶段上，是以威尼斯、热那亚及比萨为中心的；但经好望角通往海洋的航路打开以后，葡萄牙人采取了积极步骤，迫使全部贸易经由这一航路。他们早在 16 世纪中期之前，就完成了各个据点的坚强防卫工作。这些据点是：西面：霍尔木兹［Ormuz（1515 年）］，在波斯湾的入口处。曼德海峡［Bab – el – Mandeb（1513 年）］，在红海的入口处（虽然葡萄牙人企图在亚丁及红海入口处各点建立据点没有取得长久的成就，但土耳其人及阿拉伯人进入海面是有困难和危险的）。东面：马六甲（1511 年），在马六甲海峡。万丹［Bantam（1520 年）］，在巽他海峡。

"在这种情况下，里斯本成为欧洲获得东方香料及其它产品的商业中心。

"1580 年，西班牙兼并了葡萄牙，马德里朝廷统治了里斯本市场，英伦及自由（反叛的）尼德兰商人再不能自由地进入该市场了。如果英国人和荷兰人要取得他们餐桌上的香料及衣着上和赛会里的丝绸，就必须向中立的投机牟利者[④]——或则他们自己亲自前往原产地收购。

"荷兰人在 16 世纪立即采取行动，在此以前的十五年间，他们已派一些船只向东方航行——战船与商船互相交替。在 1596 年，他们把葡萄牙人从万

① Hosea Ballou Morse, The chronicles of the East India Company trading to China: 1635 – 1834, oxford university press, 1926, vol. 1, page2. 该书中文译本为《东印度公司对华贸易编年史：1635 – 1834 年》，中山大学出版社，1991。文献中一般简称为《编年史》，后文引用亦用简称。

② 中文翻译版章注：西文 Ningpo 又作 Lismpo，葡萄牙人用来指宁波口外的双屿港，他们勾结中国及日本的走私商人，将双屿作为走私劫掠的基地。

③ 英文版原注，参阅《中华帝国对外关系史》（The international relations of the Chinese Empire），第 1 卷，第 5 章，第 1 ~ 6 节。

④ 英文版原注：虽然当时荷兰人已开始打破葡萄牙人的独占，但伦敦市场的胡椒价格，1580 年为每磅 4 先令，二十年后涨至每磅 8 先令。见怀斯特（Wissett）《要略》（Compondium）第 1 卷，第 11 页。

丹赶走，售卖他们的货物，并运走货物。1598 年，他们派出商船八艘。在以后的几年中，他们连续派遣了其他船只，全部从事有利可图的贸易，并运回大量的香料。1602 年，尼德兰东印度公司获得了特许状，资本 660 万盾（Guilders），翌年，公司派遣由十四艘武装齐全的商船组成的船队。这支船队进攻葡萄牙的莫桑比克居留地及其总督驻地果阿，但被击退，然而把葡萄牙人从蒂多雷岛（Tidore）和安汶岛（Amboyna）两地赶走，并在班达（Banda）建立堡垒以防葡萄牙人反击。在卡利卡特、坎那努尔（Kananur）、万丹和安汶岛建立了常驻的商馆。后来的几年中，荷兰人在南纬 10°以北，从阿拉伯海至太平洋一带，在很多有战略意义的据点上建立了坚固的商业立足地①。”

《编年史》中上述这段背景文字是极为重要的，基本符合当时（明朝中后期）从西方视角看到的状况。在明朝统治秩序中，加入西方作为朝贡体系的间接贸易关系，是从葡萄牙开始的。记录中显示 16 世纪早期葡萄牙人开始主动打通来到中国的航路。首航之后葡萄牙商人还不是朝贡贸易的合法的商人组织，16 世纪早期是作为非法贸易者同合法朝贡国家的走私者接洽来完成自己的贸易的。因为贸易发生的刑事案件比较多，直到 1557 年葡萄牙取得在澳门停泊的合法驻足点，从而减少他们因为找不到合适的走私者而强行贸易带来的危害。而这个事件，就成为西方贸易首次取得合法驻足点的开始，其后直到鸦片战争，澳门在西方来看都是唯一的合法的贸易点。

如果我们转换视角，从明朝的统治理念来看，澳门首开授权，让里斯本代理西方所有的贸易，作为潜在的朝贡体系的观察员身份来进行贸易实践。这样的方式维系了朝贡体系和华夷有别的基本贸易和外交格局。

“1604 年，荷兰人首次企图直接同中国贸易，并派遣船一艘来广州；但被澳门当局阻挠并拒绝准其贸易。1607 年再度的试探也获得同样的结果。此后，他们有一段时期放弃了进行直接贸易的努力，从一些与中国帆船贸易的地方——日本的平户（Hirado）、爪哇的万丹、卡利卡特和苏拉特（Surat）——购获中国产品。1622 年，雷伊松（Kornelis Rayerszoon）率领船舰十五艘进攻澳门，但被击退，伤亡近三百人，连司令官本人也被击毙。随后，该船队占领了澎湖列岛（Pescadores Islands）并控制两年，在中国人称为马公（Makung）口岸的地方建立了堡垒；把该地作为中国帆船运来产品的贸易中心。1624 年，

① 引自《编年史》第 3 页。

荷兰人放弃了澎湖列岛，其中部分原因是受到来自厦门方面的中国军队进攻的威胁，另一部分原因是他们得到允许据守台湾而不受干涉。他们在被西南季候风吹袭的碇泊所安平（Anping）建立商馆，将该口岸作为行政都会，其后的两个世纪中国人称之为台湾府，1885 年改称台南府：在该处建筑砖石房屋及围墙厚达六至八英尺的赤嵌城炮台（Zelandia Castel），以资防守。他们又在淡水——位于一条河口，不受西南季候风吹袭的良好港湾，和基隆两地建筑同式样的商馆以便保卫，这两个口岸成为对邦加岛（Banka）贸易的畅旺市场，后来又成为对杜瓦蒂亚（Twatutia）新的茶叶市场，1885 年以后，成为台北府的行政都会”①。

这是极好的资料，说明荷兰人首次尝试直接贸易的企图失败了。荷兰的军事力量不仅远逊于明朝的海军，而且在下面这则文献中也说明了他们的海军还远远不如郑成功的海军，这也是大家所熟知的。

“荷兰人占有台湾，俨然成为该地的统治者，直至 1661 年，明朝的拥护者郑成功，以国姓爷（Koximga）著称，由于在厦门被清兵所迫，便率领军队二万五千人驶往台湾，结束了荷兰人在台湾的统治。荷兰人从巴达维派遣拥有十二艘船的船队，协同清朝皇帝封锁明朝在大陆上最后的口岸厦门；在此后的一个世纪中，荷兰人在厦门及福建沿海其他口岸进行秘密贸易，每次贸易通常要贿买当地官吏的允准。他们在广州没有贸易，1653 年，第三次再度试图通商，但又遭到葡萄牙人阴谋破坏而失败。他们开辟了巴达维亚与澳门之间的贸易，但直至 1729 年，他们仍未从荷兰直接派船前往广州”②。

这则资料很重要的一点是，提供了满洲围攻明朝的时代，满洲统治者是联合了所有反明势力的，但是满洲统治者对于海军是非常弱的，只能联合朝贡体系之外的非法海盗组织，也就是从海军来看，清代的初始近乎为零。而且这则资料暗示了，从政治格局生态上，满洲是同荷兰处于比较近似的边缘佐米亚区位的，他们之间的联合反映了满洲初始生态位极为边缘和低下，是明朝朝贡区域中处于边缘且非法的位置上的。所以，也间接说明了明朝的消逝中各个生态位置的巨大交错现象。

这则资料还反映了，清朝继承大统之后，延续了明朝几乎所有的朝贡政

---

① 引自《编年史》第 6 页。

② 同上。

策，不仅没有提升荷兰的生态位，还继续执行了对于荷兰的边缘化的海禁政策。这一条十分值得考虑。尽管荷兰曾经被满洲联合过，但是满洲没有因此而提升荷兰在朝贡体系的贸易地位。其中可见满洲同荷兰的关系，是没有提升其在朝贡内环的地位，而仅仅默许荷兰取代葡萄牙在外部的殖民地作为交换。而清代海军事实上的虚弱，在开国之初根本没有能力维护朝贡区的秩序，所以上述行为是完全合乎逻辑的。

但是，清朝没有帮助荷兰取代葡萄牙在朝贡内环的地位，这也说明了，清廷此时还是为了维护朝贡秩序，做出了一些外交和政治努力的，不是完全无所作为，听任荷兰肆意践踏朝贡区域的基本秩序。此时，很显然，满洲的统治者已经站到朝贡区域的秩序维护者的角度来看待同荷兰的关系了，不是之前的秩序破坏者的角色了。

葡萄牙被授权，成为西方唯一建立了独占贸易关系的国家。

“葡萄牙人经过了在中国沿岸的畅旺贸易时期之后，他们获准定居澳门。他们是在中国的管辖权之下生活的。葡萄牙人在管辖他们自己国籍的人员方面，通常是不会受到干预的；至于其他方面，如管辖权、领土权、司法权及财政权等，中国是保持其绝对权力的，这种情况继续达三个世纪之久，直至1849年为止。葡萄牙人奉行向中国进贡的制度以保持他们在澳门居住及贸易的地位，他们为了自己的贸易要付出大宗款项，在那头一个世纪里，他们为了排斥别国贸易，又要付出更多的款项。早期的贸易是值得付出款项的，迟至1612年曾确实宣布过，一艘领有果阿总督特许证到澳门贸易的船，在一次航运中，其价值即达25000磅；因此，澳门总督就不轻易允许这种利润落入别国船只之手。

“荷兰公司企图进入广州贸易既已失败，而英公司认为试图前往是徒劳的。他们只得在马来群岛或印度购获中国产品。

“只有在中国才能获得茶叶。英国获得茶叶的第一次记载是1664年，公司董事部用4镑5先令购买了2磅2盎司的茶叶送呈国王，1666年又以56镑17先令购买了22磅12盎司，这些茶叶大概是从荷兰购得的，也可能是从他们自己船上的职员购得的。公司第一次运茶叶进口是在1669年，重量为143磅；1670年运进79磅；两宗都是从万丹购来的。此后，每年都有茶叶进口，全是从万丹、苏拉特、根贾姆（Ganjam）和马德拉斯购买的，第一次记载从厦门运来茶叶是1689年。有一次从万丹进口的茶叶标明是‘台湾（Tywan）

送来的礼物的一部分’，但通常是公司的商馆从在万丹贸易的中国船购买的，在苏拉特则是从那些往来澳门与果阿及达曼（Daman）的葡萄牙商船购买的。比这些更近的地方是无法与中国贸易的。

“坚持不懈地试行从距长崎西北不远的一个日本海岛兼口岸的平户来获得中国产品。英国人和荷兰人都在此建有商馆——荷兰人在1609年的休战条约中得到了东方海面的正式和平后即行开始，而英国人则从1613年才开始，在隶属于万丹的英国总办事处之下工作，而荷兰人则隶属于巴达维亚。英国的代理人科克斯（Richard Cocks）曾进行了勇猛的斗争，但一事无成。日本人只同他买了一些香料，而售给他的日本产品更少；根本无法与中国贸易。”

西方人学习中文

“（东印度）公司有一次得到了詹姆斯一世写给皇帝的信，因而鼓起对中国贸易的一线希望，然而1617年1月（新型日历是1618年）收到万丹总事处来函，希望遭受挫折，信内说：‘没有一个中国人，敢于翻译和转送这些信；该国法律对这种人是处以死刑的；’或能通过另外愿意带信前往的基督徒，否则，便无其他妥善办法送往该处。”

前面这则《编年史》资料很难得，在典型的朝贡政策中，禁止传授汉语给西方人①，是通行的政策，这个政策在明朝以及清朝前期是延续执行的。西方人是不许学习中文的，而且中国人私自传授外国人中文也会导致非常严重的惩罚（上述资料也叙述了是死刑的惩罚措施）。所以外国人不懂中文，是对华贸易的最大障碍。如昗西方强闯朝贡贸易区，会带来明朝的剿夷行动，而顺从明朝的朝贡体系，按照明朝规定的外交礼节来通商，明朝的政策也会实施“抚夷”的政策。而明朝朝贡政策中不存在第三种政策，因为维持朝贡秩序需要强大的军事实力，而且维护朝贡内环的利益优先权也是明朝朝贡体系的职责。不懂汉语的外㚤初次出现在朝贡系统中，必然带来军事冲突，当时的西方代理人顺序递延的关系，从葡萄牙到西班牙，再到荷兰，其基本秩序是明朝秩序维系能力的体现，也是西方世界权力更迭的表现。在我们今天看

① 谭树林．清代对来华外国人学习中文态度的演变［J］．历史教学（高校版），2007（1）：39－43.

来，葡萄牙贯穿明清都通过澳门来实现了东西方的贸易联通，尽管葡萄牙在西方秩序中衰落，但是澳门始终没有被其他的主权国家替代，这说明西方的轮替对于东方的影响是有限的，即使清朝鸦片战争战败，英国也没有取得澳门的特殊地位，而是另开了新的贸易点。在研究清史对外贸易中，我们需要重视清代维系秩序的策略和能力，而葡萄牙在澳门的据点在整个清代贸易史，尤其是鸦片战争之前的贸易史中的地位，是极为突出的，几乎是唯一的中文语言学校的所在地，这样的地位延续到清廷彻底开放更多口岸为止，这一点是我们应该作为基础的背景来理解整个清代贸易关系的基础性事件。

禁止女眷来华

外国人不能在广州长期居住（不可越冬），仅能在澳门和香港临时休整。而且特别规定了，禁止外国人来华携带女眷。尽管如此，在乾隆朝十三行业务鼎盛时候是可能放松的，和珅这样的朝中重臣还有接触俄国贵女的机会，但是在乾隆之后，对十三行开始执行比较严厉的政策，贸易和移民监管就开始执行得越来越严格。

尽管不同时期执行的松紧不同，这里需要问的是，为什么会有这样的政策？主要原因在于，这样的规定是朝贡政策的应有之义，也即维护大国尊严的习惯法甚至明确的律法内容，其实际发挥了应有的作用，维护朝贡体系国际秩序的基本准则。清代洋人男女普遍矮小，而且样貌远异于汉人，例如，明显的瞳孔色彩和发色。在保守的清代封闭式传统社会中，他们会带来社会普通人的不适感。清代外国人口相对贫困弱小，如果在清朝怀孕产子，按照当时世界流行（到今天还有的习惯法）出生地即成事实国籍的国际惯例（法）来执行，则会带来严重的问题。因为这很可能出现外国弃婴等连带的法律纠纷和国际事件，造成尴尬的不可维系的移民和户籍相关问题。在清朝维系汉人社会的保守主义制度下，绝对不会听任类似事件发生。所以禁止女性登陆成为惯例。一般而言，除非特殊状况，才会批准外国人的夫人临时伴随入境。而这样的状况是在鸦片战争清朝大门被轰开之后的状况了。

如果我们将世界划分为三个等级，第一是富裕国家，是世界秩序的主要关注国家，第二是依赖他们的周边国家，第三才是落后国家。对于第二、第三类国家，世界上的新闻很少报道，即使发生了灾难性事件，只要不涉及第一类国家的公民或者人口的生命财产的保护问题，新闻和舆论很少涉及。在朝贡体系能够维持的前清时代，清朝是第一类国家，而不是第三类或者第二类。现代学者已经不了解两百年之前的历史境况了，当前主要的争论在于，清朝什么时候成为第三类殖民地国家了，而不是成为第二类国家。如果按照光绪的计划，和日本帝国合并，那么清朝就可能沦为第二类国家。但是毫无疑问的是，清帝在日本侵略战争开始之前就早已经和平退位转移了政权。所以，在清代期间，尽管后期朝贡体系涣散消匿，且国内内斗极为严重，但是在世界秩序上，始终是世界关注的大国，而不是第二类国家，而本书主要的证据是在说明，清朝不是第三类国家。

第一类国家，尤其是他们带来的女性，或者和他们的附属国家及第二类国家，甚至第三类国家的女性如果来到清朝，因为他们当时的状况是比较恶劣的，不仅当时的审美不会认为他们是美的①，更是因为这些女性很大可能是因为生存艰难而来的移民和逃难的类型。例如，在犹太人的历史中，他们在第二次世界大战中曾经来中国避难，而当时的记述很少认为他们是受到社会广泛关注的人口，因为不仅是他们的外形作为洋人类似的族群，在当时的审美氛围中是比较差的，无法嫁给挑剔的上层或者要面子的中层，只能沦落为底层社会，很大程度上因为生存困难，更会出现生育后弃婴的严重社会影响的问题。因为清代底层弃婴的现象是比较突出的，所以带来的国际问题会比较难以处理，所以清代基本上都在自己管控的政策范围中严格管控外国男性禁止携带女眷以及女性进入领土。这样的规定，很符合清朝人好面子的习俗，也很符合当时的社会基本状况。在租界制度的限制下，清朝始终在努力或者尽力奉行自己的政策完整性（或者制度设计的初衷）。

荷兰对于明末朝贡贸易的入侵

“荷兰人于1638年，获得了单独对日本贸易的权利，而排斥其他欧洲国

① 这一点常为今人误解，我们今日的审美相对清代已经发生了彻底的变革，清代的百姓审美毫无可能认为西洋人的相貌与美有关。在闭关的时代，尤其是西方审美文化还没有传入中国之前，初入中国的外国人其形貌常令百姓震惊，初次见到外国人的妇孺因为恐惧而惊厥甚至昏死者亦非耸人听闻。这也是为什么初入中国的外国人得了“鬼子”的称号，其不全属蔑称，更有审美和观感上的距离发生作用。

家；1641 年，他们占领了马六甲，把葡萄人赶走，1658 年经过和葡萄牙军队进行了二十年的战争，他们控制了整个锡兰；1660 年，他们控制了香料群岛的贸易，独占了日本的贸易；成为印度半岛一个重要力量，但他们在中国的贸易，却得不到一个立足点。”①

荷兰的东亚入侵是比较成功的，也就是趁着明朝末期最后几年的战乱侵入朝贡体系，对于很多重要的朝贡经济体实施了强制贸易，在日本还强制日本人学习兰学，排斥中国的文化。尽管如此，荷兰还是没有对明朝有任何军事上的损害，其中明朝对荷兰入侵进行了海上反击，明朝的海军实力是很强悍的，尽管在明朝即将在陆上出现最大危机的前夜，明朝的海军仅仅开了几炮，荷兰海军就投降议和了。在《编年史》中，上述历史写得比较客观，提到了荷兰人从来没有在明朝的土地上有任何立足点，明朝直到结束，都维护了朝贡贸易的完整。有趣的是，荷兰强迫日本学习兰学不久，日本就发生了社会性的灾难并导致严重的饥荒。西学在日本主流不受重视是清代初期的事实，直到清朝无法维系自己的朝贡贸易完整性之后，日本才开始接着学习西方。

“荷兰人把葡萄牙人从一个又一个据点上赶走，他们对西班牙王国战争的胜利，更加鼓舞了他们为商业权利而战的狂热。诚然，西班牙在 1609 年与自由尼德兰签订十二年的休战条约，而该条约在措辞上，并未明确地提及印度。荷兰人以及世界的人都知道，纵使与任何教皇的认许相违背，尼德兰都是要使用武力实现他们在各地贸易权利的愿望的。在欧洲海面可能保持和平，但在东印度——印度和香料群岛抵抗与侵略已成为法则，在西印度——加勒比海及美洲内陆也是一样；即使在欧洲，在整个休战期间，由于政治上、宗教上冲突的积怨，终于在 1618 年爆发了三十年战争。”②

这里介绍了三十年战争的基本主线，说明了荷兰在朝贡贸易的利益争夺，是欧洲爆发 30 年战争的主因。这客观说明了历史格局的共时性，也就是本质上，是因为明朝的解体，清朝没有海军维护朝贡关系在世界上的基本格局，导致东亚朝贡中出现秩序真空，从而出现了世界级的分蛋糕。而欧洲的战争，仅仅是世界格局变迁的一部分。

---

① 引自《编年史》第 4 页。

② 同上。

明朝财政危机，导致里斯本的贸易被西班牙帝国取代，从而开启了中国朝贡体系微弱下的欧洲争霸赛。这里突出强调了欧洲的争霸赛，是中国明朝霸权式微的直接主要结果。

“在17世纪30年代，荷兰人积极向印度扩展商业。他们在很多地点上把葡萄牙人赶走：在很多贸易的战略据点上建立商馆，但很少在该地作军事上的占领。他们当时的目的是贸易，而不是统治。

“英国人也建立商馆，而且在很多地方是和荷兰人在一起的；但从17世纪初期起，两国之间的竞争和摩擦与年俱增，特别是詹姆斯一世（James）公开表示厌恶共和政体及倾向西班牙的政策，再加上1628年荷兰人在安汶岛屠杀英国人之后，使竞争和摩擦在17世纪30年代更尖锐。其时，英伦开始了政治纷争，继以内战。在共和国时代，铁骑队不断的扫荡以及被清除，而查理二世（Charles Ⅱ）又具有明显的亲法倾向，因此，荷兰人在东印度要对付的敌手只是葡萄牙人，于是他们便逐步占领一个又一个据点，建立了殖民帝国。当荷兰人的威廉（William）登上了英国的王位时，尼德兰人在印度半岛拥有坚强的阵地，并实际控制了整个马来半岛。”①

西班牙的海上帝国，在明朝无暇管控的条件下开始蔓生，中国的中东势力代理人，几千年的代理人也开始进入下降通道。明朝焦灼于内政，无暇朝贡体系，导致欧洲开始争霸。最鲜明的特点，就是荷兰的崛起开始取代原来葡萄牙的地盘。荷兰占据日本这个明朝朝贡体系的官方代理人，从而导致日本进入打乱时期，兰学抢占地盘，西人无道下日本开始吃不饱。

英国东印度公司的性质和金融制度

“英国人在伊丽莎白（Elizabeth）和詹姆斯一世时代，已从事冒险事业，而且进行得很勇敢，甚至是不顾艰险；但英伦对于海外的反应是畏怯的，对于自己的力量缺乏信心。在伊丽莎白时代，虽然已出现霍金斯（Hawkins）、德雷克（Drake）、雷利（Raleigh）和吉尔伯特（Gilbert）的勇敢投机，但只有一次试图向中国贸易。1596年，以达德利爵士（Sir Robert Dudley）为首的一家公司派遣商船三艘，并带有女皇致皇帝的信函；但后来便不见有该船队

① 引自《编年史》第5页。

的消息，这些船只可能是在外海航行时沉没，而在明神宗万历期间（1573—1620 年）亦无关于英国朝贡的记录。在该世纪的最后的一天①，即 1600 年 12 月 31 日，伊丽莎白给‘伦敦官商对东印度贸易’联合公司颁发了专利特许状，赐给它独占好望角至麦哲伦海峡之间的贸易十五年。1609 年，詹姆斯一世颁发给该公司以永久的独占特许状。1657 年，克伦威尔护国主（Lord Protector Gromwell）又发给特许状以资加强；1661 年，查理二世（Charles Ⅱ）又再发颁发特许状。1698 年，在国会法令的授权下，威廉三世（William Ⅲ）政府给予另一竞争的公司‘英国对东印度贸易公司’（The English Company Trading to the East Indies）以特许状。1702 年，新旧两家公司同意合并，1709 年开始实行合并。该两家公司的短期竞争，似乎对中国贸易无任何影响，因此在本书中经常提到‘公司’（The Company）或‘可敬的东印度公司’（The Honourable East India Company）而不指明名称，也就不会发生混淆了。

“直至 1657 年，即克伦威尔须发特许状的那一年，公司的制度规定，将募集的‘股金’投资给出海商船作一次航运；每次的会计账目是分开独立的，每次船队回航后结算账目，将‘股金’连同利润一起分还认股人。1657 年，创立‘新的共同股份’（New General stock），构成公司的永久资本，股本经常增加，但不再分还认股人。”②

英国和荷兰的东印度公司之间的关系

英国内部两家公司的性质是竞争的，这种竞争性仅限于在伦敦股票交易所进行募集金融资本的时候具有伦敦市场上的竞争的关系，但是在外部确实具有很大的合作性质，甚至于在外部解决共同问题，寻找任何资源，招募人才和共享劳力上都几乎是一种融合状态。所以，最终两家公司合并也说明了，当时在外部的环境下，这些企业都是海盗身份，是佐米亚区域的海盗身份，他们不是朝贡区任何一环当地合法的商人。他们之间身份的特殊性，决定了他们之间在完成大部分贸易、走私甚至武力行动的时候具有极强的合作性质，所以最终的结局就是合并，因为面临朝贡区超强大的秩序维护力，他们的力

① 英文原书原注：在我国（英国）的“新型”日历，伊丽莎白时代，一年终结的日子是 3 月 25 日。

② 引自《编年史》第 6～7 页。

量相对太薄弱，只有相互呼应才能生存，并获取海上贸易品。但是在分配资源上的基本规则，是竞争性的丛林法则。所以，海盗之间的关系不会是简单的合法合作关系，但是在面对超强的对手的时候，他们不得不进行合作并维系一种松散但是自由的关系。他们公共承诺的在伦敦交易所的募集资本返还承诺利益的行为，孕育了西方金融系统的开创和几个世纪的贸易带动的金融业的持续繁荣和成长。

各国东印度公司的实际关系和在朝贡区的地位

“欧洲船只约有二百万吨。其中，估计英格兰人占五十五万吨，荷兰人占九十万吨，法国人占十万吨，汉堡人、丹麦人、瑞典人和但泽人共占二十五万吨，西班牙人、葡萄牙人和意大利人共占二十五万吨。这样，单就法国的船只和荷兰与西兰的船只而言，约为一与九之比。其价值，如按大小，新旧平均每吨为八镑计算，则为八十万镑与七百二十万镑之比。在东印度公司中，荷兰人的资本在三百万镑以上，而法国人则依然是几乎或者完全没有资本。①”

以上给我们提供了很好地理解东印度公司当时状况的资料。在威廉·配第的描述中，东印度公司是一个综合实体，而这个实体似乎包含了很多家不同国家自由资本结合的但是又良好结合在一起的资本联合体，能够分清楚不同国家的来源的资本的数量，是在欧洲投资者角度看到的现象，但是在外显然这个实体具有一种企业级别的统一性，这就是企业的边界问题和契约复杂性，这样的性质往往因为商业的利益，在遥远的地方，不受母国之间的利益和界限的限制，而能够统一协调运作。此时正值第三次英荷战争时期，但是东印度公司仍旧能够不受这些欧洲芥蒂限制在殖民地良好运作。我们在研究东印度公司的时候，需要了解，东印度公司是“公司”的原型，是具有超于国家观念的利益集合体，是海盗的聚合体，是超于国家的法律，很大程度上在具有法外之地性质的范畴中运行的自组织商业和金融形态。

“公司在合伙时期，募集股金72000英镑，用以购买及装备船只五艘，装货物和现金价值共27000英镑。1601年，该船队出发，开始第一次航运；船

① 威廉·配第．政治算数［M］．北京：商务印书馆，2014．引自第14页，第一章，小节标题为“荷兰的船只等于法国的九倍。荷兰和法国在东印度公司中的比较”。

队在马六甲海峡捕获葡萄牙船只一艘，在亚齐（Achin）和万丹装载胡椒及各种香料，并在万丹建立商馆，于1603年返航。

“1604年，派出船只四艘进行第二次航运，贸易地点是万丹、班达和安汶岛。1607年派出船只三艘，进行第三次航运，贸易地点是万丹，但在摩鹿加群岛装运货物时，遭到荷兰人和葡萄牙人的阻止。此后，差不多每年都进行一次航运，船只数量有时一艘、两艘或三艘不等；1615年在各地建立的商馆包括如下：印度：苏拉特，阿格拉（Agra），阿默达巴德（Ahmedabad），阿杰米尔（Ajmir），伯伦布尔（Barhanpur），卡利卡特，马苏利帕特南（Masulipatam）。暹罗：犹地亚［Iudea（Ayuddhia）］，北大年（Patani）。苏门答腊：亚齐，占碑（Jambi），蒂库（Tiku）。爪哇：万丹，雅加达（Djakarta）。婆罗洲：苏加丹那（Succadaana），马辰（Banjarmassin）。香料群岛：望加锡（Macassar），班达。日本：平户。

“所谓建立商馆，只不过在贸易地建筑或租入房屋作为堆栈或居留之用。没有一处商馆是筑有堡垒或派兵驻守的，直至1643年，公司开始获得马德拉斯准许建立圣乔治要塞（Fort st. George）。英公司在各地的商馆大部分靠着荷兰商馆，有些则在葡萄牙商馆邻近。英公司最初的总办事处是在万丹，1620—1626年在巴达维亚，其后在万丹成立远东总办事处以迄1682年，但1619年所设立的莫卧儿领地（Mogul's dominions）总办事处和1639年设立的印度半岛及波斯湾的总办事处，则在苏拉特。

“荷兰公司一开始就在万丹建立总办事处，以防守巽他海峡；1611年迁往雅加达，1619年荷兰人在该地设防，并改名为巴达维亚。

“英公司初期的情况是一般的。从1601—1620年开始的十九年中，公司对东印度的出口贸易价值如下（贸易统计清单列表省略）。

“该年的输入品，国内消费28%，其余72%为存货或再出口。在两个公司联合后，1710—1759年的五十年中，公司从英伦输出东印度的货物共9248306磅，白银和铸币共26833614磅，每年平均分别为184966磅和536672镑。”①

上述资料非常重要，在外部所有的西方的殖民企业都是被划分在同样的生态位，处于朝贡区较低的地位的生存状态。他们的地位不高，而且实力也

① 引自《编年史》第8～9页。

不具备，只能抱团取暖。本质上，他们在朝贡区内部的存在状态，如果从朝贡核心区来看，是处于被划定在边远地区且被限制在特定地点的半合法与非法商人以及海岛的聚集区域，他们在生态上与海盗没有本质区别。可能他们会有较高的利润支撑他们的运行，但是在当时世界范围的格局上，从当时文明的排序关系上，他们不算文明的区间，而是被划分在比较野蛮的频谱区间上。从这样的意义上说，称之为佐米亚边缘地带的经营者，是恰当的。

第二章　明末乃至清代初年的不可抗力

这一章我们仅仅综述近几十年的文献研究来阐述了解“明清易代”时期的历史背景。

就主题而言，包含：第一，明末的瘟疫盛行；第二，清代对于疫情的长期性的隔离控制政策；第三，康熙时代的皇子选择；第四，康熙对于疫病和疫苗的贡献；第五，康熙时代的疫后战争。上述所有问题都高度依赖历史的大背景，即世界级的传染病的长期存在性以及生态环境的变迁导致的诸多复杂的政治和经济影响。因为上述所有问题都集中于传染病的基本问题，所以我们本章主要是文献梳理，按照关键词来进行文献的梳理，而不是按照特定的历史主题来展开。因为本章的主旨不是对于具体历史问题的深入分析，而是仅仅带给不熟悉环境史和疾病史的读者一个参考性的文献概述。如果读者对于这些文献和关键词有基本的认识，则可以跳过这一章继续阅读感兴趣的内容。

明朝末期环境史的关键词概略介绍

此处需叙述对于明朝灭亡的一个一般性的介绍。但是我们这里简单跳过这部分内容，因为主要的文献包含了小冰河期的基本文献，对于具体的地区差异而言，这包括下述一些关键词，但是因为我们严格限定不对明朝的文献展开研究，此处仅仅为了铺垫而给出关键词，而不引用文献。环境史的关键词包含北方（黄河以北）严重的旱情、长江以南的极寒气候、长江的冰冻、长江冰冻对于漕运的影响、福建和广东的极寒气候期（冬季雪情）等关键词或者小主题。

明朝“小冰河期”的基本历史背景

如果说一个朝代（末期）的无道以及兴替，仅仅依赖一次较大规模的自然灾害就可以触发，这个观点是有道理的。例如，元代的黄河决口，这样的危机在历史中，一般而言，不是处于必然导致这样的结果的一个程度的范围，但是在无道的元人的晚期统治下，就触发了这样的基本面的全盘的溃退。当然，如果此时还不触发这样的问题，河工没有暴怒点燃怒火，那么很大程度上汉人就面临亡国灭种了，好在该到的时候就到了。历史似乎挽救了近乎被灭族的汉人。

从上述逻辑来看，明朝的危机（要达到兴替的程度）需要更大的自然灾害的触发，所以明朝末期的自然环境就更加玄幻或者虚幻，显示出我们一般的语言上对于这类问题的一个简单概念化说法——“不可抗力”。而这个不可抗力是持续的，所以清代（自开始）的自然环境就显示出极大的“生态危机”的特征，在清代的统治者的意识形态中造成了极大的冲击，这些可以作为我们认识清代政治和经济进程的主要背景。从历史研究的传统上来看，我们也需要特别关注上述因素对于主动的决策者的行为造成的深刻影响。

明、清两种易代之间的差异。明朝是华夏文明的堕落式被易代，清代是非华夏文明的易代。二者在传统认知中有着划然的分别。明朝类似直接的惩罚，即天罚，而清代更类似人力所推翻。前者显示出的是不可抗力的驱动模式，而后者是显示出人力在不断同看不见的手的相互互动的过程。前者是被巨大的力量顷刻间抹去的，后者是缓慢的力量，在慢慢挤压变形后逐步变化的。

近代以来，对于环境史、生态演化史、灾荒荒政史、气候史的数据研究在原有的自然地理和博物研究基础上增添了更加丰富的历史资料，让我们的研究变得比较直接，一方面，我们可能通过较为容易的方式直接得到上述文献和资料的支撑，另一方面，在出现冲突的地方，却可能带给我们一些困难，尤其是对于信息和争论拣选抉择上的困难以及对于不同方法得到的不同的结论的遴选和判断上的困难。这些内容很大程度上是被经济史家所忽略的。

清代的前期是严重的明清易代小冰河期①，而中期就开始了一段极为严峻的生态灾难或者称其为“气候变迁”。我们可以看到，上述的大改变，无论是小冰河期还是气候变迁，不是单一的国家经历的，而是具有全球意义上的历史事件，促进了时间序列上的历史王朝和统治模式上的更替。清代一个200多年的王朝，横跨了四个世纪，在这四个世纪中都对于中国的发展产生了巨大的影响，而我们今天在很大程度上还生活在这个帝国崩解带来的中国发展的历史低点之上。

古代疾病史文献简述

《剑桥世界人类疾病史》② 中第Ⅳ篇“亚洲人类疾病史”，包含了中国古代的疾病、近代的疾病以及中国现代的疾病三个部分，我们简述的是对应的明清易代以及清代主要时段的对应内容。

当我们希望依据现有资料来了解明朝为不可抗力结束的背景时，我们立即遇到了研究历史问题的两大核心困难：（1）我们今天认知体系的西化已经和传统的知识和认知体系发生了本质上的变迁；（2）我们现有资料的历史叙事是明显基于西方为中心的历史叙事。

明末流行病的不可知性质

我们在现有的资料中仅仅能略微了解明朝结束的几十年间流行着极为严重的传染病，但是我们毫无办法确认这种传染病是什么。毫无疑问，这种疾病不是一种当时常见的传染病（不容易按照既有方式方法处理应对），而且对于传统医学理论和认知也带来了巨大的挑战，这让我们想起我们熟悉的现今流行于世的病毒，似乎类似的事情在历史是常态化的，也就是病毒的演化和发展总可能超过甚至远远超过一代人对疾病的基本认知。

《剑桥世界人类疾病史》在“Ⅵ.2 中国近代的疾病”篇目下，对这个问题进行了西方式的叙述，在“旧有的疾病”这部分，简单谈到了结束明朝统

① 参考：王业键《清代经济史论文集》，第二辑“清代中国气候变迁、自然灾害与粮价的初步考察”部分。

② 基普尔．剑桥世界人类疾病史［M］．张大庆，译．上海：上海科技教育出版社，2007.

治的这次大型传染病的状况。

“晚明时期广泛流行的传染病（Dunstan，1975）导致若干医学思想家全盘拒斥这一‘伤寒’的理论，因为他们发现自己应邀前去诊治的疾病绝大多数并不是起于冬季的风寒。这些医学思想的先驱者中间堪为代表的一家是吴有性，他是17世纪时人，生长在当时大疫流行的江苏东部。他在1642年的著作《温疫论》中首倡一说，认为时疫产生的原因是环境中的‘杂气’（Dunsten，1975）。对于病因，这时更倾向于‘温热’说而不是‘伤寒’说。甚至像天花那样传统上视为内‘火’或内‘毒’外发导致的疾病此时也被归入了外‘气’所致的传染病一类。”

上述资料我们在不同的文献中都可以看到，而且从当时比较活跃且具有创新性的医生的职业角度来看，医治疾病需要对当时的既有流行认知体系进行创新才能开药施治，这说明当时在如何认定以及如何医治上是存在巨大争议的，且有大量的不同程度不同状况的失败的案例作为支撑，才衍生出包含上述在内的新的思想以及新的共识性著作。

“但即使是流行病的病因学说在近代中国发生了这项重大的进展，它仍难以帮助我们使用西方的术语去认识这一时期所有的疾病。阻碍此种认识的主要原因是我们对疫病情况的了解大多来自医籍、方志和官修正史，而它们对疾病症状的描述很不充分。此外，中国的辽阔疆域意味着疾病的历史有地域性差异，对这一点在今天还只有极粗略的认识。在目前的研究阶段，除了几种容易识别的疾病之外，绝大多数的疾病究竟为何物，最佳的估计亦只是高度假说性的。”

毫无疑问，转译为西方的术语体系更不是我们今天的认知水平能够完成的任务。

西方史观的凸显

在接下来的“旧病与新病”部分，展示出来西方人带来的疾病。这种史观是西方人对于西方带去美洲各地、印加帝国，灭绝了大量人口的事实的一种推论。大量的疾病的确是此时西方人特有的，这也不是一种例外的特殊状况，而是一种常态。这也是为什么古代社会采取较为复杂的社会安排的原因，因为疾病的流行才是历史长周期的常态，而疾病不肆虐的时候仅仅是极少数的时代的特点。例如，我们的时代是抗生素发明之后的短暂的特殊时代，而不是历史的常态。所以古代中国的经验是将中国周边按照不同圈层的安全程度来进行隔离管理，从而在各种角度考量上，形成了外环的朝贡区以及内环的各种不同区域之间限制人口商贸流动的基本策略，对于国际化的都市，也是不同阶层进行隔离分区管理，对于疾病的传染性进行严格限制。这几乎是历史的常态而不是特殊的时代安排。所以贸易建立在对于疾病的长期防控的基础上的安排，也凸显了中国悠久历史的积累和经验。

“16世纪可以看作中国疾病史上的一道分水岭，随着欧洲商人到达中国东南沿海，也随着各国之间的商贸活动在南亚和东南亚一带日益频密地开展，中国进入了国际社会，若干种新的流行病也进入了中国境内。猩红热、霍乱、白喉和梅毒是在肆虐中国千百年的旧病清单上面新近添加的比较重要的几种。这些旧病包括天花、肺病、疟疾型热病、其他发热性疾病、痢疾，或许还包括鼠疫。但是，16世纪以来的新病对中国社会和人口所产生的影响迄今仍是一个很少为人涉足研究的领域，尽管它具有重要的历史意义。”

在西方史观下，认为此时“中国进入了国际社会”。而这与当时的世界格局恰恰相反，此时是因为明朝受到严重的不可抗力和朝贡区的集体叛乱围攻，才出现了秩序真空，西方人开始进入朝贡区内部，所以本质上，是西方人进入了国际社会（明朝主导的朝贡贸易世界秩序），而不是西方历史叙事中常见的“中国偏安论”。

“天花是中国所认识的最古老疾病之一。6世纪早期的一部医书说这一疾患（当时称为‘虏疮’）是在大约公元495年征讨中国北方‘蛮’族的时候传入的（Fan，1953；Flopkins，1983）。对天花此后的发展，人们所知甚微，直至11世纪晚期（北宋时期），儿科医生有关这一疾病的著述才开始出现。儿科医生论及天花，提示我们此病到这个时期已经在中国人口中发展成为一种儿童疾病（Leung，1987b）。人痘接种的技术不迟于16世纪下半叶便在长江下游地区施行了，19世纪早期，当Edirard Jenner的牛痘接种术通过广东引入的时候，牛痘接种变得十分通行。然而，尽管有早期的人痠接种，天花在中国仍危害猖獗，特别是在人痘接种的施行远较南方为罕见的北方地区（满族人和蒙古族人最缺少抵抗力，清朝有两个皇帝死于天花）（Leung，1987b）”。

从康熙发明接种法，到西传再到传入的过程，说明了清代在整个过程中，对于医疗和创新的制度是比较落后的，在国内赖以推广且使百姓获得福利的机制，甚至还不如在西方发展之后再次传入的效率更高。这是一个很好的例子，说明在整个清代的主要时段，创新和技术在发展速度上是落后于西方的。清朝没有承接明朝的技术创新和制度的能力。

这种观点正是亚当·斯密的观点，他认为中国起点高，但是发展停滞。如果用这个观点来谈清朝的创新，似乎比较合适。清朝继承的明朝的技术水准很高，而且每代皇帝尤其初代是比较有创新成绩的，例如，康熙在科学上的发明——天花疫苗，雍正在瓷器烧制上的审美创新，都是值得称道的，但是很快就断代消失了，也就是突然出现的创新不仅无法继承发展为社会服务，还出现了断代和终止的现象，没有为社会所用，服务大众更是不太可能。所以，我们说清代的创新停滞不前，是有诸多原因的。

黑死病和鼠疫

“鼠疫在中国的历史上是一个有争议的话题。有些人相信它在7世纪早期传到中国（Tvitchett，1979），另一些人则把它的首次露面定在12世纪30年代的广东（Fan，1986）。但这两派的看法都或多或少地以简单的症状描述［‘核’（即肿块）的出现或‘喉痹’］为根据，而这些描述远非决定性的证据。D. Twitchett（1979）通过追溯鼠疫从6世纪中叶到8世纪晚期在东罗马帝国、伊拉克和伊朗的一系列流行发展情况提出，7世纪和8世纪开始袭击中国的各次疫病中至少应有几次是腺鼠疫的流行。与此不同，相信鼠疫到了13世纪早期或14世纪早期才暴发成为致命流行病的一派（McNeill，1976；Fan，1986）认为，它可能与同期在欧洲暴发的黑死病（即腺鼠疫）有关。

“遗憾的是，以上假说的任何一方都没有直接的证据支持。即使晚到17世纪，中国再次受到一系列流行病袭击的时候，要证明它们为鼠疫暴发仍然是不可能的（Dunstan，1975）。中国的流行病里，我们有充分理由相信，鼠疫最早的一次流行是1792年暴发于云南的那场。那场疫病随后传播到广东、广西等东南省份，沿中国海岸线一路北上到达福建和中国北部（Benedict，1988）。但直到19世纪的晚期，论述‘鼠疫’的医学著作才开始有刊行（Fan，1986）。”

清代引入的新型传染病

“梅毒属于到达中国的第一批‘新病’。它可能是通过16世纪早期的葡萄牙商人首先传到广东的，因为据1502年的一部医书记载，梅毒被长江下游的人称为‘广疮’或‘杨梅疮’。16世纪和17世纪的医籍对这种病已经多有讨论，其中一些著作明确指出这种病是通过性接触而传染的（B. Chea，1981；Fan，1986）。梅毒与淋病加在一起，大概可以解释20世纪30年代中国总死亡人数中2% ~5%的死因。(Winfield，1948)

“霍乱或许比梅毒来得迟些。今天对于这种病的称呼——‘霍乱’，在过去是对能够导致突发性剧烈上吐下泻的所有疾病的统称。较可靠的记载将中国第一次真性霍乱的流行上溯到19世纪20年代。它和梅毒一样首先从广东引入，从那里又沿着东南沿海扩散到福建和台湾。这种病的发作期通常在8月和9月。

“有些学者怀疑1564年据说‘死者千万人’的一场大疫可能就是霍乱。但无论霍乱在这样更早的时期是否已经出现，它在19世纪和20世纪初的中国所造成的灾难性后果却是不容置疑的，特别是在那些拥挤的大城市里。”(B. Chen，1981；S. Chen，1981；Fan，1986)

在近代抗生素较为普遍，尤其是在我国建国初期对于流行病取得显著的成就之后，人们才开始进入现代的生活状态，而在古代社会中，对于所有这类疾病都很难有良好的普遍治疗的药物可供使用，所以古代社会的制度和设计准则优先考虑的都是安全的第一策略，在这样的基础上，才可能开展规模化的经济、市场和贸易安排。而在流行疾病的危机频繁肆虐的历史常态中，国际贸易和国内市场的大范围流动，都是需要让位于流行疾病的防控和安全考虑的。

《枪炮、病菌与钢铁》① 这部著作，尽管维持了一种典型的西方式的叙事风格，但还是以显式的方式提出了这个埋藏在制度诸多问题中的核心问题：这一点和基辛格的观念②几乎同出一辙。

---

① 贾雷德·戴蒙德．枪炮、病菌与钢铁：人类社会的命运［M］．上海：上海译文出版社，2016.

② 亨利·基辛格．论中国［M］．北京：中信出版社，2012.

“在这些方面，美国是一个完全‘正常的’国家。在世界上人口最多的6个国家中，除一国外，其余都是不久前实现政治统一的民族大熔炉仍然保持着几百种语言和种族群体。例如，俄国曾是一个以莫斯科为中心的小小的斯拉夫国家，直到公元1582年它才开始向乌拉尔山脉以外的地区扩张。从那时起直到19世纪，俄国开始吞并了几十个非斯拉夫民族，其中许多民族仍然保有自己原来的语言和文化特性。正如美国的历史就是关于我们大陆的广大地区如何成为美国人的地区的故事一样，俄国的历史就是关于俄国如何成为俄国人的俄国的故事。印度、印度尼西亚和巴西也是不久前的政治创造（或者就印度的情况而言是政治再创造），它们大约分别是850种、670种和210种语言的发源地。

“近代民族大熔炉这一普遍现象的重大例外是世界上人口最多的国家——中国。今天的中国无论在政治上、文化上或是语言上似乎都是一个大一统的国家，至少在外行人看来是这样。它在公元前221年就已在政治上统一了，并从那时起在大多数世纪中一直保持着统一的局面。自从中国开始有文字以来，它始终只有一个书写系统，而现代欧洲则在使用几十种经过修改的字母。在中国的12亿人中有8亿多人讲普通话，这是世界上作为本族语使用的人数最多的语言。还有大约3亿人讲另外7种语言，这些语言和普通话的关系以及它们彼此间的关系，就像西班牙语和意大利语的关系一样。因此，不但中国不是一个民族大熔炉，而且连提出中国是怎样成为中国人的中国这个问题都似乎荒谬可笑。中国一直就是中国人的，几乎从它有文字记载的历史的早期阶段就是中国人的了①。”

中国传统的制度性安排充分说明，延续几千年的传统的安排是合理和有效的，例如，隔离措施。按照《中国古代疫情年表》（王玉兴，2003），看出明朝晚期迄至清初始终伴随着一定程度的瘟疫的蔓延。按照史书上的描述，几乎在整个清代，没有哪个十年之间没有疫情，甚至于称为“大疫”的状况几乎都是每个十年之间的必备的自然和社会背景，这就是研究清朝的基本背景，需要我们审慎加以参照。如果不如此，我们几乎就不能将我们现代化的生活和清朝明显区分开来。甚至可以说，我们现代定义的“快乐”生活具有一种虚幻性，也就是似乎延续长期历史时段的时间线上，充满了基本的灾疫

① 见《枪炮、病菌与钢铁》第十六章“中国是怎样成为中国人的中国的”。

作为常态，而现代化的生活，因为抗生素的使用，尤其是远离自然的生活聚集状态，使我们暂时享受了一段远离本该有的“痛苦的”生活。那么我们需要反思的是，生活的背景到底是快乐还是痛苦，这个基本问题。如果我们讨论历史，会发现生活的背景始终是痛苦的，但是不同时代的痛苦程度不同、方式不同。尽管痛苦的形态不同，痛苦还是痛苦，而不是快乐或者任何简单形态的愉悦。这就是我们所研究的历史时段的基调。

《中国人口史（四）》（曹树基著）中的第十一章，谈到了明末人口锐减的原因，其中在崇祯年间流行的鼠疫，导致人口大量减少。

“从北京近郊通州和昌平的疫情可以推知北京城中有可能陷入同样的传染病肆虐之中。查《明史·五行志》，崇祯十六年‘京师大疫，自二月至九月’。第二年传至天津。具体疫情，详见下文论述。

“北京的鼠疫虽然不是李自成部带入的，而宣府地区的鼠疫疫情却与李部的活动有关。‘崇祯十七年三月十五日闯贼入怀来，十六日移营东去。是年凡贼所经地方，皆大疫，不经者不疫’。究竟为何种瘟疫呢？‘顺治元年秋九月大疫，保安山、沙城堡绝者不下千家。生员宗应祚、周之正、朱家辅等皆全家疫殁，鸡犬尽死。黄昏鬼行市上，或咮语人家，广然问见，真奇灾也’。我们知道，李自成是从山西进入北直隶的，由他的部队活动所引发的瘟疫当然与同时期山西流行的鼠疫有关。从此疫人畜共感和大量人口的死亡这两个特征看，可断定为鼠疫。只是在李自成进入北京之前，北京城已经成为肺鼠疫的流行区。

“总之，在万历九年山西大同鼠疫暴发伊始，鼠疫就从毗邻的宣府传入北直隶境内，并通过北京传入北直隶的中部和南部地区。在北直隶八府和宣府地区，仅其东端的永平府和南端的大名府未见鼠疫的记载。崇祯时期的北直隶地区的鼠疫流行从南部向北部扩散，又因李自成部的流动从山西北部传入北直隶北部，呈现南北两头向中间传染的趋势。”

吕曦桐（2021）对北直隶地区的明代疫情分布做了较为系统的文献梳理。陈旭（2011）对于晚明的这次疫情，进行了较为系统的文献梳理。天花不是清代独有的历史背景，而是蔓延几个世纪的世界性的灾难，连续性的灾难而不是间断性的。高勇（2005）在天花的危害一节举例说明了天花严重威胁着人类的生存，人们惶惶不可终日。英国著名历史学家马卡纳称天花为“死神的忠实帮凶”。①

“天花产生之后即向全世界范围内扩散，16 至 17 世纪流行于欧洲和非洲大陆。其在 16 世纪传入美洲之后就造成了上百万感染者死亡。阿兹特克（Azte）和印加（incan）帝国的衰亡也许就是天花造成的。天花几乎传遍了世界所有的国家，在人口稠密的地区，几乎所有的人都被感染，并且被感染者的死亡率极高。因而，在世界上许多地区，天花都是抑制人口增长的一个关键因素。

“天花比战争更有杀伤力。天花病毒一旦传染开来，不但会有数以万计的人口死于非命，而且还会导致文明的颠覆、部落和王国的毁灭、战争受挫、专制王朝的终结。它会剥夺幼儿的宝贵生命，摧残青壮年男子的强健体魄，夺走花季少女娇美的容颜。上至皇室贵胄，下及平民黎首皆难以避免染痘而亡的厄运。

“根据记载，在公元 6—19 世纪，整个欧洲有 3 亿多人被天花夺去宝贵的生命。18 世纪的一百年中，全世界竟有 1.5 亿人死于天花。16—18 世纪，欧洲每年有 50 万人被天花残杀，而亚洲更多，达 80 万人。在 19 世纪之前，天花的病死率高居于多种传染病之首，活动最为猖獗，危害也最为严重。据史料记载，自 15 世纪起天花横行欧洲，整个欧洲变成了收容天花病人的大医院。1719 年在一次天花流行中，仅法国巴黎城就死了 14000 多人。18 世纪死于天花的人口数以百万计，英国女王玛丽二世、荷兰国王威廉一世、法国国王路易十五、俄国沙皇彼得二世、清朝皇帝顺治、蒙古末代大汗林丹汗等许多成名已久的君主也因感染天花而消失于历史舞台。连富有四海的封建帝王对天花也无计可施，一般百姓更是难逃生痘的厄运。有的人即使能逃过一死，但愈后不仅留下满脸疤痕，而且甚至丧失听觉或双目失明。康熙皇帝有幸痘后余生，但痘疤无情地刻在他英俊的面颊上。正因为如此，当时的人们把天花看作是‘毁灭性的天灾，是不可战胜的’。”

清代初年漫长的时段基本上都为严重疫情所覆盖。

“天花的流行造成清初人口的大量死亡，这直接影响了清朝初年八旗人丁繁衍的数量与质量。从档案记载来看，当时八旗的生育率很高，但婴儿的死亡率更高。比如顺治皇帝，生有八个儿子、六个女儿，但是八岁之前有四位

① 高勇．清朝天花的防治和影响［D］．内蒙古大学，2005：9－10．

皇子、五位皇女夭折，超过半数以上。造成婴幼儿大量死亡的原因，主要是疾病，而天花则名列杀手之魁。雍正三年四月八日曾在一道谕旨中指出：'看来满洲、蒙古等限于子息者，大都为出痘所殇。'皇帝之幼子尚且夭折过半数，广大百姓境遇的悲惨更是难以述说。当时来华西洋传教士 Dyer. Bal 在给教友的一封信中提到他在山西疫区看到的情形。他说，由于没有有效的治疗方法，50% ~60% 的感染者只能面临死亡。从以上多组统计数字可以看出天花的危害性。”

藏地的人口与中原社会是极为隔绝的，这种隔绝是有其重要的疫情传染基础的，藏地的活佛在乾隆时代来到北京，还因为被传染去世。所以在乾隆时代的战争期间，我们也完全不可能认为病毒的肆虐有丝毫减缓的趋势。但是从大的趋势上来说，在乾隆时代，尤其是内地的环境下，疫情已经处于较低发的状况了，但是民族地区因为缺乏互动，仍旧不敢同内地人口密集区进行交流。

康熙时代的天花疫情

康熙皇帝和天花之间具有很多重要的历史联结，而这些都成为我们审视历史的重要线索。

“康熙早年的生活一直笼罩在痘魔的阴影下。玄烨一出生，正值天花大流行，不得不由乳母抱出紫禁城，栖身于西华门外的一座宅邸（雍正时改为福佑寺）中'避痘'，长期得不到父母之爱。两岁那年，他还是患上了天花。在乳母、正白旗汉军包衣曹玺之妻孙氏的悉心照料下，硬是从天花的魔掌中挣脱出来，只是脸上留下了与痘魔殊死搏斗的点点痕迹。这次与痘神零距离的接触，给康熙幼小的心灵留下了不灭的烙印。他在晚年回忆时曾说：'朕幼年时未经出痘，令保姆护视于紫禁城外，父母膝下未得一日承欢，此朕六十年来抱歉之处。'躲过天花之劫，玄烨可以进紫禁城了，但天花的阴影一刻也没离去。灰色的宫中'避痘'岁月，像是一场噩梦。由于天花连年暴发，深宫中也常常一夕三惊。如果宫中有人得了水痘，父皇等就会出宫'避痘'。如果城中有水痘病人，四周就得用绳子围起来，谁也不准随便进出，即使是皇子也不得四处走动。童年的活动天地因为天花的肆虐被划得很小很小。这些惊恐与动荡的灰暗记忆填满了年幼玄烨的梦。

“一个少年，年纪很小就被天花破了相，又因为天花长期得不到正常的父母天伦之爱，同时还因之常常生活在恐惧与惊慌之中，如今又眼睁睁地看着被人称为天之骄子的皇上就这么被它夺去了生命。这一切，相信在康熙皇帝幼小的心底一定留下了什么不可磨灭的东西。

“几代人抗击天花的战斗实际上从康熙皇帝祖上开始，就已打响。据档案记载，早在入关前努尔哈赤时期，东北满洲地区就已出现天花疫情。天命三年（1618 年），太祖努尔哈赤起兵征讨叶赫部，曾挥兵进入发生‘痘疫’的乌苏城，收降三百户。到了太宗皇太极（1627—1644 年）当政时，天花开始大流行。尤其清朝政权的首都盛京（今沈阳）一带天花连年不断。也就是从此时起，‘避痘’一词开始正式在官方史书上频繁出现。公元 1643 年 9 月，皇太极突然病逝（据朝鲜人的情报，此前他曾染天花）。康熙的父亲福临继承帝位，当时只有六岁。不久清朝入关。福临成为入关后清朝的第一位皇帝。顺治皇帝对天花的畏惧，胜过乃父。因为惧怕天花传染，顺治皇帝从亲政第八个年头起，每每以‘然因有病痘疹事’为借口，连续六年没有接见前来朝见的蒙古王公。顺治皇帝比起前人对天花的恐惧有过之而无不及，不但经常在宫外避痘。为了避痘，甚至会停朝办公。

“清初遭受到天花剿杀的主要群体，是清朝八旗官兵。他们才从冰天雪地的白山黑水间进入温热的关内，由于体质的差异及对气候的不适，似乎更容易天花传染。当时许多人不是死于疆场，而是死于天花。比如清朝名将多铎，为努尔哈赤第十五子，骁勇善战。入关后下江南，擒史可法，制造过骇人听闻的‘扬州十日’等大屠杀事件。在顺治六年（1649 年），他死于天花，时年三十六岁。

“《清世祖实录》记载，顺治元年（1644 年）四月，清朝军队准备入关，大军出发在即。肃亲王（豪格）心惊胆战地对另一位将军说：‘我还没有出过痘呢，此番入关作战，叫我同去，这不是要我的命吗！’

“从太祖努尔哈赤到世祖顺治，由于当时医药水平很低，得了天花，无异被判死刑。面对痘疫主要采取隔离措施。上层皇室，一般选择一些清净行宫或庙宇‘避痘’。盛京城外的长宁寺（现沈阳市内，‘文革’中被毁）曾一度是皇太极时期皇家避痘的重要场所。清入关后，避痘所的风气更加流行，顺治皇帝避痘南苑。有时天花严重时，皇室还可能跑得更远。早在清朝入关前，皇太极为了避痘，除了躲在深宫不出，还常以打猎的名义，带上眷属粮食，跑到叶赫大山里去。而顺治皇帝也曾跑到遵化大山里避痘。此外，八旗贵族们也享有在家避痘的特权。

“实施防痘避痘措施更为广阔的领域还是在民间。早在未入关前，统治者就颁布了许多有关民间防痘法令，各旗设有专门‘查痘者’，负责贯彻实施。一般来说，发现有出痘的人，立即发往远处隔离。皇太极时，最初定为百里之外。后虑其太远，改为六十里外，顺治入关后，又改为四十里、二十里外。《东华录》记载，顺治二年（1645 年），巡视南城御史赵开心奉皇帝谕旨：凡民间有出痘的人，立即迁出城外四十里进行隔离，以防传染蔓延。当时甚至一些感冒发烧、风疹疥疮等症状与天花相似的患者，也被一刀切地迁出城外。‘贫苦小民移居城外，无居无食，遂将弱子稚女，抛弃道旁。’”①

另见章末相关关键词的文献。清代天花的严重性，还参见赵士第（2018）。

“郭文钠编著的《清宫秘史》中第一章之‘第二个政治中心’清朝有两个政治中心，一个是京城北京，另一个是承德避暑山庄。避暑山庄政治中心地位的形成是多方面因素作用的结果，其地位是北京无可替代的。从象征意义上而言，避暑山庄是北方游牧民族和农耕民族的交界点，清王朝以此怀柔北方，掌控西北边疆。避暑山庄，位于河北承德武烈河畔，武烈河古称热河，故又名‘热河行宫’，或称‘承德离宫’。它是清代皇帝的离宫，修建于康熙四十二年（1703 年），全部建成于乾隆五十五年（1790 年）。康熙帝在承德建立离宫，与天花的流行有很大关系。清初北京天花流行，在很长一段时间内，蒙古各部入觐制度受到了严重的挑战。由于蒙古首领多数没有出过痘，为了避免传染，清朝规定没有出痘的蒙古王公不许入京觐见皇上。北京气候炎热，天花容易传染，未出过痘的蒙古王公也以进塞为惧。

“直到康熙初年，这个问题也没有得到很好的解决。长此以往，清朝与蒙古各部的关系势必会有所疏远，甚至有可能造成分裂。为此，康熙帝多次北巡塞外，与蒙古王公会面。康熙十六年（1677 年），他巡幸塞北时，途经热河，发现这里气候宜人，自然风景秀丽、水草丰美，便决定在此建立一个可供避暑避痘的行宫。当时的避暑山庄只是若干个小行宫之一，供皇帝木兰秋狝所用。

① 胡忠良．康熙皇帝与天花［J］．北京档案，2003（06）：48－49.

“康熙帝规定，凡是没有出过痘的蒙古王公贵族，每年七月到热河，九月随皇帝入围场秋狩，在天高气爽的秋天入觐，可避开天花发作的高峰期。他借出塞行猎之际，接见蒙古各部王公贵族，举行盛大宴会，奖赏钱财，增强清与蒙古的联系，并裁决蒙古各部之间的矛盾和争端。”

避暑山庄的扩建

“雍正帝继位后，由于政务繁忙和京城政治斗争的严峻，他在位 13 年间从未去过避暑山庄，也停止了木兰秋狝，只在北京附近行猎。但他认为这一做法是不正确的，他曾对弘历（即后来的乾隆帝）说过，他之所以不前往避暑山庄围猎，是因为日不暇给，自己又喜静，厌恶杀生，这是他的过错，‘后世子孙当遵皇考（康熙帝）所行习武木兰，勿忘家法’。

“女真人向来注重骑射，清军入关之前也以善于骑射为荣，皇太极曾言‘我国家以骑射为业’。

“明代边军用弓的弓弦拉距较大、弓身长且重，发射的箭质量大，所以射箭时箭矢飞行速度较快、轨迹平稳、命中率较高。大弓梢能够释放出更大的动能，这样的弓具有出众的稳定性和杀伤力，所以深受明朝边军喜爱。①”

明朝对于关外实施严格的贸易禁运，弓矢的材料都不许出关。所以，后金起事时，所使用的弓箭与明军有很大差异，因为缺乏材料，无法采用明军装备的长射程弓箭，主要还是用木材制作，在工艺上和实践上都有很大的落差。

“所载为清代后期所使用的弓箭的一般结构：‘弓的主体构造分为内胎与弓臂，内胎选用传统的榆木、紫藤木或竹胎，面向射手的一面敷上牛筋，外侧一面贴上牛角，不上弦的时候，弓身呈弯曲外翻的弧形，故称为反曲复合弓’。

“原定，弓胎用榆木、镶樠木，南方或削巨竹而为之。取材之法，视竹木之理，平正端直，张而不跛。

① 卢勇，任思博．器不如人乎——清代弓箭制作技艺与战例运用研究［J］．阅江学刊，2022，14（01）：156－170.

“榆木弹性好，不易变形或开裂，紫藤耐寒、耐水湿，竹子防虫、防腐、防蛀且不易开裂，这些都是做弓的良材。”①

但是因为木弓的射程有限，对于悍勇的后金骑射作战实践而言，主要是骑兵冲锋，到了较近的地方才开始马上发弓放箭，所以后金的初期作战法是将弓箭作为近身作战装备来使用的。后金武士尽管人少，但是不惧生死，极为悍勇，对于战争中的对手带来的冲击是很大的。

但是后金女真骑兵人数始终不多，但是毫无畏惧对方的敌军比例，所以有“女真不满万，满万不可敌”的形象说法。但是毫无疑问，清朝的军事始终建立在这样的军事基础上，即使是在乾隆时代，也仍旧如此。

本章参考文献：

［1］曲强．疫病与秩序：准噶尔汗国覆灭前后西北地区的天花疫情［J］．中央民族大学学报（哲学社会科学版），2023，50（01）：159－169.

［2］王玉兴．中国古代疫情年表（一）（公元前674年至公元1911年）［J］．天津中医学院学报，2003（03）：84－88.

［3］王玉兴．中国古代疫情年表（二）（公元前674年—公元1911年）［J］．天津中医学院学报，2003（04）：33－36.

［4］张涛．明代疫灾时空分布及环境机理研究［D］．华中师范大学，2015.

［5］卢勇，任思博．器不如人乎——清代弓箭制作技艺与战例运用研究［J］．阅江学刊，2022，14（01）：156－170.

［6］吕曦桐．明代北直隶瘟疫研究［D］．辽宁师范大学，2021.

［7］陈旭．明代瘟疫与明代社会［D］．西南大学，2011.

［8］林欣华．明代疫灾研究［D］．江西师范大学，2010.

［9］高勇．清朝天花的防治和影响［D］．内蒙古大学，2005.

［10］周乾．清代宫廷防治天花的多样“隔离法”［J］．中国科技奖励，2020（03）：78－79.

［11］张艳丽．清代京师防疫措施［J］．北京档案，2022（01）：53－54.

① 卢勇，任思博．器不如人乎——清代弓箭制作技艺与战例运用研究［J］．阅江学刊，2022，14（01）：156－170.

[12] 张艳丽．清代京师疾疫、医疗与防疫 [J]．北京档案，2020 (04)：52－54.

[13] 赵士第．清代东北天花的预防及其嬗变 [J]．平顶山学院学报，2018，33 (04)：82－85.

第三章　古代贸易的基础性问题
——理解清代的认识基础

内政治理，凸显了一个问题，就是边患，也就是大量的军队陈设在边关，是国内财政必然需要负担的一块内容，这部分为什么重要？因为两点，一是军事安全，二是经济安全。本书重点从财政的角度来进行讨论，所以重点放在后一点上。

谈“对等贸易”的不现实和不可能性

在中国古代的场景中，对待周边的地区，其采取的态度是我们需要深刻了解的问题，其中我们首先介绍经济安全，其次介绍军事安全的基本问题。因为中央帝国的发展程度远远高于自由财政区之外的地区（我们要了解朝贡边界的多重性和复杂性），在载有财政区的边界上（第一重边界线）存在财政和贸易性质的海关，对于贸易就是限制技术商品外流的贸易禁运政策实施的贸易限制关口（在极端条件即军事安全受到威胁的明确条件下有能力实施贸易制裁），并且这样的关口具有财政纳税的基本功能。这就是海关的基本概念。因为中央帝国高价值商品始终是外部地区追求的主要价值载体，所以如果边境撤销那么必然带来的问题就是严重的经济威胁，贸易限制被撤除之后，关内将充斥非法贸易者和危险的贸易违法者，他们很大程度上都是非常危险的个体或组织。

将海关之外的地区，部分纳入关内管理模式，是具有极大的经济危险和军事危险的。经济上的风险在于，关口外移之后，大量的人口进入境内，首要的问题就是中央帝国的财政需要为新进入的地区提供长期的财政支援（当地经济发展水平具有很大的落差），这些新的地区在被纳入帝国之后，也就是称为新的自由财政区的一部分，本地人口将自由享受国内财政区的商品、贸易、公共产品，尤其是较高的教育和福利，上述都给中央财政带来极大的挑战，尤其是新纳入的群体将可能在帝国自由流动而带来的秩序上和安全性上的问题，都是需要长年累月来进行秩序消耗，才能在几代人之后逐步提升到一般水平的。所以，中央帝国在考虑自由财政区之外的人口的问题上，主要担心的是经济秩序和军事秩序输出带来的强大的负面力量。所以本质上，大量外部的地区，在古代秩序差距很大的时期，在面临中央帝国对外用兵的时候，都积极进行谈判，希望进入或者有条件被纳入自由财政区，但是大部分时候，这样的政策都不是中央帝国考虑的主要方面。就单一的财政问题而言，中央帝国很多时期都无法达成立即的一致，来接纳新进入的人口和土地。

因为周边的土地和人口环绕，在不同秩序带上形成了多重的环形区域，只有极少数的时期才能形成迫使中央帝国扩张财政区的政策开口时期，大部分时代都不太可能。而中央帝国的政策开口期，往往是被迫的，也就是在外部敌人形成相对的合围势力的时候，且军事实力在合围中比较强大的时候，为了拉拢周边稳定边境，不得不进行的一些吸纳人口的行为。所以，本质上大部分时间，在对等地进行贸易不可能存在的条件下，是不存在上述批量纳入人口的政策选项的，且海关裁撤带来的军事威胁也是极为显著的。

军事安全和经济安全有一个共同诉求，就是技术和专利的安全性。对于当时技术最先进的明朝，需要对外确保自己的技术安全。从意识形态上，明朝始终秉持传统的“华夷之别”，用今天的概念来讲就是，“对等的贸易”是无法考虑也不考虑的情景，这意味着对外要么就是征讨，要么就是安抚，所以称之为朝贡而非自由贸易。征讨的目的是及时打破合围，随时在合围之前开始用兵破除未来的威胁，安抚一般而言就是羁縻制度。而羁縻制度是灵活有效地建构朝贡圈层的基本制度，所以在中国周边形成了复杂的但是历史悠久的大量的属国，很多土司的复杂的存在生态，他们很大程度上建构了边疆地区的一种现实结构。很大程度上，我们所说的自由财政区的界限是不明确的，甚至在特定地区都是不明显的，因为其中依赖的是不同时期属国边界甚至属国内部的财政和贸易制度安排，一些地区具有明确的边界，但是绝大部分地区都是将概念上的边界寓于具体的复杂生态的具体功能之中了，很多具体的现实安排是非常有效甚至绝妙的，理论上很多无法解决的问题就是在延续了百年甚至千年的具体生态环境中实现的。好的制度架构在功能完好的时候，运行特别有效，在帝国衰亡的时期也能发挥一些作用，但是也有反噬的例子，所以安边不是简单地画一条线的问题。

在中国的政策制度历史上，考虑更多的不是域外的资源利用，而是内外百姓的福祉。而西方列强的殖民时代，在很大程度上，落实到现实中的却是对于土地和资源的占有及重新的人口清洗换新。宛如一个鱼缸，殖民者喜欢鱼缸的时候，就杀死所有的鱼，换上自己喜欢的，不喜欢的时候就不管了，鱼在里面水深火热，不再为之换水投食。殖民者在建立殖民地时给原住民带来的灾难，往往和后期不玩了要放弃带来的灾难都是类似的。与中国古代善待周边人口的政策相比，数之蛮夷而不为过。所谓的“对等贸易”和“自由贸易”的花冠，只不过是发展水平类似的国家之间的一般贸易状况，对于发展水平天上地下的两个地区，如果谈对等贸易，现代舆论是对于当时情景的误解或者误导。没有任何一个现代发达国家会敞开国门让外部的人口任意分享自己的财政和社会秩序，比之于古代，也是完全一样的。

技术安全和意识形态的华夷朝贡关系，决定了明朝有加强边境军事和经济安全的主要任务，也就是“禁”。这个“禁”，是中国的传统，从周礼就突出显示出诸多戒禁，而明朝延续了宋朝的体制和基本观念，吸取了宋代重商主义的灾难性后果的教训之后，对于边境口岸不仅仅是军事安全这么简单，还需要派重兵加强技术和违禁商品的外泄，以免自己的技术被过度掌握之后，导致国家竞争力的差距缩小。

我们可以看出，明朝在几百年间，吸纳了世界范围的白银高达90%之多，而且在这样的朝贡贸易的背景下，我们要解读明朝的GDP的结构，就必须了解明朝的国际贸易关系，具体而言，就是当时世界范围的国际排名问题。

从明朝的世界格局的基本状况可以了解到经济贸易的基本面，明朝作为朝贡秩序的输出中心，相对于朝贡圈国家存在巨大的军事和技术优势，而在明朝大部分时段，非朝贡圈又落后于朝贡区。综合国力的优势，一般而言在经济贸易上就体现为产品的核心价值优势。从具体的贸易和货币流动中，其带来的价值优势就显示在长期对于世界白银通货的巨大的自然吸纳能力。这就解释了，明朝作为公认的大银池在世界格局中的定位。

我们今天如果看一个国家的GDP的相对数值，我们看到的问题背后是一个国家的军事实力、技术实力，带来的价值实力。如果用今天的GDP的核算方式来还原明朝的类似指标，可能是最好地向现代人解释明朝历史地位的佐证。

我们很难说，一个发达国家富裕是因为自己的劳动者更加勤勉、劳动更多，而是因为这个国家的贸易产品带来的收入更多，或者说，这个国家有核心的硬通货来收敛外部的财富。而这些实力，主要还是通过压倒性的军事实力以及技术实力来实现的。对于一些没有衰弱到工业国以下的第二世界国家来说，他们依赖往日的文化优势，例如，法国可以制造奢侈品，但是任何亚洲国家如果制造，就不可能超过它的价值，因为人们不会向往这种文化，这些产品带着这个国家的实力的历史累积。但是法国之所以还能够算是发达国家，一个主要原因是其在第二次世界大战后仍旧算是战胜国，且凭借其巨大的伤亡人口和斗争的努力程度仍旧在今天维持联合国安全理事会常任理事国的地位。但是同英国和美国相比，差距就巨大了。其国家魅力相对较低，吸引的留学生人数少，而且工业产品的市场份额始终没有地位。美国的优势，本质上是其军工优势不断民用化转化而来，所以今天我们还在使用第二次世界大战的军事技术外溢。而日本、德国，尽管是战败国，但是凭借其可以和美国竞争的第二次世界大战技术遗产，仍旧可能从市场竞争中获得一个基本的第二世界的地位，但是同美国比起来，实力悬殊很多。

经济实力的表现，体现为一个国家的生活标准，体现的是一个国家的综合国力，而背后是一个国家的发展阶段，而将上述具体的指标转化为现实的，是达成上述目标的建立在一个国家综合基础之上的策略和发展战略。

技术是一种结果论角度的概念，如果战争胜利可以简单称之为技术优势，如果没有什么原因，也可以说技术优势，或者成功了之后，仅仅说技术优势都可以，但是这仅仅是一个概念，不落实的时候是抽象的，落实的可能性很大程度上在结果或者事后才知道，提前一般不可能揭开面纱。所以我们这里，必然需要了解的事情就是，技术不是过程性可控的指标，也一般不会提前了解，只能事后评估。例如，在一般的市场信息基础上，开放交流和贸易之后，到底是谁的技术先进，谁都不知道，只能靠摸索，信息完全不对等。只有战争或者事后的结果，才能形成一种舆论趋势和技术的概念，但是这往往也不是真相。

对于战争而言，很多时候讨论经济问题同政治问题具有很大的差异性。例如，两国交战，尤其是一个是大国，一个是邻接的小国，那么在两国对峙中，小国士兵考虑的经济问题是，如果投降大国，大国提供的待遇是什么，子女入籍是不是可以比一般入籍更加顺利；将军考虑的是，这个地区收归大国之后，是否就不再有贸易禁运和技术禁运问题了，长期的封关制裁就算是解除了，对内是不是可以享有自由贸易，关税不再有，而是变成了国内的工商业税收，而且是否还会有另外的财政补贴、扶助经济发展的特殊待遇、对内集体入籍带来的全民福利提升，是否享受同其他地区类似的福利保障，例如，教育、养老和医疗等。这类配套对于大国是一项很大的开支，所以历史上，华夏朝代如果不是特殊状况，例如，长期的严峻威胁，不会考虑扩大版图。而且在军事解除威胁之后，也不会考虑将大面积土地和人口纳入国家财政的供养范围。这一点决定了历史上实施的和平政策具有其基本的经济和政治的考量。这不仅是一种和平的态度，也是对于财政负担的全面理性权衡。

将中国作为大国来看，一旦开战全部都是严峻的财政问题，哪个处理不好都是几代人的负担。所以，明朝的政策是基本的对于传统中国思维的延续。具体的和平时期的举措已经考虑了战时的问题，一般而言，就是加强边防，加强技术和军事的禁制，防止技术差距缩小带来的实际冲突的可能性。

对于贸易，仅仅选择具有极大利益的贸易进行可控交易，维系自己的经济实力，另外，禁止和技术出口相关的任何一种产品出口。

明朝吸纳了世界范围主要的白银，具有巨大的货币实力，类似于秦朝收天下金，类似于今天的美国用绿纸纸币来替代黄金，作为世界贸易的硬通货来调节世界贸易和金融流动，这个能力是基于美国在第二次世界大战之后的综合国力优势以及占据绝对优势的黄金储备。而且为了达成此目的，美国也不会将黄金储备随意减少。

美国黄金储备，来自超长的 19 世纪的经济发展赶超期以及两次世界大战对于黄金避险的需求，所以美国的通货实力是战争和长期经济和技术优势带来的。但是美国在经济发展的初期也是英国的赶超者，而不是一开始就是技术先进的国家。而中国，在漫长的几千年历史上始终保持着技术的优势。这一点通过经济史和技术发展史可以看出。

美国尽管不是典型的共和制度，但是可以为我们提供一个足够典型的案例，来说明现代世界唯一霸权国家是如何处理自己的世界事务的，而我们还需要比之于历史上的世界霸权明朝，来思考明朝的决策阶层以及参与治理的士大夫，按照传统的华夏思维，是如何处理类似问题的。在同一个层次上，相似的问题比较多，而处于不同层次上，差异很大，层次差异越大，处理的方式方法和视角差异也越大。

首先，我们需要按照明朝的逻辑思维，来重构美国的国内政治的收入支出结构，然后比之于明朝。而且更好的比较方式，是按照中东国家、英国等这样的君主国来进行比较，这样的分析可能更有启发。下面我们就按照这样的思路，来进行展开。然后，参考魁奈的农业国和君主国的基本研究思路，通过凯恩斯的转译，我们就可以大略了解明朝的基本结构和研究思路了。

货币化可能是单一商品体系最简单化的一种市场方案，而非货币化的方案很大程度上适应的是多样化的手工业生态中的具体状况。所以配享制度之下，市场如何分配（即市场分配的总比例）不是主要考虑的方面，因为流入市场且被市场定价的部分仅仅包含了配享制度之外的商品，而不是主要的系统内非市场化和货币化的商品类型。

对于中国的历史 GDP 核算的最大问题在于中国长期维持的经济政策同现代的经济政策不同，最大的不同在于现代我们的关键收入，在明朝朝贡体系下不是贸易，而是朝贡的礼制交往，没有经济化、商品化和充分货币化，而这种制度安排并不意味着中国在国际贸易中吃亏了，而是明朝君主维系了“不与民争利”的经济传统。海禁政策中不开关课税，收取贸易税收，而是采取了直接禁止的办法。但是这样的办法带来的结果就是代理贸易，也就是官方通过具有朝贡特权的国家，间接维系同世界其他地区的贸易，而民间则是通过走私或者半走私的贸易，来实施贸易。所以流入中国的银，不是只是通过官方流入，而是不小的比例通过私人贸易、事实贸易，尤其是半走私贸易来实施的。从市场上看，这些白银直接进入了私人和地方市场之中。也就是在官方看来，算是一种个人行为，也就是和平时期的个人行为实现的。

在贸易解禁政策执行得比较彻底的时期，根本没有设置海关，尽管这常常并不是实际状况。但是即使没有设置，今天我们概念上的海关，也仍旧可以通过财政方式对于对应的商品进行征税。一种典型的方式是，在彻底贸易制裁即不设置关卡的政策背景下，在主要的贸易和消费城市都设有商业关税的关隘，而且更多是在生产端进行管控。对于官造和民用产品的安排差异极大，通过对官造产品的生产端进行去货币化处理，而对于普通民用产品进行比较宽松的商业税收管理，且仅仅收取这部分自由产能中的关键高价值产品的商业税。这意味着，将天下财货分等，仅仅对于其中货币化和商品化的高级产品的商业税收进行控制，而不直接进行海关外部的贸易税收。

这一定程度上类似于今天的核心城市海关贸易。但是这部分贸易是算作商业税并入一般的国内交易收取的，外部的军队负责层层拦截非法的交易者，不能进入核心消费区的人，是没有资格进行商业贸易的。通过对于商业贸易者的管控，来间接控制商品和价值的流动，而不是通过直接的商品管控，来控制自由财政区的商品和货币流动。

这个逻辑决定了事实上商业贸易的好处主要是由国内的商人获得的，而本质上，国家仅仅是对主要城市收税，收取了一个近乎微薄的商业税，从而实现了和平年代轻徭薄税的传统商业政策，鼓励经济体内部的繁荣和商品技术上的创新活动。上述措施是我们现代经济所无法比拟的。

这部分税，一般而言是对于大型的交通工具或者大商人收取的，较小的体量微小的商户，是较为容易逃税的。

传统经济中，对商业管控实施管控政策的重点不是价值控制而是技术控制，其主要的贸易禁运都是军方或者安全管理人员出面实施的，一般不是经济规制者的管理范畴，其政策实施目标是针对那些对于国家安全有决定意义的技术在商业流通中的潜在危害，而对君主税收收入占比并不大。但是就实际运行而言，对于国内的商业贸易和金融专业人士来说，对这些阶层的利益具有较大的影响。明朝继承了元代的商业贸易基础，成为世界范围的金融贸易大国，所以所关涉的阶级利益是非常深刻的，所涉及的贸易价值也是极为巨大的，从而在实施政策上必然极为困难，用军队的人来管理商业关键问题，实施军管几乎是唯一的选择，但是在富庶地区的发展中传统问题出现，即控制了巨大的资源和商业垄断利益的家族开始有能力横跨商业、经济和政治来控制军队的独立性，开始出现实力极大有能力左右贵族阶层的商业力量的时候，这些阶层就出现了单方面的压倒性优势，此时明朝帝王的选择也是历代帝王的唯一选择，就是任用宦官来实施钳制，从而出现了明朝特有的时代危机的党争现象。

在现实中，不仅民间资金通过高技术贸易，可能吸纳大量外银，而且官办的世界级的垄断产业，例如，瓷器和丝织品贸易，也是一个很大的国营收入实体，其垄断性的控制有利于关键技术的最严格的管控，而且能够彻底控制所有贸易中最为技术敏感的商品的出口问题。明朝官办贸易的本质，是实施技术产业专营的方案，来彻底禁止敏感技术的外溢和失控。顶级的专营单位往往是超出地方财政控制的中央单位，从而这部分特殊管理的产业和高技术人员被限定在系统内部，按照系统内部的去货币化或者非货币化的管理模式来实施管控，从而超出一般税收单位的管理范畴。他们名义上仅仅负责为皇族提供足够的消费品，按照周礼的设置是属于，而不是直接提供财政税收资源。从周礼的礼制制度来看，这部分产品的管理是按照《天官》管理系统来进行安排的，是专门为皇家所运用或者享用的产品和服务的系统内去货币化产品和人员的管理制度和流程，在任何一个朝代，凡最高价值也就是配享等级在皇族以及更高的级别上的产业和人员都是隶属于这个管理范畴的，明朝典型的产业，例如，织造局、官窑等单位。

尽管皇家内部制度下的产品产业是去货币化管理的，但是在外部的民用市场消费者来看，这部分产业的产品是纯粹的价值制造的典范，也就是唯一的价值承载物，所有市场范围的产品都是其仿货而已，也就是市场中的产品是宫内硬通货的山寨版。从本质上来看，所谓的市场是一个山寨市场，其唯一的目的就是仿制宫内的御用品。御用品显然从法理上来看流落民间的唯一可能性就是皇帝的赏赐，但是在更宽泛意义上可能也存在一部分制度上的行赏流程和配享品类，来犒赏并荣誉特定的人，这些因此得到荣誉的人包含官员或者优秀的民间人士，这部分产品是作为荣誉来超出一般人的礼制配享范围的，但是这部分产品就成为山寨市场的追逐目标。中国传统的制度下，丝织品的不少品类就是货币，唐代宫内的太监也是用丝织品而不是百姓级别的货币来交换皇宫内用的一般商品的，例如，卖炭翁就是冒雪远程来专门交换宫内御用顶级丝织品来作为自己的生产产品交换物的最大利益体现的。

因为类似于货币生产，所以丝织品本身依据质量，即丝织品行业标准，对于具体产品的汉字本意定义的丝织品本身，如绢、帛等，就可以直接同白银或者其他的货币单位进行交换。由此可见，在发达的丝织品市场上，已经通过制度因素即法律和道德约束，杜绝了质量不佳、假冒伪劣带来的问题。

天官御用产品的去货币化本身就是对于市场山寨版产品的最严厉的现实管理，因为人们在市场上可以通过实际的比对来了解山寨民用品中劣质产品的实际状况，而去货币化的宫内产品质量从来不变，是皇帝身份的象征，绝不容许掺假。这样的管理，不管而管，实施了最严厉的产品质量监管，却没有额外的成本付出，是自然产业治理的绝妙案例。

不同官窑的产品在去货币化的基础上，严格按照绝对统一的标准来进行生产。现在世界范围的贸易硬通货也是仿照类似的制度来运行的。例如，iPhone 工厂内部，不会区分不同 iPhone 工厂生产的产品的质量差异，因为都是按照同样的规制来制造的。但是即使如此，其也没有达到去货币化来进行生产的水平，所以每代产品都有质量和价格的差异，存在不完美的代际质量递减效应。而防止这类严峻的质量问题出现，就是官窑之所以要进行官办的主要原因。其目的除了供应皇族，专供君主家族支配和享用之外，少量也会用于朝贡贸易，也就是高价值品类的军事管制级别的对外贸易等。

官办商品相对极为稀少，很大程度上不存在也不需要批量运输，没有国内商业关税，在国内的流通不存在没有市场的问题；相反，这是市场的价值标的，也就是价值最高尺度，而且往往还扮演了价值储藏和交换媒介的功能(如唐代卖炭翁的案例)。这类商品在中国的传统社会中，等价于货币，不需要另外计价。这也是中国古代经济发达的典型样式的集中体现。在现代社会中这种发达经济的运行模式已经绝尘于世很久了。

但是财政中也提到了，并没有类似今天这样专门核算转化为纸币。

古代的制造业

从中国古代的货币视角来看，我们今天的货币形式是一种极为特殊的安排，也就是所有商品还有不同的价格，这是对于制造业的奇耻大辱，也是一种不能禁绝商业山寨行为的历史时期，必然需要出现的一种价格制度。在没有假货的时代，也就是制假贩假受到严惩的封建社会，货币和商品之间的关系，和今天不太类似，也就是没有一种所谓的产业价格指数的问题，只有在资本主义假货横行的国家，才需要制定所谓的产业商品价格指数，因为会有严重的市场遴选的辨别货品质量的问题。如果粮食质量类似，那么就不需要粮价。粮食是自然的产物，没办法控制质量，但是人为的产品不需要这样，所以可以达成一种按照完全同质的形态来进行生产。这就成为一种产业行为，也就是“工”这种样式的古代职业，在中国达到的高度。我们要了解，这是严刑峻法即存在严苛的肉刑和封建人身依附关系的君主国，是皇权社会而不是现代意义上的法治宽松的共和国的基本样式。

国际贸易差额和投资差额平衡问题

如果加入上述问题，我们就可以看到很复杂的变化中的重要原因。

如果我们必须要对这些问题进行深入讨论，那么就要将两种平衡相互结合加以讨论。谈明朝的经济问题，就必须一方面讨论国内问题，另一方面也要结合外部的平衡问题。国内问题，就是国内的GDP计算，但是这种总量上的计算带来的附属问题，是物品交易的总值，必然是通过货币来进行辅助的，从而产生了对于货币、信用和利率的基本思考。如果说仅仅是一种农业为主要的生产状态（农业基本产业说），那么必然不会有规模化的商品贸易，所以带来的问题就是为什么有持续大量的产品输出，从而带来巨额的贵金属的流入？这个问题是极为有趣的，如果没有对外的巨大价值的国际贸易，必然流入白银是因为国内的银价昂贵，所以带来的影响就是白银作为商品引入，结果是，因为银价较高，所以白银被运送来中国，但是银价高的体现是什么？或者说银价高是什么背后的基础力量支撑起来的？

难道是通过他们最保重的黄金来支撑贸易？实际上完全不是，而是带走了中国货物。贸易的对象主要不是白银之外其他的贵金属通货，而是中国的高价值产品。中国产品在中国和西方市场上的价差巨大，而对于中国商品的海外需求量，决定了白银的流入。而且全汉升和东印度公司编年史还说出了其中的关键问题，就是中国对于外国商品的需求几乎是零（直到清初）。中国人不用外国商品，这也决定了，只能将中国人要的东西送来，而中国人最需要的就是货币，所以白银被送来了。

其中的关键问题被合理解释为：中国的产品发达程度远远高于外部世界，所以中国不需要外部的产品，而外部对于中国产品的需求很大。中国的产品经济发展，远超外国的原因有多种，第一种大家都有共识，就是产品的技术水平高，外国人生产不出来瓷器，但是对于茶叶很难说明，为什么外国也能够种茶树，但是对于中国茶叶的需求还是很旺盛？那么如何思考丝织品的类似地位？为什么专门需求中国的丝织品，而外国丝织品有什么重大的差异？

回答上述问题，就涉及两个假说之间的关系和比例问题：（1）自由产品（民用产品出口）贸易说；（2）官办或者专营垄断产品贸易说。这二者的关系不是必有一个为真的关系，而是可能二者都占有地位，但是谁的贸易占比和地位更高。

我们用今天的经验和直觉作为类比，但是西方世界只有市场，也就是只有民用产品的生产部门，没有官办部门，或者官办部门是军火部门，所以我们首先探讨第一个假设的合理性。

如果今天我们的世界范围出现了一个国家，可能将世界范围的最多的硬通货，不经过任何人为措施，而是单纯经过自然的经济运行，而吸引过去，那么我们必然会认为这样的国家生产的产品、价值观念和审美具有一种不可抗拒的力量，从而才能将巨大的财富吸过去。类似地，我们今天作为一个发展中国家，对于西方的产品，无论其工业品还是任何一种产品，都有一种莫名其妙欣赏的感觉，尽管他们的奢侈品箱包的设计风格和色彩搭配等对于我们往往是并不符合一般的审美偏好的，但是在市场上人们还是将巨大的财富投入其中。中国是西方奢侈品消费花费最多的国家，其主要原因就是对于这种价值和审美的市场认可，就其本身的质量和美感来说，都远远不如这种根深蒂固的偏好对于消费本身更有影响力。所以，我们按照类似的方式来推测，瓷器、丝织品和茶叶这些代表了明朝的生活方式和审美观念的产品，盛行于当时，说明不仅是一种技术上的对于明朝的崇拜，或者简单的对于国力的膜拜，而是对于其礼义文明的价值观念的崇尚，可以说世界范围既然有如此巨大的商业流动，明朝的价值吸引力对于各国可以说是很强烈的。

第二个假设的合理性在于，如果按照单纯的民用产品来探讨以朝贡贸易为主的明朝经济系统，我们几乎没办法合理解释所有问题。所以，这里我们省去大量的说明文字，毕竟我们这本书的主题不是明朝的贸易，而是清代的贸易。

但是我们要知道那是中国进入清代之前的历史，历史是经过世界巅峰的竞争者重新定义的，所以经过了数轮对于价值观念的改写，我们很难重新找到大量而系统广泛的文字资料来支撑这些结论了。但是就经济数据所展示出来的超乎常态的状况，我们可以推测这样的一种情况是完全符合当时的经济贸易现实的。

按照这样的基点，我们继续推理，可以了解清代的两个贸易阶段：（1）类似明朝的朝贡贸易完整的清代经济系统；（2）朝贡贸易衰微，官办贸易被逐步替代，即官办专营缩减，而自由贸易比例提升；（3）官办贸易基本式微，但是清朝凭借自己的经济基础，维持自由贸易的时段。

我们可以清楚地看到，清朝的世界体系大致可以分为下列几个清晰阶段：（1）乾隆以及之前；（2）嘉道中落到第二次鸦片战争；（3）咸同中兴；（4）清日战败之后的财富维系。

第一个阶段是明朝朝贡贸易的完整延续。第二个阶段是转型，在1830年东印度公司逐步消退，即官营贸易逐步退出历史舞台的基础上，官营贸易大减，但是第三个阶段开创了自由贸易时代的中兴格局，这个格局依赖民间贸易的基础，开始与列强同台竞技。直到第四个阶段，军事失败，贸易开始逐步沦落为半殖民地贸易，平等的民间贸易阶段被强行终止。第四个阶段是依赖富国地位，进行有限的保守延续，经济在这个阶段尽管在下降，但是下降的速度并不激烈，也就是清朝的富裕阶层，仍旧很大程度上接受类似今天发达国家和不发达国家之间的商品供养关系，大量的西方工业国家依赖自己的资源和工业基于对本土的污染，来供养财富集中、环境清明的清朝百姓，直到清代帝王逊位。

殖民地化的典型标准是，资源被外部秩序者控制，从而污染自身输出产品供养母国。半殖民地化的标准是，部分土地被殖民，领土开始不完整。半殖民地的标准是比较宽泛的，而清朝逐步无法完整保守自己主权的条件下（财政、军事和政治无法自我支撑，前期过度扩土），为了发展民间贸易、推动经济稳定的基本财政现代化改革，采取的措施是开放部分西方据点或者租界，严格划清界限，在租界内部可以按照西方的制度和文化来进行开发建设甚至殖民，但是在清朝的租界边界以外，仍旧维持清朝的秩序。直到末年，清朝作为经历了环境变迁严重惊吓的一代，仍旧维持了极为保守的环境破坏和开发，所以清朝始终维持了奢侈品级别的农业产出水平，维系了封建制度的完整性和秩序基础。清朝一代同西方的关系始终是，西方在强势蚕食清朝的基本格局下，提供廉价民用品，通过倾销维持清朝和西方的贸易关系。清朝始终是最大的消费市场，而西方是廉价山寨品的供货商。就贸易秩序和基本的格局而言，清朝是富国消费者，而西方列强是贫穷的供养者。

直到民国，世界范围的贸易关系，仍旧是中国消费者消费着世界范围的廉价产品，而维持着基本的贸易平衡。尽管人们总是按照西方的叙事来说明中国的贸易是虚弱的、是不强大的，这是一种正确的描述，但是能够维持外国的商品来供养中国百姓，就说明了中国消费者始终维持了强大的购买力，有能力消费世界范围的商品供养的基本贸易秩序没有改变。

从上述意义上来说，清代世界格局中的中国类似于今天的美国经济作为世界最大的消费和金融区，清朝的经济体始终是世界范围最大的白银货币经济区，是世界货币的基础蓄积地，是世界的白银消费经济和金融中心，这意味着清朝是一个白银帝国，其基本经济建立在中国传统货币白银金融的基础上，而不是西方叙事体系下的简单的基础农业国。在清代，农业产品的价格始终没有低落的主要原因是白银经济，是清朝的国内奢侈品级别的环境生态使世界市场的农产品价格不会低落，而清朝之后就开启了世界范围的农业产品价格的极速跌落。所以说，清朝以一国之力始终维系了白银购买力和基础农产品的购买力不衰败，为当时的世界作出了很大的贡献，没有清朝始终如一的支撑，在西方工业化污染自由蔓延世界的贸易秩序下，人类的自然环境和食品质量早已经衰败了。

第四章　编年史叙事
——东印度公司贸易和货币财政分区

“中国人对外国商人必然是采取贪婪的勒索办法的；他们在一百年前，曾忍受过葡萄牙人的侵略行为，他们就像蜗牛一样，用各种办法来防范其他外国人的同样侵略行为。他们能够对付驯服的葡萄牙人，正如从1838年起的日本人对付在长崎的荷兰人一样；但对付暴烈鲁莽的英国人，是件难事。那些粗鲁的军人，一开始就抓紧机会向威得尔进行剥夺；这些流浪的商贩，还没有达到他们在18世纪末的高标准，他们都为自己而急忙地抢掠可能到手的东西；省的高级官员，即使在明帝国已面临末日的时期，尚能保持一种明智的处理；他们制止这些抢掠者，设法使英国人认识到他们自己的错误行为，并答应使自己的行为好一些，假如他们还想到中国口岸贸易的话。①

“根据我们的标准，英国人的行动是坏的；但按照那时的法则，则他们的行为是正常的。威得尔对于德雷克在农布雷－德迪奥斯（Nombre de Dios，古巴地名，原文章注）的行动以及他参加过的最近对东印度用武力推进贸易的事例，记忆犹新。中国闭关自守，有条件地对葡萄牙人开放了一扇侧门；但这扇门对于英国人是加锁封闭的。威得尔到来之后，准备利用那扇侧门并谦卑地去敲前门，但也准备，假如当面被享以闭门羹时，则破门而入。他在东印度公司任事多年，他的想法可以认作是与1627年巴达维亚总办事处致董事部，劝告开辟中国贸易的备忘录所表示的相同。该备忘录开头说：‘关于中国贸易，有三件事特别为世人所注意。第一，提供丰富的贸易。第二，他们不准外国人进入其国家。第三，小民恃贸易为生，他们适宜于在远方将其所有作冒险的探求。’

① 见《东印度公司对华贸易编年史》第29页。

“威得尔决心将其所有作冒险的探求。他耐心地等待了一个多月，希望通过葡萄牙人就可以得到他所需要的东西。然后到虎门申请，当要他等候时，他就等候；但当他的船被射击之后，他认为他已经被打了耳光，他还击。如果易地而处，即使在那个时代，假如有一艘中国的‘龙号’被命令在蒂尔伯里要塞（Tibury Fort）下面等候伦教海关当局的决定时，而‘龙号’竟派出一艘小艇测水并通过要塞，可能不会受到射击，但必然会派警察拿捕。威得尔在远东准备将其所有作冒险。但当他的船只被火器船进攻，又接到报告说，即将有帆船船队前来进攻的危险，而且也知道他的商人们在广州已陷于危险时，他采取了强硬的行动，企图强迫中国人屈膝。如此，他把自己陷于不能保证他的商人安全的境地，为了获取安全的保证，不得不自食恶果，他得承认他自己的错误行为，答允不再重犯，在这种条件之下，始能获得完成他这一次航运的贸易”。

以上文本提供的可值得仔细思考的细节很丰富：明朝欧洲贸易者的基础地位，在明清过渡时期，西方的发展水准是很低的，也就是他们的商品没有吸引力，他们是因为商品的吸引力才来到东方寻求财富的。商品的吸引力，就是创新能力，就是所谓的技术，所谓的资本，所谓的创新性人才的环境和制度基础，就是承诺和契约。这是经济层面比较本质性的特点，但是这背后还有文化和源头的问题，但是我们这里的介绍限于这些经济层面。

朝贡区的非法商人和海盗，在国内对接的是非法的个体、商户和本国的零星走私者与黑市上的半合法或者非法的商人。编年史中所说的边缘小民或狡民群体，就是这些半合法和非法的边境商人个体和群体。他们是附着在自由财政区的商业贸易基础上的边缘群体，类似于附着在自由财政区之上的毗邻的佐米亚边疆区的性质。

在东印度公司的文本中，对当时 17 世纪明清易代时候英国人的印象，似乎远远比葡萄牙人的文明程度低，而且经常粗暴地犯错，但是最终在当时的朝贡政策下，还完全处于被驯服的状况，这应该就是当时朝贡贸易所维持的平衡态。而且有趣的是，似乎来自不列颠的蛮人和清朝在当时的发展水平和特性具有类似性。明朝崩解之后，未来的世界格局的影响力主要来自这些继任者，而他们的开化程度和性格也令人惊讶地类似。清朝具有悍勇之气，而此时初来朝贡区的不列颠岛民在历史记载中，也被描述为非常具有类似气质的族群。

“东印度公司在该世纪的30年代力图进入中国贸易，没有成功。国王给葛廷联合会补助和全力支持，强行进入东印度公司已失败过的地方；但得不到立定点，这种投机就没有重做。蒙太尼和中国商人交易可注意的特点，就是没有得到18世纪中国贸易主要组成部分的中国产品。购到的舱货包括糖（750吨）及干姜（50吨），后来发现苏门答腊和印度比广州的便宜；同样还有从墨西哥进口的苏木，从万丹或巴达维亚进口的丁香等。至于中国产品，只不过约20至30吨丝织品、瓷器和干姜等；一盎司茶叶也没有。此次投机的成功只不过是象征性的，亦即和中国贸易还没有开始。

“威得尔冒险后，英伦处于混乱状态达十年之久——从1638年苏格兰庄严同盟及盟约（Solemn League and Covenant）到1649年斩决查理一世。接着的十年是共和政体，克伦威尔在爱尔兰反对查理二世的战争；1652—1654年与荷兰战争，在这个时期内无法给东方海面的英国贸易以有效的保护。护国主克伦威尔的个人政府，他的注意力集中在欧洲事务。

“‘伦敦号’于1635年被租给葡萄牙人。果阿当局在以后好几年不断努力劝说苏拉特的英国总经理，将其他船只租出，因为他们受到荷兰人威胁的危险，尤其是1641年荷兰人占有马六甲之后，将海峡完全封锁。英国人对这个要求不予理会；不管两国之间有何摩擦，公司代理人谨慎地不予荷兰人有正当理由埋怨破坏中立。1641年，公司为了自己的利益派遣‘欣德号’（Hinde）开往澳门，作第一次的贸易投机。该船于8月9日到达，初时受到友好态度的接待：但后来受到他们和中国人的恶意勒索；主要是丈量船只问题，他们缴付了3500卢比（八单位里尔），合理的缴付实则不超过800卢比，‘伦教号’比该船大，而只缴付1400卢比。但他们不满的主要原因，是该地极贫乏，各种商品都缺乏；在城市里买不到生丝或熟丝、干姜……什么都没有，只有瓷器，它是‘欣德号’装运的主要舱货，其余是黄金。

“这是明朝最后一位皇帝上吊自杀的一年，第一个满洲皇帝登上中国的宝座；帝国各地的贸易完全混乱。五年后报告称澳门的葡萄牙人对他们自己的果阿总督实行叛变反抗，后来又杀害他们的总船长，在这种混乱状态中，他们每日都互相残杀；同时满洲人侵掠大陆各地，他们在征服的地方没有设立任何政府，因此，有些中国的大人们……对所有海岸进行劫掠和破坏。甚至迟至1861年‘苏拉特号’（Surat）航行时，报告称该处还有很多大的贼船，停泊在广州河口的四周，向该地前进的船一定会成为肥肉和死鬼；直至现在，在满洲政权下人身安全没有保障，没有贸易往来，在满洲统治下的中国所有口岸都设有安定的贸易。满洲人于1653年在广州建立名义上的政权，但到了1683年皇帝才能够将该地的各种叛乱扫平；甚至在该时期以后，沿岸还有很多海盗行动。"①

这里面指出了很多重要的信息：（1）朝贡区外的贸易因为秩序输出停止，开始出现对于贸易线路的重新分蛋糕行为，原有的秩序开始出现严重的洗牌；（2）英国借机开始替代，但是英国因为内政正处于严重的灾难中，还没有能力替代。但是毫无疑问，英国的内政混乱也是重新分蛋糕的一部分。世界秩序开始出现大乱局。

满洲统治者重建贸易秩序要到17世纪末，甚至18世纪初期才开始厘清头绪，重建新的秩序输出体系。

外环佐米亚区的基本状况如下：（1）缺乏可以贸易的产品；（2）只能使用金银来进行交易；（3）因为不算合法，所以只能通过各种底层黑市或者中介来进行贸易，所以遇到的都是勒索、行贿或者不法交易的中介者，因为没有国家签订的国书贸易准许资格，或者贸易官方的证明，在朝贡贸易区，只能进行不正规市场的交易。这不能说朝贡区的贸易都是如此，而是外环的佐米亚区域的贸易，远远不如内环的贸易来得熟悉，所以遇到的不正规交易和欺诈、勒索乃至于底层的腐败现象，就更加严重。内环的非正规贸易是比较频繁的，所以只要官方不采取极端的针对性的贸易制裁，也就是严打或者黑名单等（如后金在特定战争时期的贸易制裁很严格），就可能形成比较固定的中介渠道，避免了更高的交易成本。所以说，外环的佐米亚贸易，是更加艰难的非正规乃至非法贸易的一部分。

《中国近代货币史资料（1822—1911）》② 第33页【银两兑换的浮收】条目下，引用马士《中华帝国对外关系史》第一卷对应标题的描述，这一部分谈到了马士对于中国的货币系统的简单直观的印象。这里说是"印象"，是比较确切的，因为这里面除了感受之外，没有谈到什么深刻的观念或者理解，但是就1910年出版的《中华帝国对外关系史》而言，其提供了当时的一个西方印象。

---

① 见《东印度公司对华贸易编年史》"第三章澳门与东京，"第31页。

② 佚名辑．中国近代货币史资料（1822—1911）［M］．台北：文海出版社，1966.

下面这些材料告诉我们，银本身并没有标准可言，也就是银本身并不是一种法定货币，而是一种价值尺度，或者说是一种自然经济下的价值尺度。但是官方的货币是钱串，即铜钱或者铜板，这是具有法定意义的货币单位，所以政府发行货币的主要目的，就是养活老百姓，也就是让老百姓有吃的，才产生了秩序的基础性经济功能。

"银两兑换也是可以把人弄糊涂的一个问题，它会使一个普通人无法了解中国税制的奥妙。中国除铜'钱'外，没有铸币，目前一万铜钱约等于一英镑，二千铜钱约等于一美元。中国白银货币并没有一个统一的标准，全国不下有几百种标准，就在一个地方也会有十几种标准，彼此相差数额可以达到百分之十以上。甚至库平银，也仅在帝国国库方面使用，它在国内其他各地只是一种会计上的货币。有一个典型的例子，从库平银折合铜钱的兑换率是每两2600文，从铜钱再往回折合库平银的兑换率却是1105文，因此，一笔70.66两的税款，经过折合就要交纳166.29两。但是我们这里拿一个经常发生的事实来说吧，从江苏省税收里拨解甘肃省的协饷，税票原来是按库平银计算，但缴税时按当地银两计算，当税款汇解上海时又折成漕平银，到上海后再折成上海银，等到汇解甘肃时（假定是汇划）却又要再折回漕平银，款子到了甘肃又按当地银两收进，甘肃所收银款还要折成库平银来和江苏结账，再折成本地银两存进钱庄，又折成库平银来和帝国国库结账，然后再折成当地银两或铜钱准备开支。这并不是开玩笑，乃是确凿的实际情况的叙述；因为经手人在这一连串九次兑换里，每次至少可从拆解数额获得百分之点五的好处，至于款子在地点转移时，从兑换率上所得的好处，以及向纳税人所进行的'勒索'，都还没有计算在内。并且，我们所叙述的是过去的情形多，现在的情形少，因此，我们就更不该忘记，过去解款照例是真正把银子从江苏运到甘肃去的，就是现在也还常常这样做，但是这种直接运款，并没有把上述反复兑换的情形省略，采取直截了当的交割办法，它徒然大量地增加了旅途中为转运和护送所需的费用，而且由于长途跋涉，所费时间，不是以日计而是以月计的。"①

这则史料极为形象地描述了当时的货币和金融制度的运行状况。假设这则史料描述的是实际状况，也就是在某种意义上是实际存在的多种货币流动

---

① 这是相关研究重要的参考资料，说明当时实际金银流向和基本逻辑。

的实际可能发生的货币或者财政流之一，当然我们还应该考虑这是不是占比例最大的货币流，或者这是不是一种代表性的货币流，但是从马士的描述语气中，至少在外国人，或者至少在部分参与了清朝的财政的外国人理解清朝的财政是如此的，那么我们若认为这就是当时的实际状况之一，尽管我们一定会了解还有其他的替代方案。

我们得到的结果就是在清朝的版图内，有三种不同的财政区或者货币区。第一位的货币区就是上海这样的金融中心，被洋人控制但是具有现代金融意义上的金融高效性，所以从这个渠道流动的财政流至少是划算的，但是我们不排除清朝还有其他财政流的渠道，且不使用上海财政流渠道的金融流也不在少数。第二位的自由财政区，也就是财政核心区是江苏省这样的具有代表性的财政区域，这个区域是帝国财政的核心。还有边疆类型的财政区，我们说甘肃是帝国内部的财政区，但是相比较帝国在朝贡圈层的外围财政区是更为核心的，但是此时是清代没落的时代，财政功能区已经内缩，所以不仅朝贡圈层全部剪除，而且内部的财政区也开始佐米亚化了，所以在战乱频发仍需要用兵的帝国内部地方，例如甘肃，出现了叛乱或者匪患，那么就需要照例按照佐米亚之前的边疆区的财政惯例来进行财政输出，也就是秩序输出。此时清朝仍旧能为这些广袤的省份输出秩序，这是令人惊讶的，但是毫无疑问，此时使用的是上海这样的金融中心的高效率来弥补帝国的低效率财政运行模式，所以我们可以看出，清朝也在努力进行着财政效率的提升，而且使用的外部财政机制，有效提升了原有的财政效率。

清国库平银的调节功能在此处显示出来。库平银不是简单的民用货币，而是用来进行财政和金融宏观货币调节的工具。库平银和铜钱是直接挂钩进行调节的，但是地方银不是调节的对象，其中的关键问题是，通过库平银作为杠杆来调节底层的民生，而对于商用的地方银，则采取全汉升所谓的中古自然经济的思路进行比较宽松的管理。所以，这里面具体的税率是直接加在地方的银通货上，而不是财政象征性通货。财政通货具有基础性通货的典型意义，是中央银行实现整体货币财政目标的工具。

从上述叙述中我们没看出清朝在制度上存在任何问题，只是在当时物流成本较高的条件下，出现的基本经济现象。清朝的财政政策具有一定的灵活性和效率性。最有趣的一个例子就是金融中介的效率性，在九次兑换中，中介的收费仅仅是所有金额的0.5%，说明这是非常有效率的金融转换。而且白银货币市场的信用水平是比较稳定的，在存在数百种不同的白银地方通货同时流通中，相互之间的价格最大差别仅仅限制在10%上下，这说明货币信用维持得相当好，因为地方因为白银的质地和不同的磨损带来的差异应该远远不止十分之一，但是即使在清代的最后几年中，仍旧维持着地方白银的稳定运行，说明地方的金融自组织能力是不依赖清朝的秩序输出，而自我良好运行的。这就是全汉升所谓“自然经济”的强大之处。

我们在讨论清朝经济的时候，需要了解，只有现在的西方式的法制和金融结合的状况下，仅仅在核心的金融中心地区，或者财政核心区，才可能看到那种较低的利率和较少的佣金的地区，任何一个传统的帝国边缘地带、佐米亚边疆区、非法交易市场和半合法的不正规市场中，都不可能有较低的交易成本，而这些交易成本很大程度上都是各种中介的佣金用来抵偿实际发生的非法、惩罚等带来的风险，而较低的运输成本在很晚的近代才会出现，叠加之后，才在少数地区，也就是核心的金融中心地段，才有人们希望看到的贪腐较少的现象。因为在上述所有交易成本连带运输成本不能降低的条件下，人们所认为的腐败，仅仅是上述交易成本中一个令人不愉快的成本之一，尽管很可能是人为造成的“吃拿卡要”，但是也是秩序低下地区交易成本的一部分，而不是所谓正常的交易成本之外的任何内容。这一点是理想主义者常犯的错误，因为不接受现实的条件和规则运行所带来的实际成本。

现实是，无论东西方，人们不愿意通过财政或者市场来供养多余的人，但是很可能多余的人是一个重要的阶层，而且自己多少也是这些相关的利益群体中的成员。

“最初来中国贸易的冒险家们，在每艘船中都带来足够的货物和货币，以便购买运回国内的货载；但是从船上推销这些出口货总要耽搁很多时间，结果能推销的东西仅限于一些业已有了市场的商品。因此我们发现东印度公司于一六七八年在厦门的‘投资’中包括值30000元的现金和值20000元的商品，该公司董事会于一六八三年曾提到：‘万丹的丧失给荷兰人和带着值70000英镑的存货大部是银块驶往你处的约罕纳号船。’在一七六四年该公司由一艘船解往广州的款项就达500000元之数。在整个十八世纪期中，实际上主要运进广州的是金银，一面用以补充进口货的不足，一面用作购买茶丝、维持商馆、供应船只和应付官吏的苛重勒索等的基金。为了这些用途，进口货的数量永远是不够的：进口货中主要是英国呢绒，它在一九〇六年的进口数量约占目前中国进口总量的百分之一。其他产品的需要量很少，在一九〇六年占中国进口总额百分之三十七的棉制品，在我们所考虑的整个时期中是广州次要出口货中主要项目之一。直到一八一七年为止，英国船的贸易都是这样的情形，只是从一八二六年以后，那些船只才有相当数量的金银从广州运出。美国船直到一八二六年为止还是运进金银作为购买回头货载的主要手段约为四分之三，但是从一八三〇年以后，美国商人发现他们不必再输进铸币了，因为英国在广州的贸易可以用供给他们伦敦汇票的方法以代替抽调西方国家白银储备这种不经济的方法。荷兰、法国和其他国家的贸易也需要进口白银。从十八世纪以及十九世纪初年一直到一八一七年的贸易，使大量白银流入中国并停留在那里，在一八一八到一八三〇年期中，所知道的进口金银（主要是由美国船输入的）为数已达 60000000 元，所知道的出口数额（全部是由英国船员运往印度的）约在 40000000 元，从一八三一年以后，这种趋势转变了，进口减到很小的数量，而只能用增加运输金银的方法才可以使贸易平衡。

“在任何一种经常只向一方面运送金银以支付经常的贸易逆差的贸易中，人们总会有一种本能上的努力来用一种生利的商品代替毫无收益的金银的流动，它往往不是个人意识到的。在广州，英国产品的消纳是有一定限度的；这并不是一种日益增加的贸易，而是在亏损的情形下进行的，但是这种情形竟坚持下去了，因为此外只有从英国大量增加白银的装运一法。对于来自美国和欧洲大陆的产品，需要很小；印度和南洋群岛的香料和其产品的市场是很有限的。只有两种商品——棉花和鸦片，是中国大量需要的，并且需要量不断增长。中国的扬子江流域大量生产棉花，但是平衡贸易的需要是如此的紧迫，以致在我们现在所谈到的时期中，有为数甚大且不断增加的棉花从印度输入广州，以其价值而论只是从一八二六年以后——在伶仃岛时期的第一阶段的末期，鸦片输入的价值才超过了它。第二种所需要的物品是鸦片，其进口数量的迅速增加已在本章叙述过了。直到一八三〇年为止，鸦片进口价值的增加数额仅足以平衡进出口间的差额，但是从那时以后，鸦片进口的价值不仅平衡了英国汇票，还足供抵付美国贸易所赖以资助的汇票。从一八三四年十月到伶仃岛时期的第二阶段之末，在广州从事贸易的英国商人甚至抗议东印度公司的‘用印度的岁收’买卖汇票，其数额预计在该年度达 600000 英镑。

“每一个中国官吏，由于他赖以获取收入的方法的关系，不得不在他才智所及的范围内，成为一个能干的财政家和银行家，所以那时的官吏们很快注意到大量白银是从流入变为流出了。他们经双方争论而共同承认的一千万两的数字，虽是鸦片贸易的总额而非贸易差额，但是他们仍然认为这是一件惊人的事，并且看得很清楚中国现在是把前几世纪中大部分由对外贸易得到的白银行将亏蚀掉了。

“所有上奏折的人们都指出兑换银两所需铜钱数额的增加，兑换率已从一千文增到一千二三百文，而把这点作为因白银源源外流致价值上涨的证明。当时白银外流时间之长久，尚不足以影响在广州地方货币市场以外的其他市场，而兑换率的增长是可以用铜钱的铸造情形充分予以说明的。中国是一个在各种货币之间没有任何固定兑换率的国家，甚至在两种同样金属的货币之间也没有固定兑换率，但是所有的兑换都是受货币的本身价值和它的供求关系所影响的。钱币学家们可以告诉我们，从乾隆年间的足重铜钱起（一七三六年到一七九五年）到嘉庆年间（一七九六年到一八二〇年），钱的分量已逐渐减低，而道光年间（一八二一年到一八五〇年）铸钱分量减低更甚，铜钱本身价值的损失足以使其交换价值丧失百分之二十至百分之三十。

“从商业上来讲（社会方面和道德方面则完全不谈），真正的补救办法就是推广贸易，以货物代替金银的输出。这点现在已经做到了。在837年，鸦片进口占进口总额百分之五十三，原棉进口占进口总额百分之二十二，在一九〇七年鸦片占外国进口贸易的百分之七，原棉占百分之零点四。在一八三七年茶占出口总额的百分之六十三，丝和丝制品占百分之三十二，其他商品占百分之五，在一九〇七年茶占全部出口贸易的百分之十二，丝和丝制品占百分之三十四，其他商品占百分之五十四。可是，当时在中国人的心目中的基本观念就是垄断和限制，中国官吏和中国商人都是抱同样的观念，当权的人们就是根据这种原则决定用绝对禁止鸦片进口和白银出口的办法来制止商业上的枯竭。”①

这段史料具有很大的价值，从外国人的角度描述了清代的历史分期问题。尽管鸦片是在嘉庆之前就在清朝消费，但是还没有形成气候，无论是土耳其

① 这几段引文均来自《中国近代货币史资料》第33页【外人对于白银外流的论述和看法】条目下。该部分内容来自马士《关系史》225页，“三十五对于现银外流论点的检讨”。

的鸦片还是世界鸦片的总产量，鸦片总产量的上升到达近乎提供工业化输出倾销的产能的，是英国在南亚次大陆上实现的完整产业链的培育和整合，这个产业链基于英国的印度殖民地，实现的目标是提供白银的替代物。上述史料清晰地指出，鸦片是唯一一种清朝无法断绝的可能形成巨量货币流的输入品，其他的进口贸易产品无论如何都无法与之相比。英国选定的这种产品，实际上扭转了英国对清朝的白银贸易赤字损失。这是英国崛起的一个标志性事件，也是清朝被英国从经济上超越的具有划时代意义的事件。

从嘉庆朝代开始了清朝实际的衰落，所以说“嘉道中衰”的历史分期是准确的。从这个事件来看，乾隆朝所做出努力的实际指向都有了落实。本身清朝没有产品的创新能力，无法提供出超的持续性创新产品，这意味着，清朝在吃明朝技术的老本，如果开放国门，必然外国的仿制品将会追上中国的产品，从而彻底替代中国的产品，所以清朝只能在乾隆朝尽量减缓这个趋势，但是没办法彻底终止英帝国的追赶。

美国的人参经济，本来可能一定程度上造成对于清朝的冲击，但是在乾隆的政治斡旋中，成功化解了美国作为英国殖民地，造成清朝贸易的重大伤害。在美国的人参经济使处女地地力基本耗尽不适合再种人参之后，美国独立，转型工业化发展路径，不同英国合作，谋求替代清朝。于是英国开始将印度殖民地发展成为新的“人参经济”贸易区，选定的产品还是类似的，就是具有供给中国富裕阶层消费的“人参的替代品”——鸦片。这个高级保健品成功被推销，清朝的富裕阶层接受并产生了依赖。

英国人用贸易战，而且是后金对明朝使用的方式，击垮了清朝的贸易。清朝的愤怒可想而知，进而出现了贸易战之后的升级，我们从 1840 年的贸易战升级的脉络中，可以看到整个格局的变化。

上述资料所提供的经济学直觉在大量的类似时期的文献中都普遍存在，我们结合这些材料可以看出不同国家之间格局上的关系。我们知道，在乾隆时期之前，中国白银的价值是比较高的。一则资料显示，大概中国的白银购买力比伦敦的同样数量的白银购买力大约一倍。

“在中国广州地方，半盎司白银所可支配的劳动量或生活必需品和便利品量，比伦敦一盎司白银所可支配的也许还要大。所以，对于该地的某一商品的所有者来说，在广州以半盎司白银出售，比在伦敦以一盎司白银出售，实际上也许更有价值，更为重要。不过，如果伦敦商人能在广州以半盎司白银购买的某一商品，后来能在伦敦以一盎司白银的价格出卖，他这趟买卖就获得了百分之百的利益，好像伦敦和广州的银价完全相同一样。至于广州半盎司白银比伦敦一盎司白银，能够支配更多劳动或更多生活必需品和便利品，对这个商人来说是不重要的。在伦敦，一盎司白银使他能够支配的劳动量和生活必需品与便利品量，总是两倍于半盎司白银，而这正是他所希求的。”①

这是很重要的资料，从原理上来看，我们就可以看出，广州－伦敦之间的关系，就是清－英实际的国际格局的对比。英国直到鸦片战争的时候，都没有像样的可能向清朝输送的产品，而主要是原材料，尤其是银。而此时清朝是一个农业国，有一些继承明朝技术的加工品，而几乎所有英国产品质量，按照清朝的百姓标准，都无法接受。而英国却完全相反，大量的清朝的产品，尤其是生活品类的产品，在英国都是畅销货，甚至于是英国中上阶层必需的产品。这说明清朝是世界上文化和经济价值的最高地，是文化的源和产品价值的中心，外部世界的生活是比较低下的，可能就原产品而言，其质量在没有被污染之前并不必然比清朝差，但是就加上了文化和价值观的产品而言，是没有吸引力的。在英国此时，没有办法向清输送足够的产品，而且两国的购买力差异出现了一倍的差别。

亚当·斯密的讨论还是存在问题的，因为尽管我们讨论的白银作为一种世界贸易货币，具有如此巨大的购买力差距，那么我们就一定认为，白银的购买力在任何一种商品上都类似实现同样的购买力优势吗，或者可能为商人带来同样的百分之一百的基于价格差距的利润吗？

这还是不精确的，因为这仅仅是从对部分的产品或者服务的控制力来讨论购买力本身。实质上，购买力不会实现类似的普遍的利润，不仅因为现实中远隔重洋的原因（交易成本之一——运输成本），还因为两个国家在世界格局中的地位不同——价值上，也就是双边市场上的歧视问题。根本上，商人是利用了双方面的市场的不同而获得价差，产生贸易利润的。

从本质上来说，同样量的白银假设依据“一价原则”在两处的购买力差距应该趋于消失，假设两边有完全一样的市场。但这是完全不可能的，因为两边的消费者不同，在一面向往另一面的消费品的条件下，我们很少看到完美的“一价原则”，而是彻底改变了天平的平衡。

---

① 引自亚当·斯密《国富论》。

清朝产品的需求在英国很大，而对英国的产品需求在清朝很小。这是一种普通的描述，但是这很不准确，因为假设我们使用底层的通货，来度量这个差距显然就没有那么大了。

清朝的粮食在英国价格很高，因为英国人很少消费米，所以这样的产品也不能作为“比较通货”的基础。我们假设英国和清朝的环境完美相似，而且都找到类似的粮食区域，那么我们说，此时如果两面的人口都有类似的食物偏好和食物的消耗比例，对于两面的底层人口而言，他们的市场就接近或者完美相似了，于是我们得到一价定理，也就是两面的货币价值应该趋于类似，汇率如果都建立在银本位上，那么我们就得到两面的银价完全相等。

但是现实不同，两边人们所持有银价不同的原因，主要不是因为粮食这样的必需品造成的。如果我们假设因为实际的需要和市场的供应的非对称，必须要有人把一面的粮食运输到另一面，那么我们就得到两面的银价的差异。基本上出现的差异，就是运输成本带来的，也就是地理经济学的图所描述的价格的环形结构，但是很遗憾，这也不是实际的清国和英国的状况，而是英国和欧洲大陆的状况，例如，德国和法国之间的农业品贸易。

内卷式贫困的诱因

毗邻的国家，或者贸易运输成本有限的条件下（今天也是如此），相互贸易生活必需品的国家之间，建立起来的关系，更多的是一种供养关系，也就是物资丰富的国家供养物资贫乏但存在更多额外价值创造①的国家，也就是在今天看，农业供养关系是殖民地和母国的同位关系。但是在农业时代不同，因为农产品的价值很高，是一个国家财政的主要内容，那个时代的农业的贸易包含了更复杂的内容，所以在早期殖民地，尤其是英国殖民地，殖民地人口的生活水平（参考美国经济史殖民地时代章节），在历史研究中被认为，并不低于或者显著必然低于母国，除非这个国家的人口结构比较失调，可能造成亚洲一些人口较多的国家在近代社会学和经济学中定义的那种内卷式贫困。经济学文献中谈到贫困问题时存在类似的主题，在非洲殖民地的贫困问题上，

① 按照现代的术语来说，是高附加值制造。但是在清代的背景下，我们对于哪些行业或者产业算是高附加值制造业，是存在很大的争议的，所以这里不使用现代的概念。

存在资源剥夺或者资源抽取式的殖民地类型，这类殖民地很大程度上是存在对于资源的内卷的，但是对于亚洲的极度勤劳或者苦力式内卷从某种意义上在近代也类似典型的资源抽取型（Extractive）殖民地①。

日本在荷兰殖民的早期出现过类似问题，但是后期兴起了汉学抵制兰学，结束了进行这类殖民的时期。江户时期，排挤了外夷，开始准备一种新型的发展模式了。研究日本明朝之后的发展轨道，是极为有价值的。我们说英国在北美的殖民地不是掠夺经济，这是因为当时的格局造成的，而且早期的美国经济不是独立之后的美国经济，可能美国经济的主要性质，是因为东印度公司的帮助，从而导致美国的经济在佐米亚边疆区没有发展成为彻底的吸血经济。一个原因是很大程度上的宗教抵制，黑社会瓦解英国的秩序输出，还有一个客观原因就是美洲的经济具有缺乏劳动力的属性，这一属性导致美国经济发展缓慢，没办法采取，在亚洲人口众多的南亚采取的依赖人口的劳动密集型掠夺模式，形成对人口资源密集的殖民地掠夺经济模式。美洲是资源型殖民地属性，而亚洲的南亚次大陆上，基本上是人口开发型结合资源型的殖民地模式。中国经历清代到日本侵略时代，表现出严重的奴化现象，所以在历史上称这段时期为半殖民地的社会和经济发展状况。

如果我们将清朝进入内卷式贫困的时代无限提前，也就是提前到包括19世纪的特定时段，那么就会导致历史比例的失调和解释的困境。这是解读清代经济史的一个误区，这里我们仅仅提出这个问题，而在此不进行深入分析。下面我们回到主题继续关于购买力的基本问题的讨论。

18世纪70年代前后，亚当·斯密时代的英国的白银购买力是清朝的一半。

遥远的海运区跨海运输成本大大降低的时代，也就是如同我们今天这样在世界范围内依赖远距离货运提供日常生活用品的时代还没有来到，明朝解体之后，东西方独立发展，相互之间已经不存在武力威胁或者臣服的可能，所以东亚的朝贡体系已经无法像明朝一样辐射世界的海运区了。

所以，审视清代中期以前的世界格局和现实约束，一个关键的结论是：本质上，乾隆时的白银的购买力价格的差值，是奢侈品带来的。

---

① Daron Acemoglu, Simon Johnson, James A. Robinson. The colonial origins of comparative development: an empirical investigation [J]. American economic review, 91 (5), 2001, 1369 - 1401. 该文三位作者主要因为该文的概念和理论贡献获得2024年诺贝尔经济学奖。

一个国家内部的白银的购买力，体现了一个国家的货币对于劳动力的支配能力，这一点是亚当·斯密讨论的基点，这没有问题。我们就使用货币购买力对于服务的支配力来讨论货币购买力的基本原理，对于同样重量和体量的产品而言，越是供社会层级高的消费者使用的产品，就越是具有奢侈品的属性，因为中上阶层的时间成本较高从而支撑的价格较高，他们支配的服务多且密集，所以为他们的生活提供的产品就具有一种高度服务密集，或者换为今天的经济学术语就是，这类产品的价值密集程度或者附加值更高。价值高，等价于说这样的产品集成的劳动价值更多。以当时的社会和贸易背景来看，中产阶级或者上层的产品，如果被海运到伦敦，那么这样的产品在当时带来的消费热情是很高的，因为伦敦对应阶级的消费水平在提升但是消费品的生产能力达不到这么密集的程度，或者说，对应于欧洲诸邦①（如不列颠）的消费能力而言，他们无法在本地找到合适他们的消费品，因为当地的供应链没有形成这么发达的产品生产体系，但是在中国，他们能够找到很大价值的产品，因为此处的中产阶级的消费水平要高很多，因此可以通过海运带来更大价值的消费品。所以，伦敦的消费者，就是当地的高级的奢侈品消费者，也就是贵族阶层是传统的中国消费品的消费者（无论明清还是更早的时代这几乎都是通例）。但是当地没有这样的高级产品的系统生产能力，生产链条主要配备的是底层。

当我们谈到上述例子的时候，有的人会摇头表示自己并不认可这样的事实。下面我们引用一个典型的西方观念的来源来做一个简单的介绍。李约瑟在《中国科学技术史（第一卷）》的第一章序言中就提到了所谓李约瑟之谜的提问：

“中国的这些发明和发现往往远远超过同时代的欧洲，特别是在15世纪之前更是如此（关于这一点可以毫不费力地加以证明）。欧洲在16世纪以后就诞生了近代科学，这种科学已被证明是形成近代世界秩序的基本因素之一，而中国文明却未能在亚洲产生与此相似的近代科学，其阻碍因素是什么？

“在一些普通文献中，我们可以看到两种相互矛盾的倾向。17世纪的耶稣会士所传播的中国古代传说时代的纪年表至今仍然在起作用，它使人们把过多的东西看作是东亚发明的。然而同时却又存在着另外一种截然相反的倾

① 朝贡时代这些偏远的外邦通称番邦，国王被百姓称为番邦大王。

向，认为任何一种重要的发明或发现都绝对不可能在欧洲以外的任何地方产生。”

我们如果要认识清朝发生了什么，上述知识和认知障碍会始终困扰着一些人。我们需要确定的时间和事实如下，第一，中国明朝和清朝的技术乃至产品的显著的先进性是一个事实；第二，清朝期间西方发生的实际的工业革命的成果，导致清朝中后期显著在技术上开始同欧洲拉开差距，也是一个事实。但是后者是一个缓慢的过程，而不是一蹴而就的。我们要了解，在工业革命的过程中，“便利品”的发明，工业化规模化量产，使这些产品开始变得廉价，进入普通西方百姓的生活中，使西方近代历史在阐述工业革命的成就的时候，会反复强调下述这个关于生活水平的经济发展现象：因为“便利品”的广泛使用，西方普遍的生活水平得到了显著的改善。使用清朝的视角可以说，欧洲的番邦贵族甚至国王在中世纪的生活水平（以今天的便利品的丰富和廉价的标准来度量）是很低的，远远低于现代西方人。我们这里还要补充一点，在清朝的中期以前，这一西方中世纪的生存状态和生活水平，更远远低于清朝的中产的一般标准。这也是清朝的产品始终能够换取外部金属货币白银的核心经济原因。

假设在伦敦要驱动这么大的生产链条，需要的人口是 1 万人，那么在中国高效率的生产体系中，只需要 5000 人就可能在同样的时间中生产，我们不考虑技术的差异。如果考虑技术和传统的差异以及技术的可得性，那么中国景德镇 1000 人的加工厂，就可能生产出英国的 10000 人的劳动驱动能够产生的结果，但是这还没有考虑技术本身的可得性，仅仅是考虑劳动者的层级和组织性质。借用今天的概念来类比就是跨国企业封闭管理模式，封闭企业中借用了当地的人员组织性，但跨国企业的技术是被封闭管理的。

所以，我们用劳动价值论来探讨了上述问题，假设两方面的劳动的价值类似。另外，似乎亚当·斯密认为，18 世纪 70 年代清朝底层的社会劳动力的工资并不高，也就是并不严格高于西方世界，似乎此时的劳动力，美国也并不严格低于英国。世界各地当时的底层劳动者的生活水平，在一个以体力劳动为主要市场的完全不卷的世界范围中，各个国家的劳动者，仅仅是有限时间劳动，大部分时间休息，结合在自然中的所谓自然经济条件下（没有污染，没有财政补助的援助福利生活），此时世界范围的底层收入都是趋于类似的。如果中国从财政核心区，到财政自由区，到外围财政区，到佐米亚经济边区，存在着这样的福利递减的光谱学，那么英国对应的到底是哪一个频段？这就是本质上的所谓购买力问题，也是本质上的所谓汇率问题。

论内部空间和外部空间的所谓等价性

当我们说（1）帝国和（2）朝贡区以及（3）佐米亚边区这三个区域的时候，我们是指（1）帝国内部的区域，（2）帝国外部中可能发生贸易并通过军事和贸易维系（并输出帝国秩序）的地区以及（3）之外的地区。

所谓之外，并不必然在空间上是外围，而是可能发生空间的变动和交错，但是如果帝国有财政和军事余力，就会修正这样的错位和错乱，从而让边疆区实际发生在朝贡区的外围，使朝贡区成为属国围绕的区域，而不仅是一种形式和名称，实质发生的时候，就是帝国旺盛的稳定期，而名不副实的时候，就是帝国没落期，人为的没落是少见的，类似于明朝这样的小冰河期，确实最典型的状况。

在帝国自由财政区内部，也存在环形，内部的消费市场不是均一的，即帝国只有在少数消费集中的地区才会出现高级消费品的大量销售市场，这不仅是金融中心，还可能是政治和文化交融的中心以及此时聚居了大量帝国的贵族和富豪，至少人口也是中产之家，不然可能完全无法支付基本的日常消费。

帝都和广州，在清代是这样的地方。而更下一级的城市，则不可能有这类消费水平了，所以如果需要这样的高级消费品，必然需要到这样的中心来生存和消费。我们说，红楼梦的四大家族，不可能生活在更低的消费区，至少他们的存在就提升了这个消费区的档次，所以没有这样的消费品市场的地区，就是更下一级的消费区，但是我们了解，各个地方的粮食价格都是均一的，很大可能是各地最贫困生活的人口，他们的生活水平并没有上述奢侈品的环形图，而是更加均一，这就是帝国的财政和价格政策所极力努力形成的一种供养体系。但是帝国的供养是有层级的，也就是在帝国的自由财政区，供养的人口的生活水平相对较好，而边缘的财政辐射较低的地区，但是在帝国内部，就会出现较低的生活水平。这种较低有两种可能：第一，运输粮食较少，所以只能适应当地的食物供应；第二，商业的供应，使这些地区能够享受在帝国自由商贸区享有的较高的一般生活福利。所以，一般而言，就平均的生存而言，帝国的生活水平，就算是最底层也是逐级递减的，在核心区好于自由财政区，好于受限财政区。

但如果纯粹就粮食而言，假设一个边区经济中，自己的粮食比较充裕，那么就会出现，边区的百姓粮食能够自给，但是商贸不通，需要依赖自己的工业，或者贸易较少的通过商业渠道购买内地的工业化产品，本质上此处就出现一种特殊的状况，就是边区的粮食供应充足的状况，所以，可能部分边区因为人口稀少，这种状况也是可能且经常出现的，如四川，但是西北荒漠就不行，粮食一般不能自给。

四川的盆地属性，在日常来看，是比较富足的特殊地区。但是多数边区的商贸都不太发达，供应中心的产品有一定代际差，也就是升级缓慢一步。这种传导需要商业资本，但是在边区也不发达的状况下，就不会出现及时的消费升级，这些地区的富裕人口需要自己来到商业中心区购买产品，于是出现了富裕人口向中心移动的趋势。

极为类似的，英国相当于这样的环形区。英国在朝贡之外，远距离商贸因为这样的环形差而特别具有利益。

中国的传统是精英化的社会，产品大宗都是供应帝国的精英化的消费品，而帝国财政调拨的粮食，是供应军事和少数地方的百姓消费的，但是大量的商业活动，尤其是顶级的商业运输都是用来调集大量的精英消费品的，百姓按照当地的资源支撑力一般而言不进行流动，也能够在非灾荒时代生存得很好。所以，在灾荒时代，部分省份就会出现严重的饥民流动现象，因为此时的财政运力需要被官方的军事占用，商业萧条，没办法及时转运粮食，导致的结果就是百姓要自己到粮食较多的区域自谋生计。所以，小冰河时代的气候变迁会带来严重的灾荒，从而产生巨量的流民，这就是近代历史的基本概貌。

精英化的大宗产品的商业贸易，是中国历史的常态，所以只要英商进入中国腹地，就可能得到大量的高质量商品（鸦片战争期间的状况），而且这些商品的质量要远远好于英国当地的产品，这就是空间上的消费代际差异，带来显著的商品质量的差距。产生的利润的主要部分，就是这种消费代际差。

在自由财政区，国内贸易的高利润（因为缺乏商业联通导致的高交易成本产生的现象），会自动诱使商人及时参与到市场中从而产生降低交易成本的市场调节现象，通过竞争降低利润，从而缓解了国内货币的“汇率”问题。

所以在有足够商业联通的条件下（足够多商人参与经营带来的繁荣下），不可能存在自由财政区的汇率偏离一价法则现象，即一般而言不需要多重汇率来反映可套利的问题。

当铜币盯住米价的时候，必然不会随着白银的上涨而大规模上涨，但是尽管如此，铜币还是会显示出明显地偏离米价的趋势。当我们选定的地区的消费代际差异很大的时候，此时货币购买力就会降低，因为本地的产品没有对应的高质量的奢侈品维持货币的价值，那么白银就会自动向消费层级高的地区流动，很可能通过当地精英的迁移或者流动来实现，也可能通过商人的贸易来减少这样的差距，但是持续的差距会导致白银向消费金融中心流动，毫无疑问，这种趋势不可能停下来，所以必然的趋势就是如此。

但是，英国有自己的财政和独立的货币政策，可能通过关税或者贸易限制来减低上述影响。而彻底解决这个问题，就必须要改变现实，提供更多的消费品，升级消费才是根本的问题。清朝和英国的此消彼长，发生在19世纪的后半期，但是英国彻底赶上清朝的消费，还是在中国进入军阀混战汉人内斗的时代了。

商人的持续存在，可能维系地方经济和精英家族的长期不流出，这是一个地区经济维系的关键。如果精英人口持续流出而没有返流，那么必然带来的结果就是此地的消费降低为一种次级消费区，但是在清朝，核心区域尤其是自由财政区都不是次级消费区，在各自的领域都有擅长的商品，所以家族式的精英化的地方格局，是中国古代的一般样式。宗族和家族的区域经济，这些繁荣的超区域金融和消费中心对于财富的有限吸纳，告老还乡制度对于精英阶层的及时返流，是社会维系的根本。多中心的自然经济，就是全汉升式的货币考虑的经济基本盘。

从亚当·斯密的讨论来看，在18世纪70年代，英国的经济发展水平还远远达不到朝贡区的一般经济水平，因为他们还需要朝贡区的很多商品，也就是他们在得不到清朝的产品的时候，还可能通过清朝的朝贡区得到满意的消费体验，所以英国的佐米亚边区经济水平，是确定无疑的。

第五章　前清时代的历史叙事
——入关三帝编年史

本章概括分析了入关三帝的时代面临的主要问题以及当时解决的主要思路。本章分为三个阶段：第一个阶段，顺治时代的艰难选择；第二个阶段，康熙时代对于难关的逐步攻克；第三个阶段，雍正的艰难选择。

顺治的博弈

在顺治时代，极端的疫情，如幻的战局，变幻莫测的政治诡谲，都是其作为主角之一亲历的。顺治曾言及子孙早回关外，削发为僧的行为，究竟暗示出顺治的真性情，而非一个谙熟皇朝血统的继承人的鲜明特色。然而从这里面，我们也看出，清朝此时正在经历的诸般故事和军事贵族酋长适应中国最高统治权力顶端的艰难过程。一个朝贡五服边缘的酋长继承人来到中心，显然极端不适应，因为风险瞬间增加的比例，似乎和诱惑的比例还是不相称，让自己的未来子孙承担如此巨大的风险，到底值还是不值？假设出一个不成器的子孙，是不是会万劫不复？

此时顺治无疑已经明了帝王至深的权衡，看穿了未来几代人如果要选择入主中原需要拿什么交换。顺治的选择是不交换，维系关外贵族，还政未来中主，但是子孙终究是留恋皇权没有答应。因为轮到一次中彩，太不容易，哪有送回去的道理？

那么顺治的权衡（trade-off）是什么？我们不是顺治，也没有顺治的见识，来揣测顺治是不太识趣的做法，但是倘若不吝惜自辱舍得自嘲，可以尝试做一个推测来作为游戏。如果我们假设顺治有一个计算好的函数，这个函数简单刻画了未来贵族集团总的福利额度，在一个游戏中，如果玩到一定程度，大概每一个玩家都会有一个具体的概念，但是这个数字应该只有顺治知道，没有其他人了解。从顺治的行为来推测，这是一个有限的数字，而不是无限可续的数字。毫无疑问，如果是无限的可以随时按照自己的意愿增减的数字，那么顺治不会出家。有太多不可为的因素，导致顺治了解出家远比坐皇帝的龙椅好太多。

顺治的计算可能比较复杂，我们不知道顺治到底看到了康熙朝的结尾，还是看到了雍正朝的艰难，是不是也看到了乾隆朝代短暂的辉煌，甚至还看到了明媚的午后，过去就是暗淡的夕阳，甚至是暴雨雷鸣，黄昏晚景的凄凉，甚至应该看到了清朝在江南的族灭，或者也明白了满洲贵族的消散。

从康熙的成年行为上，立即看到了康熙不仅了解顺治的担心，甚至也在苦苦寻找父亲认为无解的解决办法。康熙的学问匪浅，不是现代的博士生能达到的西学的水准，康熙的发明不少，种牛痘这样的方法不是一般的科学家能从无到有的。

如果我们将顺治的模型简化，可能一个极简版本就是，两个选择——出关和不出关。如果国祚和国家的面积成正比，那么假设满洲鼎盛的面积是中国总面积的 1/5。如果我们给一个极简单的公式：国祚 = 总余额/面积，

那么我们计算一下，设余额为 1000 年，如果统治中国，那么这个家族的寿数是 1000 ÷ 5 = 200 年，如果回到关外，那么 1000 ÷ 1 = 1000 年。所以，回到关外得享 1000 年的寿数（类似于西南土司的千年传承史），但是如果入住明主的大宅子，成为五服中心，得享国祚 200 年，之后灰飞烟灭于历史之间。

当然，我们这个博弈，仅仅给出了一个博弈玩家（player），就是顺治。因为是一个简化的设置，所以并未给出博弈的对弈方（也没有设置其策略）。仅仅给出了顺治的策略选择以及收益函数的基本的估算值。

在后续的清帝分析中，我们可以通过具体的设置将这个博弈逐步完善，但是我们了解即使发生变化，基本上选择也就是如此了，多点少点，对于顺治的计算，细节可能并不会更重要了。这是既定的格局。

康熙的博弈

康熙的所谓围绕在其生命中的始终是极大的危机感，其父亲的危机感几乎全部被继承下来，但是我们要相信顺治的直觉是没有错的。在顺治的一般

线性推测中，康熙之后几乎也就是一两代人，最多到乾隆就是末代皇帝了。本质上，这就是按照一般的17世纪关外军事贵族的逻辑所能做出的最好的推测。

康熙的一生几乎都在顺治的预言中度过。很大可能，顺治的权衡所理解的清朝如果入关，享200年国运，从1661年到1861年。不料慈禧从1862年开始，为清朝又续了半个世纪的国运。

康熙朝做到了两件事。第一件事，清代皇族逐步适应了五服中心皇权的统治，形成了清朝军事贵族向中国正统制度的制度上的过渡，尤其是使核心统治集团的统治者从心理上适应皇位的孤独无助的决策者的责任和担当，这个过渡是极为艰难的，也是形成传统的过程。尽管如此，顺治作为一个还不适应的皇帝，是充分看到了适应之后的未来的，而康熙是适应之后还是谨记顺治的顾虑的。但是作为五服中心皇权的决策者，这还远远不够，顺治的权衡始终悬挂在统治者的头顶，200年和1000年的选择此时已经过去，再也回不去了，所以从康熙开始就舍命将皇家的力量极尽可能地充分投入工作中，将有限的皇室子孙血脉的生命投入无限的余额博弈中，尝试万一还有200年后的一线生机的绝望的博弈中。清代是职业皇帝制度，非常类似于西方的专制君主制度，完全不同于传统的中国的天子制度，专制君主也就是职业皇帝，要求的是皇帝的能力，在选拔皇帝中要求能者胜，而且废除相权，解除群体决策制度，要的是皇帝一人的才能能够得到最大效率的发挥，所以在遇到才能卓越的皇帝的时候可能达到顶峰，但是对于皇帝的要求极高，天下的兴衰系于皇帝一人之上，也绝对由皇帝一人承担，军事贵族的风格非常鲜明。但是不讲求内部权力的结构和平衡，不认可“看不见的手”的作用，害怕外部的任何涉足掣肘，极力防患于未然。“未雨绸缪”是清代的典型决策特色，而自由放任却出现在西方“对应时代”的潮流中。彻底摒弃一切阻碍自己的道路的障碍，但是这需要皇帝一人足够的格局和视野，一旦出现问题，则很难有修正错误的机会，在清代后期，制度限制凸显，无法逆转之下，常陷自己于危亡。

雍正改制

雍正时代，财政已显疲态，国家运行出现了很大程度的制度性不可维系的问题。这个问题，在雍正手中，依赖一己之力，竟然转变了国体，这在任何一个时代都是难以想象的事情。但是对于清代之剑（顺治权衡）来说，本质上未曾有一丝一毫的改变，仅仅是改变了一个轨道，制度性降级了。

雍正的权衡

雍正之所做，是时代的呼唤，也就是雍正所做的，走在了时代的前面，马尔萨斯所说的人口问题，是雍正引领世界潮流做出的一个大胆的改制。雍正将朝廷的基本盘，从传统的士大夫阶层，转化为一般的平民阶层。

污名化的时间次序

我们不知道，西方人在雍正时代是如何看待中国的，但是从魁奈对于中国的崇拜和同时代的西方对于民权的向往就可以看出，几乎雍正时代对应的西方知识分子，对于中国都是佩服得五体投地的，而且大量的民权人士、草根代表和底层运动的知识分子斗士，都以宣扬中国的体制为荣，特别是法国的知识分子。

清朝在乾隆朝运筹帷幄之间，同英国产生了间接的竞争关系，而在两次鸦片战争前后与法国交恶（其后中兴更是打得法国内阁解体），这些现象似乎加速了西方联合起来整合西方文化向东方反扑的趋势。咸同中兴期间走扩张路线占据主导，引起西方警惕，普鲁士开始宣传黄祸异说，美国排华法案、英国的喉舌较早开始对中国使用阴间滤镜，而法国则略晚数十年。终于在鸦片战争之后，本土知识界启动西学为盛的热潮。中兴失败之后，渐次衰弱的清朝，走上了被污名化的缓慢道路。而彻底被污名化，还是日本留学生的主动推动，加上日本军国主义势力对中国的侵略需要和威胁恐吓的策略，形成了新青年的基本认知。清朝被污名化在前，但是彻底将中国几千年污名化的事情，是一个非常值得研究的问题。正如整个清朝的崩解，起自于五服之外，深重于五服之内，彻底污名化是内外结合的产物。清代一朝被污名化，乃至整个中国的近代和古代承受耻辱的污名化，却是一个渐次的过程，但是在新青年的时代，这个污名化的过程，很大程度上。有大量的中国最有威望的知识分析的系统参与，这与之是决然不能分开的。外人使用阴间滤镜，是直到现在还是惯常的操作，这几乎已经成为现代国际性新闻机构的必要“技术”了。对于一个西方的民族国家，系统将外国矮化，将自己提升，似乎是使民族得到一点令人羞耻而可悲的幸福感的主要手段。在十年前的欧洲，很多普通人还会问到中国人是不是已经开始有收音机和电视了。这个问题很值得反思，如果仅仅是因为人口缺乏对远距离的无关国家的知识而如此提问，可能不应该被理解为污名化，但是如果是新闻机构凡是报道相关国家就使用通例的矮化措施，那么就是问题所在。如果专门将一个国家有针对地调节成特殊的阴间滤镜来特别处理，那么就是一个严重的可耻行径。无论主流的科学世界还是文化新闻界，我们随处可以看到对于中国的矮化的成系列的长期报道，则需要我们这代人做出努力，从文化和学术上系统改变和纠正上述问题。

中国范围中凡认字的人铁肩担道义是一个传统，如果经济发展到稳定而普遍道德苏醒的阶段，就有望获取民族的复兴了。

雍正权衡（续）

雍正时代的下层基本盘思维，是皇朝历史中专制社会的一个选项，这需要在底层和上层之间做出一个选择，一改经营社会的优势特权，将成功人士纳入当世的税收财政体制中，这不是一般的政府改制能够做到的，如果不是从建制开始就如此。一般而言这样的改革是极为困难的，但是专制下的清廷竟然在康乾盛世之间做到了。

这一做法具有近代意义，且这样的做法是当时的领先做法，雍正可谓是职业皇帝做到极致的典范，是一个极为具有职业精神的皇帝。基于从业精于勤的单一衡量指标，清代诸帝都不是差等生，而雍正的精勤是常人不容易做到的。对于我们今天熟悉内卷的近代机制的群众来看，毫无疑问，从国富论开始，就开始数落中国的内卷问题，直到今天，人们很熟悉的经典经济史的论述中，给清代的标签式评论，也的确是从雍正朝开始的。

的确是雍正的改制，改变了国家的发展轨迹。对于中国而言，从一个长期的精英国家的典范（知道明朝人口始终没有大规模上升），到了雍正朝，在康熙朝结束了疫情之后开始巨量增长。我国人口大国的近代形象，是在雍正的设计规划和努力下完成的。雍正对于中国近代国家的形象，具有再造的基础性作用。

使用不同的角度可能对于雍正的改制，进行不同类型的评价，然而对于雍正的评价是很困难的。

雍正开启的近代化财政改革，具有历史上的先进性，也就是从事后来看，对于世界范围，尤其是对于中国的历史走向都是具有划时代意义的。未来的世界是平民时代，而中国古代的世界是精英治国的理念，这二者是所谓的现代化的重大的分野，到底谁是主要的、主流的和更重要的？这个问题，可以说古代和现代有着截然不同的回答。如果说精英被定义为社会演化中的暂时胜出者和他们所携带的遗传物质，那么精英社会毫无疑问具有人类几千年演化的基本适应性特征，但是现代社会毫无疑问是平民社会，甚至在西方的主导下开启了草根社会的先河，而始终处于前列的就是西方列强。英法各有不同的倡导模式，但是这一点似乎是共同价值观念。

雍正改制，压制精英，强行将精英历代的福利通过制度性强制再分配转移到草根阶层。雍正帝是草根之友，而精英文人始终比较恨雍正，从雍正开始的清代帝王逐渐比较前清的帝王开始更加承受了污名化。但是雍正的政策开始将中国人口推向了增长的高潮，经济上的发展动力在清代始终没有穷尽，从本质上来看，延续了中华民族的血脉和数量，从历史上和民族上来看，雍正的贡献都是不可忽略的，顺应民意的要求做出了改革。从清朝皇族的立场，雍正无疑是一代雄主，也是清代能立国两百年不衰的主要功主。

雍正的改制，将官绅纳入财政和税收体制，这是一个财政近代化的开始，其主要有赖于密折制度。

清朝持续在文教和舆论上用力，从本质上对识字的文化人有巨大的影响力的政策是从教育制度上入手的（这一点常常为今天的学者所忽略）。在官学和私学的制度差异下，逐步缩小私学的科举出路，大力压制汉民族中非儒教的人口势力，着力点在培植功利主义的内在因素。在清朝一代，科举制度所发挥的隐形作用，使中原民族中多维度的文化和崇尚逐步单一维度化，整个清代开始的崇儒运动，通过对于历史记录和书籍的系统删修以及人口识字率持续的规模下降（文盲化），让有限的科举进阶者在清朝末年实现了认为中国几千年都是崇儒的，然而本质上中国宋代才开始进入儒教的发展期，元代彻底排斥儒教，而明朝道教立国，儒教到晚期才开始出现大规模的无序蔓延。清朝的教育制度是比较成功地达成了上述三个主要目的：第一，清朝以一己之力，将人口推向更彻底的功利主义化趋势（形成了世界级的人口规模时也留下了清朝的烙印），以便于经济统治，而这个趋势传到西方，发生的影响是剧烈的，也就是西方在清朝的文化影响力下，也出现了共时性的严重的文化世俗化的趋势，开始了民权运动；第二，清朝以一己之力，将汉人文盲化，因为官学的科举生员名额有限，功利主义的大发展，使越来越多的百姓拥抱识字无用论，实用主义在清朝开始真正盛行起来，功利化和世俗化的高比例中国人，开始以这样的面貌出现在世界民族之林，在晚清开启贫困化之后，逐步加速向第三世界的国家面貌演化；第三，儒教的单一维度扩张，不仅逐步成为清朝统治者的信仰核心，还在社会上广泛形成了中国几千年的制度基础是儒教的基本认同，从而带来清末的社会性的反清运动，打着反历史甚至反中国的特点。清朝一朝将中华民族的文化精神删刈殆尽，仅剩腐儒。晚清时代，反清的青年国人开始系统反对自己几千年的文化、历史和制度，在疯狂的自我攻击、自我矮化和自我魔化之后，导致文化精神崩解，彻底出现文化断层，沦为战乱和彻底的第三世界的典型区域。晚清时代始终还能与外族周旋的平衡局面，在民国彻底瓦解，国家的首都被外族屠城，民族进入危亡之境。奴化汉人的手段令人震颤，到南京屠城的时代，屈指几个日本兵就完全可能控制一个县城的人口，人口精神麻木，甘受奴役的状况，举世皆惊。此时，达至殖民主义的顶峰，从精神上，一个在世界顶端的民族被瓦解分化和奴役，终成殖民地下的高度原子化的社会，人口堕落成为经济学上的理性经济人。

在清朝一代的历史研究中，一个世界级的反思课题就是对于西方殖民主义的反思，研究近代殖民主义的恶果在第三世界广泛地蔓延，大量的文明文化被隔断，历史出现断层，无数民族陷于秩序真空的囚徒困境中，高度依赖殖民者输入秩序，成为彻底的秩序消费者和游戏中可悲的非玩家角色（NPC）。

人口问题

马尔萨斯（Thomas Robert Malthus，1766—1834 年）是英国国内继亚当·斯密之后重要的代表性人物。雍正时代（1723—1735 年）从时间上来看，刚好比马尔萨斯的《人口论》早了 100 年。按《人口论》1798 年作为发表年代来算，也比雍正朝结束点早 60 年以上。雍正解决的问题，正是马尔萨斯关注的问题，马尔萨斯反对的就是雍正的税收改制，尤其是对人口政策的影响在世界范围掀起的“古典政经”热潮。

雍正（1678 年出生）也算是一个老太子了，上台时已经 45 岁，对于顺治时代（1638—1661 年）的核心忧虑，仅仅过了不到 20 年。一个 17 世纪 70 年代末期出生的人，对于 17 世纪 60 年代的事情，还是有很大的时代记忆和影响的，所以我们说，雍正一朝虽然短暂，但是也提供了解决顺治时代问题的方案，是非常合理的。

从人口史来看，从顺治十八年（1661 年）人丁 1900 万的数量，一直维持到康熙十二年（1673 年），之后开始下降，低至丁数 1600 万维持四年之后开始恢复，到康熙二十二年（1683 年）是 1600 万的最后一年，1659—1683 年始终在一年 900 万甚至更低的人口线下。之后提升到 2000 万，2000 万的人口时代非常漫长，直到康熙四十六年（1707 年），之后人口开始显著恢复，到康熙六十一年达到丁数 2500 万，而整个雍正一代几乎都在这个水平上，只是在雍正十二年（1734 年）刚达到 2600 万的人丁数量。从乾隆初年人口的统计口径开始出现实质性的变化，这本质上是摊丁入亩的雍正改制税收制度开始发挥实际作用，乾隆六年（1741 年）的统计数字开始以人口计算，即大小男妇，达到 1.4 亿。

巨大的政策改制，在短期内启动了人口的实质性攀升，不可能不对当时的世界产生巨大的影响。雍正人口政策的后续影响是巨大的，到了乾隆六十年（1795 年）人口统计上已经达到 2.97 亿，可以说，中国人口数量在乾隆朝从 1 亿扩大到 3 亿的体量，是雍正改制和乾隆贯彻的制度成效的体现。马尔萨斯的《人口论》据说是在嘉庆三年出版，马尔萨斯已经看到了雍正改制对于中国人口的巨大推动力，而且从对外影响来看，乾隆一朝是对外政策最成功的清代帝王统治时期，所以我们应该很清楚，在马尔萨斯的时代，当时最大的帝国就是清朝和英国，而英国正在全面赶超清朝，马尔萨斯的论述中不可能不涉及清朝对于英国的政策性影响力。

清朝的人口政策在全世界是引领性的、超前的，而且是具有领先领导性质的政策。雍正的政策，开启了一个新的时代，尽管我们从理论上在讨论其首创性和贡献的时候，不得不附带讨论其附属的负面影响。本质上，无论马尔萨斯对于《济贫法》的讨论，还是亚当·斯密对于清朝人口现象的讨论，都针对的是雍正改制之后的负面影响。因为讨论这个问题的学者为数众多，我们不做冗余的探讨，仅仅从系统性的认识来讨论，雍正改制对于顺治权衡带来的困境所提供的解决方案。

雍正有两个独创性的政策，一个是官绅一体纳粮，一个是摊丁入亩，都是著名的财政政策，而且推行得十分得力，不像宋代王安石等其他朝代的政改推行得那么不得人心。王安石推行的政策，得罪了官绅集团，而雍正的政策也得罪了官绅集团，这是雍正密折制度的得力之处，但相比之下，雍正将好处向底层倾斜，带来了社会的下层支持，乃至于人口大发展。这对于西方的政经改革有极大的影响，从此之后，几乎所有的西方式的政经改革，很大程度上都有雍正改制的影子。人口的大发展不仅仅发生在欧洲，甚至于在同时代的美洲由于乾隆外交得力，更有实际的影响力。

但是这种改革存在遗留问题，然而这个遗留问题就是雍正对顺治困境提供的解决方案。

雍正式的改制成功，就类似于在系统服务器基本设置层面，短期而且永续地调整了收入分配设置，在维持贵族统治集团利益不变的条件下，压缩既得利益集团官绅的份额，而将这个份额提供给底层，而且底层的税收基础，从男丁改变为按照实际的资源占有来纳税，彻底脱离了中国古代长久实行的人丁纳税即人头税制度。从马尔萨斯角度看问题，就是缓解了底层的人口压力，从而释放了底层的人口生育动机，这带来的问题对于农业社会是严重的。古代每个男婴的降临不仅仅是祖产有了继承人，对于祖产不多的家庭实际上是带来了更沉重的未来赋税。这是极为困难的压力，所以产生了人丁税收对于人口实际的压制功能，让底层不可能任意生育，超过资源的基本回报率的提升速度，这对于女婴是比较宽容的政策，因为本质上女婴的出生可能带来的是家庭的机会、一定的劳力的增加和适度消费的提升，在封建社会更可能因为联姻而改善家庭的基本社会地位，所以女婴的降生对于传统的中国社会是一个单纯幸运。所以，抛弃女婴在传统的人头税社会基本不可思议，而且女婴成长快、结婚早，不可能带来很严重的家庭负担。抛弃女婴是雍正改制之后中国社会开始出现的一个严重的人口问题的副产物，从而带来了最底层社会对于女婴的数百年的经济上的歧视加重的现象，在亚当·斯密的《国富论》中还特别加以介绍，可能当时的英国和清朝竞争激烈，这样吸睛的文字在英国国内有助于提升《国富论》书籍的实际市场销售和舆论效应。

尽管雍正开启了底层喜爱的模式，但是马尔萨斯的规律还是在发挥作用，在打开了生育压力的闸门之后，在微弱的利益驱动下，底层开始生育，似乎看到的是无尽的希望，这种希望是暂时的，而且国力的充裕也与之同步，在整个人口加速增长的乾隆朝，乾隆为了加速白银的流入可谓用尽了机关算尽的帝王之术，才博得一个“薄幸”——乾隆盛世也算是短暂的午后明媚。

白银是帝国的血液，从明朝开启了白银作为中间阶层的主要货币之后，在其后的封建时代，始终是使用白银作为基本的帝国财政货币的。白银在前清的对标万历的文治政策之下，在乾隆最后二十年的执政中，已经开始出现白银货币购买力的缓慢但是显著的衰退。

我们说，亚当·斯密的《国富论》以及美国独立的大事件，都发生在18世纪的70年代。70年代据一般的方法论测算，是一个很重要的转变阶段。一种方法论测算，这个十年中，尽管是乾隆的外交努力得到回报最多的时期，但是因为美国处于严格的被独立战争限制的状态（因为战争的原因，英国对于美国施加了最为严苛的贸易禁运），这个限制的放松在随后的十年间随着英国的痛定思痛的反思和迅速地调整外交战略而加以显著的改善，但是毫无疑问，此间东印度公司的贸易受到严重的干扰，导致了一些重要的结果：第一，纽约崛起，东印度公司收缩了航线；第二，最严重的对于清朝的财政货币政策影响的白银贸易，短期内受到极大限制，尽管清朝长期的白银进入得到了格局性的保障，但是本质上清朝的外交斡旋政策，导致的结果就是，白银航路被部分截断，清朝的白银受到一定的影响，但是这种影响因为清朝国内的白银还没有出现显著的外流趋势，而能够自行调节。

最重要的影响来自人口增加在中下层带来购买力的极度稀释，这种趋势导致的白银购买力的长期趋势是无法扭转的，乾隆一朝仅仅初次尝到了其对于经济的缓慢但是严峻的危害。如果说乾隆朝初次品尝到马尔萨斯效应对于财政尤其是货币政策的不利影响，那么这个效应在嘉庆朝达到高峰，人口从嘉庆元年（1796年）的2.7亿，猛增到嘉庆二十五年（1820年）的3.5亿。到了道光三十年（1850年）人口达到4.1亿。而历史统计的次年，即咸丰元年（1851年）人口则是4.3亿，而这也是清代历史人口的一个局部高峰数值，因为1852年人口统计则为3.3亿。在嘉庆初年（即1800年前后）白银的实际购买力跌为乾隆的18世纪60年代的白银购买力的一半左右。

但是在英国重启对美的封锁，导致美国经济急速崛起的背景下，白银再次开始在东印度公司畅通的航路上进入中国，此时的清代白银货币购买力开始复苏，最高达到嘉庆最后几年的高点，很可能此时的货币购买力短期内曾经达到18世纪60年代的三分之二，随后再次迅速下降直到咸同中兴的初年，又一次短暂回升到18世纪60年代的一半，其后开始进入新常态，这个新常态是慈禧时代的白银货币购买力的基本状况，也就是18世纪60年代的三分之一，有时候可能会好一些。就经济上的成就而言，在中日战争之前的十年多一些的时段中，是瓷器时代金融和经济表现最好的时段，此时白银的购买力回升在三分之一和二分之一之间徘徊，甚至可能还有局部的回升趋势。然而中日战争战败之后，白银的购买力就出现了垮塌式的下降，白银开始在世界范围被抛弃，清代的经济开始出现内部和外部双重被抛弃的状况。

按照亚当·斯密开创的简单经济学原理，对上层收税，短期可能得到一些财政的便利，但是从本质上减少了上层消费的开放性。上层消费的开放性，是税收的源泉之一，上层越是公开进行世俗化的消费，越是能够建立更为庞大的服务业结构，从而建立起一个简单税收的中间社会的池子。税收本质上是中间阶层承担的，中间阶层逃税的可能性很低，底层很容易成为税收的负贡献者，因为他们在很大程度上不仅不能承担大比例的稳定赋税，还在天灾人祸的时期，将税源大幅度缩减，但是中间阶层消费稳定，只要自己存在经济活动，就很容易对税收实现稳定的贡献。但是上层的变化性很大，制度上的逃税总是存在可能，甚至于他们还总是财务自由的。在嘉庆初年十三行被查的紧张时期，以十三行为基础的大量的广东省富裕人群，开始出现中国第一批出海和移民的浪潮①。但是我们要知道，这种趋势是逐渐形成的，在清朝的上层，开始出现不稳定的条件下，直到扩大为大量的经济和政治危机，例如，清朝梁柱的后代谭嗣同在慈禧末年已经开始公开做出行动，这样的状况尽管不为所容，但是毫无疑问这个趋势是逐渐形成的，不是一蹴而就的。从嘉庆朝开始，这样的端倪就开始出现了，这个过程是逐步发展成为趋势的，一浪高于一浪，吞没了清朝的财政和货币基础。

清代白银的外流不是短期内出现的，尽管在嘉庆朝，看不到批量白银外流的证据，却看到了美国独立战争贸易趋于稳定后，东印度公司重开，大量的白银输入，但是清代的白银流失是从嘉庆朝开始的。

大量公开的白银流失是从鸦片贸易开始的，但是私下的白银流动是清代

---

① 潘序伦．美国对华贸易史（1784—1923）［M］．上海：立信会计出版社，2013．

的大量私银流出，包括和珅系以及大量的地方豪强的白银的批量流出，都是在暗中进行的，这个过程直接导致了内外力量的转换。到维多利亚上位之后，此期间的清朝已经出现了实际的颓势。

人口如果中位数时薪不变，也就是效率不变，那么人口等比例增加，实际的 GDP 就按照同比例扩张，这个假设极为严格，而不现实，因为这个假设说的是，规模回报不变。如果在农业为主体的人群中，产生规模回报不变，那么就意味着需要很大程度上，从工商业尤其是高价值的服务业、金融业和高端艺术品类的文明价值的方面获取。

但是，我们看到清代的白银价值随着人口规模的扩张不断走低，这意味着，清代的规模回报至少不是不变的。但是我们说，在乾隆时代，如果按照小规模的人口倍数扩张的时间区间来计算，的确直到 18 世纪 60 年代，清代的康乾盛世期间实现了局部的规模回报不变，这需要两个条件：第一，足够的白银刺激；第二，时薪不变。

从本质上来讲，一个国家的货币投入，尤其是在传统的帝国时代，货币的窖藏很大程度上是极为风行的，所以一个国家实际流通中的货币数量是很难通过白银的存量来进行讨论的，即使知道中国作为一个大银池的储银总量，也很难用于较为准确的经济核算，所以，需要另外寻找合理的经济机制来计算白银的功能。相对于国内的白银用途，最合适的三种白银消费是极为核心的用于 GDP 核算的主要内容，无论是收入还是消费都是如此，如果一个时期消费盛行，那么就比较容易计算。第一种也是首要的白银消费是皇家的消费，本质上皇帝的雇员就是皇产的实际守护和运用者，所以第一级别的消费和收入者就是皇帝本身的消费和收入，也就是皇帝自己的财政或者财务，这包含了皇帝家庭的消费和皇帝私产的消费，这就构成了两个主要的消费内容。在清代，一个是内务府的财务，一个是皇帝的天下的财政。第二种是贵族的消费。贵族可能从某种意义上是一个微小的朝廷，尤其是封建制度下的分封制度，此时很接近一个小朝廷的建制。第三种是地方的豪强，豪强很大程度上不受皇帝的挟制，所以能够有自己的独立财务，一个核心的财务是市场，也就是国内外的关税，这一点很清晰，其中最突出的就是十三行和东印度公司的外贸。

在封建时代，有很复杂的社会分工系统，如果按照等级制度来看，等级高的按照礼教需要承担很复杂的一个消费系统，也就是自己需要承担一个很庞大的阶级秩序的消费，这部分必须要由自己的效率来支撑，如果支撑不了，那么就算是衰败了。所以，对于皇帝的要求很高，如果自己不能应付，也就是不能产生很大的绩效，那么必然就会遭受很严重的财政上的亏空，导致整个国家维持不下去，很大程度上必然带来严重的经济效率的问题。

清代是专制社会的一个高潮，也就是按照等级制度来进行消费，如果消费得不合乎礼制，那么就会带来严重的问题，但是不消费也显然是不可能的，因为需要很大的一个队伍来奉养一个专门的贵族，但是对于市场上的工商则比较宽容，尽管他们不可能完全在市场范围按照礼制的规矩来消费，但是基本上的规矩做到了，具体实际消费的规模可能会超出一般的范围，也是可以的。例如，我们看到《红楼梦》中描述的四大家族的实际消费，就是很夸张的状态，尽管从描述上来看，皇帝的消费能力很大程度上可能比四大家族要高，但是我们似乎没有看到除了建筑的规制和基本的礼节服饰仪规等之外，四大家族有特别明确的限制，所以基本上现实中的经济消费可能达到的标准似乎是无限的，这并不意味着这就一定合适，但是如果政治上和法律上基本合适，且礼教上没有僭越，那么就算是可能被社会包容的了。在《红楼梦》描述的实际生活过程中，专门就一些涉及伦理、道德、贪污和法律的问题进行了一些描述，在家族落幕的时候，的确因为这些方面的犯罪而败落了。

雍正的官绅一体纳粮，就是改变了中国传统中提供社会服务的人口的税收缴纳制度，让提供社会服务的各级官绅自己缴纳社保，在财政一级的制度层面，不再为之填补额外的税收空缺，这部分产生的影响是比较大的。按照一般的惯例，政府为自己的公仆提供免费的社保，这部分是由其他人来负担的，而雍正的思路是财政仅仅负担他们的劳动工资，不再提供社保，尽管从社会舆论上和一般观念上这个思路还得不到完全的认同，得罪了不少官绅，但是这个政策给财政带来了很大的解脱，从此财政在面对自己的劳动者的时候，就似乎是一个私营企业了，不需要考虑中间阶层的社保窟窿，而仅仅确保皇族、贵族和包衣奴隶的生活了，而上述这些内容很大程度上并不在财政中，而在内务府，所以财政包袱一下子解除了。从清代的制度来看，如果我们将清代的军事贵族制度进行深入思考，就了解了军事贵族根本上并不依赖皇产维持自己的运行，财政仅仅是皇帝的一个列在特定顺序上的工作内容，而不是最重要的内容。土地资源根本不是清朝军事贵族最为看重的部分，而土地资源根本上是运转土地上的百姓生存的一个次一级的财政经济，也就是农业土地人口的经济部分，而且这部分还是比较贫穷的部分。

如果按照顺序来看，第一是关外的资源经济，是八旗制度的基础，第二是明朝留下来的产业经济，这部分生产的产品供应皇家贵族的消费和红楼梦这样的豪门世家的消费以及海外销售。第三是一个经济样式，就是土地经济，提供一个粮棉为基础的消费样式，养活底层的基础人口以及所有基础阶层的人群。财政制度建立在第三个经济基础上，不仅是维系第三种经济基础的生存问题，还提供整个帝国基础性的公务人员的粮食和生存供应。所有特定阶层的生活，都需要由这个阶层的纳税来提供。

官绅一体纳粮的政策和丁税改革紧密相关，因为摊丁入亩的政策，确保了不收人头税，那么仅仅按照土地的边界和所有权利来确定税收的来源，所以没有土地有不纳税的权力。从本质上来说，即使是官绅的土地，也需要纳税，这样，明朝的逃税，也即是贫户将自己的土地寄存到豪门之下，这样逃税的做法就无法继续了，因为所有土地都需要纳税，只有让豪富也必须纳税，才能阻断贫民转寄土地，所以取消人头税，也同时必须配合官绅一体纳粮的政策，才能构成完整的土地纳税的政策设计。这个设计本质上是从此终清一代人的财政政策基础，在这个政策的基础上，清代才终于从后期的数次严峻的财政危机中挺过来，不然清代的财政危机会更加频繁。

后续时代概略

从本质上说，从乾隆之后，洋人进入中国的渠道逐步打开，这是维多利亚以及之前的英王既定的国策，因为乾隆朝既定的以及既成的战略策略，导致美国作为殖民地的独立，带来了对于清朝的长期经济上的利好。但是与此同时，清朝为了孤立和压制正在勃勃上升的英国的战略挑战，在乾隆朝动用了自己同诸多欧洲国家的贸易联系，最为明显的是，依赖清朝的间接协调，法国在美国最需要的时候，尽最大帮助，来使美国实现了几乎不可能独自完成的独立这个创举，一举改变了世界历史的格局和节奏。这件事情，在之前和之后的历史上从来没有再次出现，所以在英国最强盛的时代，美国的独立对于英国是巨大的灾难性事件。对于整个未来，英国采取的世界战略，也在此事件之后，发生了最为深刻的调整，这是几乎所有美国历史的叙事文本都着重探讨的问题。此后，英帝国对待殖民地的态度，开始一改千人日不落帝国西班牙既定的传统，而采取非常灵活和怀柔的策略，甚至于已经开始非常信奉亚当·斯密式的苏格兰理想主义的传统。这主要的外在推动力在于乾隆一朝的文治武力达到巅峰，乾隆一朝的财政充裕和文治武功，是整个清代的一个看点，而乾隆朝细致而微的国家面貌，在微观层次上的描述，也是与其他清代的社会文化有不少差异的。我们这本书很大程度上，因为体量的限制，可能无法包含这些细节和内容，但是我们要了解这个基本点，从而来研究后续的朝代。

尽管我们可能在乾隆一朝使用的褒义词略多，但是我们要知道，清代诸帝都是极为职业化的皇帝，他们的风格是同其他朝代极为不同的。从制度上来看，这个设置几乎不会对于国家整体带来更好的长期结果，但是这个制度的特点连带对于相权的彻底废除，使清代的焦点完全集中在皇帝一人的威权之上，从本质上显示出清代的格局性限制，但是每个优点和缺点并存，这种体质特征集中的特点，就是短期化目标达到最优，而几乎来不及顾及长期的利益。这种本质上的特点是由清代的政治特点决定的，清代的政治特点就是时时刻刻的危机，从来没有任何一个维度不释放出危机的潜藏点，所以有观点认为清代以这样的方式来面对，可能不仅是一种族群的发展阶段来决定的体制特征，而是一种在历史的大背景下被迫的选择。但是这样的观念本质上尽管有不少人赞同，但是基本错误的，仅仅是为了短期利益的短见找借口的一个托词而已，因为有清一代统治格局有限，无法采取传统的模式，在初期之后采取了彻底的儒家化的治理模式，也几乎看不到任何其他维度的治国方案。所以清代的治国尽管看点不少，但是始终同历代治理截然不同，但是清代能维持两百年稳固，尽管皇室绝嗣是一个主因，但清帝在如此狭隘的制度下能有如此的成就，其坚持祖训的意志力不可小觑。单单坚持立场这一点，就足以让清代的治理独树一帜，为关外军事贵族的标准立下一个较高的历史基准，难怪连明朝遗民也有不少终清之后的追随者。

所以说，清代的诸帝是自己手握全权，在灵活处置条件下，以个人一己之力来维持祖训不加改变的。从某种意义上来说，这一点主要不是来自制度的力量，而是个人的内在力量，这种皇权演替之下连续的继承性，是可以认为稍有差池就万劫不复的，但是清代难能可贵，在万变中为之不变，可谓得抱残守缺之要。

我们这里要讨论的第一个现象，就是继任者的政策对前一代决策者面对诸多问题的解决方式显然的一个反动，而事实上却展示出前面问题的细节微末。乾隆崩，和珅倒。嘉庆掌握了全面的大权，所谓封建时代的一个重要的特征就是一朝天子一朝臣，这一点集中了封建社会的要妙。

这三朝，开始出现了大量的事实上的西化治理模式，开始了全面的数字记录和日益西化的接近于今天的对于经济上的记录和考虑。可以说，从此开始，中国本质上已经开始了类似于明治维新时代的现代化的治理模式，但是整体框架仍旧维系了原有的制度基础。

本质上，清代从嘉庆朝代，就开始了近代化的措施，而第二次鸦片战争之后，正式启动了近乎现代的指标化的治国，从慈禧开始。而这样的治国模式，对于日本而言，是从明治朝开始的，也就是本来当时的领先者还是清朝，但是清朝在 19 世纪最后十年错过了，被突然超越了。历史终于从可观测的一面也开始正式改变轨迹。清亡于太平军，而灭于倭人。

第六章　清代的人参经济和财政制度——清代制度奠基

对于前清叙事，人参经济关涉极大，几乎涉及军政大事的方方面面。直到乾隆朝的经济和世界格局，人参经济还起着关键作用。在前清时代之后，人参经济逐步淡出人们的视野，但是留下一个重大的经济空白——被鸦片填补了。人参经济就是后世鸦片经济的前身，如果不是如此，二者的覆盖领域和关涉范围也有着极大的重合与交集。从人参角度来解读清代的经济缘起和发展是极为便当的事情，而除此之外的任何一种商品都无法合理且精确地描述清代经济、货币的一些本质现象。

清代尽管似乎同明朝有很大的商品门类和贸易的重合之处，例如，瓷器、茶叶、丝织品、家具和艺术品类等，但是清代更重视的不是上述这些产品的内核，因为不像明人有着崇尚艺术和技术上的文化和观念，清代本质上仅仅是继承上述产业状态，然而并没有推陈出新取得一代应有的发展。清人最核心的挚爱，是人参。

引述文献：女真早年的人参经济概貌

明朝初年，建州女真虽已有农耕生产，但在其经济比重中，是次于渔猎、采集经济的。这样的状况几乎延续了整个明朝，从本质上来看，女真是游牧体制，相较于蒙古人的游牧制度还比较初期。他们用兽皮、人参等一些奇特的物产，跟汉人、朝鲜人交换布匹、铁锅等生活必需品。他们维持着仰赖汉族中心区的交换经济，而成为一个中央帝国外围的典型佐米亚边疆区。按照传统的五服环状区域来划分，这个区域是距离汉人核心区的毗邻区域，汉人中心区的货物比较容易通过互市建立朝贡贸易，朝贡贸易对于女真部落来说极为关键，因为这是他们经济的核心内容。财富可能来源的两个关键环节，一个是长白山的珍品，例如，整个明朝和清朝早期贯穿始终的最核心的贸易硬通货是人参，另一个是皮草等产品。但是相对于人参的贸易数额和体量，皮草要居于比较次要的位置，而且对于关内市场而言，人参是关键的药材，对于明朝市场而言贸易依赖度很高，皮草还要居于其次。

"通过合法的互市以及走私等途径建立起来的贸易对于关内的持币代购者，是极为关键的。所以上述内容对于理解女真兴起的原因，是极为关键的，另外，对于清代诸多的经济、贸易、财政金融问题，也是重要的核心领域。这些经济上的成就，使努尔哈赤在16世纪80年代，及其以后东北城居各部落争夺军事霸权的斗争中，拥有了雄厚的经济实力。女真能够依赖山参贸易建立起来庞大的财富积累，这一点对于还处于财政制度相对薄弱阶段的后金十分重要，在明代的晚期，也是其能够依赖据以挑战明朝的核心财政基础。足见入关前人参在女真人经济生活中之重要。

"当时建州、海西女真所来人参，主要用于向明朝进贡和互市。《满州实录》载：'太祖遂招徕各部，环满州而居者皆为削平，国势日盛。与明国通好，遣使往来，执五百道敕书，受年例金币，本地所产有明珠、人参……以备国用。抚顺、清河、宽甸、爱阳四处关口互市交易，照例取赏，因此满洲民殷国富。'

"明档案也记载：'抚顺关、广顺关、镇北关的马市上，人参是一项大宗的交换商品。'

"明万历十一年（1583年）至十二年在广顺、镇北关交易中，海西女真出售人参达3619斤，计值白银三万余两。据明万历十二年（1584年）三月至九月近东残档记载，开元马市上的十九笔人参交易，每次交易数量都有详细记载，共计4102.5斤，以每斤十两银计算，达41025两。采取的是平均价格的计算方法。段逸山（2008）大致说明了清代不同时段一般人参市场均价的走势，但是人参的价值同人参的品质关系很大，所以我们很难计算实际的总价。皇家御用的四等人参价值已经很高，清代对于私挖人参惩罚很重，因为稀有人参的价值可能达到百两，千两的人参更是稀有品种，私挖是重罪。"①

① 赵郁楠．清代东北人参政务考述［D］．北京：中央民族大学，2007.

综上所述，人参在明朝和清朝的巨大价值，决定了女真的经济形态尽管始终处于游牧部落状态，但是并不缺乏军事的启动资金，女真依赖运输便利获益极高的特色经济，就能通过官方贸易或者走私，获取维系本族发展的充裕资金来源。这是女真创业阶段的经济特殊性。鉴于极为特殊的经济形态，此时的山参经济属于高度依赖明朝"大银池"的依附型佐米亚经济类型。这样的经济特殊性，是明朝朝贡体系中内环经济的基本特征。

对待后金，明朝始终在贸易禁运和贸易制裁中摇摆，袁崇焕始终坚持对于后金实施严格的贸易制裁，但是没有得到贯彻。到后期开始严格制裁，贯彻太晚了，加上走私猖獗，在内地富裕的经济无法彻底断绝人参消费的大背景下，导致人参经济始终为后金的军事输血，强弱易位下，明亡。

"中国本部为满洲人参之唯一贩卖路。今既与中国交战。则人参之贩路遂被封锁。不得已乃转而仰诸朝鲜之国境贸易。以求满洲之补偿云。"①

在明朝对于后金持续进行贸易制裁的背景下，后金利用朝鲜进行转口贸易，或者也在朝鲜采购所需要的物资。

后金逐渐强大，能够绕过明朝进行贸易，这不仅说明朝鲜可能在明朝和后金之间采取了复杂的战略选边，还说明此时后金已经能够在朝贡贸易的内环对朝鲜的实际外交和贸易政策施加强大的影响。在朝鲜的官吏记录中有不少贸易记录。天聪二年（1628 年）后金同朝鲜人互市，一次交易中，"派差人参四百八十余斤，责换毛青布一万九千余匹"②。天聪四年（1630 年）二月朝鲜记载："胡差仲男，以人参与银子，欲换青布八十余驮。"从朝鲜背后捅刀的行为，可以看出，明朝在内环贸易中已经开始失控，无法控制内环朝贡体系向敌方输血，此时朝鲜已经公开向后金示好，可见明朝此时处于"17 世纪朝贡内环合围"的危险状况之中。历代中央帝国都是在合围中结束治世的，此时对明帝国的合围，在东方主要是后金主导的。天聪八年（1634 年）三月，建州女真龙骨大、华大大等，以"人参八百斤、银子万余两交易"，而且六月即欲到义州"取参价"。这一记载，大约包含了人参作为转口贸易的数额，因为一般而言，数量如此巨大的交易，短期内不是朝鲜消化的，恐怕是朝鲜商人已经嵌入对明朝国人参走私经济的链条中。因为军事和政治的需要，

① 《朝鲜王朝实录》，又称《李朝实录》。

② 本处及以下引文均来自《东北三宝经济简史》。

"努尔哈赤、皇太极时期，人参的产量和销售量是相当大的，可以说是野生人参采挖史和贸易史上的鼎盛时期"。

"试以崇德元年（1636 年）四月的一次赏赐为例，当时朝鲜使臣回国，皇太极回赠的礼物中，仅人参一项，即送给朝鲜国王四十斤，送给两名使臣和二百八十九名随员各五斤，共计达一千四百九十五斤。[①]"

这一记录显示出，为了达成政治上联合朝鲜、围攻明朝的目的，后金对于朝鲜采取重贿的策略，因为手持硬通货，后金进行政治贿赂的策略是极为便捷的，既不用换为通货，也携带方便，价值极高，所以后金的政治目的，也是在人参经济中获得的重大好处之一。

"在这个时代里，每年人参的具体产量，虽然尚无文献可资精确统计，但大体上每年都在五六万斤以上。一个经常被引证的案例是，因为 1603 年至 1609 年，由于明廷关闭女真马市，拒绝建州朝贡，'致其人参之浥烂者达十余万斤。这是白白烂掉损失的，至于没有烂掉的，或通过其他渠道，如民间私相贸易或销于朝鲜的部分尚未包括在内，也不包括汉族所采挖的那一部分。"

所以，我们说当时东北年产人参五六万斤以上，是一个相当保守的数字。即使以年产五六万斤野生人参来计算，这在野生人参生产史上也是空前绝后的。以当时比较适中的产地价格每斤参值银九两计算，人参贸易每年至少为后金政权带来五六十万两以上白银的收入。

这一估计，也不是人参贸易的实际总价值，而且很可能与实际的总价值相去甚远。但是毫无疑问，人参当时受到战争的影响，在明朝的内部市场中，价格必然是起飞了，因为不少重要的汉地药方都需要人参来入药，所以公开市场和走私的黑市上，在战争年代，价格可以说不可用普通货币来一般度量了。战争不仅给后金带来了人参价格的巨大利好，而且形成了对于战争持续的输血来源，所以后金早期仰赖人参经济的供养是很关键的因素。

《东北三宝经济简史》也说，就后金来说，这个数字是很不小的。所以努尔哈赤等把人参等土特产，视作满族人民"赖以生活"的衣食之源、"民殷国富"的经济命脉，并不夸张，是符合实际情况的。

满人以参为业，而汉人以米棉桑麻为生。各个有不同的产业和货币，但是就银钱而言，全国一统的财政是汉人的财政体系，而不是满人内部的财政

① 清太宗实录稿本。

体系，两个体系是清晰分开的。如果按照这样的看法，清代的 GDP 还需要继续增加，包含所有基本税收之外更多的项目，但是毫无疑问，如果仅仅计算汉人的米棉来大致计算基础 GDP，也是一种最低限度的计算方法，这仅仅是就税收相关的 GDP 而言的，另外的更多的商业项目都没有包含在内，而且税收的计算额度也是大大减少了的。

在清代整个从发源到发展直到顶峰的过程中，存在一个隐性的线索贯穿其中，这就是其山参贸易。

从起初的山参贸易，作为财政的主要资源，到培养山参的资源，乃至于将人参送到海外殖民地进行播种经营，都是具有同时共时的属性的，所以，山参贸易是前清的主要线索。

从人参经济在明末直到清代中期的制度演变过程，我们可以看到清代发展的制度演化线索。

满洲建制的原始和初级性质

大量关于清代八旗制度的资料和研究，让我们看到了八旗制度的基础。一个关键的研究课题是，为什么经历了漫长的制度演进的蒙古诸部在明末没有成为中原逐鹿的霸主，而是成为一个可能的候选者？

如果从财政基础上来看，蒙古部落在经历了漫长的制度演进之后，已经形成了对军政管理较为成熟的制度体系，在有了世界管理的经验之后，蒙古甚至有了对于世界整体管理的基本系统性知识和独特的经验，从而建立起较为成熟的游牧体制。这样的体制相对于不少制度形态具有相当的成熟性，但是令人惊讶的是，满洲的制度此时尚不属于上述类型，甚至于满洲的制度中并不存在借鉴蒙古诸部经验的痕迹。满洲的制度是由女真部落草创，而且是自己在初步发展的基础上，几乎自然形成的一种制度类型。如果说这种类型在同蒙古的接触中并没有借鉴太多蒙古人的经验，可能我们还不能如此武断（因为从清朝文字的创立上可以看出清朝和蒙古的制度是同源属性的），但是清朝此时似乎还没有系统借鉴蒙古经验的动力。所以我们猜想，一个制度在没有发展成偏霸局面的时候，根本没有太多制度探索的需求，正因为此，清朝此时始终维持着自己的发展轨迹，只是凭借自己的民族直觉和常识，从基本的对于蒙古制度的游牧民族的相似性和熟悉上，采取了蒙古的一些基本可见的框架性知识，还没有蒙古老师来系统性指导关键的方向性问题。这一点非常显然，因为清朝入关之后，并没有按照蒙古的系统来新建自己的国家，而是在第二代和第三代统治集团的认知发展中，基本抛弃了蒙古的制度模式，选择了某一种有利于自己的中原模式。这和宋代时期甚至更早的游牧民族（例如，契丹或者金）的制度演化逻辑很接近。如果我们接受清人自认为“后金”这个名称背后的逻辑，应该相信清朝和金的发展逻辑很大程度上具有制度演化和选择的相似性。

同蒙古人的经济基本逻辑不同，蒙古人的世代基础是非常典型的游牧制度，甚至发展到很成熟的程度。在这个制度下，对于人口和经济因素的安排，是逐步发展到优先人口和军事的阶段的，也就是建立了优先人口积累的经济贸易形态的财政制度。这个制度的特征是游牧生存类型的财政制度，游牧的财政基础被建立在游牧生活基本的经济基础上，牛羊是财政，人口是财政。但是清朝还没有发展到这个阶段，甚至于还没有系统建立生存的基本规范性的财政基础，这一点使清朝保留了更多游牧部落的个性，而不是共性。

清朝的财政和税收制度，相对于蒙古社会的体制还“很不完善”，甚至于相对于封建化的蒙古社会，清朝的制度类型还停留在奴隶制度的基础上，并不存在封建性质的税收制度，因为清朝的贵族并不需要建立一种完善的税收制度。建立税收制度可能还需要庞大的制度构建和制度成本，而采取直接的奴隶制度可能节约不少制度费用，而且清朝典型人口的生存模式还不是严格依托私有土地或者某种资源形态的制度构建，所以建立资源国家的财政和税收制度还需要漫长的发展时间。而历史根本没有留给清朝足够的演化时间，而是给了一个岔路，给了满洲贵族一个历史机遇，有了入关的选项。而入关之后，原来的自然演化路径就终止了。

满洲贵族经济的基本特征就是垄断关键性的稀有资源，建立统治阶层的财政秩序，而并不在乎一般民生资源的占有制度和经济制度，按照习俗和惯例来进行社会秩序的维护。贵族垄断关键资源、输出秩序，百姓在封禁资源区之外谋生相对自由和简单。清朝制度的基础是与典型的游牧民族的合餐制度紧密相关的。在合餐制度下，资源没有边界感，只有特定的共同体意识，没有个体的所有权边界，共同体内部成员共同拥有资源，而个体之间的边界模糊，只能依赖共同的道德观念来进行初步约束，还没有制度和法律的约束，这是由这类游牧体制的基本特点和发展阶段所限制的。

清朝的贵族制度是很典型的，同欧洲的贵族制度有很大的相似性，百姓没有战争参与的资格，也就是在战争掠夺的领域内，百姓基本没有法定的义务和任何权利观念，即没有争夺和分割战利品的权利属性。所以在满洲的发展阶段上，百姓也就是我们所说的自由的人口，权利是比较松散的，但是他们依赖丰富的还没有过度使用的自然资源，生活水平并不低，甚至于比内卷的社会还要更自由一些。

八旗制度的构建

“女真人每到采参季节‘政猎采参之胡，遍满山野’，明万历三十二年（1604 年），‘老乙可赤（努尔哈齐）令其部下拦入三甲之境，恣意采参’。①

“又据《柳边纪略》记载，建州并三十六部后，对于东北边外野江河的东珠、人参、貂、獭、猞猁等，设关督丁，每岁按时采捕，核其多少予以赏罚，或特遣大员督办，甚重其事。王公宗室，亦各按旗分地，令其采捕。可见此时已经‘按旗分地’采参，但是并不规范。

“努尔哈齐于明万历四十三年（1615 年）扩建八旗。次年（1616 年）创建后金政权。天命七年（1622 年）三月，又提出八和硕贝勒共治国政。天命十一年九月（1626 年，此时皇太极已经继位）命总管八大臣参与议政，足见满族建立的八旗制国家之特征。后金天命时期实际是努尔哈齐父权专制，八旗属人实操于努尔哈齐一人之手，其不过是父汗分予各旗贝勒赡养之人；皇太极即位时宣誓遵守八三共治原则，意味着八旗贝勒对各旗属人有绝对支配权，汗不能有任何超越八旗贝勒的权力，因此天聪时期是皇太极按照其父遗命，实行汗和诸旗贝勒共同治国理政。可见天聪初年政治体制上，最重要的变化表现为汗的地位的下降，实际上皇太极仍然是与三大贝勒平起平坐的执政贝勒之一。”②

在后金建制之初，建立并扩建八旗制度，即八和硕贝勒共治国政的基本体制在皇太极即位之后，八旗的总管八大臣参与议政。在第一代满洲统治者的时代，八旗听命于统治者一人，既是血缘和伦理上的权利安排，也是实际

① 赵郁楠．清代东北人参政务考述［D］．北京：中央民族大学，2007.

② 吴晗镇．朝鲜李朝实录中的中西史料［M］．北京：中华书局，1980.

的政治层级结构。到了第二代领导人时代，皇太极即位即宣誓遵守八王共治原则，这是后金建制初期的实际体制特征。在统治者尊重血统的王权基础上，实际上还在统治集团顶层的内部实施着竞争的淘汰制度，这是具有制度特点的一种政治安排或者具有演化意义的制度特征。这同中国传统延续的正统体制具有鲜明的制度差异性。在参山资源的分配上，这一点显得极为鲜明，重要的贵族都是按照参山的分配，来确定自己的实际资源统御关系的。参山是清朝实际的贵族财政的基础，尤其是在前清的战争时代。

“自唐始，历五代、辽、金，东北的人参采集业一直呈现向上发展的趋势。但是，在元代的近百年间（1271—1368 年），东北的人参采挖业却经历了一个暂时衰落、萧条的时期，在中国的历史文献中几乎很少见有关东北人参采挖情况的记载。出现这一情况，是同元统治者所采取的政治、军事和经济政策密切相关的。

“首先，从事人参采挖的主要生产者——女真部众大量减少了。我们知道，金代兴盛时期，女真已大批入关南下，东北女真族的数量减少了很多。金末元初，蒙古统治者又对女真族厉行摧残、屠杀政策，或者强迫女真人民从事军、工劳役，因而使熟悉并擅长人参采集的女真劳动力急剧减少，余下的一部分人也大部退居于松花江中游以北和图们江流域，也就是说退出了东北人参产区的中心地带，这就势必要使人参业的发展停顿下来。

“其次，元初，蒙古军队‘志在掳掠，得城旋弃’，或付之一炬，东北的许多古城在这时不少沦为废墟。留下来的一部分女真人过着‘无市井城郭’，逐水草而居的落后生活。汉族居住区也被‘悉空其人以为牧场’，人口税减，商业萧条，人参的采挖、交易也随之衰落下来。”①

从上述文件记载可以发现，元代的东北地区，出现了一个世纪的人参经济的萧条、退化甚至消失的景况。这段时间，据载元人并没有对东北进行开发，所需的人参依照约定从高丽获取替代品。但是在明朝，出现过人参产业的复兴，而这个产业的复兴，也伴随了女真南下人参产业的复苏。

如果按照这个逻辑，人参产业以及其连带产业的复苏，却成为女真部族迅速成长的机遇和政经基础。朱元璋曾经按照自己的百年规划着力限制人参经济的发展，因为其本已经预期到未来人参经济带来的贸易依赖会对明的经

① 见《东北三宝经济简史》第四节“元代人参业的暂时衰落”。

济和政治版图有危害，但是明朝百年发展之中，还是按照这个逻辑延续性发展，并不是当时的先见之明，就能够改变历史的轨迹。可能朱元璋以及明初诸帝曾经实施过有力的限制措施，但是显然到了特定时期，明对于周边势力的发展逐步减弱其控制力，不是不知道，也不是不想控制，但是历史的趋势和大势已经无力阻止了。毫无疑问，我们在这里还是需要对于明初统治者的政治智慧致敬，因为他们不可能坐视不理，而是已经为之做出过不少努力了。

明朝东北人参业的蓬勃发展

“自十七世纪中叶开始，伴随着明政府对东北的统一，女真族的大批南下，满族的兴起，以及社会经济的恢复和中草药业的发展，东北的人参业逐渐从元代的萧条状态中解脱出来，并以更快的速度发展起来。

“明万历年间，是东北人参业发展的鼎盛时期。在这一时期里，无论是人参生产的数量，还是人参贸易的规模，在东北人参业发展史上都可以说是空前绝后的。大部分满族居民和辽东地区的许多汉族居民，都从事人参采挖活动，每年至少生产着五六万斤以上的野生人参。人参的价格不断提高，影响和作用也不断扩大。它不仅是后金政权‘国富民殷’的重要财政来源，满族人民‘赖以生活’的重要自然资源，而且是明朝皇室、后金统治者和东北地方官员竞相掠夺的对象，成为影响东北社会生活的一个重要因素。人参已从医药和商业领域，跨入了政治和民族斗争的领域，这是明代人参业发展的一个显著特点，也是东北人参业发展史上十分独特的一页。

“女真族的大批南下，是促进人参业迅速恢复的一个重要动力。元代，女真族的主体部分分布于松花江下游地区，地理交通的不便、生产和销售上的困难，影响了当时人参业的发展。

“进入明代，这种情况有了变化。洪武、永乐年间，明廷对女真大力招谕，在政治上广建卫所，任官授职；在经济上设置马市，加强往来。于是女真族开始大批南下，向汉族聚居的辽东地区靠近。女真的迁徙，大体分成两大支，一支西南下，进入西辽河至松花江的中游之间，另一支东南下，进入了婆猪江至苏子河流域。可以说，他们重新进入了今天吉林和辽宁两省的野生人参主要产区之内，为开发这里的人参资源，推动人参业的发展，提供了足够的人力。

“在一定意义上，可以说人参业是伴随着女真族的再度南迁而恢复、发展起来的。但是，这种南迁和发展不是一朝一夕的事，人参业繁荣时代的到来也不是一蹴而就的，而是经历了直至万历以前这样一个漫长的历史年代。这个时代，是人参业的反复时代，是明末人参业繁荣时代的准备阶段。

“正统年间（1436—1449年）编撰的《近东志》载：辽东各地‘多物产，如貂皮、人参、材木、鱼鲜之类，人图其利，往往逾境而采之。’但买参的汉族经常因采参权益之事，与女真族发生流血冲突。为此，明廷‘作大明律，特书私出境外及违禁下海之条，军民违禁及乎边官故纵渚皆从重治。’

“所以，在明代早期，由于民族纠纷和明廷的禁令之故，汉族参加采参的规模并不大。

“人参的主要生产者是女真族，他们通过马市贸易，把人参卖给商人，所谓‘辽夷有参貂，土人利于互市’，即指此而言。马市，是明代东北各少数民族同汉族进行经济交流的重要场所，因此也是人参输往中原内地的中间聚集地。自永乐年间始，在相继开设的开原（1406年）、抚顺（1464年）、古城堡南（1503年迁至庆云堡之北）以及清河、爱阳、宽甸（万历初年）等马市上，人参为其中重要商品。正统年间，马市上的人参税率是‘十围抽一’，即抽百分之十的税；嘉靖年间人参税率仍未变，如‘参一十五围，抽银一分五厘’。

“万历初年以前，东北的人参业方兴未艾，这同女真族的发展很有关系。嘉靖以前，作为女真族主体的建州、海西两部，正处于自北向南的迁转流徙之中。至嘉靖时期，海西方始定居于开原的北面和东北阿，建州定居于婆猪江至苏子河流域。这时的女真族，尚处于氏族社会末期，部落分散，不相总一，组织生产的能力较弱，经济也还比较落后。进行生产时，各部‘率以二十余人为群，皆手郁密处结幕，每一幕三、四人共处’口，架起帐幕，集体采捕；在人参亮红顶子（果实由青变红）的最佳采挖季节，‘每年八、九月之间，野人等或采人参，或采蜂蜜，而山谷之时也’。除氏族成员在氏族首领带领下集体采参外，也役使奴隶采参。如义州人刘得吉于天顺五年（1461年）‘被建州卫野人李古赤等人十余兵抢去’，到居住在愁愁厚的‘佟答马赤家为奴’。成化四年（1468年）七月十八日，刘得吉被主人派遣‘入山采人参，因而逃往辽东’。

“辽金而后，东北人参采集业，主要是在女真族居住地区，并且以女真族为主体的生产活动，因而人参业的发展必然受女真族自身发展的制约与影响。随着后金政权的建立，满族共同体的形成，整个社会经济的飞速发展，人参业出现一个空前繁荣的时代，已成为历史发展之必然趋势。

“嘉靖时期，建州、海西两部的南迁过程基本完成，定居在开原的北部和东北部以及抚顺以东的广大地区，占有了人参产区的大部分，控制了东北人参的生产。部落的南迁，使自然生产条件有了很大的改善，加上辽东地区先进生产文明的有力影响，促使女真社会内部正在进行的社会变革加速到来，逐渐跨进了奴隶制社会的门槛，特别是在经济上，农业和手工业都有了不同程度的发展，这就要求商业相应也要有所发展。因为女真族农业、手工业等部门所需要的铁器、耕牛等生产工具和各种生活必需品，绝大部分依靠从汉族地区交换输入，生产越发展，对商业交换的需求越迫切。①

“另一方面，东北人参在中草药中的地位和价值日益提高，内地销售市场不断扩大，有力地刺激着东北地区人参业的迅猛发展。女真族之重视人参，是由于它的交换价值；汉族之重视人参，则是由于它的医药价值。但是在明中叶以前，东北人参在参类中的地位并不是很高的，如宋代苏颂的《图经本草》云：‘人参生上党山谷及辽东，今河东诸州及泰山皆有之，又有河北榷场及闽中来者，名新罗人参，然俱不及上党者佳。’明中叶以后，人们的看法发生了变化，认为‘人参以出辽东、上党者最佳，头面乎足皆具；清河次之；高丽、新罗又次’。

“而长时期名列前茅的党参生产又开始处于停滞状态，消除了东北人参在销售市场上的劲敌，为东北人参创造了更好的销售条件。李时珍说：‘上党，今潞州也，民以人参为地方害，不复采取。今所用者，皆是辽参。’

“东北人参在参类市场上争得了一家独霸的局面。《华夷译语》中，女真语人参一词不列入‘花木门’，而与金、银、珠、宝等词一起收入‘珠宝门’，反映了人们对人参的珍视程度。当时所谓富贵膏粱之家，其子弟妇人调节起居饮食，动辄持‘参术之功’，须臾不可离，因此不惜重金购买，四处求购。总之，内地对东北人参需求量的激增，是促成东北人参业出现繁荣兴旺景象的又一重要客观条件。

“整个看来，女真族和汉族都要求加强、扩大人参的生产和贸易。因此，

---

① 从以上引文可以看出，大银池和佐米亚边疆区的经济形成了紧密依赖关系。

通过历史文献我们看到，人参的采集在女真族的生产活动中地位愈益重要，他们经常在‘林薮间结幕采参’。采参区域也在不断扩大，一些女真人甚至深入朝鲜境内采参，例如他们在‘江界内采参围猎，如入无人之境’。

“人参业发展的真正黄金时代，还是在努尔哈赤建立后金政权以后的年代里。从年轻时候起，努尔哈赤就很熟悉人参的采集和买卖。十岁时，他的生母去世，继母对他情分淡薄。因此，努尔哈赤于十九岁分家时，只得到了很少的家产。为了谋生，他不得不入山采集人参、松子之类，拿到抚顺马市上出卖。作为后金政权的创立者、满族的杰出领袖，努尔哈赤不仅熟悉人参业，也十分重视人参业的发展，并为改进人参保存方法做出过贡献。

“努尔哈赤生活的年代，尤其是从1583年他以十三副铠甲开始统一事业起，正是满族共同体形成，满族社会政治、经济飞速发展的年代。万历二十九年（1601年），在原有氏族组织的基础上，努尔哈赤建立了以三百人为一单位的牛录制。万历四十三年（1615年），建成了八旗，这种政治、军事、经济合一的组织形式，对于促进满族共同体的发展，加速后金的统一事业，推动满族社会的前进，曾起过巨大的作用。1616年，后金政权建立时，其统治地域幅员近四千里，人口达五六十万。后金地区‘土地肥饶，禾谷甚茂，旱田诸种无不有之’。

“手工业也很发达，‘银铁革工，皆有其居’。农业和手工业的发展，扩大了社会分工，造成了商业的繁荣，而人参等商业贸易，在后金的社会发展中有着极其重要的意义。

“在人参问题上，另一个较大的斗争，是停止人参贸易问题。明廷深知参貂贸易关系后金经济至深，因此在与后金的斗争中，采取了军事与经济两手并用的政策。用拒绝朝贡，停闭马市，来对后金实行经济制裁，以求使其屈服。这种办法给后金造成的损失是很大的，也起过一点作用。如万历三十六年（1608年）停止建州朝贡，万历三十七年（1609年）关闭马市。”①

对后金的贸易战，实际上采取的是贸易禁运、贸易制裁的手段，本质上如果能够彻底断除，或者仅仅是短期切断贸易线路，就能绝对造成对于后金军贵族政权的实质性打击，从而对其军事和政治活动造成严格的限制性措施。但是因为现实中两个方面的无法实施，造成了实质性的失效和失败。

① 以上引用文字皆出自《三宝经济》第三章。

第一，明朝晚期的统治者集团，并没有对于明朝守关将领的贸易禁运措施，实施充分的支撑，造成了实际上并没有及时有效开展贸易禁运的措施，导致的结果是严重的。而到了明朝统治者清醒过来，开展贸易禁运的时候为时已晚，江河日下之势已成，无力回天。

第二，国内高消费的门阀势力已经成为政治斗争的实际胜利方。本来设计用来压制门阀的制度性安排在晚明政治中逐步被一步一步拆除，晚明在自己混乱的舆论中，被门阀裹挟，陷入严重的世俗功利主义的旋涡。门阀对于人参的依赖是根深蒂固的，即使没有马市这样的合法交易渠道。也可能开辟更多的黑市渠道，黑市无疑对于后金来说更有暴利的属性，在后金垄断山参贸易的时代，从黑市获取的利益，在黑市中购买明朝的火器和物资，从而本质上瓦解了镇守边关的将士的贸易禁运措施，带来的结局是可悲的。

“天聪年间而后，马市贸易基本处于停闭状态，后金（清）人参苦无销路，经济来源断绝，急需的粮米布匹深感缺乏。为了寻找出路，后金（清）政权一面极力打开朝鲜的市场，一面企图在与明的政治交易中达到经济交易的目的。

“如后金（清）用武力迫使朝鲜开市于会宁、义州等地，但朝鲜的市场有限，物资也不充裕，根本满足不了后金（清）的经济要求。

“开市后，后金（清）的人参源源涌向朝鲜，朝鲜无力应其所求，后金则强行交易。崇祯三年（1630 年）二月，朝鲜备局启奏：‘当初开市，定于湾上’，今则径自‘深入安州，已非约条’。又‘往来交易之时，必持汉书以来’，‘今无国书，而将累驮之参交易于安州’。

“六月壬子，‘金差以人参求易青布’，朝鲜边将成俊青‘不能副其意’，于是‘龙胡（英俄尔岱）怒入安州，折辱边师’。朝鲜实在无力应付这种不等价的、强制性的贸易。

“当时，明廷与后金已经断绝了贸易关系，人参的交易自然也随之停止。但是，明之于人参的需求有增无已，求之于后金于斗争不利，求之于朝鲜则路远难致。同样，人参是后金的重要经济来源，不售于明，财源断绝，转售于朝鲜，又数量有限。自朝鲜而言，参商通明孔道为后金所扼，辗转输去，所费颇大，销于国内则获利较微。人参生产和销售上出现的这种特殊情况，使毛文龙认为有利可图，有机可乘，于是他便充当起参霸，经营起人参业来。为了谋求参利，毛文龙无所不用其极，举其要者，大致有四个方面。

“毛文龙确实是一个十恶不教的参贼，一个罄竹难书的参霸，他利用辽东的战乱之局，大营人参之利。仅从皮岛的商业交易中，‘一年收税不啻累巨万’。更重要的是，他‘贩参貂以输辇下诸君，’来‘交通宦寺，缔结魏忠贤’，从而‘多得兵饷，为自立之计’。

“自天启元年（1621年），至崇额二年（1629年），毛文龙跋扈于辽东几达九年之久。朝中官员虽屡有劾其专制一方，虚糜兵饷，鱼肉百姓，通敌叛国者，然毛文龙以皇眷甚深，内珰庇护，长期安然无恙。1629年，后金对毛文龙一面施加军事压力，一面加紧诱降，毛文龙世颇有降意。袁崇焕得知此消息后，立即采取果断措施，亲赴皮岛，与他相见，历数其罪，怒斩毛文龙。袁崇焕杀掉的不仅是一个乘国之危、营私自肥的赃官败类，也杀掉了一个人参业中的参贼恶霸。”

本章参考文献：

［1］段逸山．清代的人参价格［J］．上海中医药杂志，2008（3）：61.

［2］武跃进．清代长白山人参政务探析［J］．长春中医药大学学报，2015，31（6）：1301－1303.

［3］赵郁楠．清代东北人参政务考述［D］．北京：中央民族大学，2007.

［4］丛佩远．东北三宝经济简史［M］．北京：农业出版社，1989.

［5］宋抵，王秀华．清代东北参务［M］．长春：吉林文史出版社，1986.

第七章　历史叙事的核心逻辑
——从人参到荷兰

清代早期的历史线索

清代早期的两种不适应：第一，制度习俗文化的不适应，尤其是对华夏的典章制度和契约（合同）运行的不熟悉，带来的技术性不适应。直到康熙时代拜明陵，才开始了系统延续中国制度传统的主基调。简而言之，当时的初代清朝决策者，很不熟悉发达社会的法制运行和社会经济基本运行制度。第二，自然灾难和严重的疫情带来的阴影，也是在康熙朝开始逐步解决的，在康熙的基础上，西方才开始逐步奠定了研发疫苗的方法来对抗绵延几个世纪的疫情造成的严重的困扰，开启了人口大跃升的时代背景。

而引领这个时代格局，决定上述历史背景的，是当时处于康雍乾时期的中国，到了乾隆时代，甚至于出现了万国来朝的短暂局面。清代早期直至康熙时代，都处于一种疫情时代（本书第一篇第二章的内容）。

服参历史

中国历史是人参的历史，明朝人参的消费是很普遍的，尽管同宋代相比已经相差很大，但是明朝的国力充盈，对于人参的消费能力还是能维持在世界级的水平上的，这意味着，在明朝的参消费基础上，世界贸易形成了人参系统的种植体系，直到明朝的衰落。这个时间范围之后，人参种植的高峰才趋于结束。从人参的贸易历史我们可以看到，以华夏为中心的世界贸易格局的基本面貌。从第六章我们看到人参经济关涉重大，人参贸易的终结，发生在什么年代，基本上就决定了清代财政贸易转型的关键期。清代整个历史都是服参最繁盛的时代，因为清代替代明朝的财政基础就是人参贸易，清主入关，也意味着人参文化的一次升级而不是降级，世界范围的参贸易从而得到了拓展，从而我们看到，在清朝的早期历史上，人参贸易是世界硬通货的基本征象，谁能带来高质量的人参产品作为海上贸易品，那么这个国家就在世界贸易体系中占据举足轻重的地位，不仅仅是明代的贸易格局，清代也延续并且一定程度上升级了这个贸易格局。后期的人参贸易，被鸦片消费替代了，这是 19 世纪最重大的事件。这无论对于清代内部的财政格局还是对于中国整体的经济运行，都有着超出我们一般认知的重要性。

两种类似的结构

清代统治者在两个时代重复着类似的结构，而唯一不同的是变换了一下对手的角色，但是毫无疑问两次都很成功，清代擅长的的确在这个领域。

第一次，是同明朝的博弈竞争，使用的是关外的参山。

第二次，是同英帝国的博弈，使用的是北美殖民地的参山。

这两个过程中，充分反映出信息非对称性的博弈策略实施。包含袁崇焕的策略，也是非常类似的，清代贵族集团所谙熟的战略策略实施的具体应用。

在清代中期以前的大部分时段，最关键的问题，在内部是人参经济，在外部是贸易，而背后是荷兰和东印度公司。

人参贸易深具伸缩性，所依赖的市场资源，是中国富裕人群的消费市场，这个市场本来是雍正之前的中国最具活力和潜力的市场，也是清朝贵族的财政基本盘，但是从雍正之前的康熙开始，这个市场就逐步维持不下去了，因为主要的原因不是需求侧，而是供给侧。

据《清代东北参务管理考述》《清代东北参务》《三宝》等文献考证，早在东北人参价格暴涨时期，从事各种秧参种植的行为就开始了，尽管当局采取戒禁政策，不希望这类药用成分不实、价值低劣的人参混入市场，导致从形状判断出现困难，甚至劣币驱除良币的现象出现，使市场监管困难，市场总价值贬损，对于山参经济发生实质性损毁的现象出现，但是在山参资源的确极为有限，面临过量开采甚至清朝上层已经感觉到了未来必然出现资源枯竭的状况出现，所以从很早开始就开始在海外寻觅殖民地，为了维持山参经济而寻求外部经济的支撑。

因为文化和历史的积淀，中国的奢侈品药品——山参消费领域，对于人参的鉴别是有非常高的要求的，不是处女地（高品质的肥沃土地），不是特殊的好品质的产品，是完全过不了消费者的法眼的，所以，从诸多北美殖民地历史的著述中，我们清晰可见，北美在早期殖民地历史中，曾经出现过一段人参种植的高峰时期——此时北美殖民地是作为备选地开发中国（大银池）巨大消费市场的产需缺口来对接的。

我们从文献中，似乎已经很难确定最早培植人参的主要发起者了，但是毫无疑问，整个美洲的经济，无论是在西班牙、荷兰还是英国殖民者的指导下，甚至在北美洲当地的殖民者的管理下，本质上都是对接明清时代的中国经济需求的，我们此处因为只研究清代的基本问题，所以不考虑明朝的具体经济现象，我们这里仅仅称，在清代的时段，北美殖民者，无论是谁经营，都是对接清朝内的巨大需求市场的。而明清易代之后的北美殖民地历史叙事中，北美的所谓“money crop”，翻译为“经济贸易作物”，基本上是按照清朝的国内需求来设计并安排在最肥沃的土地上尽量种植的。此时，据教科书描述北美最为流行的产品是大米、人参和靛蓝。而在英国开始工业革命之后，北美的对接模式就发生了巨变，从此之后，北美经济开始对接英国的纺织业，开启了棉花经济主导外贸的模式，而不是直接对接清朝的需求了，而变成了间接对接清朝需求，原棉开始供应英国的大机器生产，从而产生廉价的布匹，倾销到清朝，冲击清朝的国内市场，这就是鸦片战争之后，打开清朝大门之后的北美经济的样貌。所以，从这样的角度来看，无论鸦片战争之前还是之后，改变的仅仅是英国作为中间加工环节的成功首次嵌入清朝消费品领域。因此，无论如何变迁，英国或者其主导的产业链条的终端产品市场还是对接到清朝的国内市场。英国仅仅是将自己不能掌控的生产要素一点一点剥除，而将自己完全可控的生产要素一点一点加入进去，从而使英国的产业得到最大的利润份额，英国重商主义崛起的历史路径清晰可辨。

因此，从上述经济形态来讲，清朝此时的消费经济始终是西方列强财富获取的来源，清朝的国内购买力始终高于外部西方国家。如果我们认为鸦片战争之后，清朝的百姓，尤其是农业消费者发现洋布的价格远远低于本地对应的手工布匹的价格，那么我们只能说，此时的英国消费棉布的对应阶层，其生活的真实水准要低于清朝消费者的实际生活水准，因为如果不是如此，那么必然不会出现价格差异。

但是我们如果考虑到阶级的差异性，那么此时的英国工人阶级或者对应的消费者的生活水平，已经开始远远低于英国的一般平均消费水平了，也就是阶级鸿沟开始出现。而在美国，此时的生产者更是被逐步替换为奴隶的棉花采摘者，而不是早期美国的殖民者（处于一般消费者的平均社会地位），所以，从某种角度来看，如果英国使用的是没有地位和低收入的新兴工人劳动者来作为要素替代，而美国使用的是奴隶和奴工来进行生产，才能说通中国的对应消费者要比他们的对应消费者收入水平更高的基本经济迷思。

如果不是如此，那么必然还是因为中国的对应消费者的收入和生活水准要高于西方，才导致贸易上的可能性，也就是中国的对应市场购买力，要远远高于西方对应的消费者的购买力。而后者才是当时真实的状况。

14—17 世纪横跨 4 个世纪的明朝，在 17 世纪逐步崩解，当下以我们正在经历的清朝崩解的余音来思考帝国崩解时代的基本特点，人们此时几乎处于一种极大的混乱中，除了人们身体上知道存活需要经济的滋养、财富的积累之外，人们对于世界大多数的概念都存在混乱和虚幻的感觉，人们找不到合适的方式来表达自己身体和心灵上的强烈的冲突，人们必然认为崩解的帝国出了很大的问题，但是在百年之间人们不可能达成共识，而要达成共识，我们现阶段已经过去了数个世纪，隔了一个漫长的帝国时代，到现阶段似乎我们还没有达成共识，了解为什么明朝衰微了、崩解了，从而能够吸取一点教训——似乎这才是世俗世界的常态。但是这并不意味着任何一个个体或者群体都持这样的态度，必然存在一些群体，他们有确定的理解，从而指导着确定的行动，但是却并不为世界所知。我们无法否定的是，在金字塔的顶端常常必然存在清醒的认知，尽管我们无法了解上述认知的结构和内容，但是在这种关键性问题上，可能的猜测必然是：混乱的世俗世界与之存在巨大的信息非对称性，且在认知上也存在巨大的差距。

如果我们以明朝的崩解作为时间线的起点，我们看到中西两个方向发生着剧烈的变迁，但是这两个时空中，尽管包含无数种交错，但是都独立地发展出不同的演化次序，从而给我们巨大的启示。这既是研究清代诸多问题的最核心的格局上的基本认知，也是我们在进行具体细节辨认和考证时少有的几个能确定方向的罗盘。

从明朝崩解的起始点上开始，西方世界，首先在自己的世界边缘开始松动，产生了资本的注入和结构性资本的形成过程，对传统的西方世界产生了巨大的冲击，资本从两种方向流向西方，然后回到东方，第一种是从荷兰流入，第二种是从葡萄牙和西班牙流入，两种资本共同浇灌了西方世界两种未来的萌芽形态，第一种是未来的资本主义的形态，第二种是传统的构建，也就是天主教的教皇所统领的世界结构。这两种力量在初次接受外来的财富的时候，并没有任何区别对待，而是按照他们的海上的实际霸权来进行分配的，也就是，财富从东方向西方流动的过程中，并没有按照非经济的模式来进行，而是按照纯粹的海上霸权的模式，来竞争和演化的。在任何一个西方的霸权中，展开了自由的丛林般的竞争，九死一生的海上世界是海盗的领地，但是此时任何一种力量都可能从中获取一杯羹，所以此时进入的顺序和投入的力量的对比，从开始按照传统的实力的比例来进行，到最后逐步迅速演变成另外一种力量的对比形态。我们从西方的经济学尤其是制度发展的文献中看到的是，拉丁语区的势力和英语区的势力的对比关系，前者是天主教势力为主，后者是新教势力为主，包含了英国的国教等，诸多新教的力量都悉数登场，但是前者教皇的势力是基本统一的，参与的世俗力量也仍旧是拉丁语区的世俗政治力量。毫无疑问，这场竞争并非仅仅是在这两个阵营中展开的，其中任何一种势力相互接触的后果都会产生复杂的竞争乃至合作的关系，我们看到的三十年战争，乃至于任何一种当时的复杂的竞争关系中都是如此的。

在海上的争霸初始的阶段，也就是所有世俗力量都仰赖海上的既定力量的时代，海上仅仅存在海盗的力量，而海盗的力量始终是分散化的，少部分得到上述两种力量的招安从而形成了第一种从海盗中分开的力量，这就是我们看到的海盗世界中第一种横跨合法和非法两个竞赛场的超级巨大的跨国企业出现的原生的状态，这个状态我们就称之为“原生状态的公司”，这不是我们看到的今天的西方在法治框架下运行的在纯然法律空间温室中存活的所谓公司的样式，我们说的这种原生公司，是需要将自己全部的资产、人员、财富和大部分的运行纯然置于海盗的世界中而同时给海盗带来巨大利益的一种结构。这本质上是一种两面通吃的实体，一方面可以利用合法的皇家授权的承诺，来获取来自合法的领域的资金和市场，另一方面将其主要的乃至全部的项目置于巨大的不可监管的领域之中，从而依照全然独立的方式来进行运作，这包含了这个项目的运行中可能使用到的暴力、武力乃至于军事行动，来获取任何巨大风险中的商业利益甚至政治利益，从而返回到投资者手中，建立完整的回馈体系连接两个相互隔绝的世界的超级实体。我们可以说，无论是西班牙人从美洲的印加帝国掠取巨大的财宝，其中不免动用了西方世界授权的军事和武装，还是东印度公司这样的实体自己组织军事和政治力量，来发动和实现一场类似于鸦片战争这样的实际历史性事件，都是在企业层面来面对西方之外的和国家层面直接对接乃至于冲突的，所以，这样的企业，不仅仅是一种实体，而是超越了实体的一种准主权的存在形态了。我们要知道，东印度公司，乃至于早期的很多类似实体都是具有发钞权的，这种典型的主权行为模式，说明了这就是一种超越实体的可能脱离所谓“母国”存在的实际主权势力。但是要在不同的文明之间对接，要建立自己的基于主权国家的金融和海权的连接，必须要有宗教或者至少君主制度的背书，才能完成连接海权和实际陆上市场的合法的背书，这是这样的原生公司的基本制度特征。如果我们以威斯特伐利亚封建时代的条约体系作为参照物，那么甚至可以说，从主权上我们无法划定新兴主权者和封建邦国领主之间的差异，那么本质上，这些都已经是新建立的世界秩序的合法主权单位了。这本身就意味着西方世界正在经历激烈的重构。

我们要清醒地认识到，明朝，或者说，任何一个时代的帝国外围在失控之后都可能形成这样的力量，而这个力量的出现，在明朝强盛的时候，是依赖明朝的海上势力来压制，从而建立朝贡区之外的世界秩序的一部分。我们要知道，在中国的世界体系中，不仅仅包含五服这样的基本秩序实体，在外围必然存在越来越多的非秩序实体，而在这样的世界环形带状结构中，帝国的中心就其定义而言应有能力进行武力的震慑和经济的控制，使上述力量为自己的世界秩序服务，而任何一个中心帝国即将瓦解的时候，世界秩序瓦解的次序也是如此，在最远端的秩序者无法控制来自中心的巨大的财富外溢对于非秩序者的滋养的时候，首先败坏的是外环的也就是最远端的世界秩序，这种秩序首先表现出来的就是：西方世界的上述激烈重构现象在表现出明朝的衰微上是最好的理论上以及时间上的表征，我们看到西方世界开始打乱的时候，就知道明朝此时已经无力控制远端了。

在 17 世纪初，也就是明朝身陷周边的内环朝贡区的灾难中的时候，本质上远端的失序更加难以应对，此时来自荷兰的船队已经开始进入内环朝贡区域了。进入内环的朝贡区域的荷兰船队，本质上就是外环的失序部分成长的标志。他们不是原来外环的秩序部分，而是外环的非秩序部分成长出来的新的力量，他们在盲目无目的地开拓自己的领域，甚至于没有或者没有很深刻地体会到不同的朝贡区的秩序本身，而仅仅是闻着财富的味道，来抢夺外环朝贡贸易原来的代理商的海上特权，但是他们并不了解世界的结构和规则（仿佛一个突然闯入的野蛮人，这也是西方人初次进入东方朝贡区时最经常能清晰感受到的自我认知，即野蛮对于文明之强烈的冲突）。似乎此时他们不了解这个旧世界的一般规则这件事，本身就具有巨大的历史意义，因为如果是原来的外环秩序者，他们本来就不可能如此妄为，此时的荷兰在明朝的海军面前尽管不值一提，很快就宣布自己臣服于原来的朝贡体系，希望能够纳供求和。但是最值得玩味的是，尽管明朝海军有能力维持来自外服的非秩序者，但是已经无法维持内环的非秩序者，清朝的势力已经开始蓬勃增长，来自内环的非秩序力量已经可能保障荷兰这样的非秩序者，不需要常年纳贡了。这个重要的信息很快就成为荷兰的实际行为指导，荷兰人开始在日本建立自己的据点，此时的荷兰虽然没有对明朝的海军造成威胁，但是显然已经对内环的诸多朝贡贸易实体产生了威慑作用，日本开始被荷兰人威胁，甚至日本在荷兰人的武力下，开始将荷兰作为自己的一个老师，建立了新的意识形态的初步建制，就是那个年代“兰学”的兴起。而且兰学以及后来发展出来的西学的复杂的系统，逐步与东方老师的意识形态形成在内环贸易区的意识形态的竞争关系了。

也就是清朝时代，从来没有彻底将自己的意识形态，甚至在内环中彻底伸张，这是清朝的实际状态，清朝没有真正继承明朝的海上权威，仅仅是在中国范围内部实现了一种准明朝的制度类似物，但是毫无疑问，这种类似物仅仅具有形式上的相似性，而不具有实践上的本质类似性。我们不可能深入明朝的历史来彻底阐发上述观念，我们在本书中要严格限制我们的研究领域不超过这个时间点。

如果我们把在西方世界的海盗作为一种常态化的存在来理解，那么从海盗的日常存在，发展到东印度公司的形态就是依赖秩序崩坏来完成的，一旦东印度公司存在了，就有反噬秩序的功能，这样的功能不仅仅将原来的西方秩序打开一个缺口，更对东方的秩序源泉造成实质的冲击。

东印度公司的成长，是超出于国家的限制的，在荷兰的孕育下成长出来的东印度公司，后来在寻找秩序建构的过程中，已经能够同所有的西方势力建立自己的主动联系了。我们要知道，西方各个君主国，在建立东印度公司的时代，不是主动授权出资建立的东印度公司，而是极为类似荷兰的势力对明朝造成冲击这样的历史经验之后，或者是逐步渗透之后，见识了海上力量的强大，从而才达成了一种合作式的妥协。上述东印度公司，是类似的时间点建立起来的，也就是在海上的力量的主动和欧洲诸多君主国开始松动自己的主权的界限的时候，纷纷与之合作建立了各种东印度公司。对于君主国而言，建立东印度公司不仅仅是让渡自己国内的主权，而是向海盗开放了自己的金融和实体市场，对于东印度公司而言，是类似于鸦片战争式的成就。从此，东印度公司可能在不同的国家之间自由贸易，自由建立自己的金融系统，而且还有自己的武装和发钞权利。从某种意义上，这是东印度公司时代的西方强权弱化的主要象征。如果我们仔细阅读君主国家的历史，西方的强权此时已经在漫长的宗教和世俗争斗中伤痕累累，但是我们要知道，在这个世界秩序的边缘，越是比较弱的秩序者，越是让渡出自己的主权，向东印度公司敞开自己全部的金融和实体市场的国家，就越是会得到更大的发展，乃至于得到东印度公司最大的好处的回报。君主国接受的开放程度越高，也就越能够在君主国表现出东印度公司的实际特征；而越是保守的、抵制的君主国地区，在后期越处于东印度公司的金融系统的边缘，从而越是处于西方发展序列的边缘地带。

此时大陆君主国尚处于能够自我维系的时代，而英国此时已经因朝代轮替遍体鳞伤，很多弱小的君权急需要外来势力的介入来加强自己的势力，此时英国是荷兰建制最好的附身对象。英国国王查理一世被砍头这一对于英国的君主制度具有最重大冲击的历史事件，发生在此时之前，似乎为了海上力量的附体，做好了最充分的准备。荷兰的贵族在英国的共和时期末端及时结束了混乱，通过介绍进入一个新的王室，实际上为荷兰的海上势力寻找到了一个最好的附身的外壳，此时的英国混乱不堪，最适合于荷兰的海上势力建立自己的主权势力的基地。几乎与此同时荷兰也积极参与了日本的改制，但是东方传统势力强大余威犹存，兰学使日本的经济濒临崩溃，导致兰学在日本的实际附体带来巨大的阻力，日本又重新进入了一个东方弱化的朝贡圈层中。

在获取了英国外壳（成功夺舍）之后，海上势力基本上稳定下来，从此之后始终采取了这个便利的旗号，在其后的数百年间，将其经营成为一个得心应手的世界帝国，不仅很快取代了西班牙日不落帝国，而且荷兰也得以获取了稳定而平静的发展空间。

此后的时间线，交给了美洲大陆，在西方所有势力争夺美洲的决定性的战役中，我们看出，在漫长的清代的世界格局中，有三种力量存在。一个是拉丁语的力量，他们早到早得，占据了最有利益的矿藏和土地，在荷兰其后是英国的力量下，北美也逐步建起来一个以移民为特征的殖民地体系。

至此，我们实际上还在介绍明清易代的实际背景以及其造成影响的内在原因，而清代“用功”的历史还没有实际展开。

清代的文治武力

我们要了解世界秩序的基本规律，内环的秩序者具有更大的力量，主要原因是内环的中心是世界财富的主要积累地，也即是明朝这个“大银池”，所以越是靠近内环，战争越是激烈，烈度的主要影响因素是财富的体量。外环的荷兰被明朝轻易战败，不仅有诸多因素，单纯的经济因素就很明显，积累很少的外环非秩序者荷兰几乎没办法在任何一个明朝时段同明朝海军交战，因为不在同一个数量对比级。但是在近端的内环中，如果有明朝财政不敌的竞争者出现，或者在明朝崩解之后，出现一个可能坐拥所有财富的所有者，那么其本身的战争实力也必然同其财政实力成正比。在清朝建立之初，尽管制度还十分原始，但是单纯依赖自己所继承的财政实力，就可能维持住自己的大银池的地位，所以清代的初始阶段，决策者几乎所有的政治诉求都是自保银池的地位，开国之后，清朝的外交主要举措都是为了力保自己在世界范围的白银总量上的比例不出现急剧的缩减。

在康雍乾时代，这些政策的积累性成就是极为明显的，也就是清代在不动用自己的武装，而维持朝贡关系乃至外环利益的所有政治目的，都几乎顺利达成了。

有一些研究者忽略清朝的外围政策，认为清朝仅仅是一个锁国者，对外毫无建树，这是极端错误的。上述观念不符合一个世界版图的基本治理逻辑。一个国家可能什么都不做，就维持财富数量和比例最高，且能够维持，新增的所有美洲乃至世界范围的白银自动向中国流动？有一种说法是清朝是无意识之中完成的，另一种说法是清朝是按照惯性来完成上述任务的。上述两种观念看似类似，但是绝然不同的。清朝为了上述目的，不知道做了多少工作，我们绝对不能忽略清朝，认为其仅仅是一个毫无头脑的幸运的玩家，这是大错特错的，任何一个发挥世界性影响的帝国都不可能什么都不做，甚至于完全是无意识地完成财富的集中过程的。清朝不仅能够做到，还至少瞒过了大多数研究者和舆论，说明清朝在前清阶段的政治智慧不容低估。

大量的美国历史研究都表现出，清初时段，美国几乎是一个完全为了清朝的国内消费服务的掌握在东印度公司但是在英帝国名下的殖民地，这个殖民地的控制权是三分天下的，也就是实际控制其金融贸易的是东印度公司，其产品主要贸易的对象是清朝的消费者，而这个殖民地的名义所有者是英帝国的帝国产权。

这是一件很有趣的事情，这意味着，在美国这个新兴的殖民地业务中，英帝国长期以来是一个围观的军事贵族集团，但是主要的围观者或者说守望者，而不是实际的受益者，直到美国内战之后，美国才开始实际服务于英国的产业发展，但是在独立战争前后，尤其是早期殖民阶段，这个巨大的北美殖民地体系，本身是相当独立地游走于各方势力的边缘。

北美殖民地建立之初，是各国的逃离者，他们中相当比例除了英伦之外是来自旧大陆的为了生存和希望而逃来此地的，有的为了信仰，有的为了生存，有的走投无路，有的追寻财富，总之各有所求。但是在比较艰难的阶段，殖民地主要的功能是为被驱逐的无处存身者，提供一个可以卖身为奴的场所。来到美国这样的一个移民地点的所有人，几乎都是在原有的旧大陆无处存身的人口，他们绝大多数是以契约奴的身份来到北美的，还有一些是来自奴隶贸易的黑人群体。

北美具有边缘秩序的三种主要特点，第一是人口贩卖，第二是军火武器，第三是贸易硬通货，在早期是清朝的特需品，在后期是鸦片或者其他的毒品贸易。北美如果不是东印度公司下的主要产物，那么就不会如此具备完善的“殖民地经济”典型特点，从而成长为一个独立和自由的特殊大陆。东印度公司的移民要求中，不像任何一个主权国家附属任何意识形态的特点，东印度公司看中的是劳动力的要素特征，所以只要走投无路，那么来到美国都是没有限制的。在漫长的殖民时代，美国的特点始终是对这些无家可归者的开放之地。我们看出，美国从来不是英国秩序的产物，而是英国外壳下那股势力的产物。美国是按照东印度公司的规划来建立的，英国每次要求向北美输出自己的秩序，都遭到最顽强的反抗，我们说这不会是所谓美国民众的觉悟，而是美国的实际控制者的诉求。所以，美国在早期并不是“英国的”，而是一个“自由的”市场，但是也是非秩序的世界。

此时，这样的性质正对清朝的下怀，因为清朝就是从非秩序的世界生长出来的，最熟悉的就是非秩序的世界的经营和发展。在非教科书式的叙述中，清代早期的帝王都始终存在对于北美的扶植的暗中操作，这件事在乾隆时代达到顶峰。清朝建立的广州十三行，几乎是为了东印度公司直接打造的对接物。清朝在贸易制度上，不采用原有的五口通商，而采取广州十三行的一口通商，此处可以看出，清朝本质上在充分运用“白银外交”，将自己的大银池功能在世界控制上发挥到极致。清帝国将北美作为自己唯一的离岸口岸，进入清朝需要双重的过滤，第一过滤就是北美（纽约），第二才是直接过滤，广州。清朝自己掌握了贸易大头的利润，而将其余的利益几乎都资助了东印度公司这一家进口外贸企业。

在一段时间，尤其是乾隆时期，东印度公司本质上成为清朝的唯一代理商，这个地位绝好的制度设计，使清朝只要控制了东印度公司这个端口，就可能通过这个巨无霸的企业来控制世界范围的外围朝贡体系的国家了。而东印度公司，此时也因为这个清朝的特需端口，成为世界范围的清朝之外的最大的贸易强权，甚至于可能和任何一个主权国家进行政治议价。这个设计成就了清朝前期对于世界的控制，但清朝一旦失去财政和军事的实力，那么必然面临类似于英国一样的反噬，这就是两次鸦片战争。东印度公司开始武装干预清朝政治的老路。东印度公司是重塑西方政治力量的庞大的海上力量，此时，终于开始反噬清廷。

而此后，两次鸦片战争之后全世界的君主政治力量都因为贸易关系而力量大增，围剿太平天国使东西方的君主国力量空前团结一心，战后东印度公司表面上寿终正寝。自由贸易时代，也就是海盗控制世界贸易的时代，因为东西两大战争的制度改变而结束：美国的内战（即南北战争）和太平天国战争。

通过上面的分析，我们可以看出关于东印度公司的研究是揭示清代诸多问题的核心关键词。如果我们审视一下对于东印度公司时代中国历史的研究，就会发现，中外研究的文献中似乎存在一些重要维度的缺失。对于中文的文献而言，似乎对于西方历史的理解存在一个重大的缺漏，如果简而言之，就是对于历史的研究带入了很强的近代的西方文化的影子。而对于西方的研究文献而言，也存在一个重大的缺失，就是对于古代乃至近代的中国的文化和状况的不了解，对于近代以来的中国的人的认识方式，也仍旧不了解。所以，文献呈现出的就是各种误解和浅见，造成对于当时历史的叙事存在各说各话的严重问题。这样的问题不仅存在于这一单一历史题材中，或者仅仅涉及一个国家的历史研究，而是在各种历史研究中都充满了类似的问题，但是对于近代中国问题的研究，则更加严重且突出而已。

一个被忽略的关键词——海盗

关于这个关键词，中外文献中还是出现了不少闪光的影子，但是整体上处于不被重视的状态。例如，在主流美国经济史的文献中，例如 Walton 的 *History of American Economy* 中有关于 pirate 以及 privateering 这些关键词的介绍。另一个能够理解上述关键词的经济学文献是在第二次世界大战后的制度学派中，也就是芝加哥学派的文献中随处可见。Coase 关于企业的边界的研究，是极为重要的，这个研究的核心思想是关于企业的定义的问题，在我们这里需要对这个问题进行深入反思，才能够了解科斯的概念和定理中的真实用意。

如果没有英帝国的崛起，建立起来一个世界范围的秩序框架，也不会有美国后来接手这个世界秩序的问题。但是我们要知道，只有建立起来一个世界秩序，才能有“文明”的感觉，而在这个秩序建立起来之前和之后，都不会有文明的世界，只能是在丛林中穿梭的经历。

以世界视角而言，文明的世界秩序在历史时间线上是明朝的世界秩序，之后世界处于失序状态，这个失去秩序的时间比较漫长，进而进入世界秩序的时间就到了英帝国的世界秩序时期，而后基本上就延续到现代。尽管本质上现在仍旧是英国秩序的延续，但是此时的世界秩序是由美国来替代英国维系的，英国还在发挥自己的作用，表面上是美英同盟关系来维持的世界秩序。所以，我们要了解世界秩序重要的几个节点时间，明朝的世界秩序维系仅仅达到 17 世纪早期，而且此时的明朝已经几乎仅仅维持东方周边的世界秩序了，对于西方世界所处的外围的世界秩序，明朝在漫长的 16 世纪已经逐步放松了，从而形成了实际上的欧洲荒蛮的生长期。以东方的视角而言，秩序仅仅是在明清之间存在短暂的失序，而清末期才开始了帝国实际崩解的漫长失序时期。

在这个演化的过程中，形成了欧洲也就是西方传统势力的几代霸主，但是他们都不是本质意义上的世界秩序的维系者，尤其要强调的是西班牙的“日不落帝国”，尽管英帝国建立世界秩序时也自称“日不落帝国”，但是这两个日不落是有着本质的差异的。西班牙的日不落是天主教正统世界的名号，而英帝国的日不落是将宗教与世俗折中结合而纳入了世界各个族群的一个世界性的秩序体系。

上述议论对于我们认识明末清初的世界秩序有很大的帮助，我们尽管避免涉及明朝的任何历史问题（目的是不陷入具体的细节中而偏离了本书的主要课题），但是我们在研究清代初期世界历史的时候，还是需要有一个清晰的历史定位。

包含清朝的历史，直到乾隆时期，还处于在两个世界秩序的间歇期进行摸索的过程。

清代早期的建制和发展历史，就是一个典型的明朝藩属朝贡区内部的秩序状况，我们看到从努尔哈赤开始，明朝的内部秩序已经跌落到一种濒临散落，必须重构的状态了。

而在外围世界中，这个秩序的混乱可以说更加严重，所以我们根本不能够以一种文明世界秩序内部的概念来揣测历史的状况，因为在两个文明时期的间歇期，任何文明的概念几乎都无法用财政来简单维系，根本上的问题是财政维持的中心权力结构此时已经失效了。

东印度公司——企业的概念

为了讨论东印度公司，下面我们来看企业的概念。

尽管东印度公司，在我们今天的语境中是一个“公司”，但是这个公司，不是我们这个时代的公司的概念。我们今天的公司是一个法治化的世界中的概念，而即使今天的跨国企业，也很难说就是一般文献中谈到的公司的样式，因为跨国企业要涉及两种复杂的法律边界，一种是国家内部秩序的法律的边界问题，另一种是世界范围的国家之间的法律边界问题。因为作为当时世界范围的重要的甚至排名很靠前的巨型跨国公司，东印度公司尽管算是公司，如果使用今天的公司概念来对它进行描述，是极为不恰当的，应该用一个另外的翻译来对这个对象进行定义，但是为了简单起见，这本书就不再操心翻译界的难题了，仅仅处理这个问题在经济和历史领域的难题，就够我们花费巨大的精力和工作了。

东印度公司还不是我们今天意义上的跨国企业这么简单，最核心的问题是，东印度公司面对的竞争者不是我们今天意义上的其他竞争性企业，而是任何一种可能对其造成损失的对象，例如，外国有组织的没组织的个人或者实体甚至国家、民族、部落等，以及海盗，私掠者，乃至于各类非法的组织等。

我们今天看到美国经济史在讨论东印度公司的时代的时候，必须要讨论的就是海盗和私掠的组织，而且这样的组织在西班牙日不落帝国时代，本来就扮演了重要的角色，我们不能忽略甚至不能不重视，这样的今天看来本质上完全非法和暴力的组织，在当时的世界秩序缺失的时代，就是最主要的世界范围中的玩家角色。

以一种比较好理解的形象语言来描述，有世界秩序的时代，就是法律可能对于世界主要玩家进行协调和约束的时代，至少在舆论上，可能形成这样的效果，也就是合法的世界似乎占据了大多数普通人的视域。但是我们要知道，在一个世界秩序缺失的时代，这根本上是不可能的，因为人们可能还处于严重的明朝世界范围的病毒侵袭和严重的自然灾害小冰河期的时代，不出门是世界范围的基本，如果频繁出门，那么会遇到什么，人们的认知范围中就是秩序之外的事情了。

这个秩序之外，就是这里描述的世界秩序的缺失。这个缺失，不是主权国家不作为，而是所有人类的主权国家的势力范围，被上述不可抗力击倒，从而仅仅能够将自己的子民限制起来，让他们不受不可抗力的灾难，就已经是这个时代的主要治理工作了，至于秩序之外的世界如何发展，基本上可以说是一种空白。

但是在疫情被忽略的时空中，野蛮蔓生的秩序，就是我们这里所说的演化世界的事情了。

从定义上看，东印度公司，是野蛮蔓生的时空中超级实体。这个实体，有自己的任何一种作为基本防御的暴力配置，但是也从而有了进攻的基础。

例如，从本质上来说，东印度公司是实际上实施鸦片战争的军事组织和实际操作者，我们如果说，清朝在同东印度公司发生了战争，人们可能觉得很陌生，但是本质上就是如此，战争的具体组织和执行都是东印度公司部署的，而且本身东印度公司的贸易也是完全垄断的，为了自己的利益发动了自己组织人手购买火器的一场战争，这就是当时世界失序的时代，实际发生的事情。

“其中阿姆斯特丹选派 8 名、泽兰选派 4 名、其他较小的商部各选 1 名，再由除阿姆斯特丹除外的商部轮流派出一名董事组成‘十七绅士’会议，这成为公司的最高管理层。此外，荷兰联省议会颁布了《公司成立特许状》。VOC 被授予从荷兰共和国到好望角以东以及经由麦哲伦海峡的为期 21 年的船运贸易垄断权。此外，VOC 有权同当地政府或国王签订条约，建造商站、雇佣士兵，建立堡垒来保护自己的利益，并在必要时可以发动战争，铸造自己的货币，为公司的成员和亚洲的臣民建立一个法律体系。”①

东印度公司是一个具有文明重建使命的秩序的创造者，这不是我们今天意义上的企业，而是一个超越了国家甚至国际关系的超级存在。

下面我们重点讨论人们不容易理解的几个基本点，就是各个主权的欧洲国家和东印度公司是什么关系？在此之前我们简单引用一些文献以加深上述认知（在前面对东印度公司编年史的认知基础上）。

“继葡萄牙、西班牙之后，西北欧小国荷兰在 16 世纪末也展开风帆驶往东方。悠久的海上贸易传统、精良充足的船只、完备的航海知识、充足的人力和财力让荷兰在 16 世纪末具备了前往东方海域进行贸易的条件。受到葡萄牙、西班牙同东方直接贸易获得巨大利益的诱惑以及在西班牙的贸易封锁刺激下，荷兰终于有了东方海域的第一次成功航行。然而荷兰早期东方贸易公司存在的不足，促使更大规模、更具有竞争力的 VOC 的最终形成。16 世纪前的东亚海域已经具有成熟的海洋商业网络，民间贸易和官方贸易交叉，中国主导的朝贡贸易体系尤为突出。②

“荷兰在陆地的发展不占优势，但能从大海中汲取力量，依靠渔业和运输业成为海上贸易的国度。发达的造船业和不断改进的造船技术使荷兰的船只

① 陶庆婉．17 世纪荷兰东印度公司在东亚海域的商业扩张［D］．南京：南京大学，2016.

② 该段及以下引用文字来自陶庆婉（2016），“第一章　荷兰东印度公司的建立”。

精良；荷兰通过孜孜不倦地探索航海知识使荷兰不惧远航的风暴；奋而摆脱西班牙的桎梏，不仅获得了自由，而且在宽容的氛围中吸引了大批的人力和财力。在16世纪后半期，荷兰具备了进行东方远洋航行的能力和优势。

“地处北欧低地地区的荷兰，自然条件并不优越。荷兰大部分地区是沼泽地，领土狭窄而又贫瘠。一名法国大使在1699年评论荷兰‘是一个很小的国家，海岸尽是寸草不生的沙丘。国内江河纵横，海岸及河流两岸经常发生水灾，仅适合草地生长。当地收获的小麦和其他粮食不够养活百分之一的居民。’荷兰大部分地区处于海平线低洼地带，不仅有潮汐之害，而且还要承受内河水患。到1590—1640年的大规模排水工程兴建后，荷兰的陆地面积有所增加。在有限的土地上，荷兰人精耕细作，单位面积收获的粮食远高于一般欧洲国家。

“对于荷兰政府而言，成立一个强大的在亚洲贸易的联合公司，也是同西班牙进行对抗的有力的军事和经济武器。在荷兰议会的倡议下，1602年3月早期各大公司悉数合并，成立联合东印度公司。在成立早期，公司的六个城市阿姆斯特丹、泽兰、代尔夫特、鹿特丹、霍伦和恩克赫伊曾组成了公司的六个商部。

“起初东方的事务是由VOC各个舰队的指挥官轮流负责的，这让公司很难有连贯的政策。为了更加稳固地管理VOC在东方的事务，VOC在1610年设立了荷兰东印度总督的职位。自1610年起，VOC在亚洲的活动主要由总督来决定。”

上述文献中进一步说，“VOC不仅汇集了早期公司的商业资本，而且依靠了国家政权的力量。VOC的建立让荷兰东方航行的无组织状态宣告结束，荷兰对亚洲的商业活动从此只有一项政策。”我们从上述文献中，看到的不应仅仅是荷兰的东印度公司和此时“荷兰”执政的关系问题，还应该看到此时欧洲的国际关系中，荷兰执政的地位和身份问题以及荷兰东印度公司与之相互比较产生的实力对比问题。此时的荷兰总督，和此时的其他欧洲列强的总督的关系不是类似的关系，因为此时的荷兰作为一个新独立的殖民地的性质和地位与传统的欧洲王国的政治和宗教地位是具有很大差异的，此时的荷兰已经开始资本主义萌芽，而欧洲其他国家还没有开始迎来自己的高光时刻，他们的资本主义勃兴以及工业革命还需要一段时间。所以从本质上看此时的东印度公司是一个凌驾于欧洲诸列强之上的存在，而荷兰的政府当局也就是经历三十年战争以及郁金香泡沫时代的荷兰诸王子与东印度公司的实际关系，是一种微妙的但是非正式定型的关系，我们不应该将此时的东印度公司“总督”，真的认为是官方派遣的执法官员。这极为类似美国初期英国总督的地位和身份的认定，从某种意义上来看，此时的荷兰总督甚至于比英国总督还更倾向于自己是东印度公司的商人领袖而不是一个殖民地政府的官僚代表，因为这两种头衔在当时还不成比例，尽管东印度公司的跨国企业不在乎自己多一个虚衔，因为众多头衔中，不知道哪个在阿姆斯特丹的金融市场上会给融资带来一些便利。而不明真相的金融散户和荷兰本地平民投资者的盲目跟风，与郁金香泡沫时候的市场行为类似，我们很难说是官员操纵了市场（一派经济学家如此解释），还是市场操纵着虚衔的官员（一些社会学家或史学家如此认为），因为此时荷兰的制度是松散的，与我们今天想象的“正规市场”这个概念相距甚远。

“1602 年 EIC 在胡椒产地万丹建立了第一个贸易站后，便逐渐向更远方的香料群岛发展。1604 年，EIC 的商业拓展到了香料群岛的安巧、德那地和班达。1611—1617 年，望加锡、亚齐、雅加达、占碑等地也建立起 EIC 的商站。此时 VOC 正在与葡萄牙不断开战来实现香料垄断，EIC 的出现更增添了对 VOC 烦扰。当两公司就香料垄断与自由贸易不断产生纠纷时，双方政府在 1613 年、1615 年、1618 年和 1619 年陆续展开谈判。荷方坚称与当地人签订的垄断性条约的合法性，并且 VOC 在东方单枪匹马地与葡、西抗争也理应获得东方贸易的垄断权。英方则认为 VOC 武力胁迫香料国家签订条约，因此条约不具效力。所有的国家都有权在东方海洋进行自由贸易。鉴于与西班牙的《十二年停战协议》（1609 年签订）即将结束，荷兰政府更在意荷英在东方的合作。在谈判过程中，荷兰倡议将两家公司进行合并。英国拒绝了这一提议，认为一旦两公司合并后英方就会在诸方面听从荷兰。谈判尽管没有促成两个国家的东印度公司合并，但两国在 1619 年最终就东方贸易签订了协议。协约规定：双方公司各自可获得一半的胡椒，同时英国东印度公司将得到马鲁古群岛、安汉岛和班达群岛香料贸易份额的三分之一。英国的商站指挥中心也从万丹迁往巴达维亚。双方各派船十艘，组成护卫舰队。各自皆可保留之前的据点和要塞。通过 1619 年协约，EIC 获得了与 VOC 在香料贸易上分利的资格，但必须配合 VOC 在东方对伊比利亚国家的抗争。

“尽管有诸多隔阂和嫌怨，在协议的规定下两公司还是进行了一定的合作。”①

对文献的一般反思

在中文文献中，对于荷兰早期东印度公司的历史叙事上，存在严重的内在冲突。国外文献对于专题的处理，还算比较适当，但是在通史文献的整体意识形态逻辑和对于海盗历史避重就轻的问题上，就存在了很大的滤镜处理，导致在很多关键的问题上，学者们都是打马虎眼的态度，尽管可能存在不少海外学者的确学业不精的问题，但是对于了解历史的学者，也仍旧采取这样的态度以维持自己的人设。国内学者对这些问题的关注度不高，关注的学者尚处于初步研究的浅尝辄止的阶段，对于关键问题的深入研究还比较少见。这是造成上述学术问题的主要原因。

从一些共同引用的材料上来看，很多材料都采取如下基本措辞：英国东印度公司授权于1600年，有的说成立于1600年，而1602年荷兰东印度公司合并诸多小公司成为联合实体。这个历史叙事是极为具有误导性的，似乎很可能最早采取这样的说法的是英语国家的研究者，因为这样似乎强调了后来居上的英国东印度公司，而对于荷兰东印度公司采取一笔带过的手法。这种叙事风格，具有英荷两族群在这个问题上的矛盾性，但是作为第三国的研究者，我们应该说，这个东印度公司的功劳的确是首推荷兰，而英国的东印度公司也是荷兰东印度公司的建制下后续的单位而已，只是因为在后期英国做大，击败了荷兰的主权实体，也就是两个母国竞争一个外部的实力单位的时候，英国胜利，所以外部的实体就倒向了英国，而更复杂的问题还不仅是主权国家的竞争，还牵扯到宗教的和民族的大陆战争的问题，所以英荷两国以英国国教派和荷兰新教派的长期合作态势，就没有产生出实质的纠纷，而是采取了合作的态度，对于这些内部的矛盾就大而化之，不再纠结了，因为需要共同对付的是外部的天主教势力和东亚的新兴霸主。

一个合适的对于东印度公司的叙事的起点，是从荷兰的兴起开始，而不是按照英国的逻辑来进行介绍，因为东印度公司始终埋藏着深刻的荷兰的血

① 陶庆婉.17世纪荷兰东印度公司在东亚海域的商业扩张［D］.南京：南京大学，2016.

统。荷兰本来就是秩序边缘的产物。荷兰在东印度公司兴起的时代，也就是作为海上马车夫的时代，是一个世界秩序崩坏的时代。此时的世界秩序本来是以明朝的朝贡贸易作为核心，而外围秩序依赖明朝的超级海军来实现。明朝授权的产品代理商是朝贡贸易内环的贸易商人，而外环的贸易需要全部由内环贸易转口而实现次级代理，从而限制了外环贸易商人在整个跨国世界贸易体系中的分成等级，但葡萄牙，后来是西班牙帝国，在整个贸易等级中居于西方国家的顶级地位，所以在他们获取了明朝的贸易品之后，得到巨大的分成，从而能够垄断西方版图内部的最好的资源和航线。

荷兰贸易时代的背景和作为

但是冰河期和疫情期，带来世界范围的主权国家纷纷内退自保，导致海上的贸易短期内成为真空。既没有明朝的定期巡游的宝船来维持秩序输出，也没有各个主权国家作为偏霸的维持秩序，所以才有了作为殖民地的荷兰的海上机遇期。

荷兰，作为西班牙帝国的殖民地，是欧洲秩序的边缘，所有的宗教势力都不重视这个地区，而成为一个秩序的洼地，为了活命荷兰人口开始冒险外出，填补秩序的真空。

荷兰经济的特点是几乎不主动维持自己的粮食自给，因为起点极度贫困，所以荷兰人不会为自己设定这样的底线，所以荷兰人都是舍命到海上求财。荷兰人最初建立海上航运的信用，是他们引以自豪的一些故事的背景，但荷兰人真实地建立海上的贸易航线的现实，是荷兰在自己的土地上还没有建立自己独立的主权时代，在外部就建立起来一个超越了自己主权领土上的庞大的外部的实体，这个实体常年和外部的海盗和劫匪在一起，尽管没有所谓的母国，这个听上去似乎是一个劣势的起点，反而成就了荷兰的才华和发展的潜力。我们可以看到这个规律的普遍性，不仅是传奇小说中的主角都是从父母双亡或者单亲开始，就是现实中的传奇人物，也往往不是如此就是有一个半文盲的父母，因为缺乏限制，所以几乎必然要抓住世界上的机遇的时候，是没有什么内在阻力的，不会因为自己人告诫自己风险很大，而断然放弃。荷兰也是如此，所有有强大母国照应的地区，几乎此时都处于严格的限制交通和海路的时代，荷兰已经开始舍命同海盗开始了殊死的争夺，这样的结果就是，荷兰从来都是一个海上的意义的外部实体的联盟，而母国根本上也仅仅是他们这些流动的实体的情感的或者血缘的归宿，他们从来也不会把自己的财富完全地放在母国，因为母国从来也不会强大到可能保障他们的财富，所以，荷兰的财富开始世界性的流动，不是到英国就是到美国，却从来不会到他们认为是异端的拉丁语地区。荷兰海上霸主的实际控制人在冰河期之后，没有选择自己的母国作为未来的寄托，而是选择了英国，此时荷兰已经开始开发新阿姆斯特丹了，也就是后来的纽约，后来，英国衰落，美国崛起，也是在荷兰海上控制人的推动下完成的。

荷兰，如果按照水浒传的叙事逻辑来说是荷兰的江湖势力，海上的荷兰，我们可以称之为那个真正掌握了财富的流动的真荷兰，而英国成立了东印度公司的时候，实际上可以说，这个势力开始首次选中英国作为自己的落脚地之一，而不是英国主动选中了荷兰。此时在伊丽莎白时代，皇室的斗争激烈，而海上的霸主有力支持女王陛下，可以换来的就是英国女王陛下的一纸授权书，英国国家的势力从来没有为东印度公司，哪怕是名字带上英国的东印度公司进行过投资。尽管因为授权，公司可以来到伦敦进行融资（这还是另一个重要的掌故），但是女王陛下并不认为这就是自己的直营店，甚至于在詹姆斯朝，国王还在打主意要在中国周边建立自己的英国皇家直营店，而被东印度公司的势力排挤掉了，从此之后，英国的皇家势力和世俗官僚势力再也没有尝试过挑战东印度公司在东亚的权威。

荷兰的江湖势力从来都超越了世俗或者官方的势力。在荷兰东印度公司成立的时代，荷兰还没有独立，处于战乱中，但是此时的东印度公司似乎还没有完全放弃支持一个荷兰独立的民族主权国家的信念，但是在战事中，似乎这样的信念越来越淡薄，最终还是在英女王的统治下首先得到一个官方的授权，这个授权的意义是非常重要的。也就是首先，英国女王开始招安了这个欧洲最大的江湖势力，此时本来不是荷兰没有授权，而是荷兰的地方势力是一些弱小的朝不保夕的王子，他们的授权几乎对于东印度公司没有什么价值，而 1602 年在英皇的授权刺激下，荷兰的王子们才开始联合起来，建立了自己的授权，给了一个名正言顺的文书。但是这个迟来的文书对于东印度公司已成鸡肋，显然是荷兰的王子害怕自己的招安太不给力，导致东印度公司的大佬把过度的资金投入女王而不是母国的百姓，母国百姓嗷嗷待哺，江湖大佬千万留步，不要走得那么决绝。但是实际问题不是本土的百姓不够热情，而是实力对比显著，荷兰本土建立不起来一支能打的队伍，让海上的大佬过上安稳的日子，所以大佬只能去找英皇寻求安山之处了，主要还是此时天主教国家实力还在，三十年战争在望，寻找主要的靠山是此时江湖大佬的主要痛点，可以说，是东印度公司选择了此时的英国，从而将荷兰的海上利益输送给英国，促进英国发展来维护东印度公司未来两百年的命运。

东印度公司的建制，从诸多战争开始，逐步选择了英国这个大岛作为永不沉没的航母来进行经营，而毗邻大陆，隔海相望，与德语区、拉丁语区频繁的战斗严格隔离开来，才是未来最安全的保障。

我们不要忘了，与此同时，荷兰东印度公司开始了对日本完全同样思路的经营，将兰学输送到日本，同时开始了江湖大哥对于英日两国的遥控生涯。荷兰大哥对于英国的控制是极为成功的。对于英国而言，荷兰奥兰治亲王其后开启了对英国的直接接管，在不流血的条件下接管了英国，而且其后斯图亚特王朝结束，开启了亲荷兰的汉诺威王朝。我们不得不说，荷兰的海上势力，在欧洲合纵连横控制国家上，技术一流。如果人们认为荷兰此时仅仅按照同一个思路控制了两个大陆的实际贸易和经济政治运行，那么就大错特错了，此时荷兰还在美国边上选择了巴哈马群岛的拿骚，用同样的模式控制北美洲。其后，英女王的影响力绵延数百年，英国决策者学会了这一技术，选了一个极为类似拿骚的地方，就是香江，开启了维多利时代。

在西方资本主义萌芽的时代，我们为什么要说，是资本主义的萌芽，而不是财富的萌芽，因为此时的财富掌握在稳定的封建制度的传承中，没有无序资本的发展过程。既没有允许这样的无序发展，也没有从官方开始允许世俗化的任何形式的开展，整个中世纪都是如此。

我们要知道，尽管官方没有宣布允许或者不允许，本质上世界的多样性和多维性是存在的。如果官方的维持比较稳固，边缘的世界就比较不活跃，尽管不活跃但是始终存在。在一个多维度共生的世界中，这样的存在尽管不处于历史记录的中心位置，但是这些维度在类似于战国时代的邦国林立的西方世界中，是重要的维度。例如，海盗始终是伴随着西方世界存在的一种力量。

在信仰秩序比较薄弱的地方，这些秩序可能获得的资源就比较多，相对于信仰的中心地带，不受控制的资源和人口则很难不以任何一种直接和间接的渠道同这些边缘力量发生各种形式的联系，尤其是从经济上，他们很大程度上提供了边缘经济地带重要的经济供给。西方的世界图景中，从来存在着重要的力量和维度——宗教、君主和世俗世界。宗教的斗争始终处于最激烈的状态，在其中穿插着君主之间的力量斗争，这两种主要维度就基本构成了我们看到的西方史书上的大部分内容了，但是到了近代世俗的力量开始被引入人们的视野，这并不意味着世俗的力量变得强大了，从某种意义上，世俗的力量开始成为一种可能被使用的利维坦的荒蛮之力，这种力量似乎在特定的时间都会被引入宗教或者政治的斗争中，这种时代就掺杂了世俗的形态。但是我们在经典时代的史书中，却很大程度上并不用大量的篇幅来描述其细节。到了近代，叙事的视角发生了很大的变化，人们开始关注世俗的世界，并将这些力量引入叙事的细节中，从而产生了近代历史的一种叙事样式。

这种力量似乎是从世界边缘开始的，这就是西方近代历史的开始，从荷兰开始了近代西方历史的罅隙，此处处于最不可能的地方，也就是此处是各个经典时代庞大力量控制的薄弱地带，而世俗化开始从此蔓生，这种不受控制的自由状态，带来的是一种匿名性和一般性，此处出现了一种模板，具有资本发展的典范性质，似乎出现了一种不受控制的力量的蓬勃发展的状态。在缺乏资源的极致状态下，仅仅因为自由的航海和半合法甚至不合法下被默许的短暂的贸易机会，乃至于各个非法的据点的自由交易，发展出来一种新的积累模式，这种积累不仅不畏惧任何挑战人类生存的危险，因为在任何风险下不少主权领地都会按照规则和法律严格限制人口的涉足其中，此处人们不在乎自己的生命危险，因为这里的规则是，人为自己的生命风险负责，也就是纯粹的以命赌博，似乎这样的赌博带来的必然是生命微弱的状态，但是这样微弱的状态有一种独有的内在的秩序，也就是人们用生命来进行赌博，在丛林中冒险的时候，是使用自己的生命来换取财富的，这样的规则如果运行，就带来生命和金钱的一种直接的世俗联系。这样的功利主义带来的结果就是，结果论的经济逻辑和效用的经济价值观念。

主权国家的人口在强大的专制中维持着生存，甚至在诸多人为和自然灾难中维持着一种极低水平的生存状态的时候，他们看到这样的人群在绝对的危险中探路，竟然产生了更为富裕的一种生存样式。当原来富裕的地主和附庸在灾难中逐步堕落到没有饭吃的时候，他们看到海盗的生活如此放纵甚至繁荣，当中世纪的专制使人口开始向往海盗一样的生活的时候，尤其是贵族想从海盗的财富中获取利益，来资助自己的宗教和政治斗争的时候，此时的叙事方式就变成另外一种样式，就是海盗的生存模式和观念逐步被合法化，披上了“资本主义萌芽”的叙事方式。我们没办法在此处开始一种道德化的描述，但是上述边缘秩序逐步走入主流视野的时候，也逐步披上了君主和教宗的语言，他们被逐步合法化的过程是比较漫长的，这上述的侵入过程，是一个较长的历史时段才完成的。更重要的，这样的历史不仅是一个单一维度的发展过程，是一个全阶级和全维度的变化过程，我们很难说是自上而下或者自下而上，但是毫无疑问，从任何一个维度上此时都几乎准备成熟了。

自然条件下演化出资本主义萌芽的过程就是如此，我们不做深入的开展，仅仅从结果上来描述上述发展变化过程的成果以及重点描述是谁摘取了这个成果。

从本质上来看，明朝世界秩序崩坏之后，导致的诸多结果之一就是西方世界的财富缺口被打开，而被优先给予财富的，不是原来正统秩序的维护者和他们经济上的受益人，而是敢于冒险的海盗开始了一次财富的狂欢。荷兰首先品尝了这种秩序之外的禁果。

与此同时，开启了财富之旅的不仅仅是荷兰，还有原有秩序的顺序继承人——葡萄牙人和西班牙人。他们本来是明朝外围的中间商人，但是令人惊讶的是，是西班牙的殖民地人民（即荷兰）真正品尝了资本主义的首次盛宴，而不是西班牙这个第一代日不落帝国。这才是具有实际意义的问题。如果此时提问者问，为什么中国没有资本主义萌芽，而是西方，这是一个典型的错误问题。①按照中心边缘的地理结构，中国是中心秩序者而不是边缘群体，只有边缘群体才有资本主义萌芽，要找中国的资本主义萌芽应该到战国时代的边缘地带去寻找，而不是明朝，明朝的资本主义此时已经到了晚期。②因为按照秩序崩解的顺序，资本萌芽必须要在边缘地带，中国此时在帝国崩解的灾难中，不是资本的萌芽地带，而是资本萌芽地带的乳汁来源地带，财富从中心向外围流动，通过秩序区域之后，流经的非秩序区域产生秩序构建，从而产生了资本主义萌芽，也就是资本主义萌芽按照定义，需要在没有资本的地区，不仅仅是没有资本主义的建构还需要没有资本本身，财富来到一个地方，构建了资本主义最初的建制形态。中国的中心化的资本运行早已经到了财富运行的晚期，只剩一个大银池，是滋养别的文明的最佳时点，秩序崩坏，财富外溢，而不是资本的成长期。

反思和总结

如果不是荷兰人在欧洲的意识形态和巨大的战争威胁的边缘，荷兰人也不会在大海中搏命，但是这样的一搏，竟然也搏出来一个发展的路径。毫无疑问，这个道路的艰难，只有这样临危的民族和即将失去生路的条件下才产生，但也是如此的境地，才在意识形态的边缘产生了建立自由的基础。这是一种深具历史意味的课题，需要我们深刻的思考才能有所领悟。

类似地，如果不是灾难深重的欧洲以及同样处于极为严峻的复杂的多重危机中，英国也绝不会开启工业化的道路，在当时的发展路径上，凡是能够维持既有的生存，在既定的蛋糕争夺中有一定的安稳维持的机会的国家，都不会开启工业化的道路。在第二次世界大战后，欧洲大陆所有民族都在衷中重新回到 17 世纪的脉脉温情中，希望将工业化带来的数百年的深重的污染和灾难忘记，而尽量采取环境友好的策略，盼望着重新回到 17 世纪工业化开启之前的自己那个安乐世界中。如果我们真的了解了所有列强的发展路径和基本经历，就知道所有的演化序列中，基本上没有给出一条不做出道德性的选择，就能够得到稳定的生存权利的发展路径。

在演化的博弈中，人们忘记了自己还有道德选择的可能，在所有迷于眼前的生存利益的功利主义者的世界中，根本不存在什么道德的选择，他们仅仅是一种理性的机器，在既有的内嵌程序驱动下，选择最有利于眼下的任何一种策略，而忽视了自己不仅仅是一个理性的机器，还是一个有道德情感的人，但是在放弃了自己道德情感的时候，理性的一端就开始控制整个人，作为一个 NPC 而表现出典型的尚未觉醒的道德的全部特征，这一世界就沿着演化的路径开始了，没有道德的空间。

在只顾眼下利益的功利主义者看来，根本没有道德的空间；而在一个健全的人看来，全是道德的空间。这是两个极端的样式，而每个人都在其中，可能不少人仅仅是扮演着一个 NPC 式的存在，大多数时候都不会认真考虑还有另外的可能和生活，但是本质上另外的世界始终存在，存在的可能性和实践性都是存在的，因为世界不是一个维度的，也不仅仅是为了 NPC 而设计的，世界上有极多维度的多样性和可能性的时候，就始终会带来希望和惊喜。

从演化的博弈角度，人们似乎认为适者生存是一个重要的法则，这意味着所有博弈的玩家将环境作为自己的先行知识从而做出理性的决策，但并不是所有人都知道，并且真的将其作为自己选择的一个重要的条件，而不仅仅是形式上的参考，上述对于参与者的认知的分析是重要的，因为没有人知道所谓适者生存的“适应”这个动作的对象是什么，要适应什么。不同的人要适应的对象差异很大，这里既不存在一个作为公共知识的适应的前提和条件，究其所以，更不存在一个明确的对适应对象的社会认同，因为在人类的集体认知过程中，没有达成一个认识上的共同的基点。似乎饿了的人认为适应一下饿的状态，也就是要更能适应饿这个状态。一个吃得太饱的人，要适应暴食对自己带来恶性的疾病侵袭。一个认为环境恶劣的人可能采取的措施，不是停止污染，而是逐步适应这样恶劣的环境。还有人认为应该停止对于自然无限度的开发，从而才能恢复自然的生态，维持人类赖以生存的环境和资源。对于饥饿的人，他们认为解决温饱是最合适的适应方式，应该先吃饱，不要顾及什么环境。对于吃饱的人，可能认为自己需要通过竞争获取竞争优势，来取得生殖和更好的配偶的社会优势。暂时获得竞争成功的人，需要确保下一代还继续拥有上述优势。已经获得彻底成功的家族，例如，已经取得别人一千年积累才有的财富的家族，认为自己需要首先消灭威胁自己的潜在敌人，来获得更大的竞争稳定性，从而确保自己的未来都处于这样的优势中。

总之，在丛林中没有人会认为现在停止资源的开发，让后代来获取更多选择的机会是合理的，人们总是有更多的欲望需要立即满足，那么这样的社会以及成员必然仅仅是一个欲望的仆从，而根本不具有道德上的先进性，也不具有价值观念的吸引力。在丧失了价值观念的吸引力之后，在极度掠夺资源之后，在仅仅剩下功利主义的理性和自私之后，一个社会的吸引力就消失殆尽了，从而开启了一种丛林的状况，也就是这样的社会基本上只剩下了弱肉强食，而文明趋于消失。功利主义的理性代替了道德，社会瓦解。

荷兰学者的佐米亚概念

Van Schendel 对佐米亚的概念化理解和一系列文章，说明了深刻的内涵。荷兰人显然最懂得上述概念清晰的界限，以及这些概念和哪些重要的现象相关联。他们的嗅觉最为灵敏，因为在历史上，从荷兰作为本质上的赞米亚原型开始出现的时候，就为这个概念做出了最好的定义和解释。

这个概念最大的贡献在于其描述了财政秩序之外的自然生态系统的真实存在和顽强的生命力，这种生命力可以称为一种自然的秩序，或者自然生态系统的自组织形态，而这样的自组织，当其处于“秩序真空”状态时候，就是物理学在研究无摩擦阻力时，从理论上对待力学基本问题的状态。力学对于基本理论上的认知，和经济学上对于财政秩序的认知，处于同一水平，也就是必须要认为财政秩序之外是真空，才能建立一些基本的经济学的理论假说，但是现实世界不是如此的。也就是说，人类在漫长的历史上，不是依赖财政秩序维持的，而是依赖更为底层的自组织秩序系统。但是人们的注意力在财政较为充足的稳定和平发展期，就会主要因为世俗化的功利主义被吸引到财政专注的领域，而不是非秩序或者真空的区域，所以我们使用这类人类学概念的时候，所探讨的是秩序本身的不可见层，也就是细菌或者真菌这类极速蔓生的存在所居于的物理或者说生态圈层。我们这里所说的不可见，不是真的看不见，而是因为主流的功利主义蒙蔽了他们的视觉，导致集体潜意识选择了视而不见，这是一般的社会运行所需要的另外一种秩序的自然呈现物。

荷兰，这个国家似乎与这个概念的渊源最深。从荷兰作为整个中世纪之后的欧洲的版图上的赞米亚存在的时期开始，就处于最边缘和最危险的地带，而人们也如此适应这样的危险，这样的一种自然的对于危险的态度，本可能就是人类本能应对生存的态度；而使用人为秩序、用集体意识催眠建立起来的自我欺骗的假想的社会安全感，可能才是秩序中心地区被历史发展遗忘的主要原因。此时在严重的社会性灾难和疫情中，所有建立完整边界的国家都向边界退缩了，人们认为主要不是自己的敌人入侵，似乎就有了安全的主要的基础，这样的意识形态是人类道德上的集体的自卫反应，也是某种形态上合作能力降低，道德秩序逐步衰弱的征兆。秩序的衰微是不容易察觉的，因为往往需要某个特定时间的触发，从而让人们从集体的梦魇中被唤醒，但是醒来的时候人们的惊讶似乎是必然的，因为之前越是偏离真实的意识，之后越容易被现实冲击而崩溃。这是秩序的循环，上瘾的后遗症。

荷兰与美洲殖民地

我们最后再来探讨，东印度公司和比较起来更缺乏秩序的殖民地的关系。

我们探讨了荷兰的海上势力逐步借用了英国皇室的外壳，开始向其注入自己的力量，但是此时英国皇室无论任何一届决策者，在其坐上君王座位的时候，必然就立即站到了东印度公司的对立面。所以本质上英国此时处于上升期，借用了荷兰的海上力量，在未来持续的上层斗争主要发生在两个派系之间，一个是代表国王利益的专制一方，一个是海上利益的自由的一方。所谓的自由，就是维系原有的非秩序的庞大生态系统通向王国的金融和消费市场的合法的通道，显然这个秩序的窗口不可能持续开放，因为随着王室力量的逐步增强，必然还是会开始扩大财政秩序，从而逐步蚕食海上非法的力量，最终将其吞噬。这个过程延续了百年之久。在美国独立战争时代，自由的力量达到最大，而到了美国内战，自由的力量则被全球范围的英国的崛起而压制下去。在所有的地方反映出来的，都不如此时的赞米亚区域，也就是此时的世界的罅隙，所有的英国的殖民地，以及正在衰弱的世界大银池——中国。

所以我们看到的历史图景中，始终为了解释中国的事情必须要借用外部的处于当时代顶级世界秩序的格局性变动才能够解释。如果我们要真实地了解所谓东印度公司的本质，就需要使用类比的办法才能解释得比较清楚。在秩序微弱的区域，例如荷兰以及英国的周边殖民地，乃至于海外殖民地，尤其是通往这些殖民地的路途上，存在一个庞大的系统，就是荷兰学者 Schendel 称之为佐米亚的概念。在这个概念下，根本没有一个统一的可使用的概念来描述其中的结构，因为在秩序之外，也就是任何形态的边界之外，都是高度的动态和变化中的，其中不能形成什么有价值的令人稳定认知的人和事物，但是所有人可能都在这样的看不见的手的秩序中生存，其所依据的规则有时候是显而易见的，有时候却受到微小波动的影响而不断改变，身处其中的人们很适应也觉得这都是基于实用的角度来看很便利的，但是到底也没有一种统一的结构和系统来完整描述上述内在关系，但是有着复杂的隐秘的相互矛盾的叙事和细节的堆砌。这就是理性失效的地方，是底层和上层都高度关注的真实的世界的组成。

我们首先来探讨殖民地的状况。殖民地的早期就是佐米亚概念的真实写照，而且那种混有印第安人，各种流亡和流放者，还有宗教复杂性和融合性掺杂在一起的状态就是这样的赞米亚真实写照。我们说，英国的周边殖民地，包含没有平定之前的苏格兰和爱尔兰，尤其是爱尔兰长期处于这样的状况，外来的干预、本地不合法的武装和贸易团伙，他们专注的问题往往是赞米亚最核心的财富来源，就是人口贩卖、违禁品和毒品以及武器。这些内容是鉴别赞米亚区域的良好标准。一般而言，只要上述内容在贸易中占比达到特定的比例，那么我们就说，这样的社会几乎已经临近赞米亚的边缘，而在河流或者秩序的交通线路上，才出现了少数依赖财政建立起来的聚居点。而聚居点，从早期的历史学家和人类学家的研究指标上，就非常清晰地展现了这个荷兰人的概念化描述，也就是他们很清楚，这就是他们所说的赞米亚，但是他们没有说出来的，被放到一个自由的出口上。略带嘲讽轻蔑的语境在西方人来说，还是用来描述亚洲比较稳便，把阴间滤镜留给亚洲是西方学者的内在心机，但也是面子使然。

西方世界在漫长的历史时段中，是海盗、走私、人口买卖和非法交易的集中地，是世界边缘之处，是世界文明圈层五服之外的化外之地，自然深层意识乃至于自然的直觉中，就包含了对于上述环境的敏感和熟悉，所以用西方研究者的方法论来讨论上述问题，是比较合适的。

在赞米亚的世界中，人口是依赖经济因素而得到的要素，这个假设极为符合西方经济学理论原初的假设。这样自由的劳动力要素成本假设，就是来自广大海陆上，依赖自己的劳动，靠着自己的机敏和自私，通过无论合法还是非法的手段，获取自己谋生条件的这些人口。人们自然的秩序性很低，但是每个人从小都在这样的生存条件下锻炼出来，他们既有敢于冒险获取财富的野心，也有胆量愿意冒险，且具有一定的技巧和对于自己的专业的熟悉程度。他们要么是水手，要么是一个属于半武装化的冒险者，他们可能不会单独进行劫掠，但是每个人都有自己所擅长的领域，可能通过合作来进行海盗活动，如果他们被政府出资的贵族航海家招募，他们可能会在进入合法市场的短暂瞬间得到不小的便利，而且他们身具能力，无论富裕的雇佣者，财富的所有人，还是具有野心的贵族或者政客，都对他们有所求。他们是江湖人士，是宋江愿意结交也愿意为之奔走解救的江湖上的各路人士，他们具有的胆识和忠义，从他们自己的组织，类似于东印度公司这样的动态公司来看，一点儿都不少，但是从皇室来看，他们始终是具有非秩序因素的疑点人犯。首先，他们手中的血使他们不可能被招安成为正式的公职人员；其次，他们的习惯和随时敢于冒险的行为准则和人生信条，不是普通的财政秩序下的百姓所能够接受的人，至少在近代以后，世界范围的法律秩序将他们进一步排斥到秩序之外。看上去行为良好的人，与他们无关，他们似乎是另外世界的人，而且他们的非秩序性质，使他们无法建立长期的组织。他们有承诺的能力，但是不符合理性的法制的长期压制的一般对象的特征，所以这些人口处于一种随时受雇状态，也就是劳动市场中最具有价值的一部分。他们可能合法化为一个企业，也可能在闲暇或者企业破产的间隙，参与非法的海盗活动，还可能自组织受雇行使抢劫或者雇佣军的角色，也就是，东印度公司的劳动力，很大程度上是雇佣军的特点，他们有内部的帮派，但是在一项任务结束之后，他们很快就各自为政，为自己的利益服务了。他们不可能长期被东印度公司唯一雇佣，甚至于他们可能在皇家的其他更为顺手的企业中被招募为直营店的雇员，但是也不是长久的职位，他们受不了稳定的职位带来的约束，因为大部分时间里，他们不愿意稳定，需要的是冒险带来的更高的收益，所以皇家的组织不适合他们，仅仅是一个过客而已。

从某种意义上来说，所谓的殖民者和总督，这样的美国历史中的一般说法，也就是他们可能为之服务的雇主而已。而长期来看，可能某个总督，需要更加考虑他们的感受，而不是英国皇室直接的命令，因为总督毕竟还是生活在这些人口的中间，远离皇室的直接控制的。尽管皇室可能再派人来监督，就像皇室开始限制殖民地自由的时代那种措施，但是很快就招致了很严重的叛乱。

后太平天国时代的清代背景

“太平天国时代的世界政治格局，是东西两阵营的联合，代表是慈禧。慈禧太后，从1861年到1909年，在清代晚期漫长的近半个世纪中，是清廷的实际决策人。与维多利亚实际在位时期（1837—1901年）重合，很大程度上，当时的东西两世界是由两个女皇实际控制的。有趣的是，据庄士敦所记述，维多利亚女王曾说，‘慈禧比我强多了，我只是一个既不伟大，也不渺小的人’。这与当时代的西方舆论形成的东方女王慈禧的真实人设可能最为接近。”①

庄士敦，宣统帝的英文老师，有一个著名的评论：“世人给慈禧太后的评价完全是两个极端，有的人认为她有着高超的政治艺术，使一个庞大的朝廷在没有天子的情况下还能继续运转，而有的人认为，慈禧太后要对清朝的灭亡负主要责任。有趣的是，几乎所有中国人都持后一种看法，而据我所知，西方社会对慈禧的看法却大多数是第一种。”②

清代整个一代充满了各种折磨，尽管明朝后期进入小冰河期，而清代迎来了冰河期的结束，但是自然的灾难，还是在整个清代让所有人始终承受着巨大的压力。清代的最后半个世纪，即慈禧的时代，清代所经历的气候变迁甚至于比之前代有过而无不及，但是在历史叙事中却被忽略了。尤其是北京的自然生态和气候变迁，更是极为显著的。

如果说我们今天正在经历着天气变化给人类的巨大冲击，各种自然灾难频繁出现，令各国的决策者应接不暇，那么我们如果审视清代的自然变迁，就会更加深入了解清代统治者所经历的心路历程。清代时西方正在经历激烈的工业化，所谓激烈的工业化，并不是中华人民共和国成立后经历的这样的有所准备的工业化，那时候没有人知道工业化会带来什么影响，而且初次工业化严重的污染，对于人类数千年来的生存经历和经验造成了严重的全方位的冲击。这种心灵的创伤，是伴随着初次的所谓野蛮的工业化和蛮荒的资本积累而展开的，所谓自由资本主义时代或者原始积累的时代，就是这样的西方蛮荒生长的描述。我们很可能从今天的西方著作中过度夸大了工业化对于人类的贡献，因为当时的世界所承受的，还不仅仅只是好处，同时带来的是巨大的冲击，对于世界的变化，以及人类自身变化带来的巨大的恐惧。如果不是在诸多的演化和混战中，为求生而奔命的民族和国家，决不会毅然决然地选择这样的发展道路。

本章参考文献：

[1] 廖梓蔚. 17世纪中国沿海海盗与荷兰东印度公司走私贸易研究［J］.

① ［英］庄士敦. 紫禁城的黄昏［M］. 众城等，译. 珠海：珠海出版社，1995：46.

② ［英］庄士敦. 溥仪［M］. 李秀峰等，译. 北京：东方出版社，2014：29－30.

现代商贸工业，2021，42（27）：31－32.

［2］陶庆婉.17 世纪荷兰东印度公司在东亚海域的商业扩张［D］. 南京：南京大学，2016.

［3］郁丹，李云霞，曾黎. 环喜马拉雅区域研究编译文集（1 环境生计与文化）［M］. 北京：学苑出版社，2017.

［4］郁丹，苏发祥，李云霞. 环喜马拉雅区域研究编译文集（2 佐米亚边疆与跨界）［M］. 北京：学苑出版社，2017.

第八章　工业革命和经济发展
——审视清时代的世界经济

三次工业革命中每个主角（power，或称列强）都是新竞争领域（产业）的主导者和规则制定者，且积极主动参与到竞争之中。而每次工业革命都形成了新的有意识的国家之间的竞争格局；资格不够的国家，无力参与激烈竞争，从而维持一种事外的局面，既是一种创新不足（技术上来讲）的体现，又是阶级地位不足（从格局和秩序上讲）的体现。自身参与不到世界范围的核心利益（新蛋糕）的竞争之中，从而导致格局缺位（地位缺失）问题。

清，就是逐步沦落到被蚕食，但是自己又无力还手，只能延缓，但是清的政策，尤其是对于延缓来说，并非完全一无是处。因为相比于其他的帝国，清的拖延能力最强，不是被短期间打散（如殖民地世界，如同时代的印度帝国），而是进入了长期内忧外患的状况，最终自己主动让位。

为了夺取工业技术的成果，所有国家都不遗余力地进行竞争，毫无疑问，这类竞争是世界竞争（也是竞争世界）的本质。这一时期，国家的竞争，似乎还不如实际的资本竞争更加实际，因为作为土地所有者（即资源占有者）的国家，他们对于技术的进步似乎比较迟缓，但是对于实际的使用支付利息资本的资本家阶层，他们对于技术的渴望更加汹涌，而他们背后的金主，也就是银行家，操纵金融系统的人们，他们的渴望可以说有过而无不及，很渴望能帮助新兴力量（对抗传统力量）实现统治。本质上，美国就是一个伪装成国家的银行，所以美国在第二次工业革命中崛起并逐步在第二次世界大战获胜以取得第三次工业革命优势，不是什么偶然；而是美国这个国家，作为最强有力的竞争者的本质的这个属性，导致的现象和结果都很清晰，美国在对于技术进步的渴望和竞争上，是不遗余力的，而且在此期间美国对德国、俄国、日本和其他竞争对手，都是如此。

美国弯道超车，以快取胜的技术竞争策略和培养技术创新人才的金融机制，可以说是第二次世界大战胜利以及第三次工业革命果实的摘取者的一个重要特征，这个特征就是美国之所以是今天的美国的主要历史原因。

进行这类竞争的本质就是，动用一个领导阶层的力量，并且领导一个国家的内部财富，通过自我组织力实现了经济实力的持续上升，而这个经济增长的概念，是内化而且围绕着“技术革命”的国际竞争和贸易竞争的本质（和内在关系）的。

第二次世界大战之后，以创新为核心的视角兴起了美国式的经济学派诸多经济学家。在他们的观念中，通过技术竞争的本质，内生性地定义了经济增长，从而了解到经济增长是技术竞争和贸易竞争的副产物，所以只要能够合理度量竞争的维度、范围和现象，就能够从本质上（从实践和实证的意义上）度量经济增长，而这样定义的经济增长本质上是可能与其诸多产物实现相互度量的（统计意义上），而不是另外的别的意义上的任何形态的经济增长。（对于经济增长的概念和描述，是容易造成混乱和错误的，所以一般意义上人们谈到的“经济增长”语境，是一种语言环境，而不是精确可能探讨的经济理论或者是可资实证检验的认知对象）。这里其他形态的，作为一个国家的内部财政组织起来的经济增长都是不本质的，不可比较的。对于地方货币形态的，并且质量不同的、本质上不能相互交换的商品量之间积累的产物，很有可能这些“增长”（虽然的确是可见且可能度量的经济上的积累）都是靠不住的。

简而言之，只有围绕技术进步的竞争，产生的国际贸易，才有经济增长（该种定义下）本质上的意义。

上述对于第二次世界大战期间乃至第三次产业革命的更现代的理解，对于理解清代整个经历着第一次和第二次产业革命的历史过程的理解，是极为重要的。因为从某种意义上，我们今天经历的过程，与清代的历史过程中世界格局的变迁没有本质的差异，所以从方法论上来看，我们需要使用现代的资料和直觉，来辅助对于清代的理解和发掘。

贸易——度量以国际货币为划分依据的经济增长

上面讨论的描述经济增长的语言方面的限制性，在国际贸易上更能够显示出一般语言甚至术语不能说清楚的冰山一角。如果我们使用一些辅助性的概念，就能基本阐明在本历史时段我们需要阐述的一些概念的基本原貌。从上述模糊边界中产生的一般意义上的概念划分，至少有几种，地方货币度量的经济增长不是可以忽视的因素，但是绝不是以当时硬通货形态直接表现出来的经济增长，因此，对于一种固定的强秩序约束的经济局部关系而言，硬通货绝对具有秩序上的意义。这意味着，核心财政区的货币，自由财政区的货币以及佐米亚边疆区的货币，本质上不应该具有完全一样的等级和表现形态，而应该具有特殊的差异的形态，才能够更好保护不同货币区的既得利益的（产权）确立和经济成果的差异性，而差异性带来的是财富的实际激励以及对于既有秩序的巩固和维护。但是固有秩序和新秩序的差异和冲突永远都是存在的，而上述存在性是社会经济生存的基本矛盾。

地方经济，本质上都应该以独特的地方货币来表征自己独特的价值属性，不同地方相互之间的交换关系，使用货币的不同以及货币交换市场的效率性来维护相互之间的价值差异，上述价值差异就是一般意义上汇率的意义。对于完整主权区的货币而言，维护与其他货币区独特的币种和汇率是具有很大意义的，尤其是对于独立货币区的较为富裕的国家而言，从而货币本质上定义了国家的主权和金融边界，这是具有金融以及货币安全意义的大事，而不仅仅是单纯的贫富差异。但是作为金融换汇的套利商人而言，如果商业足够发达，那么套利商人可能对于汇率的短期比值带来短期效率便利，这意味着效率反映了国际之间的短期需求，但是这并不意味着长期的利益诉求。假设一个技术更加领先的国家，它的货币本身内蕴价值较高，但是短期内他们国家人口的进口需求很旺盛，也就是面临资源稀缺的问题，所以他们愿意降低汇率来换取国际硬通货。

国际硬通货的定义

国际硬通货具有自然意义和规定意义。硬通货在自然经济下是商品货币的代行货币形态，本质上是最具有价值的世界范围的商品的代行交易货币。我们举两个例子，当前的例子以美元举例，美元可能买到（无论直接间接贸易都便利了购买的过程）绝大多数的（在可能买到的“大宗进口商品集合”中）较好甚至是（这个通行“大宗进口品集合”中）最好的商品。

第二个例子是上述例子的原型，即中国乃至世界的国际贸易历史中硬通货常常是中国的独特产品，例如瓷器、丝绸以及中国产的各种高档产品，其中内蕴的文明价值或者技术价值是当时无法找到替代品的，这类产品价值很高，需要货币交换，但是中国国内的铜币不是交换这类商品的一般等价物，而一般意义上还需要以价值更集中的货币，一般而言是银以及黄金来代行上述国际硬通货的一般等价交换物。

我们要知道，美元是大宗或者关键西方控制的世界贸易的产品流通的一般等价物，西方的现行国际贸易体系中，要想直接或者间接得到上述国家必需的关键产品必须要获得国际硬通货即美元，二者相互绑定，作为国际贸易的秩序维护者美国的世界贸易和国际金融的秩序的核心而存在。对于中国而言，古代中国的朝贡体系，就是上述简化版本的高级原型，要想得到中国精英社会或者贵族的生活用品，彰显自己的地位或者身份，需要获得中国的产品，来体现文明、价值和地位象征，所以世界范围的当地贵族对于中国产品的需要是硬通货式的消费形态，他们要得到中国的产品一般而言就要提供中国需要的货币或者产品，前者易得而后者难得，所以几乎所有的国家都是按照朝贡区的货币规定来制定自己的货币政策，在朝贡区的所有远近佐米亚边疆区的地方经济的领导者，都是通过当地形态的经济来获取准货币形态的中国通货，进而交换中国核心产品的，所以当时的世界贸易和今天本质上没有不同，仅仅是形态上更为复杂而已。

白银作为朝贡区的一般等价物，越是白银世界比例高的时代，就直接说明了中国的核心产品的世界分配比例，也说明了中国的硬通货在世界范围的稀缺程度。

金属货币的时代，一般中国的等价物，不进行确定性规定的时候，就是对于国际贸易比较友好的时代。一般而言，朝贡区贸易市场层面，认可和接受世界范围的任何一种贵金属载体，作为自己可接受的货币形态，这就造成实际上的朝贡区的货币金融的开放性。所以，尽管海禁存在，但是货币上的开放态度导致中国古代的贸易始终是世界友好的，因为没有在货币金融领域设置障碍，而仅仅是从关禁来严格安全性审查。如果说中国古代是贸易不友好的经济类型，是一种误解，中国的传统中几乎都是尽可能在货币金融上主导开发和自由。这一点是极为关键的。相对于今天西方采用纸币形态的世界货币贸易体系，朝贡贸易的自由化、开放性和广泛一般性，都要强很多。本质上，美国的第二次世界大战后以美元限制和控制世界贸易的做法，是新保守主义式的国际贸易模式，与传统的银本位和金本位的国际贸易体系相比，其自由度要差很多。这是我们需要深刻反思的基本贸易制度问题。

硬通货和地方货币

世界货币金融的秩序维护者发行的货币，或者说官方法定的贸易货币，是具有很大吸引力的货币，因为其直接可能进行深度的最高效率形态的国际贸易交换。而这样的货币，在朝贡贸易体系中，不是高价值货币，而是铜钱形态的，这个设计非常灵活，但是也进行了相当的限制。古代的中国官方铜钱就是现代的美元的前身等价物，但是美元是纸币，具有银本位的便利性，而铜币价值性相对较低，很大程度上不适合作为国际贸易货币，而这个不适合就是中国朝贡体系的基本特点。银铜之间具有便捷的交换比例，但是国际贸易不容易直接使用铜币，这使铜钱不太容易流入海外，而使用较为没有边界的银作为其替代物，对于银的调节加上了银铜的比例关系，所以这个调节很大程度上是非常成熟健全的货币制度，避免了大量的货币问题。例如，铜的外流就因此被大大缓解，让银来承担这个问题，而且银铜的比例关系，对于国际货币有关键的调节作用，而美元的国内使用和国际使用无法确定性存在边界，这样就使美国的国内商业和百姓生活，很容易受到来自国际贸易的冲击。甚至于各种较小的冲击，都直接对于美国国内经济带来有针对性的影响，而没有一个简单的机制加以微调，美国的中下层百姓被直接暴露在国际贸易的冲击中。而与之相比，在中国古代货币制度下，朝贡区百姓则比较好地被一层防火墙隔离了，这是很巧妙的制度设计。

各国各地的铜币之间还具有类似的微调关系。无论国内贸易还是国际贸易都是如此。对于较为落后地区的当地发行的铜币而言，很大程度上这类铜币的币值可能在当地进行贬值，这个贬值区间对于当地的经济发展从某种意义上似乎具有相对的好处，对维护金融流动性克服当地的货币短缺问题具有意义，因为如果没有这一层货币差异，很可能当地的货币就被其他的周边或者中心金融区吸引过去。例如，在自由财政区，通行的货币，很大程度上具有金融中心的属性，在佐米亚边疆区暂时存留的自由财政区货币，是很容易外流的，而且当地经济很大程度上因为通用货币的外流会导致经济发展受到严重的限制，从而带来利率的上行，阻碍经济进一步发展，当地大商人和财政税收部门都有动机单独进行货币发行来维护本地经济，这不是一般意义上的地方保护，而是地方上具有经济促进意义的货币需要，所以地方发行或者运行低币值形态，具有对地方发展很有利的一面。

所以在大部分时代，所有低发展地区都需要自己的货币形态，地方货币也是不可或缺的，地方货币和白银之间的比价就成为一种汇率防火墙，对于各个区域的商人和百姓都有好处。但是对于急于获取内环硬通货的社会领导者阶层而言，他们很大程度上希望拥有一个更大储备的内环通用货币，也就是硬通货形态。这就是储备货币，所以内环货币在外环是标准的储备货币，用来调节本地的货币金融、汇率，便利进口和管理贸易问题。硬通货在地方金融管理上，具有非常本质的持续需求，这种需求不一定反映在实际的经济市场过程中，但是在货币当地的管理层面具有刚性的需求。

对分配的影响

经济史告诉我们，国际货币，就是一种在国际上不同国家之间划分利益关系的一种方式，而这种方式在贸易层面和货币层面的一致性在工业化之后凸显出来，也就是，国际贸易本身就是对于国际硬通货的一种分配体系，而一个国家的参与度就决定了这个国家的货币或者财富，即硬通货的数量和质量。

这本身是一体两面的问题。如果贸易本身就是货币的总和，这同交换方程式表达的内容也是高度一致的。那么，贸易本身就是一种中心外围的结构。作为一个贸易中心的国家，这个国家的任何商品在国内都可能作为交换的基本媒介，也就是，这个国家的任何商品都可以同货币交换，而换取硬通货。但是，作为贸易隔断的外围国家的任何商品都没有这个条件，从而导致的问题就是，他们需要专门设立贸易品，也就是向着这个中心国家的贸易需求来重塑自己的贸易体系，从而才可能换取自己需求的产品，也就是自己依赖于这个中心国家的特定的产品类型。

清代的基本定位

工业化，围绕技术革命的竞争，应该是在任何一个时代，任何一次技术革命的时候，都是极为激烈的，而不是我们今天经常看到的或者思考的命题："古代的封闭国家，是不参与世界级的技术革命的竞争的。"如果抱持这样简化的观点且形成非常普遍的认知，从原因上只能说这样的思考层次太低，以这样的认知出发根本无法尝试探知乃至了解封闭国家的军国大事。而这个级别的国家机密，也并不在当时（以及后世）的舆论范围流传。一个合理地切入问题的角度是，清代对于明的技术抱持什么态度来发问。说清根本不在乎技术是根本错误的，但是清本身并不掌握技术创新，而且无力发展创新的培育系统，而采取专制和钳制的制度（有压制创新的效果），的确是事实。认可清代对于人才的禁锢造成了最严重的发展和竞争长期性问题，不同于认为清代决策者不重视既有技术在产业和人才层面的维持、维护甚至传承的现实问题。

近代产业化

近代产业化是通过对传统分散的多样性的手工业生态系统，使用单一产品的大批量规模化生产来进行替代的过程。这个过程是极为类似农业对于自然生态系统改造的过程，使用单一化的产业生态，来对于多样化的生态系统进行改造的过程。这个过程的主要动机是通过降低产品的质量，规模化地使用奴工，对于开放贸易的殖民地进行倾销来实现替代的。这样的替代完全是侵入性的，对于当地产业的生态具有摧毁的效果，是对于封建制度的瓦解。使用机器大工业摧毁旧制度，就是上述意义下的内涵。

就定价过程而言，手工业的产品定价相对较高，因为手工产业对于工匠多种维度的价值认可，都可能反映到实际的价格中，任何一种美好的产品属性都可能在市场中引起人们的价值认同，从而为之付费。但是对于机器大工业下的高度同质化的产品而言，所有上述产品的美好属性都被均一化，从而价格最低，在倾销下导致的结局就是本质上原有的手工匠人的制造工艺和品质，被简单廉价的所谓"同质"商品所替代。随着清朝富人和中产阶级的逐步规模性返贫，低收入底层抵制不住廉价品的市场诱惑，中间阶层消费能力逐步降低，传统的手工工场和匠人逐步面临凋敝和破产。

在乾隆年代，清朝希望能通过贸易来抵制外部的产业进攻，但是在其后军事和政治实力逐步下降，财力不能支撑的条件下，只能逐步打开国门，任由外部的侵略者占据市场，进行贸易倾销，并导致产业衰败，人民陷于贫困和灾难之中。

如果近代化的大工业生产，是从英国开始的，也就是工业革命是英国开始的，那么我们可以看出来，清代前期的英国殖民政策，使用美国殖民地与清朝竞争，说明此时英国的殖民政策还没有希望通过倾销来对于清朝进行竞争。但是在北美殖民地独立事件发生之后，英国开始痛定思痛，改换思路，开始了从痛苦中挣扎，下定了与清朝竞争的痛苦的决心，从而才走上了现代化的大机器生产的规模化道路。

第九章　收入分配问题

观念的纠正

长期以来，关于古代和现代社会的差异性或者说发展性问题，在经济史研究中存在一种潜在误区。如果能够较好说明上述差异并将其结合在研究的具体环境中，就能解决不少学术上不容易解决的基本问题。对于古代，一般西方式的观念是，“古代的社会底层，本质上仅仅有饱食的权利”，没有此外的任何灵活和丰富的消费。对于今天发展的明证是，“而今天的社会，在发达国家的社会底层，不仅有饱食的权利，而且还有不错的生活消费”。这是一种强烈的带有现代意识的度量方式，来度量古代社会的经济社会时，会产生习惯性偏差。

“安逸”是中国古代百姓的一般状态，也就是，我们不能用西方百姓的低消费状况来妄测中国古代社会的百姓也处于类似的状况。这是一个严重的误区。百姓生活的丰富性，主要基于社会环境范围提供的商品的丰富性以及自然环境提供的产品的丰富性和多样性。底层百姓在传统社会中，尽管没有现代社会如此耗费巨大的社会规模化生产提供的丰富的商品经济，但是自然的多样性还没有被破坏的时候，自然提供的非商品化的多样性和丰富性也是百姓生活质量的保障，这部分是自然经济的内涵。尽管充分商品化仅仅在少数中心城市中才充分展开，例如，宋代的临安、元代的大都等，清明上河图展示的内容在历代中国的封建皇城都是一般性地存在的，商品经济发展的程度毫不逊色于现代都市生活，但是这样的城市化高度发展的状况，在清代随着社会和人口结构的变化，变得比较落后了，这是清代发生的特殊于前代的状况。但是清代的“贫穷”发生在什么时代转折点，是一个极为关键的历史分期问题，也是我们需要特别探讨的问题。

古代社会和现代社会的研究框架整合

我们更了解西方的经济逻辑，所以我们为了进行教育和提升可读性，暂时的选择还是将古代的状况解读为西方经济理论的术语，最合适教学和眼下阶段的科研。从凯恩斯角度来看，负效用的术语是我们解读社会经济基本结构和单元的核心概念。如果谈到负效用，我们必须说，这个社会存在负效用为零的阶层，从而才能将社会大致分层研究，这就是西方式的社会分层和阶层划分方法。尽管阶级和阶层的概念是比较粗糙的概念，没有谈及社会构建的组织逻辑和机理，而是单纯谈到社会按照收入可以将人口分为收入上具有差别的层次。这类似于我们研究人体组织，从消耗心脏泵血的数量的多少来判断和分别研究各个组织和器官的分类式的研究方法。这个方法很大程度上忽略了其他重要方面，例如，在关键的器官上也存在类似的脂肪组织，肌肉纤维组织或者其他的软组织等，但是它们的地位差异很大。尽管从组织结构上他们似乎没有本质上的差别。例如，都是负效用的人口层次，在基层农业组织结构中，负效用的家庭是收入刚好足够满足日常消费的一个温饱阶层；在城市中也存在这样的温饱阶层；在工商组织中非常小的工商户也是类似的温饱阶层，他们几乎没有很多余资可供更大规模的进货、固定资本的设置乃至于利润几乎没有，在现有的状况下，几乎就是只能靠自己祖上留下来的基本门店来维持日常开销；还有在内宫中的一些太监，他们几乎只有皇家内务府统一发放的生活费，一年到头没有什么积蓄，可能一年的“收入”大约2两银子就是一个普通太监的惯例收入，可能这样的状况几乎就是负效用阶层的典范了。但是在不同的社会地位上，几乎我们都看到这样的负效用的存在者。所以，从本质上，任何一个社会要是都如此按照“收入”来进行社会分层分析，那么必然是极其荒谬和错误的，但是西方现在的分析法就是如此。这个方法首先忽略最大的也是最多的就是“社会阶层”或者称之为“地位”造成的影响，例如，中国古代社会的“士农工商”的最大社会等级分类，对于社会的影响是最大的一种因素。其次，还有商品化程度、地区差异以及产业类型上的差异。很多因素对于不同个体的影响是超级巨大的，例如，一个功利化的分析对于中国古代社会往往得到的可能是荒谬的结论。例如，商人尽管阶层地位低下，但是他们手中掌握着高商品化的货币，他们就“收入”而言具有优先分配现象，他们的收入很大程度上就是高商品化的货币化的凯恩斯意义上的商品收入类型。其他阶层收入并不“高”，但是生活并不会差，例如，宫里的公公没有太多余钱，但是他们使用的产品都是内务府按照皇家的标准采办的高级品，哪怕是皇帝的残羹，也不是普通家庭能够享用得起的食材。

从避险角度最能够展示真实的收入，也就是我们说的“real income”。如果现在市场中发现了一种掺假且有毒的食物，那么所有类似替代品都会严重涨价，为什么？因为市场开始分化避险，要出资比较多的才能够购买到安全的产品，但是此时，事实上最安全的就是收入较低的宫内的太监，他们最不会担心自己的食物是否有毒，这就直接展示出到底谁的地位高。而商人，如果有钱就可能避险，农民有地，只吃自己生产的产品也能避免市场的掺假现象，而最不能得到保护的就是商人，他们要承受市场掺假的全部灾难，为之付出最大的购买成本溢价，而这个溢价就发生在商品化最严重的地方，也就是市场领域，自己的职业所在地。所以商人收入高，是为了抵偿其必须要承受的风险，本质上还是按照阶级地位分配作为第一分配准则，其次才是被市场形成的货币化收入的分配所支配。

所以西方式的研究模式，假设市场没有假货，这几乎是不可能的，也是不现实的市场研究模式。与之相反，我们在第一次工业革命期间的史料中就发现，工业革命规模化生产的社会改造过程中，不是假货越来越少的过程，而是假货增加甚至开始泛滥，造成社会危害较大的阶段。假货的泛滥是工业革命自身模式带来的基本问题。

底层的生存结构

古代社会的生活差异性，因为现代的度量方式，没有办法显示出各个不同国家的差异性。古代社会是一个复杂的生态系统，而现代的单一化社会改造使社会生活的生态遭到严重的单一化的处理，导致的结果就是生活在这种简单化的社会中，不会有理解原来复杂生态系统的基本直觉，想象力更是欠缺。在今人看来，古代社会的基本模板是周礼模板，其中存在两种显著的社会流动模式：第一，社会化的生产与商业化和货币化的消费对接；第二，还存在巨大的非规划生产和非市场生产。而底层零散的消费是直接同自己的非社会化生产对接的，自然生态的给养系统存在多维的提供生活物资的渠道，在没有商品化渠道的阶层和领域，存在更多的补充性渠道。我们要至少了解，在人类以千万年计算的漫长历史中，仅仅以千年计算的历史中才有了系统化的农业生态系统，而农业是规模化的生产操作，用单一化的农业生态系统替代了多维度复杂的自然生态系统，而人类是大自然的天然生态系统的适应者，无须农业劳动就可能完美生存数千万年的生物种群。所以非规模化的生存供养是占据巨大的比例和空间的。也就是所谓不开辟土地进行规模化农业种植，完全可能提供基层足够的产品来延续生存，而不带来任何污染性的问题。这样的基础性认知告诉我们，在明朝人口始终处于亿级的水平，底层依赖部分农业和部分非规模化的自然供养，是多重的选择系统，如果农业丰产那么就可能较多获取廉价的粮食进行消费，如果粮食比较短缺那么就依赖自然的丰富性直接进行消费。所以本质上，只要自然生态系统没有遭到破坏，那么非城市化的生存空间中自然生态系统的给养往往是灵活而具有自然的丰富性的，我们很难给出一种实际的度量来阐述“明清易代时期”，自然的给养带来的生存可以核算多少现代的效用，但是我们可以通过间接的方式给出其他类型的比较。

到了清代，部分省份的生态系统仍旧保留完好，连片的森林和自然系统在传统的制度中得到维系。到了中华人民共和国成立之初，一些尚未充分工业化的城市周边还有不少自然生态系统的遗留。清代的北京以北的皇家苑囿、木兰围场还存在自然生态中的大量的麋鹿种群，尽管近代消失殆尽。清代可以说是生态系统开始遭到大规模改变的时代，探查清代的生态系统逐步被破坏的轨迹，是本质上度量底层的生存问题的基本路径。

上述讨论就间接回答了下述一些相关的问题：例如，在古代社会的底层，尤其是在阶级固化的底层，他们的生活水平到底如何？他们是否完全仅处于一种能吃饱的状态，还是连基本的生存都困难？从现代的 GDP 核算上这都是很难回答的问题，因为我们没有实际的证据说明他们事实上如何。

但是通过其他方式来探讨，一个富裕国家的底层，本身按照平均的社会风尚和社会一般的公平合理的观念来说，每个人得到的基本供给还不至于差到蛮夷的水平。这意味着，如果一个国家有基本的社会公平正义的表现，有对一个人的基本权利的认可，那么此时社会文明状态就是应该可以处于一种良好的状态的。

关于吃不上饭的状态，我们要了解是吃农业提供产品的饭菜还是自然提供给养的饭菜的差异性，到底如何，是不是会出现灾荒，需要我们针对特殊环境特殊地来进行回答。现在我们来探讨一个更值得研究的问题，就是在货币化的部分，进行不同的阶层调节的基本问题。从学术的历史上看来，这样的研究是基本的研究模式，而在传统社会中这样的调节也仍旧是居于社会管理最核心的讨论范围之中的内容。

货币化的分配调节

从本质上来看，对于一个竞争性很强的社会，必然需要为了竞争而设计一种专门的基金，来解决新晋新富的收入对社会结构改变带来的多重效应。这部分人的新增收入，不仅包含社会新增财富（财富增长效应），而且还可能包含原有财富的重新分配的部分，而再分配效应很可能是从比这个阶层的更低水平的财富分配比例中取得的（结构性再分配效应），所以，一个流动性较强的社会，本身不仅需要维持一个老的富裕阶层，还需要维持一个相当比例的新富的阶层。一般而言，如果没有大比例的削减旧富的社会政策，那么这样的社会必然会面临短期的金融货币短缺，即现存货币窖藏不能充分提供社会金融的周转以及长期的较低社会阶层结构性问题，部分人口在相对生活标准上可能会出现状态变差的状况，所以需要及时使用社会基金（税收或者其他社会资源）进行再分配的调节。典型的方式就是救济或者补贴生活困难的群体，这种相对困难很可能是相对的，也就是基于平均的标准视角下的相对变差的个体或者家庭问题。近代西方模板可能夸大了历史上的类似问题的严重程度，因为西方社会模板与中国古代社会模板具有极大的差异性。在复杂度更高的社会生态中，这类问题可能得到其他补贴机制来完成上述共同发展问题，例如，宗族和宗教组织等非财政税收的机制。

但是西方模板下一个典型的认识是，一个内循环的封闭社会（在他们看来古代社会是如此的），如果对于富裕阶层的财富剥夺（以公共基金为基础的多种再分配机制），没有到相当的程度，那么维持一个较高流动性的富裕阶层，必然会带来特定较为贫困阶层的社会分配份额的相当比例的减少。这样的状况带来的问题，相对于一个阶层固化的社会而言，这样的社会（相对地）

会产生较多贫穷人口，而不是较为富裕的人口。这种因“造富而生贫”的思维如果进一步深入就成为社会剥削的主要基础，所以，维持贫困需要消灭富人的论调也会连带产生。这样的观念不仅在现代的西方社会非常流行，而且在古代的中国社会中，也曾经在特定时段存在一定的舆论基础，从而产生封闭社会下的内耗效应，也就是本来没有蛋糕的扩大，但是带来了阶级阶层的矛盾加深和社会性撕裂，导致的社会悲剧很多。所以，以一般的观念而言，要富裕的基础是财富蛋糕的做大而不是内斗的加剧。

中国古代社会如果短期出现了大量的富裕人口，我们一般认为，是蛋糕扩大的现象。而西方社会近代出现了发展的热潮，出现了大量的新富，也是因为明朝秩序混乱带来的朝贡区外围秩序真空产生的巨大财富效应，从而西方才能有机会以大航海的名义开始一段西方式的演化和发展空间。原来的这部分财富空间，直到被填满，然后接触到东方世界的财富和贸易秩序。

最后，内斗的悲剧和蛋糕不扩大这两个现象之间不具有必然的联系，但是在无道的条件下，失去发展机遇，而舆论又陷入党政内斗，这的确是历史常常遭遇的两个并发事件。福无双至、祸不单行也是历史的诸多巧合。

第十章　亚当·斯密视角下的清朝
——理论先行铺垫

我们本章利用读者熟知的亚当·斯密《国富论》的视角，在系统展开资料之前，对清代有一个完整的大致印象。本章的安排是分析描述在前，而将对于亚当·斯密关键段落的引用放在本章的附录中，供读者集中参阅。

中国和英国的发展动力问题

同是帝国的发展模式，本质上两国发展的基本经济层面的基于要素的基本规律不会有什么不同[①]，但是历史发展的趋势不同、选择不同、结果不同。如果要找到某种历史的相似性来驳斥亚当·斯密，是可以从经济结构来探讨这个问题的。一个国家要想有相对的丰富性，也就是财富的富集程度，或者可能使用一种平均的角度来探讨上述问题，但是毫无疑问，当时的社会都是等级制度的社会，仅仅是程度不同，所以说，我们很难从本质上区分两种社会的本质差异。我们今天走上了现代社会的岔路上，所以看上去似乎有不同，但是我们和传统社会的差异本来也并没有那么不同，只是程度上更深了而已。

一个彻底平均的社会是没有的，也就是社会总是分化从而存在不同等级状况的，尽管各个国家历史上都出现过一些战时配给时段，盛行着一般意义的平均主义[②]，但是随着战后逐步对个体效率差异化的认可，很快就出现了收入上的系统上差距。我们所探讨的清代时段（乃至更一般的古代社会）的传

---

① 这也正是近代长期经济增长模型建立的基本逻辑起点，也就是 Solow 增长模型的框架和内涵。

② 这往往仅仅是局部社会生态展示出的状况，刻意取消社会生态差异性的长期系统做法在长时段历史中还是特例。

统等级制度，是用来提供一种解决办法的社会性安排，也就是等级制度是用来提供个体系统差异的社会解决办法。当然各种不同程度上更倾向于平均的近代西方解决办法，也是社会安排的（现代意义上）不同的解决方案。

我们这里讨论的问题是亚当·斯密时代的清朝和英国乃至美国的比较问题，这是一个极有价值的比较问题。因为美洲存在显著的自由经济，因为意识形态的初创，也是因为原初多样性生态环境尚未进行系统的破坏乃至单一化，存在了一个天然的多样性比较参照组，所以我们的比较就建立在清美和美英这两组之间，通过美国作为中介，我们可能得到更好的对于清英之间较为合理的解释。

首先，我们要排除一种明显的错误，就是英国底层社会的收入比清朝底层社会的收入显著更高，这是亚当·斯密错误的视角导致的结果。

第一，写作《国富论》的社交基础是亚当·斯密为大公的私人导师，游走于欧洲的上流知识分子社会，不接触底层的生活。

第二，亚当·斯密的中国信息来源，来自很少接触上层而主要以接触中国底层为主的传教士和不法商人。

而亚当·斯密对于中国的理解来自传教士和东印度公司的贸易商人，这些商人在中国遇到的是贸易限制，而且此时外商在清朝还不能学习汉语和居留，清朝还没有割地为他们设立临时落脚的地点，所以此时清朝还是彻底完整的主权状况，且贯彻了自己的贸易主张，没有在其后加以修正。此时清朝比较高傲，传袭天朝上国正统，这无可置疑。此时外商还不算是合法，处于类似走私犯人的边缘人口，尽管他们可能并不自以为如此，但是此时在清代法律上他们毫无地位，和底层边缘群体处于一个水平。尽管这种状况在下一届清代帝王期间即将发生改变，而其后的鸦片战争也会使外商地位发生彻底的变革，但是毫无疑问，亚当·斯密此时对应的是清朝的鼎盛时代的帝王乾隆，所以亚当·斯密很大程度上不能对清朝有观察者视角，而是一个仰视的底层视角。

亚当·斯密对于英国和北美殖民史可以有贵族式的观察者视角，但是对于中国看不到全貌，仅仅是仰视视角，带有西方底层社会的偏见甚至无知，也是可以理解的。但你必须要加以调整才能看到真实的状况。

亚当·斯密是布克莱（Buccleuch）公爵的私人侍讲兼幕僚，可以进入当时英国效率最高的商业机构和工厂视察，了解其运行状况，而这些高级知识分子是不会到最险恶的东印度公司的海盗巢穴或者走私的奴隶群体中进行调研的。从亚当·斯密的行文叙述中就知道，亚当·斯密对于东印度公司怀有一种知识分子特有的无概念。

但是对于中国的调研报告都是黑社会、海盗或者最多是半黑社会性质的独行侠和超强生存能力的海外传教士团伙组织下的视角，亚当·斯密也说道，这些旅行者和传教士的叙述是极为不可靠的。但是毫无疑问，亚当·斯密用来和英国的先进机器大生产的萌芽中的最高效的工人阶级的尖兵的单位收入比较的，是中国最底层的失业人员、弃婴家庭和最边缘的垃圾收集者的日常相互联系的，这样两种不是对等的视角，几乎不可能得到任何有价值的材料。亚当·斯密得到的材料几乎都是二手的，作为一个学院派的纸上谈兵专家，尽管理论非常动人，非常合乎理性和宗教传统，但是受限于自己早年视野的局限，无法彻底消化荣升之后所见到的多维度复杂信息（这与白居易写《卖炭翁》的思维逻辑类似）。毫无疑问，他使用的中国印象和直觉来自的现实，是残缺不全的，比较的依据和得到的结果也是荒唐的。

本质上，亚当·斯密只有一个概念，就是帝国停滞不前。毫无疑问，从明朝开始衰落的时代，例如，前清政策制定上所对标的万历时代开始，就逐步进入下行轨道，直到亚当·斯密所生存的时代，清代处于鼎盛时期，从物质生产力来说，似乎并没有取得深刻的变化，也就是从一般的指标上，无论明朝还是清朝都主要在处理和应对自然和社会带来的灾难，乾隆时代也还是在为了清朝的稳定持续用力，说此时清朝出现了经济上的停滞，只是一种错误的看法。从经济上来看，清朝在疫情之后，出现了迅速的人口增加，而且清朝在人口迅猛增加的前几十年中几乎没有发生严重的货币贬值，这是极难能可贵的事情。这意味着，清代的人口增加带来的降级还没有实质性发生，真正的降级是在嘉庆年间才出现的，所以此时亚当·斯密所说的帝国的停滞，是几乎不成立的结论。但是毫无疑问，这个结果很符合英国人的自尊，也适合一个正在全力赶超且不放弃使用武力来对清朝进行挑战的英国的现实政治的需要。在此时，英帝国正陷在北美的泥沼中，需要社会舆论和意识形态维持帝国扩张带来的不稳定性，也的确如此，可以说，亚当·斯密时代就开始了对于清朝的准经济和贸易战动员。而亚当·斯密为大公服务，处于排头兵的第一梯队，是当时英国御用意识形态雏形的奠基者。

亚当·斯密的时代，工业崛起的趋势已经形成，圈地运动带来的危害对于原生农业的冲击达到一个高潮，此时圈地运动中涉及的农民，被驱逐出自己的教区，在没有任何合法身份的条件下，禁止在任何郊区重新定居，而开放的城市也仅仅是存在条件极为恶劣的位置，工业化高潮中最肮脏的是雾都的环境[①]，怎么还可能和当时生态维持的道德高地清朝比较底层民众生存的艰难呢？真是咄咄怪事，但是这样的观念流传最久，不仅仅凭借西方的支撑，更是通过中国的主动知识传播来实现的。

为什么清朝能够维持很高的白银价格

人们一直非常奇怪，为什么清朝的白银能够维持长期的不衰败，哪怕两次鸦片战争，也没有将清朝的经济、金融和财政压垮，最值得奇怪的就是这样的趋势，直到清代帝王逊位，都没有变成极端不堪的状况。甚至于只是到了民国期间，经济和金融问题才开始出现严峻的局面。清代为什么维持了较高的经济地位，甚至于为什么清朝能够始终维持财政金融的运转，这是一个很令人惊奇的事情。这里我们就提供一种机制，尝试解释上述“清代金融悖论”。

这个悖论首当其冲的就是货币的购买力，始终维持在特定的高位，没有严重的崩塌。这是清朝经济的基础，也是清代得以神秘地延续两百多年的秘诀之一。

从 19 世纪 90 年代初期就开始了银本位的购买力贬值，到清帝逊位，只剩下原来的三分之一。此时尽管处于世界风云突变的大环境下，但是此种白银贬值的趋势还是令人非常震惊。我们如何才能合理且理性地讨论白银贬值的问题是本书核心的课题。

我们要知道，世界各个工业化的国家，对于清朝这个大银池觊觎已久，从各个存在敌意，有动机要分割清朝的财富开始，到联合成为一股势力合力围攻，是一个过程。为什么清朝能够维持白银较高的购买力，这件事情是《国富论》花了很大的篇幅来进行反复说明的问题[②]。

我们以红楼梦的经济状况来探讨清代财富的结构问题。我们说清代的富

---

① 我们要注意到，工业化高潮期间英国肮脏的自然环境条件和严峻的污染，在西方国家工业化的过程中是一个普遍的现象。

② 参见本章下一小节。

裕时代，从本质上来看，有两个角度可能进行深入的分析，第一，就是这个经济体内部的财富和货币金融问题，第二，是贸易问题。

我们看到宁荣二府的财富状况，了解到财富的结构性问题，有稀有的货物才有对应的货币价值的依托，而稀有的货物都是凝聚了人类复杂的劳动时间的产物，不仅是时间长，更是技术工艺的复杂和不可替代。所以从宁荣二府的奢华和精致的生活来看，就了解到这是基于明朝留存下来的文化和技艺，乃至于文明的传承，是不可替代的工艺、技术和艺术的结晶，这是产品的价值所在，而且所有这些和自然物结合很好，都是来自复杂的系统知识和技术传承的，这些内容清朝统治者是不掌握的，但是清朝统治者据有所有的产业，且可能加以保存和维持，所以清代的决策者尽管不了解技术层面的内容，但还是维持了整个产业连续的运作，从而明朝的高科技企业，无论是生产衣食住行的产品，还是各种复杂的已经成体系的工业化的生产技术，例如瓷器、丝织品还有茶叶的加工和商品化技术等，都是清代现成继承的。清代的统治者认为好，认为不可替代，认为需要保护，尽管自己不能推陈出新，但还是存有保护的愿望的。清代前期的工业保护成效显著，但是清代没有创新性的推动机制，只能守成，在害怕技术流失的前提下，延续了前代的闭关政策，甚至于采取了更加严格的保护政策，这是清代在产业上的基本立足点，而且始终尽可能加以保护和传承。

具体而言，清代的消费主要来自上层，加工的产品的价值主要依赖上层的巨大价值消费系统来完成，这就是中国古代社会精英性的体现，通过精英对于高价值的产品和服务的巨量消费，来实现价值的维持、存续和流转，维持货币最大体量的运行。而对于财政而言，是土地的问题，是维持底层生存的基础，底层是劳动的提供者、服务的提供者，在精英化的消费基础上，实现底层劳动的分工和精细化产业布局，从而实现士农工商的结构。

就物质价值的贡献而言，士农工商依次增加，但是就创造社会秩序价值而言，士农工商的秩序价值依次递减，形成道德制约和经济上的阶层分化秩序。

拥有道德制高点的阶层，主要输出秩序和实现消费的集中化和价值化，从而使价值的实现端口是符合封建秩序的道德标准的，从而在严格的封建礼教下，实现消费尽可能最大化以及价值最大化。在商人一端实现金融流通的最大化，但是虽然控制了庞大的产业和商业利益，却不具有道德控制权力，他们提供服务和产品的交换，乃至于金融的最大融通，但不是消费的价值形成的决定者，决定者在士人手中，所以在中国特定阶段，商人不受专制的统治者信任，对于商人集团的压制是明清经济的基本特点。商人控制了财富，自己能够掌握巨大的现实利益和价值，但是自己不能控制经济的价值形成，需要官方的认定才能实现产业链条，这就是专制制度，而英国实现了资本的价值控制，从而过渡到纯粹的资本主义，也就是价值形成和社会趋势的制定也掌握在商人和贵族集团合作的基础上。

从乾隆善待商人集团，到嘉庆时代的专制压制，商人集团经历了很大的变迁，但整体而言，民族资本在有清一代没有得到自由的发展，始终处于皇权的威压之下。这是清代对于当时时代的背离，但是清代是军事贵族制度，尽管没有放任资本获得自由，但是军事贵族没有直接插手商业，这一点是中国封建制度的一个典型特点。整个清代没有清朝贵族在商业上的坐大现象，这也是清代始终奉行关外贵族集团的基本制度沿革的一个典型特点。尽管商业的潜力很大，但是因为制度的限制，没有发展出自由的工商业，从而使清代落后于西方。

清朝贵族集团，从来没有将工商业的巨大利益集团成员，擢升为一个可以进入贵族集团的可能性的力量，加入政治的格局之中，从来仅仅是将他们放在自己的包衣奴隶的地位上，没有给予与经济地位相适应的政治上的认可(更谈不上任何西方商业拥有的自由度和空间)。例如，我们从宁荣二府的状况就可以看出，宁荣二府尽管富有天下，已经通过结亲最大限度上进入了八旗制度的上层，但是到了这样的阶段，就无法晋升了，只能依赖下一代的读书晋升，没有他途。

尽管如此，清代还是出现了富可敌国的商业集团，而且层出不穷，这可能是时代赋予的一种机遇，但是始终受到压制而终于落后于西方。清代前期的可能性是很多的，在乾隆时代时机具备，发展出世界级的贸易企业——广州十三行这个庞大的跨国企业集团。无论从任何一个角度来看，广州十三行垄断了世界范围的中国货物的唯一出口，要得到中国的货物，无论是民用品还是极为稀缺的顶级中国艺术品，都需要十三行的中介，所以从本质上来讲，东印度公司是给十三行打工的外部供应链，十三行是世界顶端的企业。在明朝产品成为世界顶级贵族最高级的硬通货的时代，明朝突然崩解，导致数十年的商业萧条，各个西方国家开始自己开通航路来探寻明朝的遗存。而清代以这样的背景，开启了清朝的商业版图，直到乾隆时代，清朝的商业版图还是世界顶级的存在，这样的描述是毫不为过的。

和珅的才能在八旗系统中堪称一个奇迹。和珅治理下的十三行，对于清朝的繁荣发挥了积极的推动作用，和珅之后，十三行开始出现政治上的逐步受限，清朝没能够将十三行纳入帝国的核心系统之中，而是始终将十三行作为一个可有可无的经济器皿来进行操弄，终于失去了历史发展的一次难能可贵的契机。

历史无法假设，如果和珅凭借自己的政治地位，能够在自己的身后维系十三行在八旗系统中的一个稳定地位，这个假设的前提是和珅的倒台需要一个同和珅一样出色的具有八旗背景的技术官僚兼贵族身份的合体，但是这样的人才清朝很缺乏，找不到替代者。所以，十三行的贸易人才和金融人才虽多但是在八旗系统中极为缺乏根基，八旗的人才几乎不屑于了解这些工商业的技术和经验，所以结局很简单，就是在和珅之后，十三行逐步边缘化，且逐步降级。在清朝的政治版图上，逐步开启了直接的政治和军事对抗，而不是外交和贸易协调。从繁荣的顶端，逐步进入了一个东西方直接冲撞的震荡时代。

财富在地理上和人口结构上存在于边缘，带来的问题就是如此。中国传统的处理办法，也是明朝传承的处理办法，是动用货币和金融的力量来调节经济版图上这个关键的不平衡问题，如果解决不了，还有军事上的优势来平衡。

封建时代的消费具有相对的礼教性质，这种性质是社会风气的基础，从清代的社会秩序来看，消费顺序应该是皇族的消费、贵族的消费，之后是世俗的消费，等级绝对不能僭越。

世俗的消费包含了低级的旗人家族消费以及外部的无等级的豪强的消费。从本质上来看，最严重的问题是旗人中的政治秩序和经济秩序的平衡问题，军功贵族的秩序和世俗工商阶层的秩序，如果军功之家的消费差于低等级的商业贵族的富裕程度，则会带来军事集团内部道德秩序的松散问题，所以皇族必须要及时调节贵族的内部结构，或者及时调节经济上的分成，才能稳定各个利益集团的封建秩序，维护好封建秩序才能稳定社会，这是封建时代基本的政治和经济问题。

关外的贵族集团比较稳定的基础是，关外的资源富集，所以八旗掌握资源，不愁财富的来源，按照军功分封制度确定各级贵族掌握的世俗财富的资源比例，基本上能够及时满足所有各方利益集团的平衡问题，如果还不能平衡，则让出一些世俗经济的盐铁之利来维持个别家族的平衡，这就是处于满洲贵族八旗系统边缘的宁荣二府的曹家的基本地位。出身低微，但是掌握了重要的经济资源，是比较危险的格局，如果没有出众的深孚众望的家族成员，很容易在诡谲的政治竞争中败走。这是红楼梦的故事，但和珅的故事更加极端。和珅出身于普通贵族，但依赖个人才能和皇帝的器重，在短期内积聚了巨量的财富，掌握了国家经济运行的关键命脉，号称世界首富。和珅是乾隆积累财富的硕果，但是乾隆并没有能够将和珅的财富制度化到清朝的政治体系中，这不是我们能想到但是乾隆想不到的问题，也不是嘉庆不能理解的问题，但核心问题是和珅的出现是极为突兀的，不符合制度包容的惯例，乾隆不可能依赖自己的意志，开启英国几百年政治激烈斗争的“资本主义道路”，所以在乾隆朝皇帝依赖自己的政治天赋来处理和珅问题。但是一朝天子一朝臣，嘉庆依赖自己的经验解决和珅问题的确过于激烈，但是可能反映的是嘉庆自己在政治上无法解决和珅的存在给自己的执政带来的巨大的风险制度。和珅是明面的首富，暗中的首富还不知道有多少超越和珅的存在。在嘉庆初掌皇位的时候，这个问题的确很难，一面是封建秩序被和珅的存在挑战的极大的朝野舆论和政治风险，一面是和珅身后的巨大财富的稳定过度带给帝国巨大的波动和冲击。我们说嘉庆考虑的还是自己的问题居多、国家的问题较少，嘉庆仅仅做了一个简单的站队，站在了道德一面，站在了舆论一面，站在了对于自己比较容易的有利的一面，这就给帝国风险带来了巨大的隐患。但是还没有结束，他让这个问题很快结束了，而不是通过缓慢的过渡来减少冲击，尽量延缓人才匮乏导致的基本的运行波动，这是嘉庆的选择，也是清朝的选择。

从这里我们看到，顺治两难，雍正两难，在嘉庆的世界几乎都不存在了，嘉庆做了很多前代帝王的形式上的功夫，但是事后来看没学到帝王之术的精髓。

整个商业网络的收入来源是皇族、贵胄、大富之家的消费。贾府的萧条、四大家族的衰微，不仅是一个家族的没落，更是一个区域经济的灾难，不仅高价值奢侈品的商业网络损失了重要的消费终端群落，而且滋养他们的资本和品位，乃至于一个立体阶层的就业网络都会受到不小的冲击、影响，甚至于败落了。在封建社会中，一个家族的兴衰很大程度上是一个地区经济的反映，一个顶级家族的消失，对于地方经济的生态带来的很可能是严重的倒退。不少奢侈品的消费全部仰赖几个重要家族内部的消费来支撑，如果没有了这些消费者，可能重新建立一个网络，就需要不少的时间和市场重塑的成本。人们可能想，没有了和珅，那会有其他替代性的权贵的重新兴起，似乎原理上应该如此，一个丛林中缺乏了顶级掠食者，那么总会有新的替代统治阶级，但是否还能恢复到原来的状态就不好说了。从和珅时代过去之后，清代的十三行就逐步走向衰微，再也没有恢复，直到鸦片战争之后，逐步替代十三行这样的垄断机构的是更小的实体，大的倒下之后，起来的只能是大量的小型企业。原来的宁荣二府消失之后，可能明朝传承的文明遗迹、衣冠品位就在此地消失了，甚至于一个时代过去之后，四大家族代表的时代就湮灭于历史中，再也无法恢复了，这就是嘉庆之后清代的写照。从此之后，清代就进入缺乏明代文化的一种更纯粹的世界中，明朝的文化和衣冠氏族的鼎盛就此消失了，再也不会重现。我们看到的红楼梦的描写，仅仅成为一种文学样式，绝对无法重现昔日的商业产品和技巧了。

这是嘉庆朝出现的消费降级现象，大量明朝的技术和产业就在整体的降级中渐次对货币和金融的基本层面发生了影响，当白银的存量没有变化，而产业顶端的消费品消失，被次一级的市场产品替代的时候，白银的基础购买力就此跌落了。白银再也无法追逐更高级的硬通货了，白银在清朝的市场上再也无法买到高档产品的时候，白银就开始同世界白银的一般购买力接轨。

这一点从商业贸易中可以看出来，外国人将白银运输到中国的主要目的，是购买只能在中国购买的高级产品，而中国产品降级，逐步同外国的产品质量接轨，也即是接近于周边的仿制中国产品的廉价替代性产品的时候，中国的白银也就开始同周边的银价接轨了。日本的产品和印度的产品，都是有力的竞争者。英国瞬间将印度帝国打散，变成殖民地，生产替代性的产品，在世界范围销售。印度不仅仿制中国的茶叶，还仿制中国的丝绸等纺织产品，如果中国的产业不仅无法升级，还会因为内斗而持续降级，那么西方替代中国的步伐就会大大加速。

嘉庆时代以及随后的道光时代，鸦片开始成为输入中国的重要商品。

嘉庆出生于1760年，这一时期正是清朝的白银几乎达到明末购买力持平的水平，可以说生在清代经济最平顺的时代的嘉庆，却在末年将清朝带入衰落中，史称“嘉道中衰”。

嘉庆和道光都崇尚节俭，从西式的经济学原理来看，对于皇族贵胄实行节俭的约束，必然带来更严重的经济困境，这本来是用来应对财政危机的方法，却终于实现了消费严峻的降级，终于在供给端出现了产业降级。在奉行极端节俭的儒化教条的道光时期，英帝国此时正在工业的发展最盛时期，工业化带来的消费狂欢，让西方学者都了解了消费对于经济的促进功能。

让·巴蒂斯特·萨伊（Jean－Baptiste Say，1767—1832）重视消费，强调总需求在财富创造中的重要地位，为近代的宏观经济学认识奠定了基础，如火如荼的产业升级在西方的经济竞争中开展，消费狂欢席卷欧美。此时道光帝崇信腐儒的做法，给清朝的经济带来重要的灾难性后果，也触发了西方对于清廷的蔑视，在看清了清朝政治低能的列强中，形成了日益嚣张的舆论，英国殖民者更是敢于冒险一战，鸦片战争成为清朝命运的历史转折。

战后的清朝，想不吃鸦片都难了，开始沦为帝国主义的附庸，加速半殖民地化。

19 世纪五六十年代的历史加速发展，在太平天国的背景下，帝国主义铁蹄可以任意在清朝横行，第二次鸦片战争联军对清朝的首都洗掠之后，清朝名存实亡。

《国富论》的关键段落

“在同一时间和同一地方，一切物品的真实价格与名义价格都成正比例。例如，在伦敦市场上售卖一种商品，所得货币愈多，那么在那个时间，它所能购买或所能支配的劳动量亦愈多；所得货币愈少，它所能购买或支配的劳动量亦愈少。所以，在同一时间和同一地方，货币乃是一切商品的真实交换价值的正确尺度。但只在同一时间和同一地方才是这样。

“在相隔很远的两个地方，商品的真实价格与货币价格不成正比例，而往来贩运货物的商人只考虑商品的货币价格，换言之，他所考虑的，只是购买商品所用的银数和出卖商品可换得的银数之间的差额。在中国广州地方，半盎司白银所可支配的劳动量或生活必需品和便利品量，比伦敦一盎司白银所可支配的也许还要大。所以，对于各地的某一商品的所有者来说，在广州以半盎司白银出售，比在伦敦一盎司白银出售，实际上也许更有价值，更为重要。不过，如果伦敦商人能在广州以半盎司白银购买的某一商品，后来能在伦敦以一盎司白银的价格出卖，他这趟买卖，就获得了百分之百的利益，好像伦敦和广州的银价完全相同一样。至于广州半盎司白银，比伦敦一盎司白银，能够支配更多劳动或更多生活必需品和便利品，对这个商人来说，是不重要的。在伦敦，一盎司白银使他能够支配的劳动量和生活必需品与便利品量，总是两倍于半盎司白银，而这正是他所希求的。”

这是一段被广泛引用的文字，来自《国富论》。这段文字很形象也很符合经济学，直接地解释了中英之间贸易基础性的白银货币原理：两地银价有巨大的差异，是商人进行贸易的主要动机。

“一国尽管非常富有，如若长久陷于停滞状态，我们就不能希望在那里找到极高的工资。指定用来支付工资的资金，换言之，居民的收入和资本，也许达到极大的数额。但这数额如果数世纪不变，或几乎不变，那么每年所雇用的劳动者人数就很容易供应下一年所需劳动者人数，甚或还有剩余。这样，劳动者既不缺少，雇主也不会为要获得劳动者而相互竞争。在另一方面，劳动者的增加却自然会超过需要雇用的人数。就业机会常感不足，于是劳动者为要获得工作，不得不互相竞事。假如，该国劳动者的工资，本来足够养活他们各自的身家而且还有剩余，那么劳动者间的竞争和雇主们的利害关系，不久就会使工资减低到合乎一般人道标准的最低工资。中国一向是世界上最富的国家，就是说，土地最肥沃，耕作最精细，人民最多而且最勤勉的国家。然而，许久以来，它似乎就停滞于静止状态了。今日旅行家关于中国耕作、勤劳及人口稠密状况的报告，与五百年前视察该国的马哥孛罗的记述比较，几乎没有什么区别。也许在马哥孛罗时代以前好久，中国的财富就已完全达到了该国法律制度所允许的发展程度。各旅行家的报告，虽有许多相互矛盾的地方，但关于中国劳动工资低廉和劳动者难于赡养家属的记述，则众口一词。中国耕作者终日劳作，所得报酬若够购买少量稻米，也就觉得满足。技工的状况就更恶劣。欧洲技工总是漫无所事地在自己工厂内等候顾客，中国技工却是随身携带器具，为搜寻，或者说，为乞求工作，而不断在街市东奔西走。中国下层人民的贫困程度，远远超过欧洲最贫乏国民的贫困程度。据说，在广州附近，有数百户人家，陆上没有居处，栖息于河面的小渔船中。因为食料缺乏，这些人往往争取船舶投弃船外的最污秽废物。腐烂的动物尸体，例如死猫或死犬，纵使一半烂掉并发臭，他们得到它，正像别国人得到卫生食品那么高兴。结婚，在中国是受到了奖励的，但这并不是由于生儿育女有出息，而是由于有杀害儿童的自由。在各大都市，每夜总有若干婴孩被遗弃街头巷尾，或者像小狗一样投在水里。而这种可怕的杀婴工作，据说是一部分人公然自认的谋生手段。

“不过，中国虽可能处于静止状态，但似乎还未曾退步。那里，没有被居民遗弃的都市，也没有听其荒芜的耕地。每年被雇用的劳动，仍是不变，或几乎不变；因此，指定用来维持劳动的资金也没显然减少。所以，最下级劳动者的生活资料虽很缺乏，但还能勉强敷衍下去，使其阶级保持着原有的人数。

“在指定用来维持劳动的资金显著减少的国家里，情形就截然不同了。每年各等职业所需要的雇工和劳动者，都比前一年少。许多不能在上等职业中找得工作的上等阶级人民，也想在最下等的职业中找工作。这样，在最下等职业中，就不但有了超过需要的最下级劳动者，而且还有过多的从其他各阶级纷纷拥入的人。结果，职业的竞争变得非常激烈，以致把劳动工资降低到极悲惨极贫困的生活水准。而且，即使忍受这些苛刻条件，还有许多人找不到职业。这些人，要么饿死，要么沦为乞丐，不然也许只有搞罪大恶极的勾当才能取得生活资料。接着，贫乏、饥饿和死亡等灾祸就落到最下级的劳动者身上，后来波及所有上等阶级，终至国内居民减少到经过苛政或灾祸而硕果仅存的收入和资本所能容易维持的人数。东印度的孟加拉国及其他若干英领殖民地的现状，也许几乎就是如此。如果一个国家土地肥沃，人口又经大大减少，因而生活资料并不十分困难，可是年年仍不免有三四十万人因饥饿而濒于死亡，我们就可以断言，那是因为该国指定用来维持贫困劳动者的资金正在迅速减少。英国保护和统治北美的政治机构和压迫与压制东印度的商业公司的不同性质，用这两地的不同情况来说明，也许是再好不过的。

“所以劳动报酬优厚，是国民财富增进的必然结果，同时又是国民财富增进的自然征候。反之，贫穷劳动者生活维持费不足，是社会停滞不进的征候，而劳动者处于饥饿状态，乃是社会急速退步的征候。

“各种动物的增殖，自和其生活资料成比例。没有一种动物的增殖，能超过这个比例。然而，在文明社会，只有在下等人中间，生活资料不够才能限制人类进一步繁殖。要限制进一步的增殖，除了杀死他们多子女婚姻所生的大部分子女外，没有其他方法。

“丰厚的劳动报酬，由于它使劳动者能够改善他们儿童的给养，从而使他们能够养大较多的儿童，势必会放宽和扩大上述限度。应该指出，上述限度扩大的程度，也必然尽可能和劳动需求所需要的程度相称。如果劳动需求继续增加，劳动报酬必然鼓励劳动者结婚和增殖，使他们能够不断增加人口，来供给不断增加的劳动需求。什么时候，要是劳动报酬不够鼓励人口增殖，劳动者的缺乏不久就会抬高劳动的报酬。什么时候，要是劳动报酬过分鼓励人口增殖，劳动者的过多不久就使劳动的报酬减到其应有的程度。在前一场合，市场上的劳动供给，如此不足，在后一场合，市场上的劳动供给，又如此过剩，结果都迫使劳动价格，不久又回到社会所需要有的适当程度。因此，像对其他商品的需求必然支配其他商品的生产一样，对人口的需求也必然支配人口的生产。生产过于迟缓，则加以促进；生产过于迅速，则加以抑制。世界各地，不论在北美，在欧洲，或是在中国，支配和决定人口繁殖程度的正是这一需求。这需求在北美，成为人口迅速增加的原因，在欧洲，成为人口缓慢而逐渐增加的原因，在中国，就成为人口不增不减的原因。

“据说，奴隶的损耗，其损失在雇主，自由佣工的损耗，其损失却在他自身。其实，后者的损耗，与前者的损耗一样都是雇主的损失。各种职工和佣工，都必须给付这样的工资，使他们能够按照社会对他们的需求的增加、减少或不增不减等情况，而维持其种类。不过，自由佣工的损耗，虽同是雇主的损失，但与奴隶的损耗比较，则雇主所受损失又少得多。要是我可这样说，用作补充或修补奴隶损耗的资金，通常都由不留心的雇主或疏忽的监工管理。但修补自由佣工损耗的资金却由自由佣工自己管理。一由钱财通常管理得漫无秩序的富人管理，所以管理上自亦漫无秩序；一由处处节省和锱铢必较的穷人自己管理，所以管理上亦是处处节省和锱铢必较。在这样不同的管理下，相同的目的，却需要有大不相同的费用。所以，征之一切时代和一切国民的经验，我相信，由自由人作成的作品，归根到底比由奴隶作成的作品低廉。即在普通劳动工资很高的波士顿、纽约和费城，也是这样。

“所以，充足的劳动报酬，既是财富增加的结果，又是人口增加的原因。对充足的劳动报酬发出怨言，就是对最大公共繁荣的必然结果与原因发出悲叹。

“也许值得指出，不是在社会达到绝顶富裕的时候，而是在社会处于进步状态并日益富裕的时候，贫穷劳动者，即大多数人民，似乎最幸福、最安乐。

在社会静止状态下，境遇是艰难的；在退步状态下，是困苦的。进步状态实是社会各阶级快乐旺盛的状态。静止状态是呆滞的状态，而退步状态则是悲惨的状态。

“一国所获的财富，如已达到它的土壤、气候和相对于他国而言的位置所允许获得的限度，因而没有再进步的可能，但尚未退步，那么，在这种状态下，它的劳动工资及资本利润也许都非常的低。一国人口的繁殖，如已完全达到其领土所可维持或其资本所可雇用的限度，那么，在这种状态下，职业上的竞争必然非常激烈，使劳动工资低落到仅足维持现有劳动者人数，而且由于人口已经非常稠密，也不可能再有增加。一国的资本，如与国内各种必须经营的行业所需要的资本相比，已达到饱和程度，那么各种行业所使用的资本，就达到各行业的性质和范围所允许使用的程度。这样各地方的竞争就大到无可再大，而普通利润便小到无可再小。

“然而，也许没有一个国家的财富曾经达到这种程度。中国似乎长期处于静止状态，其财富也许在许久以前已完全达到该国法律制度所允许有的限度，但若易以其他法制，那么该国土壤、气候和位置所可允许的限度，可能比上述限度大得多。一个忽视或鄙视国外贸易、只允许外国船舶驶入一二港口的国家，不能经营在不同法制下所可经营的那么多交易。此外，在富者或大资本家在很大程度上享有安全，而贫者或小资本家不但不能安全，而且随时都可能被下级官吏借口执行法律而强加掠夺的国家，国内所经营的各种行业，都不能按照各种行业的性质和范围所能容纳的程度，投下足够多的资本。在各种行业上，压迫贫者，必然使富者的垄断成为制度。富者垄断行业，就能获有极大利润。所以，中国的普通利息率，据说是百分之十二，而资本的普通利润，必须足够担负这样高的利息。

“不仅一般农民的技术或农业的一般操作方法，而且农村中许多低级劳动所需要的经验与熟练，比大部分机械工艺所需要的多得多。对铜铁加工的人，使用完全同性质或几乎同性质的工具与材料工作。但用一队牛马耕锄土地的人，却使用健康状态、体力和性情在各个时间各不相同的工具工作。而他所加工的材料和所用器具的状况都是容易变的，都需要他运用很大的判断力和思辨力来处理。普通庄稼汉，虽被看作愚蠢无知的典型，却几乎都有此种判断力与思辨力。诚然，他不像都市机械工人那么惯于社会交际，而他的声调和言语，也不免使那些没有听惯的人觉得粗野而且不容易了解。但他惯于考虑各种各样事物的理解力，一般比终日通常只搞一二种极简单操作的人强得多。只要你因营业关系，或为好奇心所驱使，曾和农村下级人民与都市下级人民多接触，你就知道前者实比后者优秀。据说，中国和印度农村劳动者的地位与工资，都比大多数技工和制造工人高。假若没有同业组合法规及组合精神从中作梗，各地方也许都和中国、印度一样。

“不过，欧洲各地都市产业所以比农村产业优越，并不完全由于同业组合及组合法规的存在。其他许许多多规定，也助长了这种优势。对外国制造品，和对外国商人输入的一切货物，课以高的关税，都倾向于助长这种优势。同业组合法规，使都市居民能够抬高他们制品价格，不必忧虑由于同国人的自由竞争而降低价格。而高关税的规定，使都市居民不怕外人的竞争。由这两种法规而产生的增高价格，不论何处，都由农村的地主、农场主和劳动者负担。他们对于这种垄断权的建立，几乎未曾反抗。他们通常不想结成组合，也不适合于结成组合，而商人和制造者的叫喊和诡辩很容易说服他们，使他们相信，社会一部分而且是不重要的一部分的私利，乃是全社会的利益。

“如果更丰饶新矿的偶然发现，并不使金银价格下落，那么，由于各国的金银价格自随各国财富的增进而上升，所以，不论矿山的状态如何，金银在富国的价格自然总比贫国的价格高。金银像其他一切商品一样，要寻找最好价格的市场，而对一切货物都付得起最好价格的国家，通常就是能对金银支付最好价格的国家。必须记住，对于一切货物所支付的代价，归根到底不外乎劳动。在劳动都得到同样良好报酬的国家，劳动的货币价格与劳动者生活资料的货币价格成比例。然而，金银在富国所能交换的生活资料，自然比贫国多，换言之，金银在生活资料丰饶的国家所换得的生活资料，自比生活资料的供给比较恶劣的国家所能换得多。这两个国家要是相隔很远，其差异便很大，因为金银虽自然而然地由坏市场流入好市场，但由于距离很远，很难输送巨大数量金银，使两个国家金银的价格，接近于一个水平。这两个国家要是很靠近，那么由于运输容易，上述差额便较小，有时甚至看不出来。中国比欧洲任何国家富裕得多，而中国和欧洲生活资料的价格大相悬殊。中国的米价比欧洲各地的小麦价格低廉得多。英格兰比苏格兰富裕得多，但此两地小麦价格的差异却少得多，只不过看得出有些差别。就数量说，苏格兰产的小麦价格，一般似乎比英格兰产的低廉得多，然就品质说，其价格却肯定比英格兰产的要高些。苏格兰几乎每年都从英格兰得到大量的供给。不论何种物品，其价格在输入国通常总是比输出国高些。因此，英格兰小麦在苏格兰售得的价格，必然比英格兰高。可是，就品质，即小麦所能制成的面粉或饭盒的量和质说，英格兰小麦一般不能只比苏格兰小麦高的价格在苏格兰市场上出售。

“就生活资料价格说，中国与欧洲有很大差异，而就劳动货币价格说，则有更大的差异。这是因为欧洲大部分处在改良进步状态，而中国似乎处在停滞状态，所以，劳动在欧洲的真实报酬比中国高。英格兰劳动的货币价格，比苏格兰劳动的货币价格高，因为后者虽在不断进步，但不像前者那么快，所以，其劳动的真实报酬也低得多。苏格兰人民很多移住外国，而英格兰人民却很少迁移，这足以证明，这两地的劳动需求有很大的差别。必须记住，不同国家不同真实劳动报酬的比例，不受各该国实际贫富程度的支配，而受各该国进步、退步或停滞等状态的支配。

“在最富裕民族间，金银自然有最大价值，而在最贫乏民族间，自然只有最小价值。在最贫乏的未开化民族间，金银几乎没有价值。

“谷物在大都市总是比僻远地方昂贵。但这昂贵，不是银价实际低廉的结果，而是谷物实际昂贵的结果。把银运往大都市，所需要的劳动量并不比运往僻远地方少，而把谷物运往大都市却需要多得多的劳动量。

“但当欧亚初通贸易时，亚洲各国尤其是中国与印度的金钱的价值，却比欧洲高得多。迄今仍是如此。此种差别，是因前者多为产米国，其稻田大抵每年能收获两次甚或三次，而每次收获的产量，又比小麦普通的收获多。所以，产米国与产麦国比较，即使面积相同，产米国的粮食，亦必较更为丰富。这些国家的人口，因此多得多。此外，这些国家的富人，持有自身消费不了的大量剩余，可以出卖，于是掌握着可购买多得多的他人劳动量的手段。因此，征之任何记载，中国和印度斯坦的高官巨豪，比欧洲最富裕的人，都有多得多的隶役。而且，这些大官富豪，持有过剩食物，于是能够支付较大数量的粮食来交换那些产额甚少的珍奇物品，例如富翁竞求的金银宝石。所以，供给印度市场的银矿，和供给欧洲市场的银矿相比，即使同样丰饶，其产物在印度所能换得的粮食，亦必较多。可是，以贵金属供给印度市场的矿山，似乎远较以贵金属供给欧洲市场的矿山贫瘠，而以宝石供给印度市场的矿山，却远较以宝石供给欧洲市场的矿山丰饶，所以，贵金属在印度，自然比在欧洲能换得更多的宝石，并能换得多得多的粮食。像金刚石那样非必要物品，其货币价格，在印度比在欧洲要低些，而像粮食这样最重要必需品的货币价格，在印度要比在欧洲低得多。但前面说过，在中国和印度斯坦这两个大市场，劳动的真实价格，即劳动者得到的生活必需品的真实量，却不如欧洲劳动者。这些劳动者的工资，因此只能购到较少量的食物，食物在印度既比欧洲低廉，所以，与欧洲比较，印度劳动的货币价格，就加倍低廉，因为一方面它只能购到少量的粮食，一方面粮食的价格又便宜。在技术相同勤劳相同的场合，各国制造品，必有大部分的货币价格，与其劳动的货币价格成比例。中国和印度斯坦制造业上的技术和勤劳，虽不及欧洲各地，但似乎相差不远。它们劳动的货币价格，既如此低廉，其制造品的货币价格，自然要比欧洲任何地方低。加之，欧洲大部分地方输送货物，多由陆运。先把原料由产地运往制造所，再由制造所运往市场，其间所消费的劳动既多，制造品的真实价格及名义价格，就因而增大。反之，在中国和印度斯坦，则因内地河港纵横，货物常由水运。所需运费，既较欧洲为少，其大部分制造品的真实价格与名义价格，就更加降低。综合这些理由，贵金属由欧洲运往印度，从前极有利，现今仍极有利。在印度能够获得好价的物品，没有什么能与贵金属相比拟，就是说，在欧洲产制花费一定数量的劳动和商品的商品，没有一个在印度能比贵金属换得更多数量的劳动和商品。贵金属中，以金运往印度，又不如以银运往印度为有利，因为在中国及其他大部分印度市场上，纯银与纯金的比率，通常为十对一，至多亦不过十二对一。而在欧洲，则为十四或十五对一。在前者方面，虽能以银十盎司至多十二盎司购得金一盎司，在后者方面，则需银十四盎司乃至十五盎司。因此，对于航行印度的欧洲船舶，一般地说，银是最有价值的输运品。对于向马尼拉航行的亚卡普科船舶来说，也是如此。新大陆的银，实际就是依着这种种关系，而成为旧大陆两端通商的主要商品之一。把世界各处相隔遥远的地区联络起来的，大体上也以银的买卖为媒介。

“每年由欧洲运往印度的银量很大，使得英国一部分殖民地的银价和金对比渐趋低落。加尔各答的造币厂，与欧洲一样，认为一盎司纯金值十五盎司纯银。可是，这评价和金在孟加拉国市场上的价值相比，似觉太高。中国金银之比，依然为一对十，或一对十二，日本据说是一对八。

“中国、印度、古埃及的富裕，充分证明了一种事实，即是，纵使本国输出业，有大部分为外国人经营，这国国民的富裕，仍可达到极高的程度。

“几乎同时发生的经由好望角至东印度的航道的发现，也许开辟了一个比美洲更大的国外贸易市场，虽然距离更远。美洲当时只有两个在各方面都比野蛮人优越的民族，它们在被发现后不久就被消灭了。其余的都不过是野蛮人。但是，中国、印度斯坦、日本等帝国以及东印度的几个帝国，虽然没有比较丰富的金银矿山，在其他各方面却比墨西哥或秘鲁更为富裕，土地耕种得更好，一切工艺和制造业更为进步；即使我们相信西班牙各作家关于那些帝国往昔情况的夸大记载，也仍得承认这一点，其实这些作家的话显然是不足置信的。文明富国间交易的价值，总会比文明富国与未开化人和野蛮人交易的价值大得多。但欧洲从美洲贸易所得的利益，却一向比它从东印度通商所得的利益大得多。葡萄牙人独占东印度贸易几乎达一百年之久，其他欧洲国家要把任何货物运到东印度去或从东印度购入任何货物，都须间接经过葡萄牙人之手。上世纪初叶荷兰人开始侵入东印度时，他们把全部东印度的商业交由一家独占公司经营。英国人、法国人、瑞典人和丹麦人随后都仿效他们的先例。

“一国四周，如果都是游牧的未开化人和贫穷的野蛮人，那么，耕作本国土地，经营国内商业，无疑可使国家致富，但要由国外贸易致富，就绝不可能了。古代的埃及人和近代的中国人似乎就是靠耕作本国土地、经营国内商业而致富的。据说，古代埃及人，极不注意国外贸易；大家知道，近代中国人极轻视国外贸易，不给予国外贸易以法律的正当保护。以一切邻国陷于贫困境况为目标的近代外国通商原则，如果能够产出它所企望的结果，那就一定会陷国外贸易于不被人注意、不被人重视的地位。

“近代欧洲各国的政治经济学，比较有利于制造业及国外贸易，即城市产业，比较不利于农业，即农村产业；其他各国的政治经济学，则采用不同的计划，比较有利于农业，比较不利于制造业及国外贸易。

“中国的政策，就特别爱护农业。在欧洲，大部分地方的工匠的境遇优于农业劳动者，而在中国，据说农业劳动者的境遇却优于技工。在中国，每个人都很想占有若干土地，或是拥有所有权，或是租地。租借条件据说很适度，对于租借人又有充分保证。中国人不重视国外贸易。当俄国公使兰杰来北京请求通商时，北京的官吏以惯常的口吻对他说，‘你们乞食般的贸易！’除了对日本，中国人很少或完全没有由自己或用自己船只经营国外贸易。允许外国船只出入的海港，亦不过一两个。所以，在中国，国外贸易就被局限在狭窄的范围，要是本国船只或外国船只能比较自由地经营国外贸易，这种范围当然就会大得多。

“制造品常常是体积小价值大，能以比大部分原生产物更小的费用由一国运至他国，所以在所有国家，它们都是国外贸易的主要支柱。而且在幅员不像中国那么广大而国内贸易不像中国那么有利的国家，制造业亦常需要国外贸易来支持。设无广阔的国外市场，那在幅员不大仅能提供狭小国内市场的国家，或在国内各省间交通不方便而国内某地生产物不能畅销国内各地的国家，制造业就没有好好发展的可能。必须记住，制造业的完善，全然依赖分工，而制造业所能实行的分工程度，又必然受市场范围的支配，这是我们曾经说过的。中国幅员是那么广大，居民是那么多，气候是各种各样，因此各地方有各种各样的产物，各省间的水运交通，大部分又是极其便利，所以单单这个广大国内市场，就够支持很大的制造业，并且容许很可观的分工程度。就面积而言，中国的国内市场，也许并不小于全欧洲各国的市场。假设能在国内市场之外，再加上世界其余各地的国外市场，那么更广大的国外贸易，必能大大增加中国制造品，大大改进其制造业的生产力。如果这种国外贸易，有大部分由中国经营，则尤有这种结果。通过更广泛的航行，中国人自会学得外国所用各种机械的使用术与建造术，以及世界其他各国技术上、产业上其他各种改良。但在今日中国的情况下，他们除了模仿他们的邻国日本以外，却几乎没有机会模仿其他外国的先例，来改良他们自己。

“古埃及和印度政府的政策，似亦比较有利于农业，比较不利于其他一切职业。

“在中国，在亚洲其他若干国家，修建公路及维持通航水道这两大任务，都是由行政当局担当。据说，朝廷颁给各省疆吏的训示，总不断勉以努力治河修路；官吏奉行这一部分训示的勤惰如何，就是朝廷决定其黜陟进退的一大标准。所以，在这一切国家中，对于这些工程都非常注意，特别在中国是如此。中国的公路，尤其是通航水道，有人说比欧洲著名的水道公路要好得多。不过，关于那里的水道公路工程的报告，大都得自少见多怪的旅行者和无知好谎的传教士。假使这些工程，是经过比较有识者的考察，假使这些报道，是比较忠实的目击者的叙述，那么，那里的水道公路工程恐怕就不值得我们如此惊异。柏尼尔关于印度这类工程的报告，就远没有其他大惊小怪的旅行者的记述那么夸张。法国对于大公路，即常常成为朝廷及首都人士谈话资料的联络各地方的通衢，无不惨淡经营，而其余一切支道横道，则漫不经意。亚洲各国的情形，说不定也是这样吧。加之，中印各国君主的收入，几乎都是以土地税或地租为唯一源泉。

“亚洲有许多国家，正如欧洲大部分地方的教会一样，其主要收入，都仰给于征收不与土地地租成比例而与土地生产物成比例的土地税。中国帝王的主要收入，由帝国一切土地生产物的十分之一构成。不过，这所谓十分之一，从宽估计，以致许多地方据说还没有超过普通生产物的三十分之一。印度未经东印度公司统治以前，孟加拉国回教政府所征土地税，据说约为土地生产物五分之一。古代埃及的土地税，据说也为五分之一。

“亚洲这种土地税，使亚洲的君主们，都关心土地的耕作及改良。据说中国的君主、回教治下的孟加拉国君主、古代埃及君主为求尽量增加其国内一切土地生产物的分量和价值，都曾竭尽心力，从事公路及运河的创建与维持，使得每一部分生产物，都能畅销于国内。欧洲享有什一税的教会则不同。各教会所分得的什一税，数量细微，因此没有一个会像亚洲君主那样关心土地的耕作及改良。一个教区的牧师，决不能发现有什么利益，向国内僻远地方修建运河或公路，以拓展本教区产物的市场。因此，这种税，如用以维持国家，其所带来的若干利益，尚可在某种限度抵消其不便；若用以维持教会，那就除不便外，再也无利益可言了。”①

① 见《国富论》。

篇附录1　西方国家编年简史参略

维多利亚女王（1837—1901 年在位）在位时期，是英国的巅峰和扩张时期，此时英国工业革命的成果已经转化为综合国力，开始实际的大刀阔斧地对外扩张，而维多利亚女王本身的积极性和精力充沛，也充分推动了这一扩张过程。

维多利亚时代的世界历史，基本上不可能没有世界第一位的强国参与，任何一个国家和民族此时都面临了选择和命运。印度沦为英国的殖民地，几乎是毫无抵抗力的。与之相比较，清朝尽管已经不在自己的巅峰状态，但是仍旧有足够的国力和执政的智慧与之较量。清朝在英国的合纵连横政策下尽管从西方视角的史书中描绘，呈现出一种江河日下的态势，但是此时实际控制世界领土面积达到 4000 万平方公里的不列颠，也只能采取缓慢的蚕食策略，完全不可能像对待印度那样对待中国。

此时的清朝不仅没有被彻底瓦解，反而出现了一段时间的中兴的局面，令人惊叹。清朝在临此逆境的时候，竟然仍旧有余力获得难能可贵的发展，并且维持了半个多世纪的连续的制度稳定性。

维多利亚时代的主要帝国和列强，都承受着来自英国扩张时代的巨大压力，很少哪个国家有不承受着高压运行的，从英国的夹缝中蚕食的好处越来越少，然而此时唯有俄国游离于英国的重压之外，尽管自己的力量在列强中很不突出，但得到了很显著的扩张。几乎所有帝国在蚕食中国的过程中都举步维艰，而此时俄国却是所有列强中得到好处最多的国家，这也是马克思指出的一个令人惊讶的现象，从某种意义上这是由维多利亚和亚历山大二世的关系决定的，我们甚至可以称之为“亚历山大二世”现象。俄国沙皇亚历山大二世（1855—1881 年在位）在执政期间，始终维持着对中国迅速的扩张局势，甚至于这种局势被英国为首的欧洲列强所默许。英国在这个问题上尽管矛盾重重，但是处理方式上不采取有效的应对。如果我们看英国此时在对华问题上几乎所有位置上都采取了咄咄逼人的进攻态势，但是唯一的就是在俄罗斯的方向上，采取了包容政策。在维多利亚女王漫长的执政时间上，建立起来一种特有的对俄关系和外交惯性，这几乎使俄国在随后的最后两代沙皇的政策上，维持了积极的外交和军事策略。可以说，维多利亚塑造了19世纪的世界格局，反映在俄国的军事外交上，也深刻塑造了那个时代俄国的发展和走势。

我们为了叙事的方便，必须要在此处介绍西方相关国家一个简略的历史脉络，才能基本完成这里世界图景的叙事体系。此时，我们需要的是一个完整的世界叙事体系，但是限于本章和本书的篇幅，我们仅仅介绍主要的参与者（players），对于无关的NPC或者轻玩家就不再赘述了。此时最应该介绍的就是长期和清朝统治者相互博弈的英国统治者集团的王朝序列，我们在此还需要强调几个重点的历史事件，在时机成熟的时候，我们还应该对于所有应该介绍的细节加以深入的介绍和分析。

我们在欧洲中世纪的大背景下，了解了猎巫运动的局面，此时欧洲沉浸在宗教的纷争和压制的基本局面中。随着世界秩序的瓦解，填满世界秩序的路径上，似乎欧洲的宗教首领并没有为之做好充分的准备，所以欧洲在问鼎世界秩序的时候，是以丛林的形态来实现的，也就是这个过程给历史的研究者提供的是一个完整的演化局面，此时欧洲的世界之路还存在太多的不确定性，但是毫无疑问，在明朝遗留下来的欧洲顶级老代理人中，没有一个在这个争霸赛过程中存活。作为老一代的葡萄牙和西班牙这些贸易秩序维护者，很快就成为地域性质的偏霸集团，而他们也完全没有做好在世界新秩序中扮演什么角色的准备。似乎有上述概念的只有教皇和一些视野远大的传教士，他们留在历史中成为核心的角色。

明行无为之世，而西方是有为的治理时代，世界面貌当然截然不同。无为以宝船游弋间接控制，而有为则是设置直营店，直接干预，大航海开启的殖民时代从此开始了。

以下是英国在小冰河期的时间年代。要想理解新教改革、百年战争和英国在此时代的发展脉络，需要使用“回到顶端”的方法，也就是找到此时代的顶级掠食者，回顾他的个人历史脉络，就能梳理清楚所有线索之间的联系，那么就是西班牙国王、神圣罗马帝国皇帝查理五世，他是西班牙海上霸权的代表性王朝统治者。

而此时西班牙霸权的建立是与明朝的世界秩序衰微并行的，尽管在明朝的世界秩序中没有欧洲国家，朝贡体系中没有欧洲国家有资格参与，但是存在实际的第三方欧洲代理人，为了争夺上述海权的实际控制利益，外部世界始终处于丛林状态，而缺乏中心国家实际享受的安宁和富裕。

自从世界范围的冰河期开始，在中心国家开始了长期的重点冲击。明朝是受灾难最严重的核心区。明对世界的控制逐步开始瓦解，世界分蛋糕的局面在按照各自的丛林路径演化。

在欧洲就是长达数百年时而间断时而激烈的宗教战争。

此时的欧洲，在猎巫运动之后，宗教图景已经支离破碎，宗教急需整合，但是各派分立，信仰重塑，伴随着世俗利益的重新分配。

查理五世，是天主教的虔诚信徒，是宗教改革运动的激烈反对者，在与教皇一致的世俗政策下，西属美洲成为欧洲第一轮资源蕴藏最优良的殖民地，西班牙为当世欧洲大航海时代的海上第一代霸主。查理五世是西班牙日不落帝国的有为君主。

亨利八世（1509—1547 年）时代，英国尽管脱离了天主教会，但是始终没有宣布废除天主教仪轨，爱德华六世（1547—1553 年）则是第一位将新教确定为英格兰国教的国王，这一时期社会非常动荡，信仰之争是社会的主要矛盾，爱德华六世身后的英国发生了残酷的斗争。

1553 年，玛丽一世推翻“九日女皇”简·格雷登上王位。作为虔诚的天主教徒，玛丽一世（1553—1558 年）即位之后在英格兰复辟了罗马天主教，以取代其父的英国国教，下令烧死反对人士，被称为“血腥玛丽”（Bloody Mary），在英语中这个词在后世成了女巫的同义词。

玛丽一世坚持自己的天主教信仰，要嫁给西班牙王子腓力二世，国内新教徒开始暴动。

简·格雷是萨福克公爵亨利·格雷的长女。萨福克公爵坚称其女儿才是合法的英格兰女王。托马斯·怀逸则以拥立伊丽莎白之名，率领军队从肯特郡一直打到伦敦，后失利。

萨福克公爵、简·格雷和其丈夫均以叛国罪被处死。伊丽莎白坚持自己没有参与起义，但仍被监禁在伦敦塔，后处于软禁。

玛丽一世的时代，安特卫普的贸易衰落，因为英格兰和西班牙联姻，所以禁止英国海盗劫持西班牙贸易航线，英国发展路径暂时需要开辟新的思路。

1553 年玛丽一世与莫斯科公国建立正式贸易联系，向东北方向拓展，为商业贸易线路争得了有利的优惠权，并在 1554 年成立了“莫斯科公司”，专门经营俄罗斯、中亚和波斯一带的贸易，最终与后来的东印度公司并行发展。

1558 年玛丽去世。受到姐姐打压的伊丽莎白，此时继承王位称伊丽莎白一世（1558—1603 年），开始了历史上称之为“黄金时代”的一段蓬勃发展期，即位后即恢复新教法案，集中力量开始打击西班牙海上霸权，英国航海事业和殖民事业以迅猛之势开始了，1585 年支持“尼德兰革命”。1588 年击败西班牙“无敌舰队”，英国的海上霸权从此确立。1600 年成立“东印度公司”。英国文化随着海上的事业进入辉煌发展期，在伊丽莎白时代涌现出莎士比亚、培根等世界级的文化人物。女王终身未嫁，称童贞女王。

伊丽莎白有传奇的一生，未承王位时艰难坎坷，姐妹阋于墙，承袭大位之后，达至巅峰，与维多利亚并为史家所乐道。

伊丽莎白时代，始终围绕着正统问题进行政治斗争。伊丽莎白一世的经营，遂确立英国国教的典范。依据伊丽莎白的教旨，国王是上帝在人间的全权代表，是人间的上帝，要臣民对她绝对服从和崇拜。议会在此期间被认为仅仅是实施世俗统治的工具，不能挑战教主的尊严和荣誉。

与之针锋相对的教皇的理念中，不承认伊丽莎白一世统治的“合法性”，不承认亨利八世与安妮・博林的婚姻，视伊丽莎白为私生子，否认她的王位继承权。教皇、西班牙与法国都支持信奉天主教的苏格兰女王玛丽・斯图亚特应该为英国的合法君主。

詹姆斯是苏格兰女王玛丽・斯图亚特与她的第二任丈夫达恩利勋爵亨利・斯图亚特（Henry Stuart）所生的唯一儿子，出生后 5 个月，其父被刺杀，其母因此遭苏格兰贵族驱逐，流亡英格兰。后玛丽卷入暗杀事件（针对伊丽莎白一世），于 1587 年被处死。

1603 年伊丽莎白女王指定詹姆斯为继承人，是为斯图亚特王朝的英格兰国王，史称詹姆斯一世（1603—1625 年）。不出伊丽莎白所望，詹姆斯一世坚持维护女王的国教策略，始终坚持女王君权神授的观念，并实现了女王殖民美洲的愿望。伊丽莎白一世多次派大臣沃特尔・雷利前往殖民而未果，在 1607 年詹姆斯一世实现了北美殖民地扩张计划。

有趣的历史细节是，詹姆斯开始了英国在亚洲的崭露头角，但现实并不乐观。1604 年即位之初，詹姆斯一世释放并授予爱德华爵士在亚洲的贸易垄断权，要求为王室开拓东印度群岛、马来半岛、明朝海岸和日本列岛。这个计划是用来替代式微的上届贸易垄断权的西班牙和葡萄牙的中间商地位的。

詹姆斯一世的思路是用王室的力量来取代东印度公司的传统势力范围，用自己的搏杀来打开一种新的皇家直营模式，而不是原来旧框架下的贸易势力割据。但是与之发生直接冲突的利益方是具有明朝直接朝贡关系的贸易垄断方日本中间商（倭寇势力）的利益范围，所以战争在英日之间展开。

1605 年，爱德华爵士和约翰·戴维斯指挥着盖伦帆船“老虎号”，在廖内群岛海域与一艘日本帆船遭遇，倭寇成功登上“老虎号”，约翰·戴维斯被击杀，爱德华爵士指挥英国海员苦战，给予倭寇帆船重创。英国人损失惨重，毫无利益可言，结果是终于詹姆斯一世放弃了对衰微中的明朝势力范围的尝试，从此不再希图以王室力量与英国东印度公司争夺在亚洲水域的利益。越过市场，垄断直营模式落空了。这说明此时的英国势力还远远没达到能够侵入明朝的多重朝贡贸易势力范围的综合实力和水准，英国还需要百年的发展和积累，到时候再来一试。

查理一世（1625—1649 年）时代，也是近代世界历史的重要节点。

英国内战（English Civil War），是 1642 年 8 月 22 日至 1651 年 9 月 3 日在英国议会派与保皇派之间发生的一系列武装冲突及政治斗争。英国辉格党称之为清教徒革命（Puritan Revolution）。

此事件对英国和整个欧洲都产生了巨大的影响，并由此将革命开始的 1640 年作为世界近代史的开端。以下仅列出国王的年号，作为读者对于相关历史时间的参考。

英国作为共和国的时期，这是人们非常熟悉的一段历史时期。奥利弗·克伦威尔（Oliver Cromwell）1649—1658 年在位，在共和国时期从 1640 年任护国公。其子理查·克伦威尔 1658—1659 年短暂接任护国公。英国恢复君主制时期，查理二世 1660—1685 年在位。詹姆斯二世，是查理二世之弟，1685—1688 年在位，1688 年皈依罗马天主教，就是大家熟知的“光荣革命”。威廉三世和玛丽二世共治时期，1694 年玛丽二世死于天花，时年 32 岁。安妮女王 1702—1714 年在位。乔治一世，1714—1727 年，是汉诺威王室的第一位国王。乔治二世，1727—1760 年。乔治三世，1760—1820 年。三位乔治王延续统治达到一百多年。

1768年，英国海军军官库克船长发现澳大利亚。1770年，英属北美殖民地爆发北美独立战争。1776年，北美大陆会议发表由杰斐逊起草的《独立宣言》，宣告美国成立。1783年，英军在北美不断战败，被迫与美国签订《巴黎和约》，承认美国独立，乔治三世的威望随之降到最低点，以致其曾想逊位。1788年，英国在澳大利亚建立新南威尔斯殖民地。

1793年，乔治三世遣往中国的特使马嘎尔尼勋爵和副使斯当东带领使团到达北京并谒见了清朝的乾隆皇帝，他们还参加了在承德避暑山庄举办的乾隆皇帝八十大寿庆典。他们访华的真实目的是打开中国的贸易市场，但是这个愿望没能够得到实现。

其后三位国王的时间节点为：乔治四世1820—1830年。威廉四世1830—1837年。维多利亚女王1837—1901年。

如果说百年战争（Hundred Years' War）对应了元明替代的世界范围的重分蛋糕时代，那么三十年战争对应了明清易代，带来了世界格局的重塑。

明朝整个时代有荷兰作为海上马车夫，葡萄牙海上贸易商队以及后来的西班牙日不落帝国。此时，世界范围的中心洗牌，没有哪个西方人知道，世界未来会以如何方式展开或者以什么模式重启，但是没有守护人的贸易线路，成为整个丛林中，博弈的核心。

任何一个国家崛起的历史都伴随着信仰的冲突和武力的冲突。

荷兰独立战争，又称八十年战争，西班牙帝国称之为低地国叛乱。是西属尼德兰与西班牙帝国于1568—1648年爆发的战争，其中于1609—1621年存在了十二年的和平时期（称为“十二年休战”）。战后尼德兰联省共和国独立，成为“荷兰共和国”。这场八十年战争，对后来的英国内战和美国独立，也都产生了重要影响。

篇附录2　秩序真空中的思想萌芽——威廉·配第

英国崛起中一代人的缩影

配第的时代，英国还处在明朝世界秩序崩解带来的秩序真空中，此时英国还没有问鼎新世界，甚至于还没有自信能战胜所有在混乱的竞争中的战国时代的逐鹿者。我们看到西方世界的学习过程，因为有了秩序真空而产生了。是因为有了蛋糕，所以才产生了实际的经济增长，如果明朝能够维持有序的朝贡关系，根本不可能轮到西方逐鹿者获得任何多余的好处，所以我们看到的剑桥经济史中描述的，是因为积累到特定时间才产生了增长的可能性的猜测是不可信的。本质上，是东方秩序的逐步减低，甚至于是小冰河期加速了这个衰弱的过程，才导致世界秩序的空前失序，荷兰作为一个无法长久维持海权的暂时的领先者获得了巨大的蛋糕。吃饱了的荷兰，让所有西方的领主开始效仿这条发展路径，激烈的竞争促进了学习的过程，在真空秩序中看到了实际存在的利益。

这个利益的存在，是因为清代的统治者不具有维护海上霸权输出秩序到世界海洋世界的基本的军事实力，而且清朝的统治者要开拓内陆维护自己陆上霸权的道路还需要一段时间才能稳定下来，所以这个秩序真空的窗口期，给了西方世界的一众逐鹿者。

本质上，配第是英国开始崛起时代中具有代表性的改造社会力量的思想代表，从侧面反映了，英国开始出现经济增长时机，开始的时点大约就是荷兰英法之间竞争的时间，也就是明朝崩解的时段。配第这一代思想家的生平、创业和探索，本身就表征了明朝崩解带来的秩序真空中一代创业的英国人的所为、所思、所立。

配第开启的这个流派或者思想的分支可以有很多名目，因为其涉猎极为广泛，这是开拓者一代的基本特点，因为他们是开拓者，还没有出现后代对于问题解决的分工合作现象，也突出显示出当时代这还是很新颖、另类的思维模式。配第在很大程度上是极为激进的，无论其提出的观念还是当时其所选择的党派站位，都突出反映出配第不是传统的旧贵族，而刚好是他们的对立面。这从复辟之后英王的态度可以看出，仅仅对其采取宽容的态度，而不再重用，配第从而也开启了学术界为主要阵地的工作，此时其主要利用英国的学术领域积极培养自己的门徒，来扩大其影响力。

配第的主要派别就是其著作名称的代表，即政治算数学派，但是其影响和涉猎的广泛性，对于英国蓬勃发展时期的政治经济学有广泛的影响，很大程度上，对于亚当·斯密这样的学者都有很大的潜移默化的影响，所以我们不应该单纯将配第的影响限制在这个统计学派上，而一般认为其对于英国后世的政治经济学都有很大的影响。

但是我们也不能犯一般性的错误，过于夸大配第的影响。因为配第在学术工作中，是受制于当时的主流意识形态的，而且配第在选择自己的观点的时候并不是单纯为了探讨正确性，而是为了达成多重的而且实际的利益来进行的。我们要知道配第是一个很复杂的功利主义者，他的大部分学术工作都是有丰厚回报的，也就是配第的研究不是一般的学术工作，而是一种高度依赖背后的出资者和赞助方的一种政治行为，所以我们要将配第的学术工作更多地看作当时主流的政治家的一种映射，而不是单纯的配第的看法，这一点极为重要。配第不是一般意义上的观念创造者，而是一个观念的牟利者，甚至他对于牟利的看重要更多于西方后来的学者。

亚瑟·杨（Arthur young）的《政治算数》[①] 中对圈地运动表现出的态度，是作为官方知识分子、主政官员和显学学者双重身份的杨的视野、观念和观点，很难说不是当时英国政界和舆论中的主流，所以，在当时人们的思维中，圈地运动无疑是一种非常积极的对于社会的改造和干预行动，“充分”基于科学的理念和实证证据的支撑。

① 杨和配第都有名为“政治算数”的著作。

霍布斯对于配第的影响

如果我们探讨霍布斯对于配第的影响，似乎现有的书籍都不如迈克尔·加扎尼加（Michael S. Gazzaniga）在2022年新著中将脑神经科学的哲学发展史说得清楚。

《意识本能》① 在这个题目下“白板、人类经验与神经科学的开端”，简述了霍布斯当时的经历：

“17世纪中叶，英国因为宗教与君主权力争端陷入了一场惨烈的内战。保皇党成员兼博学家（如果真的存在博学家的话）托马斯·霍布斯（Thomas Hobbes）因为在伦敦出版了一本评论时局政治的小册子而备受攻击，于是离开伦敦来到巴黎。在巴黎，他成了流亡中的查理王子（即后来的查理二世）的导师，随后很快成了梅森沙龙的座上宾。物理学出身的霍布斯从一开始就对非物质灵魂的观点不感冒。他直白地否定了笛卡儿对灵魂的描述并称之为谬论。霍布斯认为，理性并非产生自某种神秘的非物质，它无非是身体用以维持大脑秩序的一种能力。霍布斯的思维方式和工程师一样：造出一套系统，想办法让它运作起来，这就够了，没什么玄乎的。

“霍布斯的日程安排十分紧张，一边要辅导王子，一边要同时写两本书：一本关于视觉，一本关于身体及其机制。他需要一名助手，于是找到了年轻聪明的英国医学生威廉·配第。出于某种原因，霍布斯先入为主地提出了一个理论，认为感觉能够产生压力，从而引起心脏跳动。在年轻的配第的协助下，霍布斯研习了维萨里的著作，但未能从中找到证据来支持自己的理论。尽管如此，霍布斯依旧执迷向前，这点与许多科学家的本性相符。

“霍布斯和配第一起进行了解剖实验，期望看到神经像海胆的刺一样从心脏上生长出来向各个方向延伸的景象。结果并非如此。尘埃落定后，霍布斯彻底放弃了自己的理论。和现实生活一样，科学研究也会受到社会环境的影响，使得思想得以在人与人之间来回传播。霍布斯的思维转变给配第留下了深刻的印象：如果假设与观察不符，就改变自己的想法。配第继承了这种在深入探索问题的同时依旧保持开放心态的研究方式。他返回英国时，从霍布

① 迈克尔·加扎尼加．意识本能［M］．杭州：浙江教育出版社，2022．

斯那里获得了几件礼物，一件是物质上的——一台被他夹在胳膊底下带走的显微镜，另一件则是观念上的——他坚信人体由不同部件构成，运作方式如同机器。霍布斯送给配第的礼物中最珍贵的一件，则是教会他用观察和实验来回答问题，而不去扭曲观察结果以匹配自己的假设。相信我，这件事说起来简单做起来难。没人愿意承认自己是错的。

“配第后来成了一名杰出的解剖学家。回英国后不久，他在牛津大学找到了安身之处。和前辈维萨里一样，他能稳定地获得绞刑犯人的尸体。另外一名年轻的医生托马斯·威利斯加入了他。威利斯是保皇党，同时也是一位坚定的圣公会教徒，这一身份在当地并不受欢迎，因此威利斯一直没接受过系统性教育。配第加倍努力地帮助他弥补了欠缺，并在5年后将威利斯培养为又一名同样乐意通过观察和实验来学习知识的优秀解剖学家。在配第和威利斯成长为科研主力军的年代，神经科学在英国还是一门刚刚起步的年轻学科。很快，人们在思考心智状态、意识乃至（对部分人来说）灵魂时，将再也无法忽视大脑的核心作用。”

配第在经济学和社会科学上做出的贡献，都以上述早年的经历为核心的基础，我们从《政治算数》这本著作的核心的方法论体系也能看出，作为医生的配第的观念，本质上是观察世界进行经济学思考的一个极为合适的切入视角。

如果我们按照当时世人的观念来看，则完全是不同的图景。因为离经叛道大胆的霍布斯，对于配第的早年影响，使配第的思想同主流的意识形态始终处于冲突中，但是似乎不像霍布斯那么执着于自己的思想，配第是比较善于妥协的，但是他所效忠的党派的败落，还是让他只能在社会的边缘活动。而在当时的社会文化中，包容的氛围还是让他们能够在学术领域发展并取得不小的世俗关注度，这也让我们看到中世纪之后宽容的社会氛围以及当时的大学本身在社会中的角色定位是如何的。此时权威的大学已经开始变得更加独立，这种相对的独立性是就中世纪而言的，大学的独立性是教权式微的结果，王权在各种宗教立场上游移不定，但是还没有彻底沦落到唯利是图的世俗之见中。中世纪之后，科学的发展机遇来自多重自由度的出现，多样性的思维，包容的文化，孕育了各种不同的可能性，尽管与世俗、王权和教权的冲突始终存在，但是产生了独特的催化作用——学术自由的出现。配第这个人尽管世人可能并不喜欢，或是宗教人士所不齿的，但间接折射了当时宽松的社会和蓬勃的世俗发展趋势，而所有这些都是伴随着明朝崛起产生的秩序真空和财富机遇才出现的西升东落。

《政治算数》[①] 书籍背景

“但是，本书的写作，也像配第的其他经济著作一样，动机在于为当时的统治阶级出谋划策。它是在 1671 年至 1676 年之间写成的。在这时期，在国外贸易的刺激下，英国的工业资本开始有了长足的发展，手工工场日益普遍，羊毛生产蒸蒸日上，其他如造船、造币、玻璃制造、酿酒、炼铁等等工业都有所发展。这种情况，要求加速原始资本的积累。积累原始资本，除了加强对国内劳动人民的剥削之外，就是加紧掠夺殖民地和争夺国外市场。然而，当时英国的力量仍落在荷兰和法国之后，特别是国外市场和殖民地都在荷、法二国控制之下。因此，如何打垮荷、法二国的优势，争夺国外市场及殖民地，就成为英国资产阶级政府的当务之急。”[②]

“在这种要求的推动之下，英国首先和荷兰展开了激烈的竞争。我们知道，荷兰在经过 1609 年至 1656 年的第一次资产阶级革命之后，生产迅猛发展，海外贸易甚为繁荣，航海业十分发达。当时荷兰商船遍航世界各地。它所有的商船吨数占全欧洲商船总吨数的四分之三，其造船业则居世界首位。荷兰不单垄断非洲、印度尼西亚、美洲等殖民地的贸易，而且还控制了北海和波罗的海等殖民地的贸易。在这个时期出入波罗的海的船只有百分之七十属荷兰所有。针对这种情况，英国政府曾多次（1651 年、1660 年、1663 年及 1677 年前后四次）加强航海条例，规定进口商品必须由英国船只装运，他国与英国殖民地通商，事先须经英国政府批准，英国的美洲殖民地与欧洲各国交易的货物必须在英国转口，以限制荷兰商船的营业，打击荷兰。这种经济上的竞争，终于引起了三次英荷战争（第一次英荷战争从 1651 年开始到 1654 年结束，第二次英荷战争从 1664 年开始到 1667 年结束，第三次英荷战争从 1692 年开始到 1674 年结束）。配第写作《政治算术》的时间，正值第三次英荷战争时期。

“在这时期，法国在路易十四亲政之下，施行重商主义的经济政策，大力

---

① 威廉·配第（Strauss E. Sir William Petty），《政治算术》，1690 年首次出版。

② 李清茹，叶冬青．“政治算术”创始人——威廉·配第［J］．中华疾病控制杂志，2020，24（3）：369 –372.

发展工业，建立商船队，纷纷创设海外贸易公司，以加强对外贸易和对殖民地的掠夺。当时如加拿大、美洲的路易斯安那、西印度群岛均沦入法国之手，他如锡兰、印度、马达加斯加等许多地方也都为法国所囊括。在这种对外掠夺中，法国的侵略矛头首先针对荷兰，在经过两次对荷战争（第一次在1667年至1668年，这时作战对象为西班牙和荷兰，第二次在1672年至1678年）之后，法国掠取荷兰的一些领土，取得了对荷兰的优势。接着，它又转向英国。英、荷两国为了对付法国，乃和瑞典联合，结成三国同盟。

"但是，由于英国的查理二世和法国的路易十四勾结（他们二人为表兄弟，前者又依靠后者的财政援助），三国同盟终于破裂（第三次英荷战争就是由于英、法两国勾结而引起的）。这时英国资产阶级反对王权的斗争有增无已，英国政府在国内动乱和对外战争的双重压力之下，财政困难日趋严重，不得不和荷兰妥协，而结束了第三次英荷战争。法国乃取荷兰而代之，它从英国的盟国变成了英国的主要敌国。

"在面临上述荷兰和法国的威胁和国内资产阶级议会反对王权的斗争日趋尖锐的压力之下，英国政府为了应付财政困难，除了出卖国王的领地外，又增收租税。这种情况，加上内战的破坏和频年歉收，造成全国生产衰退，地租下降，金银缺乏，失业问题日益严重。正如配第指出的：'由于土地地租普遍下降，加上其他许多原因，整个王国日趋贫困；在整个王国中，以前的黄金很多，但是现在，金、银都甚为缺乏；人民找不到可就的行业和职业，……赋税项目繁多而且税率沉重，……产业景况普遍可悲地衰退了。'他又指出：'在海军力量的竞赛方面，荷兰人正紧紧地在追赶我们，而法国人则正要迅速超过英、荷两国，看来他们既富有又强盛。'因此，他认为，'英国的教会和国家正面临着和产业所面临的相同的危险'。可见，不论在国内或国外，英国的统治者处境都日益困难。因此，他们普遍产生悲观情绪，彷徨无已。

"但是，上面说过，随着生产的日益发展，争夺国外市场及殖民地，已成为英国统治阶级追求的主要目标，英国资产阶级政府的当务之急，就在于如何打垮荷、法两国的优势，以达到这个目的。因此，尽管他们处境困难，产生悲观情绪，他们的切身利益却迫使他们去清除这种悲观思想的阻力，以利于对外行动。作为资产阶级策士的配第，适应资产阶级的这种需要，乃写了这本《政治算术》，为英国资产阶级打气。他鼓吹：'英国的事业和各种问题，并非处于可悲的状态。'（第8页）他号召英国的朝野人士（资产阶级）：'关于对共同事业处于怎样的状况有切实的了解的事情，就是在任何可疑的情况下，都应往其最好的方面设想。……如果没有有力而又明确的根据，绝不轻易绝望'。（第 5 页）在书中，配第应用算术方法，列举英、荷、法三国的经济数字，论证荷兰、法国不如英国之处，指出：'对英国国王的臣民说来，掌握整个商业界的世界贸易，不但不是不可能的，而且是完全可以做到的事情'。（第 87 页）他鼓吹英国取荷、法二国而代之。本着他在其代表著作《赋税论》中所提出的主张，他对原始资本积累的各种手段（殖民地制度、国外贸易等）作了进一步论述，鼓动英国资产阶级努力发展本国产业，争夺国外市场，获取财富（金、银、珠宝），以扩大英国的统治基础。正如马克思指出的："当荷兰作为一个贸易国家还占着优势地位，而法国似乎要变成一个称霸于世的贸易强国的时候，他在《政治算术》的一章中就证明英国负有征服世界市场的使命。

"在《算数》书中，配第除了为英国资产阶级筹划如何对外争夺之外，还就如何掠夺殖民地人民向英国资产阶级献策。我们知道，当时爱尔兰和苏格兰是最早遭到英国统治阶级掠夺的殖民地，两国人民曾经不断地掀起反对英格兰殖民者的斗争。因此，英国的统治阶级自 16 世纪以来，就一直主张采取种族渗透和劫持的方法，来维持在这两个国家的统治。配第在《赋税论》中，对英国统治阶级的这种主张表示过赞同的意见，并为这种主张提出了具体的实施方案。在本书中，配第仍坚持这种主张，认为：'把爱尔兰和苏格兰高原地区的一切动产和居民迁移到大不列颠帝国的其他地方去'，'这样做，国王和他的臣民，不论在进攻还是防守方面，都将比现在更加富强'。（第 54 页）不仅如此，他在本书中，仍主张用军队来镇压爱尔兰人民，而且要爱尔兰人民负担镇压他们英国占领军的经费。他指出：'即使要付出爱尔兰王国的所有租金的四分之一的代价，也必须在爱尔兰派驻一批军队'。（第 71 页）当时，贩运黑奴是英国殖民地贸易的主要内容之一，英国殖民者从这种血腥买卖中掠得了巨额的利润。在本书中，配第也鼓吹这种可耻的血腥贸易，宣称：'把黑人（他们劳动量大，消费水平极低）运到美洲殖民地这件事，并不是不足取的。'"（第 75 页）

配第的多数观念都是英国当时主流的观念，对于以获取官方最大可能的认可并获得更多资助，也就是御用文人的视角而言，可以折射出当时代的英国政界和民间的声音。所以研究清代初期的世界，从研究配第时代的英国一代人入手，是极为合适的切入点。

篇附录3　英国视角的西方格局（而非世界格局）

本章主要的线索按照剑桥经济史的引用文献来进行安排，尝试从英国历史发展的角度来提供一个参照系。在清代的历史阶段上，对应了西方开始起步的激烈上升时期，而中国处于巅峰状态已经几个世纪。从明朝朝贡体系的角度来看，西方在佐米亚边缘区，还没有进入朝贡区获取贸易份额的机会，但是明朝的衰亡，带来世界大蛋糕的重新调整，将会带给西方世界极大的机遇，甚至开启问鼎世界的全新机遇期。

“这种经济增长方式的转变是从18世纪的欧洲开始的。毫无疑问，当时在海外贸易、产业组织以及劳动力的专业化等方面已经有了重大的发展，伊丽莎白王朝的决策者及其在欧洲大陆的同僚们已经意识到这样一个事实，即一国的经济力量（因而军事力量）很大程度上得益于其在世界贸易中所占的份额。在英国，大工业和资本主义企业的成长可以追溯到16世纪中叶，城市的成长和贸易与工业的发展在更早的几个世纪已经开始了，技术变迁并不是从珍妮纺纱机和蒸汽机开始的。①

“然而，前工业社会的经济进步在数量和持续性等方面均不同于脱胎于工业革命的经济增长。尽管其进步足以影响到整个国家而不仅仅是有利于个别地区、城市或者社会群体，但是它们所带来的利益很快就被战争和瘟疫所带来的灾难以及人口压力这一严酷事实所抵消。关于早期经济增长的统计资料当然是不足的，经济增长的总体趋势必须从关于个别地方和个别经济部门的不完整记录中推算出来。但是，一项对于许多国家绵延长达七个世纪之久的

---

① 以下段落引自《剑桥欧洲经济史（第六卷）工业革命及其以后的经济发展：收入、人口及技术变迁》1.1节“持续增长的起源”（中文版第四页开始的内容）。

工资和价格数据资料的研究证实，前工业社会的生活水平主要取决于人口趋势。在黑死病和阿金库尔战役之间的时期内，英用建筑工人的工资折算成实物几乎翻了两番，而且在这个水平上一直维持了一个世纪之久。在黑死病以后的经济繁荣时期，欧洲其他地区似乎也出现了同样的增长。此后，在英格兰、法国和阿尔萨斯、明斯特、奥格斯堡（Augsburg）、维也纳、巴伦西亚（Valencia）等国家或者地区，一个建筑工人以一日工资所能购买的物品在16世纪下降到不足15世纪的一半，而且只是在瘟疫、战争和灾荒缓解了人口压力的情况下才有所回升。前工业社会长期经济波动的一个重要变量看来就是人口增长率。当人口增加时，人均产量就会出现下降；当人口下降时，人均产量就会上升。

"起源于18世纪并且与工业化相联系的物质福利上升趋势与所有此前类似现象的不同之处在于：从长期来看，它是不可逆转的。这不仅仅是一个后见之明的问题。经济制度转变为其现代形式所导致的人类劳动生产率的提高，代表了人类经过几代人的持续努力所达到的一个新台阶。因此，尽管一个工业化国家的经济增长率可能会由于现代战争的毁灭性灾难而出现波动、停滞甚至暂时的下降，但复兴总是不可避免的，因为经济体制本身就孕育了使自己复兴的种子。工业化国家这种生产物质产品的能力不再仅仅依赖于它所继承的物质资源。"

上文中提到的"不可逆转的"，是因为替代了清朝的世界贸易中心的地位，导致的结果就是如此。替代清朝，是一种价值和格局的替换过程，是新的世界体系和舆论的建构过程，而现实中造成的是持续的诋毁和抹黑，从而去价值化的过程，所以清代早期的辉煌历史，成为工业革命之后西方世界主要的反面宣传对象，从而导致人们在后工业化时代很难看到真相。

"经历了第一次工业革命的地区已经发展起了相对较高水平的经济机构和经济组织制度，这可能不是偶然的。这种经济机构和经济组织制度对于成功的工业化极为重要。对于欧洲来说，市场经济的发展、城市的成长以及与世界其他地区建立贸易联系，早在17世纪末以前就是人所共知的这种经济制度的特点。当英国的格利高里王在编制其1688年的收入和支出表时，小农（cottagters and paupers——茅屋农和乞丐）占全国家庭总数的30%，但他们的收入只占全国收入总数的6%。大约有1/4的英格兰人和威尔士人居住在城市和大城镇。工业仍然主要以国内市场为舞台，并以相对于农业来说仅仅是一个辅助性行业，但有14%以上的人口是以不直接生产物质产品的经济活动来维持生计的，包括商业或者是自由职业以及在政府部门或者教堂供职。更重要的是，作为经济已经转变为现代形式的一个标志，人们对于企业的态度发生了变化，而且它们的财富观念也扩大了。经济财富不再仅仅是纯粹的物质产品如土地、建筑物、金店和商品。在1689—1695年，英国股份公司（包括新成立的英格兰银行）的付息资本从63万英镑增加到350万英镑，在随后直到南海泡沫崩溃的1/4个世纪中，有形与无形财富之间的关系紧紧与灾难联系在一起，但是商业界从这些经历中学会了使自己适应新的经济范畴。

"因此，与今天非洲和亚洲的许多前工业经济相比，17世纪末18世纪初期的英国经济已经达到一个相对先进的经济组织阶段。当格利高里王计算1688年的国民收入时，他估计荷兰人的平均年收入为8英镑1先令4便士，法国为6英镑3先令，英格兰为7英镑18先令。将近一个世纪以后，亚当·斯密以同样的次序排列这三个欧洲领先国家，认为英格兰大概是欧洲第二个最富裕的国家，而'按其土地比例和居民数量计算，荷兰绝对是欧洲最富裕的国家'。

"如果按其在18世纪上半期的居民生活水平来计算将荷兰、英格兰和法国列为欧洲先进国家的话，那么我们也可以将它们称为世界上最为先进的国家。那个时候收入水平的国际差距远较今天要小，这主要是因为当时没有一个国家的居民人均收入水平远远超过贫困线，而人类的基本生存必需品在所有地区和所有时代都基本是相同的，尽管如此，甚至在这个时期，在富国和穷国、野蛮国家和文明国家之间还是有着重要的区别，而且注意到欧洲的领先似乎是相对晚近的现象这一点是非常有意思的。

"在中世纪时期，由马可·波罗带回的报告说明中国在经济上领先于欧洲。在17世纪和18世纪，法国传教士继续带回关于中国惊人的财富、其因贸易而繁荣的大城市、极高的农业产量、四通八达的运河网与公路网及其高度的教育成就和不断增加的人口等方面的令人眼热的报告。迟至1819年，一位法国学者仍然认为中国的国内贸易比整个欧洲的贸易量都要大，其劳动力较之欧洲劳动力受过更好的教育，而其城市也更大，随着18世纪的流逝，英国人关于中国的报告越来越少赞誉口吻。亚当·斯密提到中国经济的长期停滞，并且指出一部分中国人比'最穷的欧洲国家'的居民还要穷。

"尽管如此，在写到工业革命的起点和回顾英格兰实际收入和人口近年来的明显增长时，亚当·斯密仍然认为‘在制造业和工业方面，中国和印度斯坦虽然差一些，但较之欧洲仍然差不了多少’。总体来看，如果亚当·斯密沉溺于政治算术并且倾向于比较欧洲与中国的国民收入的话，他很可能认为中国的国民总收入远远多于任何欧洲国家，其人均国民收入却低于欧洲国家，但较之欧洲的平均水平相差并不很多。当此之时（18 世纪 70 年代），中国的人口总数估计为 2.6 亿左右，这个数字几乎是当时欧洲人口总数的两倍。

“在欧洲，经济先进国家是那些位于西北欧的国家，它们的贸易范围向西可以达到新世界，向东可以到达印度。在 18 世纪的某个时期，英国按人均收入计算超过了荷兰并且取得了领先地位。当然，按绝对值计算，人口总数不到英国一半的荷兰在这个世纪开始时就已经不是一个经济大国了。由于统计数字是不完整的和不连续的，因而无法确定英国人均收入超过荷兰的准确日期。由于荷兰在不断增长的贸易中所占比重下降以及英国所占份额的增长，这两个国家之间的差距在 18 世纪的前 3 个 25 年中一直在稳步缩小。到 1780 年，强大的荷兰商业公司陷入严重困难之中，荷兰的工业和贸易也处于令人叹息的境地。而且，与荷兰不同，英国海外贸易是建立在国内制造业范围不断扩大的基础之上的，因此，对外贸易的扩张大概对于国内产业环境具有相对更大的影响，另一方面，荷兰则在不断增长的世界贸易中日渐式微，并且将其资本借贷给欧洲其他正在扩张中的经济体，因此它们得自金融业的无形收入或许较之得自贸易的收入增长得更快。

“总体来看，有证据表明，荷兰经济在 18 世纪是停滞的。这种观点得到了关于当时国民收入估数的证实。这些数字表明，荷兰在 1688—1792 年长达一个多世纪的时期里，其人均国民收入只增长了 14%。而且即使这种些微的增长也很快就被法国战争与大陆体系所抵消，因为它们扼杀了荷兰的货运贸易和阿姆斯特丹的金融霸主地位。正在这个阶段，英国无疑处于领先地位。

“18 世纪英国经济的统计依据是非常零散的和不完整的，因此我们无法明确地计量其经济增长速度或其长期变动；但是，这些证据足以说明英国出现了经济变革和经济增长这样一个决定性的事实。根据过去的经验，重要的是经济扩张必然与空前的人口增长相联系，由于英国牧师在 1801 年根据它们的教区记录所提交的第一个人口统计报告数据中的洗礼数、死亡数和结婚数并不构成一个年度序列——在这个世纪的大部分时期只是一些孤立年份的数据，而且中间往往相隔几十年——因而它们不能给我们提供一个明确的转折点标志。看起来英国人口增长的起点可以追溯到18世纪40年代。对于1741—1751年数据所表明的人口增长没有什么好惊讶的，但是在1751—1801年英国的人口显然增加了50%以上。或许苏格兰人口扩张并不很多——比较1801年人口统计回推的数字上韦伯斯特（Webster）1755年的计算结果我们就可以发现，苏格兰人口在半个多世纪中只增加了不到1/3。或许是吃土豆的爱尔兰人口繁殖得更快一些——根据最近的估计数可能增加了2/3以上——尽管关于1821年以前爱尔兰的人口估数并没有确切可靠的依据。然而，在充分考虑了统计数字的不确定性之后，我们仍然有充分的理由指出，英伦三岛的人口在18世纪下半期呈加速增长趋势，1801年时较之18世纪中期英国人口总数又增加了一半左右。

“英国与世界其他地区贸易往来的统计数字给人们的印象更为深刻。众所周知，18世纪的海外贸易记录在大多数地区都是根据在17世末期通行的价格按照固定信方汇率估值和汇总的。关于英国贸易价值的变动，它们不能告诉我们任何东西；但是，这些数字为我们提供了一个关于贸易量变动趋势的一个可以接受的指标。而且，由于贸易数字是唯一反映各种工业和经济活动共同历程的统计数据序列，因此，我们在估算总体经济发展方面所进行的任何努力都必须将其视为重要的组成部分。在表1中我们摘要列出了英国贸易活动的主要资料，以便与其人口增长趋势相对照。

“在18世纪前40年中，尽管人口增长停滞，但英国在世界市场上的购买额扩大了大约40%。虽然这种扩张可能主要限于英国人口中某些相当狭小的一部分人中间，但考虑到这种情况是在英国平均收入没有显著增长的情况下发生的，这简直令人难以置信。例如，出口产品的产量增长了大约60%，从事再出口贸易的商人和海员使其业务量翻了两番以上。因此，除非海外贸易的扩大是以国内贸易的萎缩为代价的（我们没有理由假定会发生这种情况），否则我们就不能推断在这个时期英国人均实际收入有较大幅度的增加。当格利高里王在17世纪末期进行其国民收入计算时，得自对外贸易的收入是否能够占到全部国民产值的11%以上是非常值得怀疑的。因此，就其本身而言，18世纪前40年的贸易扩张不能解释人均实际收入的增长，因为这些数字本身已经大到足以对普通人的生活产生重要影响。因此，如果我们发现当代分析家们认为可以不加调整地将普雷特（Pretty）或者金五十（King Fifty）编辑整理的该世纪第二个25年的国民收入估数应用于此前70年代的话，我们不必感到惊讶。迄今为止，在将所有可得到的统计指标（贸易所得、征税与准确数据等）合并成为一个单一的国民生产指标序列方面所做的工作中，没有一位学者将这个时期的总体经济增长速度的估数确定在年均0.3%以上。

"始于18世纪40年代的经济扩张是极为显著的。在1741—1771年间，英国人口增加了将近1/5，进口贸易量和国内出口贸易量增加了大约2/3。这是一个突出的成就，尽管它是否带来了人均收入增长率的提高仍然是值得怀疑的。一项关于国民产值总体趋势的估计数字表明，以绝对值计算，这一时期英国的国民产值增长率提高了三倍（在1741—1771年间的年均增长速度为0.9%，而在1741年以前为0.3%），但是，实际人均产值很少或者没有提高，而同一指标在1701—1741年间年均增长0.3%。然而，值得注意的是，到1770年时，人均实际产值的增长速度已经足以给当代人留下深刻印象了。当阿瑟·杨在进行其1791年的国民收入计算时，与格利高里王的估数相比，他的估数表明英国的人均实际收入自1688年以来已经翻了一番。杨的数字无疑是有所夸大的，但是，并不是只有他一个人认识到了国民经济增长的存在这一事实。比如说，当亚当·斯密写到英格兰'其土地和劳动力现在的年产出无疑远远大于复辟时期或者革命时期'时，他实际上也表达了一种观点，即经济进步已经令政治算术家们感到惊讶了，尽管在18世纪的第3个25年时这已经是人所共知的事实。

"尽管如此，在18世纪70年代初期英国经济是否已经进入了持续增长的轨道还很难说。在这个时期，英国国内出口已经达到18世纪初期出口量的2.5倍以上。农业产量估计扩大了大约1/5。纺织工业的数据表明，纺织工业的产量也有了成倍的增长。伯明翰（当时的金属工业中心）的人口增加了4倍以上。实际上，有相当多的证据支持这样一种假设，即，在英国早在工业革命开始以前，经济发展进程就已经积聚了强大的动力。

"到世纪之交时，尽管由于战争和通货膨胀的浪费和扭曲，英国经济中所发生的种种变化是人类历史上的一种新生事物这一点已经非常清楚了。在大约一代人的时间里，英国棉纺工业的产量增加了10倍，炼铁工业的产量增加了4倍，曼彻斯特和格拉斯哥的人口增加了3倍。与此同时，蒸汽机为各工业部门降低生产成本提供了新的机会。在18世纪的最后30年中，英国有50万英亩农业用地被依法圈占，而且投在运河系统建筑上的私人资本达到700万~800万英镑。最后，当人们努力将各种可得的统计数字转化为单一的国民产值趋势指数时，人们发现早在18世纪末期以前，国民产值的复合年增长率即达到2%，人均年增长率将近1%。

“18世纪最后20年或者30年中所发生的诸多变化具有革命性质，这一点无可怀疑。人们普遍同意这是第一次工业革命的成形时期。从某种意义上说，这一次工业革命是否完成了属于另一个问题，赋予工业革命以最初形态的各种变化是否变成为自我持续的以致人们可以说到19世初期时英国经济已经达到了经济增长的这样一个点，从人均实际收入增加的角度来看，其增长或多或少是自动的，这个问题是可以讨论的。在工业化国家中经济增长已经持续了很长时期这样一个事实本身不能证明这一点，即工业化的第一个阶段已经使经济增长成为一种自动的进程。关于‘起飞’概念的争议并不仅仅是一种关于用词和定义的争论。对于那些还没有开始享受到经济迅速增长的好处的国家来说，是否能够在经济增长过程中确定一个‘起飞’阶段，确定一个时期和一些一旦‘起飞’完成即可保证人均收入能够持续不断增长的相互联系的事件，这显然是一个关系到现实利益的问题。”

中国古代经济，虽然是农业社会，但是若认为中国古代是“内求”的发展道路[①]，按照农业的产量，决定人口的生活水准，按照西方的封闭经济（closed economy）发展模式这样极度简化的模型来描述中国几千年的经济发展模式，则是一种典型的歪曲，称之为第一种歪曲。在西方的文献中不少后世的学者都持有一种东方神秘主义态度，不仅仅认为中国始终是封闭的、静态的和停滞的，而且还认为中国似乎在大部分历史时期都陷入一种长期化的停滞中，长期的革新甚至变动都是稀少的，或者可以认为是一种NPC式的存在布景。这是典型的误解，现代的学者要时时警醒并提升自己的认知水平，避免落入这种认知陷阱。

① 中国历史上不时存在崇尚“内求”的流派，但是作为建构中国社会和经济繁荣的基础，无疑不是这些派别。这些派别的存在是古典自由主义和宽容存在的最好证明，但是选此来扼杀多样性的恶性内斗也同样频繁出现。

篇附录4　Wage Goods[1] 概念解释和阶层收入结构

本章围绕一些简单概念展开一些基于文献的讨论，为读者理解后文做准备工作。

概念 Wage Goods[2]

§ 1. IF the wage - earning classes always bought with their money one sort of article only, there could be no ambiguity about what is meant by real rate of wages, or real rate of unemployment pay or real demand function for labour in any occupation. In like manner if any group of wage - earners, though purchasing a number of different sorts of goods, always purchased them in the same proportions, there would be no ambiguity about what is meant by these things. We should merely have to conceive a unit of wage - goods as a packet containing the several goods or services combined in those proportions in which the group always bought them. No doubt, since groups of wage - earners with different levels of money wages buy the several sorts of goods in different proportions—not to speak of the fact that bachelors and men with families enjoying equal money wages do this—we should need to imagine differently constituted packets, i. e. different units of wage - goods, for different groups. We could, however, without ambiguity conceive of a definite unit of

---

① 一些文献将“Wage Goods”翻译为“工资品”，突出了工人工资所能够支撑的生活必需品，是特定经济条件和时代决定的某种特定商品组合和结构。

② A. C. Pigou, the theory of unemployment, Macmillan company. 引自：“CHAPTER IV THE MEANING OF UNITS OF REAL WAGES”, p17.

wage – goods for any assigned group of workers or for a clearly defined imaginary "representative" group: and, so long as the number of these units received by the assigned or by the representative group was unaltered, the real rate of wage or of unemployment pay—I shall not trouble henceforward in this chapter to mention this separately—to it would be constant.

这里，庇古（Pigou）给出了 Wage – Goods 的合理的定义，说明了这些重要概念。在这个概念下，很多事情都可以弄清楚了。因为庇古的时代，正是这个概念结构发生重大变迁的时代，而现代则人们已经几乎忘记了当时的这次转变。这次转变，对于现代人们习以为常的事情，进行了深刻改变。但是庇古可以认为是经典学派的最后一批学者了。

Thus, if people's desire for home – made non – wage – goods expands, and if, as an indirect consequence, the real rate of wages asked for in the wage – good industries is raised, employment and outputin these industries will be diminished. In the net result, though employment in non – wage – good industries must be increased, aggregate employment may remain exactly what it was before. Employment may be simply transferred from wage – good to non – wage – good industries, the reduction in the output of wage – goods together with the increase in the consumption of wage – goods by wage – earners being offset by a corresponding reduction in the use of wage – goods by non – wage – earners, namely in (C + M). (p24)

这部分说明了，这个产业（工资物品的产业）如果生产的费用高企，那么所生产的可供应社会雇佣的工资产品的数量就很少了，所以这部分最好放到国外。如果本国的高工资，传染到这部分领域，就会导致整个社会失业的问题，所以一个高福利国家本质上很难不让这些产业生活的费用高企，从而一个高级的处于较高地位的世界中心的国家，很难独立存活，必然是依赖周边世界的贸易或者资源来维持，从而取得高的收入和资源状况。

当一个国家的消费的部分或者工资物品的消费量，超过了本国的工资物品的生产量，那么此时这个国家必然是已经处于世界的中心地位了。这是一个本质上的基本事实。

The theory of unemployment 的书名，更适合翻译为《失去雇佣关系的理论》，而不是《失业论》。这个名字非常具有资本主义的特点，因为说明了一个按照雇佣关系建立起来的社会的基本状况。

而今天我们社会的基本关系，就是在传统东亚社会中，构建起来的一种这种类型的社会关系。而这个关系，更先发展出来的就是日本社会。我们必须要研究首先脱亚入欧的日本，也就是从明治时代开始的日本，之后研究从 20 世纪 50 年代开始的中国社会风貌的改变，而中间时期是东北地区作为一个特殊的首先进入工业化时代的典范，也是我们非常值得研究的一个经济体系。

清代的社会经济在世界的地位

人们很容易就会将清代的封建社会定位在欧洲式的封建社会的基础上，而本质上，在清代整个时期，清欧关系类似于今天的美中关系，而不是其他的关系。而日本居于其中，给了我们一个独特的视角，让我们看出本质上清欧、清美、清日关系中，处于核心地位的清的地位，而不是今天我们看到的清仅仅是一个非工业化的国家的地位。

今天我们看到的世界关系中，核心的世界观是美国是一个去工业化的发达国家的地位，这个国家所有基础的工业品，从第二次世界大战之后，都日益多的比例是来自发展中国家的产业的产品，而清代也是类似。清朝具有强大的武装，而多数供养清的高贵消费的不是自己的产品，而是来自世界范围的产品，这一点我们一定要清楚。

今天的世界格局，是以美国和欧洲为中心的世界贸易格局，而美国更具有居于核心地位的武力，从而确定了世界贸易格局的中心地位。美欧关系，极为类似于清时代的清日关系。今天世界演化的格局，已经日益让我们看到，我国古代的朝贡关系体系是如何演化而成的。今天的以西方为核心的朝贡体系的特征，越来越表现出中国传统的以中国为核心的世界贸易体系的影子。

Alchian 对于 Wage Goods 的使用案例①

Mitchell also arrived at the conclusion that “real profits were unusually large during the Civil War, therefore, but large because real wages, rent and interest

① Reuben A. Kessel and Armen A. Alchian, Real Wages in the North during the Civil War: Mitchell’s Data Reinterpreted, THE JOURNAL OF LAW AND ECONOMICS, 1959. 引用部分是第 96 页的部分段落。

were low," with virtually no direct evidence on real returns to profit receivers. In reaching this conclusion that real profits increased because real wages and real returns to rent and interest receivers declined, Mitchell postulated, and this is not explicit, that the rate of return to all agents of production taken jointly was constant between 1860 and 1865.

The price index for Mitchell's real – wage calculations is based on the median observation of ninety wholesale prices using 1860 as a base. Observations (January, April, July, and October) were recorded for every year studied. The observations for the wage index are weighted. Mitchell, in his chapter on prices, argues that a wholesale price index ought to be satisfactory for detecting the effect of the issuance of greenbacks upon prices, but he revealed some reservations about the suitability of this index for cost – of – living calculations. Despite these reservations, Mitchell used this wholesale – price index for measuring real wages.

The representativeness of the ninety commodities in Mitchell's wholesale – price index of wage goods (or, for that matter, prices generally) is highly questionable. His index, like most wholesale – price indexes, contains no rent component. Internationally traded goods are strongly represented, and this, as will be developed, gives the index a strong upward bias for most of the time period with which Mitchell was concerned. (Almost two – thirds of the commodities that could be unambiguously classified as either domestic or international were found to be international [see the Appendix].) Furthermore, man of the commodities in the index – opium, copper, linseed oil, soda ash, quinine, oxide of zinc, sulfuric acid, turpentine, rubber, copperas, lead, tinplate, and alum – should be regarded as of little direct significance for measuring prices of wage goods.

Yet it is easy to make too muchof the fact that Mitchell employed a wholesale – price index as a deflator. In his subsequent work on the Civil War, Mitchell computed a consumers price index for this same period with an independent set of data. These data (reproduced as part of Table 2) also reveal a substantial fall in real wages, although neither as large a fall as observed when the wholesale price index is used nor as sharp a recovery in 1865. They buttress Mitchell's conclusion that real wages fell during the Civil War. Incidentally, this later study seems to have shaken

Mitchell's earlier confidence in the alertness of American workmen to their interests; and he observes in this later work. (p97)

Alchian 也同样使用了 Wage Goods 作为一个考虑的标准，而且这个标准可以说是那个时候一个标准的使用方式。我们从这样的实践中可以看出，当时实际的生存状况为什么是如此的，以及这样做有什么实际的效果和好处。

本质上，在高质量和饥荒频繁的时代，这就是实际的事情，也就是在工业产品大量稀释之前，Wage Goods 是单纯的，很容易计算的，因为没有太多的混杂因素（confounding factors）。这是 Alchian 选择的基本原则，也就是这些不想管的物品，事实上根本不是工资所直接支付的内容，这样商品就大大缩减下来，因为直接或者所谓的间接支付的内容，事实上根本不多。

直接支付的，对于中产而言，一个是自己直接进行烹饪的原始的食物资料，而底层从某一个时间之后，就开始社会化了，也就是直接吃汉堡之类的产品。这个转折点极为重要，因为这样的转折点意味着，Wage Goods 可以极大社会性地减少其成本，而作为统一的操作，也可以对其中的内容进行深度操作。

而中产阶级，要自己做。更上面的阶层，就要委托专门的饭店来制作自己无法制作的质量更加精良的商品了。这意味着，我们看到的世界范围的 Wage Goods 的改变，本质上对于工资，货币的主导作用是越来越加强了。

如果一个国家不对于 Wage Goods 进行大力度的干预，根本不可能实际上操纵货币，因为如此状况下，根本就是极高的成本，从而带来经济危机的直接爆发。本质上，历史上的经济危机，就是外部的敌对势力和内在的矛盾诱发的工资成本的生活成本高企，从而带来内部资本运转不灵的问题，而根本上更是由于富人的消费剥离于货币运转的内部，而主导的阶级层次越来越低，本质上这样的运转根本上就是不可能达成的，因而走上了信用货币的道路，这条道路根本上就是对于 Wage Goods 的无底线操纵的道路。服务业的发展和繁荣，导致的结果就是餐饮这样的升级，带来的仅仅是一定阶级以上的福利升高，但是前提是质量的提升。如果不保障质量，那么这个提升可能是混杂的和有限的，也就是，少数的按照支付价格达成的较高的高质量产品和服务，在成功对接消费群体之后，必然带来的是消费的升级促进的利润升级，如果不是如此，那么必然也还是很差的。

强迫储蓄概念

潜在的，Wage Goods这一概念是凯恩斯理论的重要概念来源。

“我們已经討論过的那股思潮只注意利率和货币流通数量以及（由于后者的必然结果）一般物价水平的关系，而另一股思潮則注意货币数量的增加直接地或通过利率对資本形成所起的影响。货币的增加引起資本的增加，这个近年来在‘强迫儲蓄’的名义下变得非常流行的理論，甚至比刚才已經討论到的那个理论还要历史悠久一些。

“边沁是第一个清楚地叙明这个理論，并把它推敲得較之迄今他的任何后继者更为詳尽的作者。在他1804年所写但直到1843年才出版的‘政治經济学手稿’的一节中，他相当詳细地論及他称为“强迫节约”的現象。这里他所指的是，一国政府把課税所得的基金或紙币的发行来生产资本品，进而增加了的‘未来财富的总量’。虽然边沁的討論是有趣的而且重要的，并且虽则很可能它已为有关方面的某些經济学家所知悉，但它只是在多年以后才出版，这一事实使它对发展这一理論的重要性大为减色。”①

在上述概念基础上讨论计算框架的设置

GDP构成与收入构成，是截然不同的，因为二者的差距在于这个国家的格局和世界地位。如果一个国家彻底封闭，那么二者趋于一致，也就是在没有走私的条件下，二者的极限终将达到类似的程度。

我们应该将进出口和走私划分为一类，因为在巨大的国土上，我们几乎不了解，是否走私在所有的物品进出口中所占据的比重，即使既有理论倾向于将法律约束下的进出口，作为最为主要的货物的进出口。但是这几乎也是不准确的，即使对于大国，也很难将这部分正式划归等号，因为越是大国越倾向于在巨额的消费中插入进口（以及）走私的环节，这几乎是自古以来的惯例。如果我们不如此计算，那么必然不可能得到合理的结果。

① 以上段落引用文献：哈耶克（该版译为海耶克），《物价与生产》，上海人民出版社1958年版。“第一讲 阐明货币对物价影响的各种理论”第23页。

如果我们假设世界上根本不存在走私，那么我们立即得到一个有价值的结论，就是我们无须计算收入，而仅仅计算进出口，就可能得到（对应阶层）收入的一个附属于 GDP 核算的数字。这意味着，小国将自己最有价值的产品销往大国，供养大国的上层以及下层百姓，而大国生产的少数高级高价值产品，用来取悦于小国的上层，乃至少量中层。小国的下层是遭受贫困最严重的，而其次是小国的中产，然后是大国的下层以及中上层。小国的上层类似于大国的中层，但是还差一些，他们的生存模式（更准确地说是生存的相对质量）很大程度上类似，因为小国的上层几乎过着大国中层的生活，他们接受大国中层的教育乃至于各种服务，大国的中层服务不少是出口给小国的上层的，少量的小国中层也很羡慕这些生活方式，但是他们还消费不起，他们最多仅仅是偶尔尝试，不能长期享受。

人们很可能认为，小国的上层比大国的中产生活得好，因为他们来自外国少量的消费，几乎是可能免除所有的税收的，但是他们几乎不在乎税收。大国的中产是税收的主要征收对象，所以他们的避税手段几乎不存在，现实中的避税几乎是非常困难的。小国的中层，可能过着大国下层的生活方式，这意味着他们可能有大国一般的普通百姓一样的选择，但是他们可能凌驾于不少小国百姓之上。

大国的下层不少生活用品，都是小国的走私来供养的，而这些走私品不少也同样给控制这些走私的小国的产业链带来巨大的收入，这些走私只要供养少量的大国的下层，就能够等价于服务超量的集中的小国的中产阶层，这几乎是特别划算的商业交易，所以，对于小国的控制资源的人口而言，这样的走私极为具有利益。但是对于大国而言，这样的走私很可能也是有好处的，因为不少底层，因为得到了大量的来自外国的廉价货，而得到了实惠，这样的好处使大国的政策制定者少了麻烦，也提高了他们的社会幸福感。

一个国家的 GDP 是基于税收的农业和工商业产品和服务的总和，也就是基于纳税基础上的产品的总和。但是充分理解一个国家平均的家庭收入水平，需要对于这个国家的收入结构和收入的消费内容有深入的了解。一个国家的平均家庭收入，来自下层和中层的交界地带，但是更靠近下层，也就是中下层的家庭平均收入。这意味着，这个数字必然是极易受到走私的内容和数量影响的指标。而这个指标，本质上也是货币运行的实际指标，即综合货币本位的位置。

最后此处的附录简单讨论一个本篇出现的概念，在《剑桥欧洲经济史（第七卷）》“英国部分”开始段落有一些对于“付息资本”这个概念的讨论。

付息资本，成为主要的经济发动机，也就是佃农地位上升，代替了地主的社会主导权，一些问题值得逐步展开讨论：这个趋势，是如何形成的。清代的佃农地位不低，但是为什么没有形成包抄的趋势。“古代经济的收入差距不大”的观点，如何加以讨论说明。最后，专制的破坏，自由的上升，底层收入的上升，造成了社会性的一次改造运动，也就是社会结构变化了，主要的内容可能是：外因，贸易关系、财富关系、货币关系；内因，自由（从某种潜在的维度上）逐步开始扩展。

第二篇　清代货币金融史叙事

共时性假设和经济增长

产品的国别差异和国别定价，是一个国家经济发展水平的主要差异来源。

我们在前文介绍过共时性的基本假设，此处我们需要这个假设，也就是一个国家尤其是处于世界顶端的国家不可能存在彻底隔绝的状况。所有政策，哪怕是例行海禁，也并不违反上述假设，因为在合法之外存在太多渠道可能进行产品和人力的交换，所以在特定目的下需要进行如此强度的海禁。近代学者也认同这样的事实，即使在海禁的条件下也仍旧存在不小数量的走私，所以说海禁的目的不可能是彻底地堵死和隔离所有贸易，而是在特殊目的和条件下同走私者的一种博弈策略选择而已。其中的可回旋余地很大，是公认的。但是这样的"海禁"政策同无限制的通商政策，如宋代所持"允许"态度的重商主义政策，是绝对不同的。

在上述假设下，我们可得到这样的结论，尤其是对于我们所研究的中国历史上的经济体而言，在任何一个时段下，蕴含在当时的实物价格和货币价值之中的经济系统定价水平，是同发展水平相互一致的，而且上述一致性是伴随经济体的常态性存在。

在上述假设下，我们通常认为的所谓封闭的经济体，几乎不会发生在当时世界的顶端以及其与任何一个国家之间，但是在非顶端的国家之间完全可能存在相互隔离的经济和贸易关系，因为他们之间可以相互没有需求（或者需求被刻意减少或者消灭），所以也没有相互比较和相互交流的动力。但是这样的假设不如上面的假设稳定，因为在特定经济体上升期，可能这样的有向封闭性会被打破。西方世界和美洲世界之间在大部分的时段（尤其是元明之前的历史时期）都是相互封闭的，而且美洲没有马①，这件事显然也是因为域外国家和美洲当地的游牧民族在数千年中没有联系有关，但是在西方开始进入世界顶端的过程中，开始向美洲各国引入马匹，这是一个典型的现象，说明了世界的变动性带来的多维贸易的肇端。

一般而言，限制一个（蓬勃崛起的）国家的发展的主要因素无论来自劳动还是当时世界的技术水平，都很难长期限制这个国家的发展水平接近其最高的限

① 加里·M. 沃尔顿，休·罗考夫. 美国经济史[M]. 北京：中国人民大学出版社，2016.

度，如果是劳动力不足所致，那么这一可能会相对比较漫长（美国早期），如果是技术所致，在没有出现路径错误的条件下，就会相对比较迅速，但是也需要耗时几代人，大约可能在一百年中实现。如果人和技术都具备，仅仅是因为资本在战乱中灭失导致的暂时的发展受限，那么其恢复是比较迅速的，而且在国内的劳动不匮乏且技术可得的条件下，很大程度上一两代或者多至三代之间就可能完成，接近于其最高限度的经济发展水平。这一经济直觉完全可能通过近代国家发展的经验来支撑并理解。从中国近代的历史来看，这就是清代前期的基本状况。在明朝的技术和现有的充足的人口条件下，清代很快就达至于全盛（在度过气候灾难期之后）。

康熙的技术恢复期，雍正的人口增长计划，乾隆的技术封闭防止外溢政策，都围绕着国力的全面加速恢复。到了清代的乾隆时期，就达到了一个历史高峰。

发展水平和价格梯度

一个国家的产品档次和相对价格水平，决定了这个国家的基本发展水平和贸易格局。高质量的产品是综合国力的代表，是世界中心的体现。在不同国家的复杂格局中，不会出现高级产品不被认可的状况，一般而言，高级产品都会被世界范围共同推崇，而这一过程，形成了高质量产品的贸易定价机制，决定了高质量产品一定只能存在较为发达的国家中，顶级国家掌握最先进的产品。如果按照技术这个现代概念的术语内涵，那么就可以事后反推出，高级产品的技术只能存在顶端国家，而且技术上的先进性是具有贸易价格差异、审美价值差异，共同反映出国家的发展水平和世界贸易基本格局。

上述价值差异，会导致产品有从顶端到底端的贸易流动趋势，而资源和人口有从低端到高端的贸易流动趋势。但是各个国家的发展和策略不同，不能完全用现代的眼光来审视古代的现象，但是透过现象，本质上的规律应该是符合的。上述规律就是贸易理论中的一价定理。价格上的不一致性，基本上反映出这个国家发展水平上的差异。综合的高价反映出综合生活水平较高的特征，尽管我们很大程度上并不能够彻底对所有产品进行贸易，但是较高的价格水平基础上的生活水平和发展水平是很难在现实中发生逆转的。如果出现逆转，就会带来贸易上的严重问题。一般而言，高生活水平是很难进行伪装的，伪装高生活水平或者称为品质的成本很高。如果高生活品质是伪装出来的,那么必然存在阻挡财富外流的有效的强大的堤岸,才能阻止财富的外溢,或者人口的内流——而上述两者都是稀释财富或者降低福利(与发展水平一致的指标)的表征。反之,也是成立的。例如,一个地区有显然不利的环境或者危险,那么就会自动组织人口迅速增加,或者也一般同时可能带来维护财富不外溢的便利,那么这些地区很大程度上都比人们一般认为的状况要好一些,也就是,尽管可能有可见的艰难,但是这些地区很大程度上能够聚财,达到人们一般认识上更高的财富平均水平,例如高原、极地,或者雪山、沙漠等。

第一章　基本方法论和假设
——经济指标的基本测度问题

中国古代 GDP 测度的中产阶级精英视角和生态视角

中国古代 GDP 核算和现代经济核算的基础性差异，来自其运行经济和考虑问题的思路乃至于社会整体设计上的基本差异。我们在研究的时候需要重视的一个重大差异，就是中国古代是精英社会，而近代西方社会是平均下的平民社会，这是两种社会在设计和运行上的重大差异。精英社会在核心问题上底层基本上处于旁观状态，社会的大事是祀与戎，底层基本上无法参与其中，按照周礼的社会设计，按照等级和配享制度，不同的阶层参与祭祀和战争的级别是顺序逐级递减的，也就是不参与祭祀的也不参加战争，贵族具有战争的垄断权力。这样的社会安排直到清代，作为关外的军事贵族集团的制度设计都没有将百姓直接纳入战争的参与者地位，而在西方逐步形成了平民社会的制度设计下，底层才成为战争的主要负担者。

而战争对于财政安排的意义重大，财政和国家的正规金融和货币制度紧密相连，所以从制度设计角度，我们需要分清楚古代社会和现代社会的基本差异。

古代 GDP，按照汉朝以降的运行制度规范，是按照中产之家的视角来进行测度的，也就是至少有一个最低底线的测度线。在中国古代的社会人群基本划分中，有大人和小人之分，本质上是按照大人的基本的测度来计算的，小人是按照马尔萨斯的穷人标准，也就是马克思的负效用来测度的。他们本质上不产生古代社会计算内的有效财政和金融现象，也就是这个角度下，不测度他们的收入和消费，而他们的消费是不对于国家核算级别的金融系统产生影响的，而凯恩斯的逻辑，本质上也是延续类似的逻辑的，根本上不对于底层人口的金融行为进行计算（凯恩斯集中沿用了经典的负效用的理论概念，底层的收入刚好弥补自己的负效用，也就是没有有效的储蓄，供给金融的循环，他们的收入刚好维系自己的生存、健康和因为工作带来的损耗，以达到社会平均的寿命作为社会福利的基础指标）。但是后人既然开始计算，也就不得不将这个标准拉低，甚至于当第二次世界大战后消灭了中产以上的奢侈品循环经济的典型现代西方平均经济社会安排中，仅仅就中产以下的消费来计算经济的基本格局，所以失去了凯恩斯古典经济学的背景，而仅仅保留了其对于经济干预的基本思路。对于上述基本世界格局的视角，是我们了解区分古代和现代社会的主要方法论基础。

与现代社会迥异的是，在典型的古代社会安排理想模型《周礼》中，王的消费占据消费最大的一部分。所以说，只要王不会产生将财富搬迁遗漏到外部的思路（例如，都城或整体的迁徙，远古历史上有记录），那么本质上经济不会出现问题（资源耗竭或者财政耗竭），这就是天子之国本身稳定性的财政或者金融角度的来源，也就是供养的最高端是天子，天子的消费能力足以支撑最核心的经济循环。例如“天衣无缝”这个成语描述了这样的天子配享的奢侈品，然而耗费巨大人力的高端奢华产品只穿一次，而且在那些历史背景下类似消费还有更多，无论金字塔还是世界级宏伟的建筑等都发生在这个历史时段，说明这种经济的基础运行能力（财力和营建力），并不比我们今天的社会结构低。

而后世到了汉朝就是普遍将中产作为主要动力源泉的社会结构了，所以汉文帝讨论中产之家，作为其思考经济问题的基础，自己不建筑宫殿，而让中产的家庭在户籍或者宗族的基础上有积累的可能性，这就是藏富于民的基本思路。此时的社会结构已经形成了以典型的豪门世族作为社会基础的宗族社会了，世俗经济压倒性地占有更大的财富体量，所以这类社会的自然经济比在系统内部去货币化的周礼《天官》类型的经济，来的比例更大。

而消费在低端的社会类型的财富整体体量，一般而言远远赶不上消费主要居于中端的上述类型的总体财富。典型的近代例子是博物馆中普通中产之家清代妇女的服饰，手工绣花的繁复程度，代表了其价格的昂贵程度。一件中产的礼服价值可能是现代的普通底层妇女一生服装的价格（后续还有详细说明）的总和。这也说明这样的中产社会的消费力是极为旺盛的，不存在消费不足的状况。这类社会有上层的消费王者，有中间消费巨大的推动力，所以消费带动商业发展，跨越几千年的典型精英为主的中国经济始终是非常繁荣活络的。

案例（清代的中产服饰）

该案例用以说明，包含繁复手工技艺的传统服饰，其市场价值可以是很高的。假设一个现代底层女性的一身服装价格为 1000 元，一年 4 个季节，一个季节添置一套，所以一年消费 4000 元，从 18 岁开始到 48 岁，按照这个标准来消费 30 年，共计（30×4000=120000 元）。因此，这个价格是 12 万元作为一生的服装消费，而清代妇女的一件织锦女装或者刺绣的价格就在几十万元，至少几万元，可能对于现代不少消费能力较低的女性，一生的服装消费还不如那时中产妇女一件服装的价格。从过去的农村遗留物件来看，不少中产妇女的服装装饰品都是银饰，做工十分精美，还会增加女性服饰的市场价格，可见其社会阶层消费水平是不低的。所以，一个中产之家的总消费能力，要远远超过底层的数十人甚至上百人家的消费能力。这凸显了古代社会消费导向的社会设计基本理念，以消费能力为经济基础，提升消费的拉动力，促进社会的经济发展，古代社会需要这样的中产阶级的数量和质量的增长来持续扩大消费总额，提升社会总财富。

现代西方模板下的社会往往基于一种大众化且原子化的社会结构，也就是所谓的西方社会的中产，本质上仅仅是传统社会中较低消费水平的一种状态，尽管数量多，但是消费能力并不高，对于高级产品的需要很低。所以现代社会的社会结构更容易产生一种经济危机的状态，就是高端消费严重过剩，低端消费严重不足，产生的低端产能过剩，高端匮乏，高端的钱花不出去，而低端消费者又没有能力（收入）去消费。提倡节俭的时候，就会带来要求高端不消费的社会风气更盛，而要他们向低端看齐（厉行节俭），就助长了高端不消费的社会压力，而只要高端不消费，财富就没有继续向低端流动的可能性，从而带来经济危机的更加严重的发展。上述典型现象在近代的英美经济历史中表现得极为突出。

在传统社会，没有这样的压力，也就是维持了一种对于低端的基本的人性化待遇，但是不要求低端的人口必然对于社会负有任何经济发展的责任，也就是既不要求他们卷入努力地拼命工作的状态，也不对他们的经济行为进行过度的调节，调节由宗教慈善机构专门负责，而与政府无关，政府的规模很小。

古代核算思路

计算封建社会的GDP很难使用现代社会的GDP per capita的思路，要使用什么思路呢？就是二十四史的思路，这个思路很容易计算，就是将其中每个等级的主要人口的收入折合为购买力，然后加总就可以了。至于如何加总，如何将当时的购买力转化为现代购买力，则并不是一件容易的事情，但是如果非要折算成今天的数字，则必然要给出一种方法论来，这里给出一些尝试，也算是一种估计的思路，但是这个思路因为过于简单，就算不上什么方法论，但是其好处就是可以读懂二十四史，从而能够换算为今天可以理解的思路，来比较容易地理解历史上的所有经济现象，这对于我们今天的社会科学尤其是历史人文科学具有不小的意义，所以这里加以详细的介绍。

古代财富的计算，和今天不同。今人阶级比较平均，地理上财富也比较平均，但是少数城市集中财富的程度，也是很突出的，例如，纽约、伦敦、中国香港等。古代财富集中的状况在较少干预的条件下可能出现的局部集中会更甚。例如，因为等级规制的约束，只有在一定等级之上的配享规制约束下，才有大量财富的集聚，因此，京都或者商业发达地区的财富集聚程度极高，这样的状况类似法老治理下的埃及。古埃及和中国非常类似，所有财富都集中于结构的顶端，所以只要计算少数城市地区和少数的人口，就能够基本计算出财富的大致总量。GDP的概念适用于近代西方式的社会经济统计，而在古代与今天这样的财富概念，具有很大的结构性差异。

另外，因为古代有告老还乡制度，在特定条件下，财富还是会流动到地方上反哺地方经济的，但是对于特别偏远的地方，则相对而言财富流动所及的概率就大大下降了。总体来看，偏远地区相对于他们的上一级的或者更高一级的地方而言，可视作一种被动的农业化的地方，他们的财富会逐级流动到上一层，但当地也会因为资源的禀赋而富足，因为古代人口相对功利性要低很多，更追求内心世界的满足，所以更加接近于自然。从中国古代的艺术造诣考察，人们的境界普遍很高。

在古代，要使用一种大致的方式，估算不同层级的购买力，了解这些层级大致的人数，从而通过加总可以得到一种大致的计算 GDP 的方式。这是一种分布加权法，来解决 GDP 的结构计算方法，这是消费能力法，也就是用支出法计算 GDP。也可以使用收入法计算大致的 GDP，二者相互比较，从而得到基本的结果。

对于现代中国而言，尤其是中华人民共和国成立之初，很好计算，因为人们消费类似，大致计算就可以了，人与人之间差别不大。

不同层次的人口使用的货币类型不同，只要了解大致的货币流转速度，就可能算出这个层次上人口基本的全部交易货币数量，也就是活期消费的货币（消费）交易总量，类似地可以计算出他们的收入数量等对应指标，都是可能类似计算的。

本质上，明朝的《食货志》，记载的数量是皇帝自己的家庭和仆人消费数量的一个小加总。这部分只有附带才包含了其他人，所以，这本账目不记录外人，仅仅记录自己。因为藏富于民，也不会管老百姓现阶段如何。至于到底如何，是每个家族的长辈需要计算的。

但是按照规矩，是逐级降低，于是产生了各个（级别）系数可以作为加总的乘数，这就是周礼的计算方法。按照王以及之下的公侯伯子男的顺序来进行排序，逐级递减，计算出这个经济体的总体数量。但是毫无疑问，周礼的数量则会更加集中于上层，而不是下层。王的乘数效应是很高的，这是等级制度即周礼制度的经济基础。我们如果按照这个思路来进行加总，现代社会的结构也加权数，就能够进行对比和类比了。按照不同圈层的对比，进行计算，这个计算模式是更加合理和可靠的。

古代 GDP 思考的两种倾向——典型商品法和货币法

典型商品法是确定大致的比例和定位的分析法，而货币法是相对的综合法，货币中的内容很难一一指出，但是货币的很多整体现象有助于我们了解一种宏观的直觉的走向，尤其是货币现象，引导我们认识和把握一些趋势的较为显著的总体现象。所以这两种方法都不可偏废。

代表性商品法的基本思路

如果每个国家都存在的某类产品，针对这样的产品的价格差异，我们可以了解基本的国家经济发展水平。我们需要首先回答的主要问题包括：

第一，一个国家的必需品的中心产品是什么，中产阶级的中心产品是什么？

第二，这类产品的价格国别差异是什么？

当然，一个国家的产品的国别偏好是核心基础，我们对于那些无法进行定量研究的历史时段，就只能通过这样的观察来得到基本的经验，尽管我们很大程度上无法彻底了解历史上经济史的基本状况，但还是可以从基本的历史逻辑上，调整自己对于历史基本问题的价值比例，来对于历史问题有一个基本的认识的。

代表性商品法，需要我们了解的是商品的价格趋势和商品的长期品质走向。因此，我们不仅需要了解商品的产业和发展特征（供给侧），还需要了解商品的基本阶层和消费特点（需求侧），从而才能了解和把握上述基本问题。

与商品法相对的，我们对于货币的研究，主要着眼点在于购买力，货币本身的购买力就是我们最核心的研究目标。

如果一种典型商品就是作为货币出现的，或者在局部体现了货币的功能，那么我们就可以将二者结合起来进行历史研究，而典型的古代历史和现代的比较问题，基本上都会沿用上述方法，也就是将基本的货币商品作为中介，从而了解基本的金属货币的购买力问题，从而完成我们的研究综合问题。

古代 GDP 研究

进行这类研究的学者，忽略了一个非常重要的经济学基本规制现象，就是粮价从来不是市场价格的自然反映。因为无论古代还是现代，粮食价格都是按照当时的人口进行调节的主要工具，一个国家的粮价本身反映了这个国家的发展水平。人们十年前去美欧大城市，会惊讶于他们的粮食价格和日常食品的廉价，而不是高价。他们的收入高、食品便宜，不是反映出别的，而是反映出简单的经济现象，就是最普通人的购买力维持在一个很高的水平上。所以按照购买力平价计算，来讨论食品价格，尤其是基础粮价，是完全得不到任何关于GDP的结果的。一个典型的例子是《经济学人》杂志（Economist）按照巨无霸指数来讨论汇率或者购买力评价，如果不是考虑了其他的诸多半制成品的中间价和租金服务价格，按照考虑粮价的方式，根本得不到任何有用的信息，还不如找其他的综合指数来得更加直接。

但是研究经济学的学者总有一种对于生活必需品的重视和执着，就是觉得农产品很重要，正是这种心理导致农产品是被管控规制和限价最严重的产品，从历史来看没有例外的可与之竞争的其他商品。如果较真，可能糖和盐或者还要更厉害一点。

购买力如何思考？按照凯恩斯的基本术语，我们来讨论，其主旨是建立购买力同经济发展水平（以GDP per capita度量）的关系。

古代GDP总量估计的比例误差来源

人们忽略了两个重要的方面：①货币幻觉。自从纸币开始使用之后，购买力的对比发生了巨大的变化，纸币很难直接度量财富，而此前的贵金属在简单厘定购买力之后，可以简单算出财富的总量，如果不要太精确，可以说，按照贵金属的总保有量的一个比例，就可以算出所谓的GDP的近似值。这就意味着，古代GDP计算并不困难，而是我们今天的货币幻觉太重，所以不好计算了。因此，清代最重要，因为其后贵金属本位就被替代了，所以我们必须要重新核算所有问题。而最关键的还是要计算出金本位或者银本位之于今天的货币的比例问题，这个问题远远大于任何其他问题。②封建社会的结构问题。按照工业化的社会结构作为尺度讨论阶级社会，尤其是封建社会的样式，是非常大的一个误区，这个误区的主要问题在于封建社会不是工业化的原子社会的样式，只要简单计算了劳动力的数量和最低生活标准，就可能简单通过劳动要素的比例，同比找到GDP的大致数字。从方法论角度讨论，过度简化的计算是错误的根源，因为在阶级社会中上述两个数值之间没有固定的比例关系，可能完全无关，也就是那个社会就业并不重要。所以Y = F（K，L）这样的产出算式是不可使用的。因此，GDP计算失效。

以上是最主要的两个方面，只要解决了任何一个，就可以向前迈进一大步。之后才是生食经济的问题，就是涉及古代，尤其是唐代之前社会的 GDP 核算问题了。

购买力——古代历史最核心的核算问题

这里的购买力指标直接指向了一个时代的具有常识性的经济状况的基本指标的所在区间，而通常常见的误区是，使用粮价作为一般的购买力的指标，或者使用白银的数量作为一般的指标。

粮价无法反映本质上的货币购买力，因为粮价本身是具有扶贫性质的一个政府高度管控的指标。在统一的多民族大一统框架下，任何一个时代都了解粮价的根本性的政策意义，清代更是重视统计上报制度。定期频繁将粮食价格上报最高决策，是清代的典型治理手段，而且历代粮价都会落在历史的记录上，所以所有朝代对于粮价数据极为敏感。因此，粮价作为一般的扶贫类统一标准，是不可能作为经济标准和经济发展水平的基本度量指标的。基于上述原理，我们说粮价无法作为一个生活水准指标展示出其指示意义。而银价，很大程度上，我们可以看出同粮价具有紧密的相关性。在数百年的发展过程中，我们看到银价基本上同粮价在特定的区间中浮动，我们很难说银价具有经济上的发展指示性，发展过程中，白银会大量流入，而粮食也会随着发展水平而提升其产量和贸易量，而发达富裕的时代，粮食的消费也会大量减少，辅食副食的高占比也是富裕时代的典型特征，所以我们这里必然清晰了解，白银即使随着流入的数量极大增加，也无法根本上说明该时代的经济发展水平到底是多少。

要想知道一个个体或者家庭的平均收入水平，必然需要了解对应的名义数值以及时代转换系数，从而得到我们可能对其有实际直觉的所谓实际指标，才可能对其进行评论。

西方经典理论中“均值”的概念化阐述（关键概念）

在任何一个国家，都存在大量的均值附近的人口，他们之间的家庭人均收入很难相互辨别，主要原因是他们都是刚好生活必需品自给自足的，也就是他们的收入刚好是这个社会负效用的水平，刚好抵偿他们活到人均寿命均值附近的负效用消费水平。在不同的经济体之间，唯一可能引起观察的差别往往是匮乏引起的。如果一个国家在均值附近的阶层活着的人口出现了短缺，而另一个国家是充沛的供给，当这些国家的产品供给质量类似的条件下，我们据此可以判断两个国家的收入存在一定的可观察的差距，但是这样的状况仅限于：第一，文化类似，偏好类似；第二，贸易开放。例如，第二次世界大战后，西方国家中欧洲和美国的差距很大，欧洲国家有明显的匮乏期间，而美国供应充足，这说明二者出现了可以比较的现象上的差距，但是在其他时段，欧洲国家的供给逐步充分之后，我们就出现了比较的困难。但是此时美国如果要同比较匮乏的封闭国家进行比较，却可能出现一种重大的偏差，因为此时工业化国家和非工业化国家之间的差距，很大程度上不仅仅体现在供应的充分与否上，还体现在（未经历工业污染的）农业国家同工业化国家之间食物质量的差距上。甚至于可能出现工业化时代一种特有现象，就是一个供应匮乏国家可能比一个供应充分的国家，平均收入更高而不是较低，因为他们选择的道路是高质量而不是低质量的生产和环境。这可能是被迫选择的，也可能是含有主动的成分和客观的限制，例如，主动停留在农业社会的一些国家，他们的生产产量仍旧很低，但是因为此维系了较高的质量，所以他们的食物价格本身就比较昂贵，但是很可能因为质量较高，所以核算人均收入的时候并不比供应丰富的国家更低。产品质量的上述差异，引起了国别比较的重要的不同。

然而为了维持较高的国家竞争力，可能一个国家特定时间需要选择特定的道路，在西方的背景下，如果选择进入战争，为了确保不发生饥荒，必要的选择就是从工业化的时代选择更为廉价的食物生产，从而解决其所能预期的人口饥荒问题，此时必然经历一次较大的通货膨胀，从而产生一种历史的货币效应，发生类似的转化。很大可能性是通过货币的金属制度向信用制度转化的伴随性现象，如果国家选择主动的货币转换，那么一般而言是工业化的有能力开启大规模的廉价食物生产的国家，但是被动选择上述道路的国家，可能仅仅改变了他们的货币，而没有能力开启大规模廉价食物的生产，从而停留在农业社会的框架下，此时就会发生较为困难的局面，但是如果挺过这段时间，市场就可能因为转而对于食物进行质量鉴别，从而提升了农业的贸易和输出价值。这类国家是比较少数的，也一般而言很难通过类似的方式获取政治上的优势，所以在世界范围中，这样的案例是极为稀少的，但是因此获得其他利益和国家优势的国家也还是存在的。

研究清代相关问题的基本脉络

如果深入思考，我们必然可能得到一种一般的购买力平价的理论上的基本认定，事实上清代的经济从起始阶段的现象就能得到不少重要的结论。

1. 从清初开始，商品是中国的好，无论是质量还是样式和装饰的审美，都是西方远不能及的，所以中国商品价值论是站得住脚的，而此种事实发生在清代明之际，能够说明的就是明朝的传统是清继承的重大遗产，而这样的状况决定了中国商品全面优于外国产品，而外国无以交换，所以只能开发自然资源即中国需要的外部的金属银，作为他们交换的唯一产品。清初的贸易是白银贸易，而中国之外的世界贸易，也继承了明朝的白银经济贸易特征。

2. 一个国家的商品购买力是同这个国家的富裕程度紧密相关联的，所以不存在哪个国家富裕和发达，而其商品缺乏世界需求的状况，凡有先进之处，世界市场总能产生一种普遍的需求。清初的世界贸易格局，必然是中国的富裕、技术和商品生产与质量全面领先的格局，而此种状况必然是同中国的经济发展水平和收入水平紧密相关联的。我们如果展开研究必然沿着这样的经济学直觉展开。

3. 一个国家的富裕是蕴含在中产的储蓄功能和消费需求二者之中的，这也是凯恩斯经济学所强调的内容。中国传统社会是阶级社会，但是必然存在一个庞大而富裕的中间阶层，他们的消费支撑起高质量的产品消费，也同样因为他们的储蓄使中国的财富体量高居世界之首，这样的状况延续数千年之久远，而迄至清朝，沿袭未变。这也是康熙跪拜明陵的经济基础。

静态购买力比较学的应用方法

经济比较学，也必然是在大量的非时序的，乃至于各种实际的数据的指标中，找到自己的基本直觉，从而对所有问题加以定位的。

金属货币的时代，给我们一种很好的世界贸易的基本图景，但是明清两代相应时代跨度中都是闭关的状况，这个基本的前提告诉我们，我们必然无法使用白银金属本位的基本逻辑来讨论国别比较问题，这意味着清朝内部白银的购买力，很大程度上以多维度不确定性，远远超过了在东洋和西洋诸国的白银的购买力水平，不同的闭塞的封建区域都可能出现白银的购买力的巨大差异。这种差异是我们了解那些经典时代的基本的常识性基础，我们时刻要谨记这些基本原则，以免同我们时代的基本特点混淆起来，从而将现实中的一些规则默认到古代社会，带来严重的思维和叙事紊乱。

巨量的白银贸易，说明了经济差距，也就是明清对应时代的白银的超强购买力，具有多维性和深刻性，超维的购买力反映在不同本位或者商品中；而深刻性，表现在白银货币购买力是远远超过了海外诸国的。这导致在清代肇始，贸易就必然呈现出外国的高利润属性，从东印度公司的记录中，获取任何的中国商品都将会具有一般性的超常规的利润回报，而典型的中国商品，更是具有极大的市场价值，这使我们能够反思，白银在任何一个国家的内部都具有完全不同的购买力，而上述购买力的复杂状况，似乎已经超越了白银本身的金属属性，而直接具有了一种货币属性。

我们几乎可以不用转换成纯银，而将不同国家的白银货币或者银块视为来自不同国家的货币，而铸币也必然具有一般性的极大利益，所以可以预料的是，一般地进行外来白银的铸币活动，使中国商人具有相当的利益空间，所以在白银作为非管控货币的时代，也就是白银是非政府控制的自然货币时代中，商人代铸货币流通具有自然经济的基本属性。上述状况，无论在美国还是中国的货币发展历史中都是具有典型性的，而本书使用的一个贯穿全书的假设是，上述的对应现象具有共时性（在前面章节介绍的假设）。

研究超维经济体货币生态中的购买力问题

典型的办法就是借助于相对简单的孤立经济体单维货币体系来进行特定时段的静态购买力比较。我们选定的国家是两个不同时段重要的岛国——英国和日本，在对应时段这两个国家都是供应帝国的相对而言最富裕的贸易商品供养国，且具有相对独立且稳定的单维度货币系统。

本部分采取的方法是从倒叙的历史视角（晚近的数据采用日本的相对参照系，而更远的前清到明朝采取英国的参照系），尽可能让较为晚近的近代的数据的丰富性能够帮助我们了解更远的历史的基本问题，从而我们可能产生更多的鲜明而有效的经济直觉，从而带领我们逐步向更远的古代拓展我们的认识。我们需要一步一步展开对于基本价值的认定，从货币的基本价值到最核心的商品的基本价值的认定，从生活必需的准货币商品的价值到外贸核心商品的价值的认定，所有这些内容都需要我们从历史的证据中找到核心的依据。本书尽管限于篇幅，但还是尽可能举出一些经验和数据证据，来说明上述问题。

不能始终使用日本数据作为参照系的主要原因

我们对于日本的研究无法扩展到幕府大名时代，因为那时候的财政和经济统计资料据说被销毁了，所以从明治时代开始的历史统计的完善，使我们有了一个东亚的经济历史的较好的参照；而美国和英国历史资料的较为完备，让我们从更多的角度来进行参照（美国早期供养中国的主要是原材料，即经济作物，例如大米、靛蓝等，在更重要的高价值贸易品上有西洋参和貂皮，这就对应了中国的必需品市场和中产阶级市场两种消费档次），资料不限于数据资料的整理和重新认识。近年来多维度丰富资料的综合让我们对这段历史的认知可以进入全新的水平。但是即使如此，我们也始终要对引用资料的匮乏性保持清醒，历史数据的匮乏始终是相关问题的立足基点。历史尤其是经济史对于一个时代的研究，要始终基于对上述基本问题的清晰认知。以下资料引自《经济社会的成立：17—18 世纪》（逸水融等）第一部分第五节：

“以上论述了江户时期社会经济体制的历史特征，谈到了‘经济社会’成立，但经济社会化带来的宏观经济成就是怎样的呢？江户时代有关宏观经济各种变量的数据极其有限，因此正确追寻经济发展的轨迹十分困难，不过从片段的数据得出大概的印象还是有可能的。本节从实物层面，下节从货币层面对江户时代的宏观经济发展过程作一番素描。”

也就是，几乎不可能这样的状况，这个状况的基础是无法改变的，基本的状况我们要了解，我们很大程度上是无知的。这就是最核心的基础。

真实的购买力折算系数

一种真实的购买力折算系数，本质上是用来完成一种对于经济真实场景的时间和价值转换的基本经济参数。然而在经济计量范围中，进行这样的系数的计算具有很大的困难。尽管我们从经典著作中了解到进行这类计算的一些基本的概念、理念甚至理想，但是就具体的操作而言，产生一个有效的系数必然需要很复杂的方法论基础，到现在为止近代的这类计算基本上处于一种止步不前的状态，尽管《经济学人杂志》始终都在推荐自己的巨无霸（大汉堡）指数（Big Mac index），但是毫无疑问，这个指数在解决很多问题上也是无效的，尽管其具有一定的经济学直觉的概念基础。

将一个活生生的经济场景转换到另一个经济中，并且算出折算率，是一个极为困难的工作，但是具有很高的价值，因为可能帮助我们了解时间和空间两者的基本经济转换问题，也是我们进行历史还原工作的基本。如果我们无法进行真实的历史还原，很大程度上是因为我们使用的转换要么过于粗糙，要么是完全错误的，也就是我们所说的不系统。这样不系统的叙事逻辑，不能给历史的经济研究带来任何好处，只能平添更多的错误和扭曲，所以在我们进行经济历史计量的时候，首先需要的是统一的价值度量，才能建立起一种更有经济学的系统性的研究思路，从而才能找到一个支点，提出有效的结论。

凯恩斯的《货币论》和《通论》中的购买力概念

在凯恩斯对于购买力的指标的概念描述中，强调了社会阶层性的跨国对应问题，这是一个阶层分析的方法，是极为关键的思路，因为越是长期的视角，越是跨文化和地域的比较，这样的对应越容易被混淆，越需要我们花时间去矫正。

我们只要跨越两次世界大战进行历史比较，就必然需要一种对于社会阶层性和文化属性的阶层分析有清晰的概念。我们说晚清贫困，这种贫困如何进行描述?

在阶级社会中，底层的贫困是严峻的社会问题，但是我们如何描述一个社会的贫富？一个最简单的概念就是平均的收入，可以是个人的平均也可以是家庭的平均，二者代表的意义很大程度上，是一个含混的概念，但是如果简单描述，可以说是一个社会中处于负效用作为收入的人口或者家庭的阈值的人口作为代表的，就是这类统计概念的经济直觉。

那么无论如何我们都不能简单止步于这样的思考，因为我们仅仅是刚开始了解到底是哪个阶层对应上这个平均的或者有统计代表性的阶层的收入指标。

更复杂的问题是结构，也就是在其上有多少人的收入更多、多到如何，在其下有多少人，收入最低的人群生活在什么水平上。

我们应该试着了解我们通常讲的旧社会或者阶级社会中的一个典型的阶层状况，而对于这样的问题的研究，可资借鉴的材料实在是太多，不少材料都提供给我们一个典型的真实生活场景和对应的数量，甚至于在相当多的文艺作品中，还能还原出他们真实生存的感受，生活的大量细节可以供我们思考背后的经济学意义，这都是经济学本身极有价值的叙事逻辑的一部分。

我们今天所考虑的一个重点是另外一个方向的问题，也就是两个不同的国家作为对比而言，如果比较富裕，如何才能合理地得到我们所讨论的内容。即使是均值类似的国家，或者均值有差异的国家，毫不妨碍我们说，均值较低的国家本身财富的总体量更大，或者讨论均值在类似水平的国家，一个比另外一个国家更加富裕（显然这样的例子我们可以找到很多)。但是如果我们说，晚清正是前者的典型，我们已经太熟悉西方式的暗黑滤镜对于晚清或者清代的整体描述。我们可以追溯说，以亚当·斯密为代表的西方知识分子在那个时代就开始尝试不断增加这个滤镜的色调，因为在 Smith 的时代，显然我们可以还原出一个很强大的、综合力量毫不逊色的清朝的正面形象，但是 Smith 就聚焦到广州的弃儿。这个视角是从道德上打压清朝的绝佳的视角，人们不可能不带着同情心说清朝的确有问题，但是此时也就是鸦片战争前半个世纪的清朝，还很难和贫弱挂钩。

传统的中国，即使不是中国而是传统时代的西方国家，在当时的世界秩序下，尤其是在第一次世界大战瓦解贵族统治秩序之前，也就是凯恩斯开始谋划他的经济学理念的时代，在代表性阶层上方，甚至于在整个社会阶层的顶端，有一个容量巨大的秩序结构，这个结构就是传统世界的中枢神经的所在，是旧世界的大脑的位置，这个复杂的世界秩序突出表现为这个顶层微结构的复杂、精密、精致和富裕。这个顶端位置集中了庞大的财富体量，而不是类似于第二次世界大战之后新兴国家从战争的瓦砾中建筑起来的新世界，是一个相当平均的世界，这样的世界很大程度也是第二次世界大战后具有代表性的国家样式，无论西方的德法，还是日本，乃至于更加平均的苏联和中国，都是新兴国家的模板下构建的，收入平均是典型的特点。然而旧国家，如果残存下来，例如英美以及非西方的更为传统类型的国家，中东典型国家，却仍旧保留了更多的原来的国家结构，但是即使如此，在新的文化大潮下，这些旧国家也发生了巨大的改变。如果我们调整我们的视距和角度，就可能重新展示出我们希望展示的所有上述信息。但是就今天典型的西方国家的统计标准来看，不少国家仍旧采取了战后统计规则，这样的规则更重视名义的数据，也就是当时记录的第一手数据的准确性，当计算所谓的“真实”（real）指标时，他们采取的办法就相当保守甚至于几乎没有对名义的数据加以实质性的改变，所以本质上我们今天看到的大部分的视角都可以称为名义视角，这个视角的保留是非常重要的，而且很关键，但是如果我们不进行真实指标的尝试，那么根本无法从本质上了解经济体发生的关键问题和关键的转变过程。

明朝 GDP 核算的认识错误

这种认识错误主要来自用现代的格局观念揣测明朝的治理模式。现代世界从第二次世界大战开启了贫穷模式，而居于第三世界阶段的我们关注的是富裕问题，而明朝还没有离开过世界的领导，所以没考虑富裕，考虑的是内心的追求，也就是精神追求。所以对于食货看得很淡，没有想到还有吃不饱的时候。

《食货志》中记载的是内政的开支和收入平衡表，也就是皇族自己的事情，没有考虑太多一般百姓的问题，甚至于没有考虑到对外贸易对于基本盘的影响问题。

所以，这里要计算 GDP 需要加上两部分，一个是全部的底层民众的基本生活问题，另一个是对外贸易的平衡表，因此成为一个典型的公式，即 GDP = GNP – NX。

君主国和共和国的视角

君主国的财政不能按照共和国的财政模式来分析和计算。君主国的视角是精英政治，也即是一国即一家，君的角度就是维护国君一家，而士大夫的本质是君主的仆从，这个仆人对应过来可以认为是公仆，代表君主治理基层的事情，如果出了问题，是要受到极大的惩处的①。在共和国仅仅受少量的制裁，而在君主国，往往是诛三族，甚至于到九族，这在明朝是非常常见的例子。例如功臣蓝玉，尽管算是打了胜仗，也就是具体战争策略应对上有功，但是侵辱对方皇族且致死，这样的罪过在我们今天的读者观念下可能认为功过之间似乎功更大，但是在君主自己的视角下侵辱君主家族成员哪怕是敌国的君主的家族，都是仆人犯上的典型，所以处以极刑、诛族，导致这些受到优待的敌国皇族其他成员（在帝都的其他亲族）因为害怕自身安全受威胁，主动提出要到琉球去，而不敢久居政治中心了。

所以我们不能按照今天的经济直觉来直接思考明朝的问题，而是要尽量转换思维，从明朝上层的士大夫角度来看待这些残留的典籍和史料。我们看史书，看到的是士大夫之上皇族外围治理阶层的基本盘的事情，不太包含基层的事情，因为治理模式是藏富于民。本来富已经藏在基层了，所以至于基层是不是出了其他问题，如何解决，在传统时代一般而言是一个比较不成问题的事情，至少在当时的富裕程度的国家中，上层是如此看待这些问题的。至于清代民族饱受欺凌、生灵涂炭，如果从历史角度来看，以几百年的视角来审查，的确是缺乏历史经验的，因为明朝解体时没有出现如此不堪的危亡局面。

大量白银货币进入之后，按照凯恩斯的模式来分析，如果形成了实际的可消费的收入增加，那么会带来利率的降低和实际产出规模的扩大。这是直到乾隆时期始终作为国家顶层的货币调节政策来实施的白银经济的基本促进经济发展和社会进步的基础性宏观调控政策。

在嘉道中衰时期，这些政策遇到了严重的反制，然而在清代后期，事实上还是持续使用类似的政策，坚持稳定贸易和维护币值的产业货币政策来贯彻清代的祖训。

产业货币政策包含了产业的产品价值维护

西方生产力的扩张，其代价是极大削弱了产品的价值，间接对于西方的

① 在清代的时段，无论讨论清帝国还是亚当·斯密《国富论》所研究的英帝国，都宜采用类似的视角。在亚当·斯密的著作中，对于君主国的财政格局有专章讨论。

货币币值造成了实际的严重的损害，也就是按照西方的发展模板，必然在促进产出的过程中，严重削弱了产品的价格蕴含，价值也随之贬损，严重的商品规模化背后是质量的低劣化和同质化。这种同质化不仅出现在标准化之后，对于产品生态系统的高度去多样化的过程中，而且在成本上不断降低带来的产品品质的劣化，使产品本身的价值蕴含功能逐步削弱退去，从而带来的问题就是，产品被迫处于价值贬值中，而消费者的收入不变的假象是通过产品降价来实现的。收入的升高是通过产品贬值带来深刻的货币价值贬值来实现的。货币价值不断需要贬值，这是西方发展模式的产业特点，而且贬值到一定程度之后，必须要找到更为廉价的劳动者才能维持产品生产和产业的扩张，所以在废除奴隶制度，提升本国劳动者的名义福利的制度建设中，新殖民主义必然抬头，找到更为贫困的地区来为之生产。这是帝国主义列强进行殖民经济维持的基本动力机制。

第二章　清代贸易和财政金融概述

东西传统势力对比的强，是经济、军事和政治综合实力的强的反映，经济实力是其中的支撑，在直到清代前期的历史时段中，中国的经济始终是世界最大也最发达的。到了乾隆时代，进入全盛时期，万国来朝是乾隆时代的顶点，其后开始走下坡路，而且下坡的速度是极为迅速的，几乎在几十年时间从 1820 年到 1840 年就显著出现了国家衰微的局面。

这个时代的现实必然是经历着各个方面的极大变迁的，每一代人经历的事情，都很难被后代没有亲身经历的人所能够理解。这样的极速社会变迁，叠加主要人口文盲化的背景，在专制主义盛行的时代，社会信息的流通是非常受限制的，所以每一代人能够维持的历史记忆都是极为有限的，从而使历史变得非常不可追溯。在后代的信息遗存中，存在大量的疑惑和不可知的成分，不少以讹传讹，也很难通过历史片段来还原，西方文化倾向于把清代写成一种极端落后的状况。但是毫无疑问，清代在特定时段具有一定的当时代的横向对比的落后性，但是其能够在历史的大转折中延续二百多年，也本应具有其顽强的生命力和执政的智慧在其中。清朝乾隆二十六年（1761 年），宫廷画家作《万国来朝图》，遗憾的是今天的舆论已经很难理解，为什么清代直到 18 世纪中晚期，还能够万国来朝，从而对于这幅画作的内容出现了质疑。对于清代历史的质疑声音在不同的后代中都时有发生，甚至对于清代的否定性常常达到超出常识的地步，所以我们还原清代史实，还至少需要几代人甚至更长时间的努力。

为什么人们不认可清代，主要的动因是清代是帝国大厦彻底倾覆的一个关键转折，是人们情感上最不能接受的一段历史时期，甚至于开启了中华民族危亡的长期历史惨状，我们今天还在初级复兴的路上，还不能平复这样的情绪，但是理智告诉我们，在痛苦中看不清历史，无法吸取教训，也不算是幸运的事情。事实上，历史学者长期以来不断积累的事实告诉我们，清代前期的历史不如我们想象的那么不堪，尤其是其在经济贸易和金融上的表现，是出人意表的。一个国家的富裕程度是通过其国际货币或者世界货币的使用、占有来度量的。清代整个时代都处于金属本位的时代，所以对于清代的金融历史进行研究，本身就是金属货币的历史研究本身。

我们对于清代的银本位进行研究，很大的一种不同在于我们今天使用的是信用货币，这二者的不同阻碍了我们对于一般问题的认知。但是信用货币和金属货币，都是货币的类型，只要能够梳理清楚这个历史时段的货币的基本概念和意义，我们就会对于该时代的经济和贸易状况有一个更为精细的认知。

在清代，白银是世界货币，清代内部的经济是按照粮食本位货币来进行度量的，而白银货币的积累和使用，能显示出一个国家实际的对于国际货币的占有，并清晰展示出这个国家在世界贸易的地位。按照白银的世界货币性质，白银是典型的贸易货币，各国都按照自己能够承受的白银的纯度来铸币，从而使自己的财富能够维系一种正常的经济维持和运行体量。

清朝前期延续了明朝的经济特点，这一点毋庸置疑，而从康熙跪拜明陵就显示出，清朝对于明朝的主要经济和政治发展路径的认可，这意味着前清基本国策是从经济上延续明朝的贸易、经济模式，从政治上延续华夏的国家范式。

这是一个很值得思考的历史转折，清朝对于明朝的替代，具有的历史复杂性不容低估。极端的像元对宋发动的长达半个世纪的灭国战争，的确有别于清朝对于明朝的替代过程。明清易代是短暂的，且具有很大的历史巧合性，这就使清代的主题宣传一直在强调自己是一个继承者，而不是毁灭者。清在灭明的过程中，发生了不少的战争惨剧，而清又能顺利将自己的形象转化为一种继承大一统的政治基调，这几乎是明对于元的政治复刻。朱元璋驱逐了元代的贵族，但是因为蓝玉侵犯元代皇族而将其族诛，清灭明之后到康熙跪拜明陵，显示自己的大一统正统身份，这都是为了身份合法性而做的最大努力。这种努力的背后不是任何一种文字上的概念，而是对于当时世界最强大、最繁荣的帝国的合法统治权力的制度承接。

这种合法性的制度调整，直到康熙时代还持续存在，经历雍正时代，到了乾隆时代，才达成了万国来朝，也就是基本从名义上“恢复”了明朝的华夏正统帝国的身份认定，得到了诸多外邦的认可。这不仅仅是从战争、政治、内政外交、国际贸易、经济繁荣等诸多综合指标上，初步恢复了明朝晚期所达成的社会基本秩序和外交规则。尽管我们不能判断，此时的清代达到了明朝的治理水平和繁荣富裕程度，但是从国内经济繁荣和国际秩序的相似性的结构恢复上，至少此时是世界顶级的国家，这是可以确证的。我们不应该不认可这一点，因为清代从贸易上延续了顺差，直到很晚还维系着白银流入国的贸易地位。清代的上层治理理念是如何的，这是本文研究和探讨的主要内容。清朝的崩解主要来自内部的斗争，尤其是传统意义上重复上演的天朝子民的内斗，而外部势力仅仅是借势来做瓦解和逐步弱化的工作，外部力量仅仅在最必要的时候，选择自己的代理人来实现自己的目标（例如，太平天国运动中外部势力全力直接参战），但是其余大部分时间，似乎外部势力非常有意识地采取“蚕食”而不是直接“占有”的策略。上述策略从高岛吞象的说法中得到了印证，但是毫无疑问，即使西方列强如此，日本的军国主义得势之后还是选择走向了后者的路径，没有按照高岛的劝诫及时收手。

清朝的贸易政策

清朝基本延续着中国古代的“戒禁”式的贸易政策，这一政策可以被说成同重农主义相关的，因为其反面是重商主义的政策。宋代因为过度使用重商主义政策，导致自己的科技被外夷用于对宋战争，技术外溢的结局是全部的政略布局被自己过度放任的经贸政策瓦解。这一点是明朝立国开始就深思慎戒的，所以明朝立国之始就将自己的技术包裹起来，慎重地加以保留。为了防止外泄，从根本上断绝内外科技交流的渠道，从而开启了复杂的干预下的海禁，这是当时时代对于周礼世界秩序的一种效法，而具体反映在当时具有明朝特色的朝贡贸易上，这样的贸易形态是复杂的干预体系，同元代的自由贸易商业繁荣有根本差异。这样的贸易政策，在元代的海上贸易繁荣的渠道上，很大程度上断绝了各种政治上、技术上和贸易上具有潜在颠覆性危险的博弈路径。从历史上来看，一代贸易国际化之后，也必然有一代贸易断绝的需要，为了安全和政治稳定的考虑，也更为了技术上的自我维护，防止外溢风险。

明朝海禁的主要目的有两点：第一，元人在海上具有优势，明建国伊始，为了肃清元人的海上势力，采取海禁；第二，防止技术外泄，吸取宋代重商主义的教训，维护国本，保持政治上的稳定性。

在抗生素发明之前，开启海上贸易，获取贸易优势，是极为耗费人力的行为，对于底层是耗尽式使用。鸦片战争之后的时代背景是西方打开贸易通路和市场，可以加速进行恶性的倾销和竞争，西方采取的策略是竭力耗尽底层的人力，来同清进行经济、政治和意识形态竞争。对于内部的耗竭式使用，带来了西方社会此起彼伏的社会变革声浪。

从李嘉图、马克思到凯恩斯，无一例外，都将人力作为核心的经济要素进行研究，因为此时西方的经济核心仅仅在于人力，要想进行竞争，必然采取极端的措施。这是贯穿整个西方工业化路径演进历史的主要矛盾，一方面是维护封建性的秩序，另一方面是对于更强大的东方秩序输出的持续抵抗、竞争到围剿。西方工业化的路径是沿着不断向底层劳动力索取更多，不断动员更多，不断社会化更多的道路进展到现代的。

清代技术竞争策略

清代对抗西方力量，只能通过使用明朝的遗产，但是明朝遗老宁可自放荒野，也不会同清人合作。清代从康熙开始极力拉拢前明各方势力，希望他们为清朝尽力，但是明的技术掌握者合作的不多，所以清一代自己开发出来的发展策略主要依赖清朝原来财政遗产基础上的重农主义秩序，维持自己的贸易和国家稳定，通过主要拉拢中下阶级，尤其是可能为自己使用的中下级知识分子，通过有限的科举，来维持自己掌握的前明既有技术积累（很大程度上是已经产业化的部分），并将其用于海外贸易，从而维持国家的发展和繁荣。

到了乾隆时代，这样的技术已经开始被西方模仿抄袭，如果不及时控制贸易，就必然导致未来被超越、被包围和战败的命运，所以乾隆时代开始恢复了较为严格的海禁，并使用茶叶作为主要的贸易品，而将瓷器贸易列为次要贸易物资，开始加以保护。从此，瓷器逐步成为贸易的次要换汇产业。这不仅仅是清代瓷器被保护的结果，也同时意味着，面临外部的超越，清代只能延缓，而不能创造。

清的技术制度缺乏创新性，这是整个清代的一个制度盲点，也是最严重的短板。清没有明的创新体制，所以清的晚景必然是凄凉的。历史上出现了大量荷兰仿制中国的瓷器，这说明中国提供给国际市场上的瓷器已经出现了一段时间的创新平台期，才会出现大量的山寨品蔓延的状况，如果创新比较频繁，那么在山寨仿制品市场上就会出现应接不暇的状况。在极速创新期，山寨市场被压缩得厉害，但是一旦出现技术升级的停滞期，那么山寨市场上就会出现大量的仿货。仿货的出现不仅仅是因为利润高昂，还因为模仿的成本已经可能控制在一定范围之内了，市场的自由技术已经开始大量出现。

清代尽管对于技术创新非常陌生，但是对于技术的清醒程度是值得肯定的。清大约在前期的上层思维中，就肯定地了解到自己没有也无力掌握明朝的创新性培育机制。整个清代期间，清始终面临两种基本的进程：①来自西方的技术模仿和激烈的竞争；②西方的技术超越。清在不同阶段进行的选择是不同的，进行创新性的技术建设和基础投资维护是前期的核心目标，但是在面临超越之后，清似乎就变得清醒很多了。所以就整个时段而言，清代对于技术采取了保守的维持态度。这是一种还算清醒的态度，使清终其一代，并没有因为自己的创新能力低落而导致经济上的和财政上的误判。

典型的现象包括大家熟知的案例，例如：康熙在技术上的热衷，发明了天花疫苗法，这是极高的科学成就；雍正单色釉，这些不仅仅是技术上的成就，还是实践中的顶峰，至今保存在科学技术史中。但是正如乾隆所面临的来自西方的疯狂技术模仿以及竞争，乾隆已经预感到未来的超越，所以采取了贸易上的制裁甚至海禁，以延缓阻断这个趋势。毫无疑问，清代很快就被赶超了，晚清最后几代的疫苗还需要从西方进口，而雍正之后的瓷器审美也跌落了。这都说明从创新和竞争上都发生了深刻的变化，国门打开之后中国各个产业面临了有针对性的激烈竞争和瓦解过程，这个过程是极为漫长的，保守派也在努力维持，但是江河日下之势在清的悍勇逐步消失之后，就不再能维持了。

所以，清代是认真地看护过自己现有的财富，清的决策者可能做出过努力使其没有主动下降，但是也清醒地看着外国的技术在不断进步，开关贸易后残酷的竞争淘汰了旧制度庇护的技术，且竞争者不断超越自己手中的技术。清采取的措施是使用自己强大的财政能力购买外国的产品，这样的技术路径尽管为后人诟病，但是对于清代而言，能清醒地做到这一点，而不被各种虚假的短期手段带偏，是其能够维持国本两百多年的主要执政策略。

清代能够抵制各种短期的诱惑，坚持清朝初期几代帝王确定的发展路径不动摇，而没有被各种消耗财政的政策带偏，是维持其长期稳定性的核心。

清代的治理智慧

清的龙兴之地是长白山，依赖其资源的独特价值，在小冰河期的世界级灾难中获得起家超越明朝的基础资本。清代早期没有技术研发的经验，制度中也不具备开发高科技的因素，但是即使如此，仍旧能够依赖贸易抗衡甚至替代明朝的超级大国地位。其中的历史智慧，是最值得我们反思和回味的。

封建制度下的技术进步

大量制度学派的学者都指出（理论的和实证的），封建制度同技术进步有相互克制的内在矛盾，其中有多种逻辑和机制。从基础阶层出发来解释一个尚武的封建制度的制度基础架构，用简化的语言可以描述如下。封建制度需要武士阶层的维护，武士在东西方都是贵族的后裔，出身高贵，而且为了高贵的目标甘心赴死。甘心赴死是立国的根基，正是为了成就伟大的精神，百姓才甘心提供奉养和税收来保护自己的产业不受任何非秩序的或者外来破坏性秩序的干扰，这是一个尚武的封建制度的基本政治逻辑。清朝是军事贵族集团，类似的内在逻辑是清晰易辨的。但是封建制度对于制度具有多面性，一方面技术可能带来富足，而使武士无用武之地。武士阶层不事经营，也就是看不起以挣钱为目标的市场经营这样的世俗实务，武士身份高贵，也不会甘心从事这样的市井之务，让武士转型去干挣钱的事情，不仅会破坏武士精神，削弱一个国家的内在斗志，也会腐蚀武士阶层高贵的人生准则，使这个阶层逐步从甘心赴死转化为为利而动的蝇营狗苟。另一方面，技术进步，改进装备，也能够取得一定的战绩，武士对于技术既欣赏其有用的一面，例如提供更为高效的武器和装备，也忌惮其对于自己替代性的一面。所以，从多种角度来看，技术对于武士潜在的替代性、腐蚀性和弱化性，会导致武士降级，表现为武士精神不复存在，悍勇之气消失殆尽，这也是堂吉柯德所困惑而痛苦的主要矛盾之处。这是在 18 世纪以前，所有封建国家都面临的基本问题，所有封建领主都在技术的诱惑下进行各种探索。但是毫无疑问，西方大部分的封建制度都在第一次世界大战前解体或者改弦更张了，仅有少数维持强悍的武力和综合国力的国家保留了自己的封建制度框架，大部分国家都在激烈的探索中失败，从而转型成为近代的民族国家了。

封建制度固有的内在优势，经不起近代的激烈制度变革，仅有中东地区和西方少数地区还保留有封建的要素，而在东方只有日本还残留自己一部分封建架构。综合上述内容，只有在这个历史的关键节点，维持大国地位和特定历史选择的地方，才可能保留部分的封建性，除此之外，绝大多数都很可能被迫做出制度让步。中东的封建制度，是在顽固的坚持下，经受住近代西方势力带来的多次磨难，才维护下来的硕果仅存的封建制度类型。这些制度下维护的封建性，依赖其资源相对富集和高超的政治手段才得以保存，是极高的政治智慧和传统信仰的结果。和清代的封建制度极为类似，这些制度框架下的封建主，也是不在乎技术的，他们专务他们的武力和信仰（祀与戎），做好内部的意识形态，维持封建秩序，贵族也做好随时牺牲的准备，在这样的制度下，他们的国家才能维持长期的稳定格局。

而一旦将希望稍微放到技术上，那么很可能就会带来万劫不复的结果，因为任何制度下，技术都是不可能被彻底控制的，技术路径是一个超级耗费财政资源且极易发生误判的领域。市场选择什么技术模式和路径只有未来才能逐步被揭示，被淘汰的技术路径投资者必然被轻易出局。因此，执政者不能承担亲自选择技术路径的困难（风险），厌恶风险的封建领主和军事贵族根本不可能也不屑于进行这类投资。唯一可能进行投资的是资本家这个下层阶级。然而，资本主义在本质上就是一种技术试错的发展模式，从资本主义架构下的社会名义领导者的选举制度，到资本主义的竞争和运行制度，都是激烈的淘汰制度，如果出错，立刻让其淘汰，从而新生出一个替代模式和方案，这是使社会财富最快进行回血的发展模式，也是技术追逐者为了维持技术领先所必然付出的社会性代价。资本主义是按照损失最小的模式，来设计并尝试完善这一技术创新模式的。

资本家只能是借钱完成技术推动的中介。依赖金融属性的组织模式是必然的归宿，他们仅仅依赖自己的选择，并为自己的选择负责，在西方的发展路径下是脑力和信仰的结合，这种工作模式，在西方封建制度的架构和最大容许度下可能被调适为适应性的技术创新模式，这个模式带来的结果就是对于新技术的无限追逐，迅速淘汰带来技术的加速进步。而传统的、保守的制度模式，是无法同这个模式竞争的。当然，这也造成了资本家的生命力的加速消耗。他们不惜冒极大的风险来完成技术追逐的过程，是生命的加速消耗过程，是值得他们的回报的，所以资本家很少有延续几代的。但是企业家精神，是同其必然的加速消耗形成对应关系的，类似于一个彩票的设置，每个人为了摇号中大奖而不惜搏命，但是一将功成万骨枯，带来的是整个企业家的后备阶级的加速内卷，而成就了一个社会的加速创新，从而带领一个社会进行某种意义上较为残酷的竞争。因此，相对传统社会而言，资本组织模式下的所有卷入者都显得比较残酷和激烈，这在早期的资本积累阶段表现得更加明显。获胜的和惨败的企业家，都难免几代人过平庸的生活：获胜的企业家人口智力回归平均水平，但是依赖积累下来的钱财，维持较好生活；惨败的企业家，则被加速消耗之后家族迅速耗尽从而衰败。所以，如何使用人口的资源成为一个很重要的课题。如果一旦使用不当，就必然带来严重的危机，加速国家衰败。皇族按照设计本来就是加速消耗的家族，依赖供养，维持加速消耗，从而带来的效率维持社会的发展。在社会的上层，资本家维持加速消耗；中层慢慢积累，但是尽量不要内卷；下层维持贫穷，慢慢积累，恢复家族的内在力量，等待时机，逐步上升，形成社会的基本长期动态循环。

在进行上述讨论的时候，我们要了解封建制度同资本主义制度的矛盾性在上述讨论中的基础性地位。也就是封建制度本质上具有排斥创新的可能性的基础特性，但是封建制度在特定的条件下可能为资本主义提供发展的土壤，而且在特定的阶段和容许度范围下可能为之做出让步。上述都是大量史实可资参考的，但是我们可以发现，并不是所有的封建制度都表现出上述的智慧以及包容度，大部分历史时段的封建制度都很可能不会选择上述发展路径，因为封建制度具有多样性和选择弹性，所以我们看到的封建制度很大可能不是上述这类封建制度，而且封建制度是信息高度非对称的典范模式，我们多数可得的史实都很可能不支撑封建制度存在创新性内核的逻辑，因为其内核很可能是隐秘史实的一部分，就如同一个企业最核心的信息仅仅掌握在最高层的手中一样，但是我们很大程度上可能猜测出来到底路径如何，但是很可能因为信息不足导致封建制度的历史很可能并不天然支撑广泛的认同的历史叙事模式。

尽管如此，大量研究表明科举制度，尤其是单一生态的科举制度，尤其是扼杀了封建制度下的人才多样性的教育和单维度教育考试制度，不仅不能带来创新，而且会带来加速的内卷，并且在没有创新结果的条件下，造成严重的内耗，从而耗尽国家的内在创新力，甚至于反而加速滋生功利主义土壤的不良倾向，破坏秩序的根源。这一点在宋元明清都有渐次显著的表现。

清代的海禁和贸易限制

特定时期，清代对于贸易的限制到了很极端的程度，尽管这样的极端在历史上本来是一个常态，而不是我们今天所熟悉和适应的一种状态。我们说，这个常态出现的主要原因是技术的和认识的。在青霉素发明之前，也就是抗生素没有被实际应用到日常的医药和生活方面的时候，世界是极为不同的。这种不同表现为，第一，人口流动受到极大的限制，人们不会因为贸易的便利或者经济上的好处而到处流动。而是为了生命的安全，宁可待在一个地方，甚至于在安全的较高阶段，需要不同阶层按照自己对于“安全和健康”的理解和认知等级不同，而进行阶层的隔离。这种隔离带来的影响是很大的，因为古代的街区和街市的概念，是同这种认识紧密相关的。

对于农业而言，这种隔离也是具有非常关键的意义的，第二，直接阻断病毒传播的同时，间接阻断了贸易。清代禁止居民传授外国人汉语，这是一个很关键的事实，这个戒禁的主要思路，就是防止自己的知识被技术溢出所稀释，这样的问题在古代几乎是一个惯例，在任何一个时代都发挥着核心的作用。

清代开始的时候，面临的就是明朝北京城的灾难性的传染病，而其后天花蔓延，对于清代的皇族和城市居民造成了极大的威胁，这样的威胁直到城市化开始之后，才出现了极大的缓解。在美国的历史上，早期的病毒肆虐也是非常恐怖的，决定了经济地理关系的因素，所以早期的美国城市都是人口有限的，尽管城市收入会相对较高，但是人们还是宁愿待在自己的农场维持基本的自给自足，而不去城市。除非自给自足发生了严重的问题，格局才会发生变化。尽管如此，我们还需要分辨，是产生了对于土地的领地意识而出现的土地固化人口，还是因为封建制度下的疫病政策和恐惧产生的人口失去流动性。从历史上来看，大量的封建制度下，后者起到的作用不容小觑。有必要对于城市化的晚近历史作出一些解释的时候，必须要考虑城市本身是反自然的，也就是，自然产生的疫情常让城市倒退，从而历史的经验就是建立广大的分散生存的空间，从而让病毒肆虐期间带来的灾害小一些。如果我们提出一个自然秩序来进行解释，那么就可以比较奴隶制度和封建制度的上述这个维度的差异。如果说，就同样的意识形态强度而言，可能获得的最高的社会秩序而言，那么显然奴隶制度比封建制度要高很多。也就是，在人为形成意识形态的成本付出较少的基础上，如果要抵御自然的侵袭，那么奴隶制度是比封建制度成本更低的制度模式。从另一种角度来看，如果在自然危难逐步增加的趋势下，人们能够自我调整且进行制度选择，那么可以预期，在自然的危害最大的时候，人们从封建制度退回到奴隶制度，这样的假设基础是，奴隶制度在人类的制度成本上是最低的，也就是一个最自然的、最小成本的且最具有顽强地抵抗外界的恶劣因素的制度类型。这个制度类型，在探索给予人类的自由上，作出了最大限度的让步，而在争取人类作为一个整体的存活可能，也就是对于存活者的物质补给上，作出了最大的贡献。如果是一个恶劣的环境，那么在奴隶制度下，可能人们的生活比较同样条件下如果实行封建制度，可能生活要好很多。但是毫无疑问，在启蒙运动的背景下，人们宁可要自由，所以人们还是会选择更自由的制度，而不是生活条件建立在牺牲自由的制度上。这一点从清代和美国同期的历史阶段的比较上，可以看出来。小冰河期的冲击是巨大的，无论东西方的历史记载都显著出现了在更艰难的环境催生下，人类社会重返奴隶制度的苗头和动因都开始加强，农奴制度的混合样式在相当广袤的地表都开始复苏甚至强劲。

清代是军事贵族统治的准奴隶制度的社会形态，而美国与此同时，是清教徒为核心意识形态的，具有奴隶制度因素的制度形态，而且此时具有很丰富的制度比较案例。美国的南北是两种制度，而中国的明清也是两种制度，这两种制度比较上具有很大的自然选择的空间。上述史实可能让我们开展深入的研究，以了解更深层次的社会发展变迁机制。

货币与战争

这一节我们讨论判断世界顶级货币的方法。如何区分世界货币和区域货币？如何判断某一场战争是世界性战争还是区域战争？欧洲内部的战争，以色列人在耶路撒冷的长期战争，以及荷兰和明朝之间的战争，到底相对重要性是如何的呢？哪个是世界性的争霸战，哪个是区域战争？判断货币的属性，同判断战争的属性一样艰难。我们说，战争的属性决定货币的属性，货币的属性一经确定，那么战争也必然类似了。货币和战争是紧密相连的，主要的连接物就是贸易，也就是财富的流转。如何理性化温度对于经济的影响?

人们碍于对于短期信息的执着，看到长期的甚至于一定程度（比较短的）的较为长期的时段内，温度决定了经济的增长、富裕的延续，也就是能量的守恒定律。这意味着，富裕来自能量的流转。然而，人们在经济学中肯定不能如此分析，因为温度，即热量的流量指标，对于经济的热度的影响，尽管可能以物理的形式来加以解说，但是毫无疑问嵌入经济学理论中的难度是很大的，因为经济增长主要是由长期经济增长中要素的维持和使用数量来决定的，如果维系这些数量的规模不变，那么必然不可能直接从经济理论中推导出温度对于经济的财富体量的决定性的关系。从近代历史看到的表象恰是相反的，富裕的地区都是寒冷的或者特别不适合生存的，而温带的气候宜人的地区，很多都住满了人口。以上导致我们很可能简单地认为，人口多是贫穷的来源，而不是富裕的来源，就索罗模型（Solow Model）的结果来看，k 就是均分在人口中的资本数量，那么也就是生活水平的基本来源，如果人口超量繁殖，那么必然对于富裕是不适合的。说能量来自自然慷慨的馈赠，这一点毫无疑问，没有人会质疑，但是这种能量的具体使用却很难经过具体的短期思维来纳入我们的具体应用之中。本质上二者是必然统一的，但是短期内，人们却很难意识到这二者之间的一致性。

我们要想具体化温度或者能量对于财富的影响，必须要从基本的原理来探讨。

第一，我们需要认可，长期的趋势，也就是长期的温度波动，从经济史来看是具有决定意义的。长期来看，经济上的财富变迁大多与温度和能量的流转有直接的关系，用历史的视角最能够合理化这样的思维。明朝的小冰河期，是具有决定意义的历史事件，对于整个世界的塑造也是明显而具有决定意义的。决定价格的长期因素，甚至于决定货币价值的长期因素，埋藏在更深的自然的掌握中，这也就是看不见的手的决定性的作用。

第二，除了温度的长期变动性具有剧烈性之外，短期内温度也具有很大的波动性。我们看到很早经济学家就注意到，农业的不同年度和不同的季度之间的具有决定意义的波动性，带来的收获量的差异，是决定农业的收获物的数量的首要决定因素。而所有的人为因素，在自然的决定下都是比较弱的因素，而多数的人为因素都需要配合自然的因素才能发挥作用，这也是决定农业产品的短期价格的重要因素。

第三，其他的自然灾害，包括疫病、地动、山崩、飓风、火灾、水患、海啸、河水泛滥等，对于经济的运转和财富的冲击是更为直接和产生极大的可见损害和间接伤害的。

经济上，无胜于有。人们不工作的时候，就会花费，也就是消费的时间占用，是用来获得快乐和幸福体验的不可或缺的时间占用，这部分一旦被挤占，将带来严重的灾害。不仅是幸福感不足，压力很大，更重要的是精神的和健康的恶化都是必然会发生的。

经济学分析似乎都是以产出物作为主要的分析对象，而不是以人的行动。本质上，产出物是服务于人的，产出物尤其是市场上有价格的产出物，是用来驱动出卖自己劳动力的人口的，按照不同的价格人们获得收入，从而维系消费。所维系的消费，就是这些人作出有效劳动的质量和数量的总和，因为这些产出物，也就是被度量为价值的部分，驱动了劳动力的一定体量，或者说，我们按照亚当·斯密的说法，是维系了一定劳动量。这些劳动量，就是我们说的劳动力价值论中的作为有效价值的劳动本身，是资本主义社会用以维系社会财富的基础。

按照凯恩斯的说法，是运行资本，或者可以转译为运行财富。运行财富尽管不大，但是可能带动的社会运转是相当巨大的，因为这部分运转，按照资本主义的逻辑，能够有效维系社会的整个运作。如果不能够有效率地驱动社会周转和运作，就会导致经济危机，这是资本主义下的说法，在其他的社会状况下不是如此的，也未必有经济危机。但其他的危机可能会出现。在经济学中，有一套对于资本主义的运行的基本分析逻辑和方法论，但是我们要注意，这些都是在资本主义的框架下才能具体应用的。在更远古的时代，或者未来，乃至于现代的非资本主义模式下，都可能未必可以解释具体问题，就是在不同的资本主义的时间区间，我们也未必能够直接拿来进行有效并且产生实际价值的分析。因此，我们要区分一个社会的运行资本与实际消耗，这二者是具有本质差异的。一个社会的实际消耗，是从总能量的范畴上来进行计算的，而一个社会的运行资本，是从价值也就是社会实际需要的一般等价物范畴上进行计算的。前者是一般意义上的财富总量，后者是一个货币意义上的财富总量的概念。那么在资本主义社会，就有一个 GDP 的概念，这个概念是实际的发生税收的交易货物或者服务的总量的概念，这个概念一般而言介于实际消耗和运行资本之间，也就是运行资本需要的货币总量。一般而言，即使叠加上货币流动性带来的乘数，也要小于 GDP 的数量，但是对于一个高度商业化、资本化，并且税收制度严格的社会而言，这个社会必然二者极为接近，这也是为什么现代西方的发达国家倾向于使用 GDP 和货币数量，来建立货币流通速度的概念的原因。以这个方式在欧文·费雪（Irving Fisher）的时代计算货币流通速度都几乎是错误的，但是毫无疑问，在前面的几个假设下，的确可能计算出一个数量，但是这个数量往往和实际的状况差距很大，而且也很可能没有什么意义，这就是现代经济学的学者为什么几乎已经摒弃了这个概念。但是在金本位时代，这个概念是极为准确而精当的。这一概念，我们到后面会详细阐述。

在远古时代，农业还没有充分发展，也就是亚当·斯密谈到的那种社会，肉类的价格很低，而粮食的价格很高。此时，社会运行基本是按照粮食这种稀缺品数量，来计算一般等价物的价值的，从而建立起来的社会货币运行，也是按照粮食来等价金属货币，即铜质的货币或者黄金。在古代，尤其是汉代，那时候金是标准的货币，说明了自然的采伐、提炼下，黄金可能并不如金本位时代的黄金这么稀缺，就昂贵程度而言很可能曾经存在一个更早的历史时期，黄金并不比资本主义金本位时代那么引起人们贪婪的欲望。如果我们称为黄金时代，那么黄金时代的黄金可能并不稀缺，所以才称为黄金时代，但就价值而言，可能可以支撑某种程度的价值直接转换。

汉代是典型的农业时代，米以及一般的谷物代表了先进产业的商品，不仅是一般等价物，也就是代表商业价值的标准，还是驱动国家财政运行和社会基本的所谓“资本运行”的一般的体量或者数量的基本计算单位。所以，汉代的经济财政基本概貌就是如此架构起来的。然而，人们在充分农业化之后，这已经是东汉发展到的水平了，要想吃上肉，已经很困难，因为土地已经大量开垦，而原生态的旧式畜牧业已经凋敝，或者被货币经济的迅猛发展所挤占。在当时大格局下，在内外经济贸易和军事上，催生了战争。因为外族还很落后，他们的畜牧产品很便宜，从而同外族进行畜牧产品的交换变得非常重要，越来越重要。汉武帝的时候，要想控制外族畜牧产品的价格和市场，不惜发动大规模的战争，来稳定国内的肉价。这样的战争关乎民心，所以贸易和货币经济是汉代的核心经济问题。但是，即使到了东汉，处于核心的运行资本驱动的人口也还是占比不多的，也就是要吃皇粮的人口才是社会中的精英，是社会与社会运行资本的实际驱动的人口。这部分人口，带动了整个帝国的运行，从而驱动社会财富的基本稳定，也就是社会秩序的来源。这是财政、货币、税收下帝国的经济基本面。而且上述基本格局在秦汉之后就成为中国基本传统制度的基础，从而逐步发展演化出多种复杂的财政和货币生态子系统。我们探讨的清代的经济基础，尽管与古代具有特殊性上的差异，但是也需要按照上述基本架构来建立基本认识，才能展开有效的东西方的比较工作。

要想从 GDP 角度度量这样的帝国是几乎不可能的，因为实际的财富体量是不包含在 GDP 之中的。我们可以说，一个典型的中国的精英范式中，主要的人口并不在帝国的财税范围中。

士农工商，一般而言，士是核心，农是财税的关键，工商都按照轻徭薄赋，即工商税很低的基准来进行收取，所以，他们基本上并不会被纳入帝国的财政核心，因为他们生产的产品再多，市场价值再大也不是“财富”，这就是重农主义的要义。我们要知道，帝国不是按照市场价值来核算自己的利益的，而是另外还有更深入的考虑。

于是，在中国的古代，才有所谓的不与民争利的基本规则。为什么不与民争利，无论皇族贵族还是士人，都从长远的角度思考问题，不是按照货币来计算自己的行为得失的。因为现在（当期）总的社会消耗性财富，来自核心的运行资本，也即是形成商业货币的部分，这部分同总的财富体量相比根本不是什么大的数量，而是一个国家运行的骨骼，要想吃肉，为什么要打断了骨骼呢？这就是基本的逻辑。所以，敲骨吸髓，就是一种无道了，既然是吃肉，就直接吃肉好了，不要动骨骼。所以，对于货币要保持克制，才能有更大的财富积累，不然会必然带来严重的涸泽而渔的结果。这已经是春秋战国时代的管子以及诸子的基本智慧，而不是什么新观念。在春秋时代，有纯农业，有混合的菜地农业，还有野地农业，分得很清楚，但是只有纯农业才是财政税收的范围，而外面的土地不责重税，甚至根本留为奴隶或者农民的基本生活给养。从这种角度来看，这部分是非社会化的，此时的畜牧业也是非社会化的，所以不占据社会性财富的货币部分，这部分根本上是总消耗的一部分，但不是社会运行资本的部分。

如何度量一般人的富裕程度？社会运行人口包含了谁？主要是农民和农

民基础上的士人，而商人是边缘人口，不仅是随时被疫情毁灭的，也是同稳定的社会人群相互隔离的，他们的生存具有很大的风险，而且寿命可能比较短，算是社会的耗材人群，在征发劳役的时候是首要进行服役的人群，是社会较低阶级的代表，他们不如农民稳定，也不如农民平均寿命高，但是他们的收入比较高，因为风险很大。例如，我们看到，在《金瓶梅》中西门官人寿命不长，但是一生伴随的财富很多，甚至还有机会接触高官，而且为他们服务的时候，也还有不少的机会进入仕途。但是商人进入仕途，在春秋时代是没有太多限制的，但是在近代，尤其是儒化文化盛行的时代，因为没有正规科举的加持，他们很难做到吕不韦的水平，所以他们仅仅是一种辅助性的务实的官员，而不是也不可能做到实际掌权的（封疆）大吏。这样我们就看到，一个典型的中国封建社会的样式，就是士农作为财税基础，而工商是社会流通的基础，形成了一个各安其位，居住相互隔开，但共融于社会和市场中的基本社会样式。

财税的基础是农业的本位货币，而商业货币是衍生的货币，随着商业的周期的涨落，需要的商业货币也不同，农业是根本，而商业金融业是富足的来源。农业为骨骼，战时可能只有骨骼了，但是只要有发达的金融业，也能够支撑一定程度的战争资源。战争的运行尽管依赖农业，但是战争的胜负往往取决于商业尤其是金融业的发达程度，如果没有高效的金融业，那么一个国家很可能几乎没有办法维持有效的长期对抗。

明朝和清朝的农业

发生在英国的圈地运动，本身就是让不自由的农民强行进行低收入工作。而中国存在逃荒，这种状况在明朝更加频繁，说明明朝的治理并不是强制性的，也就是农民总有进城打工的可能性，他们对于土地的感情不多，享有不少人身自由。这样的状况，不仅说明中国明朝的农民受到的压制较少，也说明此时英国的劳动强度是比较高的，更接近于农奴的状况。整体而言，英国工业化的背景下是劳动强度的不断增加以及污染不断加重，所导致的社会灾难感是明显不断上升的。

《国富论》第 244 页谈到一个规律：高价的产品，数量和价值比之于低价格的产品都少。例如，一般而言，黄金的存在也是如此，黄金不仅是数量，而且总价值也更低，除了英国之外，一般都是适用的。世界范围的一切物品，都是按照供养来形成金字塔的。在英国蒸蒸日上的阶段，从一个一般的欧洲国家进入世界贸易体系的前端，从而通过战争击败了当时的贸易先锋——荷兰、西班牙和葡萄牙，进入贸易的顶端。而这个贸易的争斗都是在明清的朝贡体系之外进行的。在世界范围存在一个超级大的银池，这个银池是世界财宝的历史储藏地，是世界范围的富人最多的地方。而这个地方的财富也是世界顶端的。从某种意义上来说，世界范围的贸易是按照阶梯形态进行供养的。也就是，一个国家如果是殖民地，那么提供自己的资源类产品；如果是母国，则提供加工品。在两个国家之间按照阶级来进行贸易。一个比较富裕的国家必然有享乐品，而较为富裕的国家的享乐品质量比贫穷国家的享乐品的质量要高一些，而且审美趣味从文化上来讲更流行，是一个时代的风尚。人们总是喜欢更富裕的国家和更富裕的人群领导性的产品，这一点从凡勃伦的论述有一定阐发。除非这个国家是比较封闭，和世界范围的审美趋势有一定隔阂的。例如，不同宗教文化形成了封闭的有差异性的意识形态，如果如此，那么这种风尚叠加信息的封闭和贸易的阻挡，就形成了一个单独的孤岛，其中的贸易被阻断之后，也就失去了世界性的风尚了。

清代从 1644 年到 1912 年，268 年的历史中，经历了很大的转折，是我们研究明清历史的关键问题。从纵向研究历史的时候，一个关键要素就是产品的历史经过，可能使特定名词代表下的产品的价值，也就是内在的质量或者当时的文化价值，发生了很大的变迁。一个典型的例子就是明清时代的出口产品，例如，明朝的瓷器、清代的茶叶。清代的茶叶出口是换取白银的利器，但是史家忽略了一个重要的因素，就是茶叶的历史中经历了价值或者质量的可度量的变迁。这种变迁，显示了茶叶的世界地位、阶级属性、价值和贸易地位等关键的历史指标。

有一种方法在研究历史中存在误导倾向，这种倾向性一旦形成，就对于经济历史的研究产生了严重的误导。在研究现实的经济和历史的经济问题上，具有显然不同的素材和视角，很难说我们更认识现实，因为我们被短期的细节包裹着，不能看穿真相，而历史则一般而言是对于清晰度的压缩过程，仅仅留下少量的细节。但是很大程度上，如果不是刻意出现了对于历史细节的删改，我们就可能形成一种正确认识，也就是从更高更远的角度真实理解历史的本质。但是，这样的思路被另一种夸大历史扭曲的思维所干扰，也就是，历史总是在每一个时代面临任人打扮的命运，尤其是希望阐发不同见解的历史学家以及哲学思考中的学者，他们的思路按照纠偏的原则产生了远离一般认知的另外一种理解。所以，对于历史现实我们欢迎的就是各种纠偏产生的“另外的”理解，只要有探求真理还原真相的动机和能力，那么似乎就可能因为我们的不懈努力而产生一种比较，这种比较丰富了我们的认知，尤其是对于历史中材料的重新使用，是我们对于历史产生了新的维度的认知，这是好的倾向。

另一种倾向是附带带来的坏倾向，这种方法具有僵化的特点，他们固执地使用方法，而不知变通，导致历史研究被耽误。近代一种明显的倾向来自对现实的数字的关注，计量方法的出现，导致我们日益能够使用“现实”丰富的数字，来提取我们需要的理解，而且越是细节的数字，我们越是乐意接受，因为唯有如此，似乎才能更好还原一种“现实”，而取代原来的取自学者思考的经验的法则和判断力。这样对于细节的苛求，一旦用在历史研究中，就变得很艰难，因为历史并没有提供充实的数据，即使偶尔有些发现，也是不完善地满足这类方法的片段的数据。所以，这样的对于数量的爱好，一旦开始作为对历史解读的一般标准，那么必然带来了对于历史研究严重的阻碍，提供的视角多样性被人为阻拦，导致人们对于历史，哪怕是很短期之前的历史，只要缺失了数据支撑，那么也很难提供数据证据了。具体而言，短期的流动的货物，大部分是国内的货物流动，而且多数都是满足低收入群体的、具体范围较小的经济中的货物，这种范围经济决定了，在越小范围中，流动的货物单位价值较低，但是数量和总价值都很大，这些货物的质量不满足较高级的标准，无法流动到更大的范围中，因为这些货物生产的时候就决定了其满足的群体是小范围的本地下层消费者。而中层消费者在小的范围经济中满足不了自己的需要，就必须要来到商业中心寻找高品质的产品，从而提升自己的消费水准，如果还是没有，则必然只能依赖更不频繁地来到一个国家的最核心的商业中心来消费，但是此时这些中层的消费者已经不多了，因为他们的预算不满足自己消费如此高昂的交易成本的商品。所以，此时的消费者一般而言是一个国家的富裕阶层，而如果更富裕的人们则开始跨越国境，寻找更高交易成本，但是品质对于他们来讲更高的产品了，此时形成的贸易流动就是国际贸易中最高价值的产品了。国际贸易本来是为各国的顶级消费者而设计的，但是这些人需要国际货币来交换这些高级产品，所以他们必须要努力组织本国的经济，满足外国消费者的需要，如果是一个较为落后的国家，则满足外国中下层的需要（所有的外国中对于顶级国家是下层的消费）；如果是一个还算可以的中等国家，则能够满足外国中层的消费（所有的外国中对于顶级国家是中层的消费）；如果是一个顶级国家，那么这些国家一般而言能够满足外国最高阶级的需要，此时这个国家就是国际贸易的顶级国家了。这里，我们定义了世界贸易中的顶级国家，从而也定义了对应的各个国家的贸易地位。如果一个国家是底层的国家，那么这些国家如果幸运，可以拥有顶级国家的作为货币的金属的矿藏，从而直接输出货币，换取顶级国家的任意产品，当然，对于他们而言，顶级国家最高级的奢侈品，也即是他们满足自己顶级阶级的需要的产品，才是世界上的硬通货。所以，这里我们相应定义了两种形态的硬通货：第一种，就是顶级国家的货币本身；第二种，就是顶级国家的顶级阶级的奢侈品。依照这样的逻辑，我们可以将世界范围历史阶段上的国家按照他们贸易的产品和等级类型，划分定位在自己的位置上。

详细概念的界定

每个国家的阶层划分，可以按照一般的经济学划分方式。

第一，劳动阶级。他们的基本经济属性是，一生的积蓄刚好满足自己的全部消费，也就是 saving = consumption，这决定了他们的工资就是负效用，这从亚当·斯密到马克思，到凯恩斯，都是按照这个基本的方式来进行划分的。

第二，中间阶级。这个阶级的特点极为复杂，他们的劳动属性是复杂的，但是很难按照劳动的性质来对他们定义。他们的收入不仅能充分满足自己维持一种对应的提升品质的生活，而且他们的收入中不少是用来维系他们的子女在自己的阶级地位上的，这是他们的基本属性，导致这个阶级能够自我存续。因此，他们一般而言并不一定是通过遗产形态而存续阶级，而是通过给予子女较高的培养和教育费用，更重要的是提供工作机会，从而接续他们的阶级地位，使他们的阶级能够至少存续一代甚至更远。但是毫无疑问，他们的子女并不会每个都能够如此，有的会阶层下滑，进入劳动阶级。所以他们这个阶级出现了一些内卷的特征。

第三，资产者阶级。他们使用自己的资产，存续自己驱动不少劳动阶级的能力，这个能力的存续性在对应的法律保障下才能实行，所以他们生存在资本被社会或者自己有保护能力的状态下。

第四，资源阶级。这个阶级因为抱有实际占有资源的状态，能够维持社会顶级的对于资源的保护状态，他们的社会地位一般而言是最高的，权利和财富都是不匮乏的。

当我们单独研究西方社会的时候，上述定义是较为合理使用的。但是当我们研究中国明清时代社会的时候，上述的阶级划分就变得必须要进行特定的调整了。

中国有清晰的士农工商的划分标准，一般而言，无地农民是劳动阶级，工商阶级分布在劳动阶级到资产者之间，而社会的地主和统治者是第四阶级。在中国的古代，社会仍旧具有特定的流动性，如果农民能力稳定，成功置业，那么一代人可能因为购买了一些土地而升级为富裕的有地农民，第二代如果继续可能增加土地并在市镇置业，从而实现财富的逐步积累。这是一个缓慢的过程，但是并不是完全不可能。古代的社会流动性，远低于近代经济。所以，我们这里要做好研究西方的以及明清阶级固化的社会的基本方法体系准备，不能够照搬和全部使用现代的思维来研究古代社会经济现象。

但是对于可能想通的逻辑，我们需要谨慎思考并合理应用，不然我们不调动自己的既有知识是无法合理研究古代社会的。一个典型的古代社会同现代类似的现象就是上述贸易秩序。对接顶级国家的哪个阶层，就是哪个阶层对应的国家水平，资源国家除外。我们把资源国家分为三类：第一类，货币金属矿藏国；第二类，农业资源国；第三类，能源资源国家。这里的第二类资源国，也就是依赖土地的资源国家，本书不算做资源国家，而算正常的产业国家。因为农业可能对接的地位是不同的，一般而言，农业产品对于其他国家都是需要的，所有阶级都需要农业的基本产品，这导致这类农业土地资源国家是一般的产业国家。

如果一个国家出产的产品，对接的是顶级国家的奢侈品，即上层阶层，那么这个国家是富裕的国家。例如，清朝发达起来的时候是依赖人参贸易，导致清朝的经济起点很高，且袁崇焕几次要求贸易制裁都无法彻底停止走私，所以清朝的财政维持得很好。

美国对清的早期贸易是贩卖其出产的人参和皮毛等，从而可能作为当时贸易格局中的上阶层的国家；但是对于英国的贸易只能是一种对接一般的土地产品，且独立战争前，英国当时还不是顶级国家，所以清拉拢美国帮助美国实现了独立是可能的，也就是美国在清的策略下独立，大大提升了自己在国际贸易中的地位，摆脱了英国对于殖民地的压榨。这是从当时世界格局中清晰可辨的动态升降关系。我们可以看到，当时美国出产的几乎所有的 cash crop[①] 都是对清贸易的核心产品，所以美国的贸易从来都是按照对清贸易来设计的，这是东印度公司的策略，但是这个策略导致美国富裕起来之后，必然需要做到贸易上的独立，而不愿意维持对于英帝国的殖民地地位。

乾隆说得很明白，西方国家不能直接参加朝贡的主要原因，就是无法提供合适的贸易品进行交换，本国的需求根本插不进来。没有合理的办法参与交换，西方国家就没有办法换取他们想要的清的奢侈品，满足他们的上层和中层的需要，而这个需要数量很大，他们只能依赖资源型国家，逼迫资源型国家转而成为他们的殖民地，这就是西方开始进入贸易体系的主要途径。所以，直到清代前期，西方国家还只是在努力培养自己的可贸易品，西方在成体系地改善自己的内政，培养自己的农业和产业，尽力向天朝靠拢，从而解决基本的贸易需要。

谈数据缺乏

在特定的历史阶段，如果没有贸易，那么就是一个最重要的现象，这说明了为什么只有朝贡国家才能有国内的稳定市场，而西方国家没有培植出来稳定的市场，这个市场的培养是从鸦片战争之后才逐步形成的，有前文引用的资料书籍参考。这个可以观察的市场，是外国廉价商品大量流入之后培养出来的基于中国普通人消费的低端市场。在此之前，中国对外国的奢侈品消费是不同于这个市场的，也完全不存在这类市场。如果西方国家的首要贵族需要任何产品，必然是通过特使联系国内有背景的商人，才能够交换商品，而且这类商品很多以绘制对方西方家族徽标作为成品，是特殊定制的，价格不菲，在这些国家的历史博物馆或者家族收藏品中才能够看到，多数都是看不到的。所以，这类价格极高的艺术品，绝不是通过大宗的商品，以一般的商人和市场渠道来进行交易的。我们说，历史上不出现数据，也是一种重要

① 美国经济史中一般指特定的“经济作物”，本书认为这些作物大多与中国当时的贸易影响有紧密关系。

的现象。例如，达尔文的夫人家族，就是明朝的代理商人，这个贵族家族就曾经代理了这些产品。

可观测的数据具有特定的阶级属性，可能只有大批量的、价值不高的产品的市场，才能出现在海关或者商人的统计资料中。对于少数极高价值的且数量很少的商品，必然是通过特殊途径的多，而通过一般的低保护渠道的少，所以越是高级、高价值的商品，数量越少，越会通过较高的交易成本的特殊途径来进行交易，以确保其安全稳定地交送到目的地。所以，我们说可观测数据有一个最高的交易成本阈值。超过这个阈值，一般而言就不会存在低价格产品了，而只有高到一定水平，高价值产品才会稳定运输。高价值产品必然对应了高的交易成本，低交易成本不能满足高价值产品的安全需要。

我们得到下面的一般结论，对于高级消费品，对应特殊渠道和高交易成本。一般都是特殊渠道，也就是可能是走私的或者称为非法或合法武装押运的。对于中间阶级的产品，较好质量的产品而言，对应了较高的交易成本，所以可能通过合法的或者走私的渠道运输。这类产品因为利润较高，私运是动机明显的，但是对于数量不大的产品而言，私运也可能不如低税率下的合法交易划算，所以当关税可能容忍的条件下，也仍旧可能通过合法交易运输到岸或者离岸。对于大宗产品，必然是通过低交易成本且通过正规渠道运输的较多，通过走私的渠道因为缺乏足够的利润，所以对于私运者来说也是缺乏动机的，但是很多时候，他们也会承接一定比例的这类大宗产品，尤其是在利润空间比较宽裕的特定商品上。我们看海盗选择的项目，就知道此时什么产品的利润较大，我们看正规集装箱装载的货物，就知道此时一般的商品利润是如何的。

前文专述了朝贡国家、海禁和禁止学习语言。学习语言，会逐步插入朝贡核心的市场，导致市场的分割和撕裂，利益输出，技术被模仿和转移，并且超越。清代没有掌握技术创新的能力，所以特别提防外部的模仿，甚至于对于海禁曾经无不用其极，采取了历史上最严格的海禁，但是这段时间是比较短暂的，很快清的贸易地位就降落到被赶超的水平上。进入清的中叶，如果清代按照 266 年计算，1777 年（1644 + 133）这个年份几乎是清代贸易的巅峰，是美国市场被逐步培养起来的年份。而其后美国因独立而被封锁，清在 19 世纪初年就开始走下坡了。

荷兰、葡萄牙和西班牙的地位也有专章叙述。从本质上来看，中国和西方的贸易都是范围贸易的极限，也就是世界贸易最远端的贸易，这意味着要么进行高价值的奢侈品贸易，要么只能是在集装箱出现之后，才能做到大量运输平民使用的一般工业化产品，甚至农产品。但是我们知道，在明清时代，这是帆船时代或者铁壳船时代的极限范围贸易，如此遥远的距离产生的交易成本，只能支撑中产阶级或者上层阶级使用的高质量产品，根本不会出现一般的消费品，必需品更是不可能。而直到清末民初的时候，美国才开始在中国设立可乐生产线，从而将中产阶级的饮料运到中国罐装，这意味着直到接近第二次世界大战的时候，运输必需品都是不可能的。

最后，略谈远洋运输粮食的可能性。美国生产大米的很大一个原因是为了世界贸易，因为美国人口至今也没有形成将大米作为主食的习惯。但是美国殖民地早期，种植大米是非常风行的。这可能意味着，美国和中国的贸易或者间接的贸易，已经开始了，但是运输较为轻便且价值较高的布匹是东西跨洋运输的最大极限了。其他的只能是草药或者高价值的农产品，例如茶叶，奢侈品如瓷器等。在中国周边设立殖民地且将殖民地产品插入中国市场，成为获取财富的有力渠道，是西方殖民者一直采取的办法。这个办法包含印度、菲律宾、南亚、东南亚等国家。这些国家被迫沦为殖民地之后，为西方的贸易利益服务。但是，直接侵略中国是不可行的。这一点在近代被大量的战争直接证明。

第三章　经济叙事一般问题和经济增长观念

从历史而非一般经济学的角度来看，富裕是一种不可否认的可能性，并不是（生产性的）发展寻致的富裕，而是一种大势。这种描述是不容易的，因为物质发展本身没有解释功能，物质资料也就是所谓的自然产物本身并不构成“发展”语境下的任何所谓的支撑性解释，这并不意味着环境决定论就一定错误。因为自然产物往往并不构成稀缺本身的要件，稀缺性是因为人们开始了定向索取的时候，这种定向的标的就变得稀缺了，但是与此同时，大量的其他自然产物还不是所谓的稀缺品，但为了生产定向的产物，而灭绝了其他的多样性，从而造成了一种单一品种的更多的产出，最终自然崩溃，带来了绝望的稀缺，这就是人类发展的路径灾难。然而自然只要维持特定水平的多样性资源，就可能有丰富性本身，而稀缺是发展到一定的枯竭的节点之后才产生的虚幻性的概念构建。

因此，从本质上来看，所谓要素决定论的叙事逻辑是存在严重问题的，本质上的问题不是要素本身，而是要素的逐步稀缺，使人类开始灭绝其他的“无用”因素或者空间，灭绝了多样性，从而带来了灾难。

如果我们始终按照一种方法叙事，很可能不小心就掉入了错误的陷阱。

下列二者不可能全部为真：第一，按照错误叙事来一致性地解说现有的所有史实；第二，所有史实和细节为真。

这使我们完全不可能总是能够将二者结合起来，而不加反思。但是如果我们遇到问题，才开始反思修正的方法，可能就太晚了，因为此时不少人都陷在认知的深井中而不愿意花力气出来了，所以此时裹挟舆论的可能性就很大了。我们从而理解，历史的潮流为了维持人群的正确的认知，如果用鱼缸来养鱼进行比喻，很可能需要换鱼的操作就是合理的了。

从哲学来看，我们根本无法判断叙事是否正确，就如同同样的事情可能从不同人的角度叙事完全不同（第一）。我们也不能完全确保细节的完美，我们也无法确认史实为真实（第二）。如果两种维度上的失效叠加起来，即将二者结合起来，用一种叙事来串联我们现有的史料，那么得到的东西，我们应该以什么精度的口径度量法来审视呢？如果太苛刻，很可能什么也认识不了，如果太粗糙，我们几乎就失去了是非的判断，此时我们最好提出一个哲学问题：我们的认知真的是可能在这个维度上延伸和拓展的吗？以及如何？我们可能退回到仰赖天才的原点，但是我们难道就应该停止于此吗？如果从根本上来回答上述问题，是可能的，我们似乎应该尝试。就如同我们知道什么音乐是好音乐，但是我们无法用语言来彻底表达一样，我们似乎在更深处是在从事一种基于审美的工作，而不是其他类型的知识创造。我们在进行叙事尝试的时候，似乎的确是在进行某种艺术工作，难道数学或者写诗不算一种艺术吗？

我们要想进行经济史的研究，看来我们还是重新回到索罗（Solow）。Solow 是用事后的经济的产出量来进行思考的，几乎决定了这是一种结果论的方式，用产出来测度经济的长期发展，会导致认为有了要素就会出现产出量的问题，既然已经有了人和自然资源，产出量为什么不增长？此时人们会提出一个概念，就是资本，然后按照结果论的概念创造发明了“资本”这个概念。于是说资本是社会用来产生结果论的度量的一种社会模式，而具体而言就是当时的社会能够组织起来进行产出的这个所有的社会化概念的综合集成概念。所以，在任何一种社会既然都有产出，那么这个资本的样式就会很不同，但是人们按照自己心目中的需要定义了一种资本，就是在历史时段特别适合描述产出增加的资本的概念，这个概念很大程度上是用来描述可控的人类产出活动规模化且可见增长迅速的一种“资本概念”，所以说，资本这个概念本身就是用来描述人们心里想的这个状况，就是要素的结合产生了结果，而且这个结果的产生符合人们的愿望，就是更多更丰富的人为产出，而不是自然的原产物。

人们厌恶自然原产物而喜爱人们赋予了价值的产物，这就是资本的概念起点之一，而人们不但喜欢这样的人造物，而且喜欢更多更丰富的状态，所以资本主义就适应了这种状况，说人们要什么就能给什么的组织方式或者社会模式就是资本主义。资本主义就被当时定义为好的，因为资本就是如此定义出来的。

但是现实是资本主义只能满足部分人的要求，很多人没有得到满足，他们就会在认可资本主义的产物和度量都是好的基础上，认为资本主义这个不可能满足自己的属性是不好的，而且在论证了资本主义必然不能满足自己之后，进而认为资本主义不可能长期维持。

这是近代人类的历史，也是事后产生的对于历史的现象级别的认知，但是不是历史本身，而是我们的颅内高潮。如果我们将上述叙事中“资本”换为当时时髦的“农业”“手工业”“商业”或者“封建”，甚至奴隶制度为基础的“礼教”等名目，就变成对于历史上的不同时代的描述了。换了一套概念，就换了一个鱼池，认知和概念的改变，但是并不会改变当时历史的本质，但是细节就变化了，历史面貌也就是叙事，很大程度上就为之改观。似乎历史细节和历史叙事之间具有很大的关联，但是叙事还不是细节，上述概念的改变更多的是历史叙事的概念级变化，而不是历史细节的全部改变，因为叙述尽管变了，但是关键的数字和史实不会随之改变，所以我们的工作还有空间，尽管艰难程度十分令人绝望。

我们继续举一个“农业”社会的例子。在农业产生之前，人们依赖自然的原生产物生存，但是人们开始产生了不满足，主要原因是农业这个概念开始推广。因为农业的推广就是基于人们认为好的东西，所以本质上农业可能产生自任何一种原产物。例如，人们在所有的原产物中发现了一种产物为米，在复杂的多样性世界中，人们认为米是最好的，所以只有部落酋长才能享用米，而其他人只能吃五谷或者更差的食物，甚至吃肉的人们在那个年代也是野人，而只有吃米的才是贵族。人们因为上述行为产生了社会性偏好，开始嫉妒吃米，对于如何找到米、培育米，甚至规模化种植就成为社会最为关注的重大发明和创造的来源，大量的科学家开始产生，于是世界上开始成片地将原生态的自然开发为种植米的人类区，自然多样性大量消失，但是产生了大量的科技园区，用高科技来生产人们最喜欢的不同种类的米，用米吸引了越来越多的人加入高科技的创造中。但是毫无疑问，总是有的人多，有的人少，米业产出的质量也不同，从而还是分出了不同的阶级和收入水平，人们在一次一次的战斗中消耗，最终土地不断衰败，资源耗尽之后，土地退化，米的产量只能维持温饱，也没有实现理想中的用米来改造世界重建一种理想社会的米的科学家的境界。

土地的逐步退化，多样性的消失，最终使米被人们厌弃。新的时尚开始了，人们开始追求的东西变成了服装，服装的世界开始成为新的概念产生的基础。手工业开始成为主导历史进步的核心。米的历史尽管没有终结，但是人们已经摆脱了米这种恶魔的诱惑，重新开始新的社会概念的构建和追求。所有上述两种叙事，都是叙事方式上的差异，而不是历史细节的差异。

如果我们考察关键的历史细节就会发现，如果抛开上述两种现象，就可能看到历史的史实上，农业社会基于更为丰富的也就是更为多样化的自然资源，资源的丰富性足够使世界的构建模式和复杂性可能建筑在农业领域，而且农业社会的资源比例很高，人们也并不追求亩产，而是主要追求比原产物“口味”上更丰富和多样化的农产品，追求农业产品的高质量，而不是追求大数量是农业社会的基础。资本主义是建立在资源更加贫乏的基础上，人们无法依赖土地资源来提供高质量的农业产品的时候，开始进行大规模的数量的生产，让土地产品的质量降至最低，掩盖了土地产品的多样性和提供的高质量的可能性，“低价质化”了农业本身的价值，从而在其他的资源上建筑起来一个工业化的世界。开始的工业化基础还是农业化的原产物，但是后期就摆脱了农业，建筑在矿业和石油产业为基础的工业化的世界，人们也沉迷在以工业为主的世界趣味中了。食物逐步走出了人类的主要关注重点。

从经济学上来看秩序，包含了复杂的维度，就 Solow 生产要素的维度而言，至少一种秩序包含了产出的资源开发模式，包含了对于自然资源和人力资源的结构性使用规划和开发的限度。可能限度更好描述了这种开发的本质。

因为按照古人的理解，“限度”至少包含了对于涸泽而渔的抵制，也就是在面对强大的竞争的时候，是否要加速开发，来达成一种政治上的竞争的成功的认知方式。如果短期为了获得巨大的力量而加大开发力度，那么必然寅吃卯粮，把子孙赖以生存的环境也开发出来用于竞争和胜利，这就是限度的概念。竞争是世界的常态，但是人类的存续才是作为集体的人类长期发展的目标，将现有资源开发殆尽用于自己的权利维系的动机，在任何一个时候都可能存在，如何限制这样的实践在人类范围展开，而能够获得长久的维系，才是人类文明的方向。人类的文明比的是长久的稳定，而不是一时的超越和单次竞争的成功。

定价机制是对于自然资源的限制性调节机制，这一机制不仅是在局部上，还是在总体上都发挥作用，如果一个局部上的封闭性社会（Solow 所讨论的假设的基础）人们对于商品的总体的赋予价值的能力，超过了自然资源的供给所能够达到的水平，那么这个社会就不会对上述欲望进行满足，这就是价格调节机制的基本功能。

所谓赋予价值的能力，是一种群体性行为，而不是简单的承诺或者希望。能力意味着为之付出的实际购买能力，人们有多少购买能力，就有多少对于商品价值的赋予能力，这二者是平衡的，但是不同的人口被确定的能力水平是不同的。一个人的收入，是依据这个人对社会贡献的大小确定的，但是贡献的大小又取决于人们如何定义贡献，并且在这样的定义下进行竞争。所以，根本的问题是如何定义，然后如何为之竞争。开放性的公开的全阶级的竞争并不是总存在的，但是在同样的平台上进行竞争总是可能的。前面是全社会分蛋糕的行为，这样的行为会导致整个社会的大分裂和社会结构性解体，这样的经历有还不如没有，在社会的顶层进行竞争是极为耗费人口的，所以人类社会一般而言很少或者不频繁开启这样的竞争。要想全社会进行彻底再分配，可能面临人类的彻底消灭，需要的是全部阶层欲望的彻底释放，然后重建。这样的状况几乎不可能总存在，就人类有限的存在时期而言，人类想出了各种办法来避免这样的状况。每个阶层在自己的范围内进行竞争，一般而言才符合人类的总体利益，但是基本上，就维系社会而言，上层竞争的危险性（也就是风险）要大于下层的竞争，上层的竞争是非物质层面的，然后再到物质层面的；而下层的竞争可能主要围绕生存和繁殖的基本生存的竞争。尽管如此，两者的方式、形态、目标和内容都有很大的区别。

放大任何一方的竞争都会导致社会的严重失序，而缺乏竞争的社会基本上很难真实存在，所以我们既不能过度夸大社会竞争，也不应假设一种彻底没有竞争的社会。将人类社会彻底作为动物化的竞争来进行研究是对人类的亵渎，而假设人类社会可能进入无竞争的稳态，也是极端理想化的。这是人道的基本常识。一个良性的社会，是按照基本的社会阶层进行划分之后，在有限的范围内展开竞争性的资源分配，在一个社会适当地对于文明的定义下，得到人们能够接受的分配，建立起文明制度，产生人的生存、生活、感受和审美，在其基础上建筑起超越时间的价值和文化、道德和制度等更高层次的文明结构。不断崩解的没有固定价值观念的社会是较为原始的，穿越时光为不同时代的人们所认同的价值和理念才是社会文明应该追求的。

在我们讨论的清代时代范围中，合理的制度诉求是君主制度下的阶级社会的模板。在这个模板中，顶层的是军事贵族，他们占有基本的核心份额的社会资源，这种资源是最好的可以持续产生财富的资源。他们占有资源的样式不是消费掉，而仅仅是占有且可能随时开发，在平时提供自己符合社会阶级地位的生活，在战时或者必要时将其转化为财富，来调节平衡，或提供军事的功能。这部分资源形态就是满洲所富集的资源类型，包括参山、捕猎的山林资源、土地等。所有上述资源都是清朝贵族所起源、兴起并发达的地方，也是他们极力维持保护的资源。其次的资源是开放给社会开发的资源，很大程度上是继承自明代契约的土地和其他财富和资源，这部分资源开发时间很长，而且很大程度上已经逐步处于资源的衰减甚至耗尽的边缘，在生态系统受到数百年的持续开发的基础上，出现了严重的气候和生态的问题，自然灾害频发，这是我们需要非常关注的核心问题。

我们知道，资源的实际控制者，法律契约的占有者，法定的和实际的分享者，这些都同法律秩序乃至于实际的运行秩序有很大的关系。在清代后期，政府权力开始在西方模板下逐步兴盛，权力逐步集中化，但是基本的格局性变化处于一定区间中。法律所规定的资源占有者，还需要结合实际的维护资源的主要群体来确定资源的实际产出分成。所以，法律秩序的制定者和执行者都需要分成，契约所有方和劳动的所有者也需要分成。在这样的基础上，我们可以看到实际的资源在实际分成的时候需要有各种参与者。秩序输出者，清朝贵族需要分成，当地的秩序维护者，一般而言是官僚知识阶层控制的乡绅集团需要分成，很大程度上他们也是实际的契约所有者或者主要的契约人，他们和清朝贵族共同建构了社会秩序，但是在不同地域这两者的比重差异很大。在太平天国运动之后，清朝逐步形式化，所以汉族的当地权贵开始行使实际的统治权，劳动者是要素分成的部分。

上述状况在晚清时代的不同地方表现不同，也就是资本的结构不同，但是资本分成的方式是不变的。

西方式的君主制度经过改造之后，君主确定了自己的分成，地主可能发挥自己的主观能动性，甚至在法治比较昌明的地方，人们信守承诺的意识比较强，所以借钱经营的资本家开始有利可图，这需要的是资源的所有者愿意承诺给资本家土地使用权，而不会在土地上建构起获得了巨额回报（利润）时，反悔自己的资源承诺，而是按照原初的合同来进行分成，享受自己当初承诺的利润。反悔悔棋是行不通的。但是这样的地方在西方有限地存在过，但也并不多。中国清代也仍旧存在，但是仅限于帝制秩序输出完善且连续有限的时段，且需要遇到一个明君的时候，看到你发财还不会悔棋，而给予承诺，这样才能持续不断地有更多的玩家入场，资本主义逐步建立起来。但是清朝帝制整体上不够健全，相权被剥夺后，延续性失去了。所以，清朝一代资本主义都是阵发的、不持续的，经常被斩断，且很容易转化为官僚资本或者买办资本的退化形态。

所以资本主义不是什么神秘的制度，而是一种基于封建君主的承诺的，有限资源下的合法游戏，需要的仅仅是有限的法治环境和契约承诺，而不是无限的信用追偿。在人类的社会产业结构中产生高价值的产物的可能性是具有很大的潜力、多样性和多维度的属性的，也就是简单的天然原材料和土地并不是很有价值的，但在特殊的人手中可产生极高价值的产品，也就是赋予价值的能力。

社会有两种奇妙的制约形态，共同参与了赋予价值的过程。其一，是人们用自己的血汗钱来消费的过程，他们不惜用自己辛劳的积蓄，来购买某种产品，就为这种产品赋予了货币上的价值；其二，在原产物的平庸的资源下，只要信守长期的承诺，给没有资源的人以机会，就可能带来无限的可能，产生奇妙的产物。所有的汽车都是来自几乎类似的原产物，但是它们的价值可能差异很大，不仅是其所蕴含的制造过程的繁复，还在于设计和处理的人们所具有的奇思妙想和精湛的技术和艺术思维，这些都结合起来共同产生了人们赖以生存的各种商品产物。如果没有供给端的创造性，那么市场上就会匮乏这样的高级产品，如果没有消费端的这些持币待购者的热情，就没有赋予价值的市场端的价值塑造力量。

所以，一个产品要想有价值需要的是竞争性的产出端具有超群的竞争力和创造力，也需要消费端的粉丝实际出价叫好，用自己的血汗来维护自己心仪产品的市场地位。

我们看到的世界就是如此构成的，一般而言没参与到消费的和没有参与到创造的都不是完善的社会个体，一个合适的也是具有能力的社会个体，既是一个社会的某个方面的实际贡献者也是消费者，而且二者相互促进。本质上一个家族的长期维系，既需要存在一些秩序的生产者也需要一些消费者，二者长期平衡就好。但是如果一个家族长期来看都是消费者，那么秩序和积累被消费结束之后，就没落了。如果生产者占有更多的比重，且生产性越强，那么他们的后代就有能力负担较多的消费者。这些消费者可能是本家族的成员，还可能延伸到其他家族甚至社会一般的秩序维系上。一个家族如果是生产者，那么他们承担的社会责任就可能增加，负担更多的人的秩序维护，成为一个秩序输出者，进入社会领导者阶层。如果一个家族沦落为秩序的消费者，逐步就只能依附于别的家族，甚至最后只能逐步消费降级，没办法维持自己的地位，所以任何一个社会都是不同的家族相互交织组成的。长期来看，如果秩序无法维护，那么社会性降级也是可能的，但是如果突然幸运地出现了大量的秩序输出者，这个社会可能就会蓬勃发展，从而秩序逐步升级，成为世界瞩目的新星，自然也向别的地区输出秩序了。

产业和产品的升级，来自信用和承诺，带来人才的集聚，汇聚了人才和财富，才能在平庸的自然物中产生奇迹，让世人为之瞩目。如果不能如此，只能闭关自守，将好的产品阻挡在外，当秩序输出者的能力逐步降级之后，消费者更需要通过闭关来完成对于创新的阻挡，保守主义抬头之后，从而让民众逐步降级为更低的秩序消费者，直到大门被外人打开，沦丧为殖民地。

传统社会有一个固定的以血统为核心的顶层建筑，相对而言，这个顶层建筑的消费数量是比较固定的，这并不意味着这个顶层的消费就是一个常数，而是意味着在和平年代的社会演化中，这个顶层建筑没有或者比较少发生根本性的家族轮替，这样使一个稳定的统治家族带来了政治上的稳定和经济上的相对节约。当这个家族被满足到特定的水平的时候，这个水平往往就反映出这个国家的经济实力。

所以我们看到，雍正改革之后，该轮制度革新开始的税收系统对于精英阶级开始加速钳制（从舆论钳制过渡到实际上的经济钳制，表现在财政税收上），最后到嘉庆朝开始了金融和资本钳制，上述所有的压制，都导致在嘉庆和道光两朝出现了灾难性的结构性变化——嘉道中衰。

历史的中心是具有前瞻性的。无论乾隆时代的外交政策的侧重点，还是美国独立战争之后英国外交政策的侧重点，都放在了美国这个新星之上。我们看到一个帝国时代才有幸看到的政策的前沿属性。当时的竞争似乎是围绕着半个世界之后的布局展开的，此时英国已经逐步强大，但是还没有进入维多利亚时代的巅峰期，似乎乾隆的外交潜台词是，只要能够更彻底地从英国的掌控中剥离美国，英国就不会出现维多利亚时代；而英国的潜台词是，只要委曲求全，那么即使一个独立的美国，只要让其维持在英国的世界体系中发展，还是能够维持一个维多利亚时代。我们没有看到的平行世界是，乾隆的政策如果真的成功，美国在清的藩篱下成长，英国的痛苦期无限加长，乃至于在清朝的悍勇耗尽之前，英国就被美国替代了。康乾盛世伴随着嘉道中衰过早结束了这个平行世界的可能性。所以现实的历史路径是，这一个平行世界是我们没有办法看到的，我们看到的只是清朝衰亡的历史轨迹。

19 世纪 30 年代美国已经脱离清朝的外交藩篱而被英国政商关系吸引，使用英国的金融支付手段，而开始纳入英国的势力范围。英国是使用经济和金融的方式，将美国逐步纳入其势力范围的，而此时清朝的外交开始变得比较弱，而且清朝的经济也出现了很大的变化，在鸦片大量输入之后，清朝的市场开始逐步打开，美国无须以殖民地的方式加速消耗自己的资源来提供自己发展的基本经济动力，清朝国内的消费仍旧是滋养世界经济发展的源泉，但是美国此时已经不依赖清朝的外交和金融政策，美国的经济发展此时展示出另一种方式。也就是在东西方的外交中找到了一种平衡力量，来支撑美国的经济发展，导致的结果就是美国从根本上变成一个政治上和经济上都相当独立的国家，这一点是在清朝和英国的政治斗争中实现的完美的政治和经济独立发展，因为两方面都在极力拉拢美国作为蒸蒸日上的新的未来霸主。而这真的实现，还需要等待至少半个世纪甚至更长的时段。

上层的消费引导，对于中层有很大的价值，中层的社会消费引导对底层的消费升级有很大的价值，而底层的消费一般都会认为按照中层的样式/模式进行，是最好的选择，而这种选择是集体催眠或者模仿造成的，是无意识的，是社会集体的决策。但是毫无疑问，中层的选择是上层引导的产物，也就是一个社会的消费升级是上层首先尝试然后推广的。

如果一个社会能提升消费的价值总量，也就是产生更大的总消费或者总需求，那么必然是如此引导来实现的。但是相反的，消费降级一般而言都是上层缺位，中层降为勤俭类型，从而带领社会进入一种勤俭状态，选择更廉价的产品来使用，从而导致一种殖民地文化，即是好的产品用来供应消费地，也就是母国的市场，自己勤俭节约省下钱来进行投资，希望母国来提升消费，自己好投资继续赚钱。这就是英国最初和清朝的关系，英国节约，从而制造廉价品倾销到清朝，从而拥有压倒清朝的贸易和军事实力，打开清朝大门，控制世界市场，挟天子以令诸侯的时代到来了。

但是英国这样的经济理论，实在是不完善的，也纯粹是一种自认为正确的殖民地经济模式，而且这样的经济理论还强迫美国接受了。美国从一开始就是殖民地，当然十分认同，从来没有怀疑，但是美国做了世界霸主之后，还是向世界宣传这样的奴隶理论，让别的国家好好节约，让他们好好生产来供应自己，那么这样就是一种为了实现特别的政治目的来进行的宣传了。当然美国人民首当其冲，深受其害，做了自己统治集团的奴隶，而且这样的状况始终没有被社会所认识到，还继续学习奴隶哲学。

奴隶哲学的结果就是，本质上奴隶生活无法升级，只能通过对外输出产品，供养别人的生存，才能够实现自己的财富循环，所以本质上，这样的机制就是让奴隶经济消费不升级，从而带来奴隶经济本质上的成本低廉，才能获取大量的成本优势，在出口优先的基础上，上层获得最大的利润，但是上层消费不变，很难升级，中层崇拜节俭苦行，底层无法升级，从而导致的结果就是底层的贫困日益剧烈，而上层的收入越来越大，从而导致经济危机。产能过剩的模板就是如此造成的。

这是奴隶经济或者殖民地经济本质上的问题。如何才能缓解？就是让别国的国家来供养母国，母国消费升级，而殖民地人民仍旧维持产能过剩，这样就形成了母国—殖民地经济的基本模式。Solow 模型就是殖民地经济的模板。而其原初的模板就是崇尚节俭的亚当·斯密国富论理论，而国富论的基础就是自己当奴隶经济，用廉价产品冲垮清朝的对外扩张经济模板。

第四章　以货币金融为基础的格局性属性

“近世”或者“近代”，似乎在语言中是与“古代”相对粗略的时间概念，用在金融货币上我们也应该有一个进一步精确的语境，来特别指出大致的差异。奴隶制度和封建制度，是典型的具有差异的制度类型。或者说，尽管我们不能确定地分清楚具体的一个样本中，实际制度的运行要素哪方占绝对的优势，但从概念上我们绝对清楚自己在说什么，这就是一个理论上便于叙述的术语的一般精确性的限度。如果说到复杂的现实，自己都不清楚自己所描述的精确性的限度，就几乎等于说自己也不知道在说什么。这种状况就比较悲哀了。但是现实中不少的叙述都难以避免这样的尴尬，从而不得不自制新的概念来挽回现有的术语体系的缺陷，从而造成术语的通货膨胀、滥用乃至于概念上复杂的偷换和误用。这给知识本身的发展带来最大的限制，也就是知识池子价值的自行稀释，没有一个知识库是不会出现这样的现象的，因为其自然的局限使然。

从金融的角度或者理论上来看，奴隶制度不需要为奴隶阶层专门设定专有的货币类型，因为奴隶的经济乃至金融的依附属性使然，奴隶会得到主家也即立即合法的安排，这几乎就是奴隶制度罪恶的舆论表现，因为奴隶主没有被普遍规定最低工资，所以这个自由裁量权对于特殊的奴隶主来说可能而且完全可能（甚至也必然会）出现滥用的状况。我们不能说，常识上没有理性人“会对”自己的重资产采取虐待虐杀的状况，但是所谓“会对”这件事，绝对不是“绝对不”，因为就奴隶制度在历史上超长时段表现出的多样性而言，奴隶主不必然表现出任何一种恭敬、理性或者道德、法律上合乎社会规范的行为或者态度，除非这种奴隶制度被严格限制在礼法社会道德强制下执行，这就是周代的奴隶制度的典范。但是典范也是和平时期运行的标准，如果放到混乱的春秋或者奴隶主无法自持的战国时代，礼崩乐坏之后，孟子的派别显著崛起获得舆论。他们认为，按照当时的世俗运行模式，封建制度好于奴隶制度，封建制度下财产货币制度显然为奴隶阶层提供了有限但是切实的社会安排，尽管国家的财政需要扩大才能提供这么庞大的公共服务系统，但孟子的派别认为扩大财政支出带来的社会负担，要好于个别奴隶遭受的社会悲惨带来的社会道德的逐步崩坏以及人类情感的反复刺伤。所以，封建制度替代奴隶制度是一般的状况，不仅仅是封建制度，凡是社会舆论渐次开启比较自由化和世俗化的社会，都愿意为奴隶制度的替代提供更广泛的社会服务，例如美国的南北战争，新教式的北方制度，在此种状况下替代南方奴隶制也是内外社会舆论的推动。

新教资本主义模块是一种运行嵌入模块，或子概念（sub - concept），本身不能算是独立的制度类型，所以说不是封建制度本身的对等物，特定历史背景和意义下是可能被嵌入封建和奴隶制度的中间过渡型制度区间中的，这种直觉在探讨美国历史时段（清代）的背景下，尤其明显。这种嵌入了该模块的制度类型比较容易从奴隶制度过渡，因为这样的制度下，存在大量的介于完善的社会服务的建制农民和毫无社会服务全靠奴隶主私人服务的奴隶的中间社会类型，就是奴工。奴工类似于奴隶，也就是契约奴，或者半合法或者渐进合法的劳动者，这种劳动者的社会化服务是被写入契约中的，需要社会的集体承诺，而且极大依赖雇主或者此时就是奴隶主的个人信用承诺。所以在双重的承诺或者双重的违约风险下，运行的契约奴隶制度，是一种对于彻底的奴隶制度的准社会服务升级版本，是最低限度提供社会服务的新教版本的自由劳动力制度，这样的制度是一种殖民体系的附属制度，但是毫无疑问，带来的灵活性和适应性要强于彻底的封建制度，而且对于彻底依赖贩卖劫掠来的黑奴的奴隶制度，要表现出更大的宗教宽容和温和属性。是美国社会在殖民时代、独立时代和内战时代舆论上最推崇的社会构建模式。这种模式在新教伦理和世俗宪法制度的双重约束下可能运行良好，但是缺一不可，在非新教的教派治理下缺乏宗教上的对于殖民者的约束，在非宪法框架下缺乏对于社会服务提供的保障，所以本质上这也是踩着刀尖的舞者。很大程度上这就决定了在这种模式推广中的约束，需要不断的宗教战争和世俗制度的严格贯彻，凡是美国制度推广到非洲或者南美的案例，几乎无一例外都是非常失败的，这并不充分说明这种制度在原生土壤必然存在存续问题，而是说制度移植是极其困难的。宗教输出和法制秩序的输出都是极为耗费成本的，如果不付出超额的制度成本，而仅仅照搬就变成彻头彻尾的本本主义，所以失败是常态，输出和拷贝也几乎不可能。

按照顺序我们应该提供封建制度的概念了，但是我们今天的语境下，几乎每个学者每个叙述者都有自己的所谓封建制度的概念化的彼此差异的描述和原型，所以这个概念几乎不是一个清晰的概念，因为这个概念有时候是时间概念，有时候是制度或者阶级的概念，有时候又变成一个垃圾桶，凡是不需要严肃关注的都可以扔进去。但是这个概念始终没有被模糊化，从而在历史讨论中可能被弱化或者抛弃，我们几乎没办法找到另外的更适合的替代物，来说明封建制度的这种形态甚至内容。如果按照我们前文的货币金融的角度来看，封建制度下为单位劳动者提供了难以想象的高水平的社会地位、社会公共服务和社会全面保障，因为这样的一种封建制度似乎从来没有出现过，也似乎就是封建制度的原初形态，我们几乎找不到一个现有文献中的案例来说明，但是事实上几乎所有的封建制度的理想都是如此的。但这是孟子时代过后的封建制度的真实样子，但是在历史上制度会被模糊化、世俗化和福利被稀释，阶级地位逐步降级，从而沦为“坏”制度，也就污名化了。而我们生存的年代就是一个被彻底污名化的封建制之后的时代，所以在我们眼中似乎封建制度应该承受比奴隶制度更加严厉的惩罚，但是此时如果有人为封建制度的原初类型辩护，说这种制度在历史上维系了长期稳定的制度上的合理性，也会有不少舆论上的不适应。

封建制度是初次为奴隶提供全方位的道德和社会服务的制度类型，所以封建制度在早期的背景是道德水平很高的时代，所以其底线也是比较高的，但是道德的意识和礼教的薄弱随着时间逐步发展，封建制度的“水准”也在不断低落。我们见到的封建制度很大程度上在上述理想的对比之下，都不是一种这种理想范畴的制度类型，而更接近于一种农奴制度，而不是封建制度。

封建制度为农民提供了高于工商业者的阶级地位保障，社会福利和法治保障相对最为健全，而且从封建制度开始，农民享有了自己的货币类型。以最合理地审视封建制度的货币金融视角，就是看社会是否存在农民专用的货币类型，国家制度是否确保了农民的福利、阶级地位和法律保障。如果高，就是原型封建制，如果低，就沦为农奴甚至奴隶制度，所以封建制度和奴隶制度之间，应该不是划然区分的类型，而是渐进过度的类型的差异。

世界范围的制度，具有共时性和趋同性。趋同，就是自然向着世界上最强的最富裕的制度类型转化变迁的性质，共时性是趋同驱动的时间上的自然影响和转变的过程。近代可以看到，中国从世界巅峰降到近代第三世界的水准之后，内部的制度压制始终存在，要么向这个阵营的制度类型靠近，要么向另外的制度类型过渡，而世界上大部分第二世界国家，是第一梯队紧密的盟友和效仿者，而第三梯队就是下一个阶梯的制度跟随者，不跟随的就会被双方消灭，而跟随不紧密的就会被一方压制惩罚并且忍受双方的制度性惩罚。这就是人类制度的基本格局，从来如此，也从来不缺乏要么鼓励要么压制惩罚的手段，只是不同的时代自由多少罢了，对于我们熟悉的明清的朝贡体系，西方被严格长期排挤在外，忍受制度惩罚，几百年间不允许直接代理参与贸易，这就是一种严格的贸易禁运和贸易惩罚制度，在长期忍受贸易的惩罚之后，反扑过来对制度中心进行武力攻击，是正常的反应，而主要原因还是因为内环衰落太快，制度收缩和惩罚缓解，赶不上国力渐变的速度罢了。而新的制度圈层下，被甩在（新崛起的）内环之外，也是帝国崩解的正常对待，不能希冀更好是历史延续的必然。这是"顺治权衡"的主因，也是内在不可抗力的帝王观察。帝王视角观察几百年的未来是常态，既然无法继承明代的核心科技、海军和国力，那么未来被外部打翻朝贡体系，被内部清洗，应该是顺治入关后的自然预期。

如果认为上述的陈述具有格局属性，那么我们应该了解，鸦片战争之前的朝贡体系，是不同的世界格局。这个世界格局的崩塌是清代最大的历史事件，是清必然要面对的最痛的历史承接。雍正舍命的财政改革，也仅仅是推迟了一个世纪而已，而晚清能够重现中兴，是悟透了这个悲剧之后的重新再平衡，这个阶段的过渡做得很好，已经是极好了。这个极好是不能从一般的角度体会的，因为本可能的无数种更差的结局都是不可观测的平行时空的事件，我们看到晚清能够平安稳定地逐步穷下来，却没有再次发生人口的巨量减少，直到清帝逊位，就知道晚清如此算是善终了，对于顺治极大的忧虑，做出了一个相当高分的答卷。尽管如此，我们也仍旧不得不说，清代的无道贯彻始终，但这就是另一个层次和维度的问题了。让一个从关外的奴隶体制极速转化而来的贵族集团，来承接发展了几千年的封建制度，无道就是常态了。相对于明代繁复的制度设计，前清帝王几乎是穿越而来的，清朝贵族仅仅能理解最简化的儒教主张，出于两个原因：其一，革除汉人的文化根基；

其二，自己认知能力所限，看不懂。不懂的都加以删刈根除，蛮夷之态尽显。别人懂得多，还要在一起下棋，持刀的蛮人悔棋毁人是常态。公平正义不会在不平衡的局势中简单出现。但是清朝毕竟是贵族集团，表面做的还是很多的，关外大哥算是当时所有周边贵族中对明室最善待的了。

清代的历史很难描述，因为前后是两个世界两个格局，起落太大。在乾隆朝之前的明清两代是世界各国在数百年间的唯一效仿者，惯性之下，西方世界是亦步亦趋、唯命是从。这不从对西方世界的影响力来看，仅从对于美国的制度影响就能够看到这方面的诸多影子。

清代两部门经济，北方是清的辐射区（满洲封禁），南方是汉人区。以直隶为中心的北方经济，本质上是一种汉化了的清朝贵族制度，也就是一种类型的奴隶制度（一说，农奴制度）。其制度特点是大量的人口都并不是彻底自由的封建农民，而是依附性的奴隶或者农奴，这一点从收入的货币化程度就可以看出。奴隶不使用货币，在不手持货币的奴隶经济中，其生存是依赖道德约束、内部管制和奴隶主的恩慈来实现的，是主仆关系，但是因为部分货币化，所以主仆制度的世俗化程度有差异，有的有一些余钱，有的完全没有或者极少，这就是奴隶制度的体现。一个大奴隶主下面可能有大量的资源、田产等，内部的分配样式没有充分货币化，这就是系统上的准奴隶制度，而且旗人的系统内部所涉及的大量田产和资源都是类似的管理制度。清代的南北方豪门中旗人系统都是如此管理的，但是南北方都有残余的明朝家族系统的存续，这些系统都是汉人的家族管理模式，是比较充分货币化的，族群有内部管理，市场和社会组织系统，两个系统互相交织，形成了清代特有的社会结构。

但是总体来说，清代贵族控制的土地和资源区域都是采取更多的旗人系统管理模式，与南方汉人家族为核心的社会管理模式，有很大的差异。清人喜爱奴隶制度的简单高效，习惯主仆的忠诚关系，而不习惯世俗化的汉人价值观念，也不习惯汉人的法制和伦理系统双重制度体系，所以清人在世界范围扶植的很多系统都有奴隶制度的掺杂。例如美国的社会制度中，就一直包含了很大的奴隶制和契约奴隶制度的影子，而美国初创的时代是清代奋发崛起统一的时代，美国采取的制度样板就是当时世界最流行的时尚样板。

但是1840年清朝经历鸦片战争，1860年清朝首都被洗劫名存实亡，美国奴隶制度从逐步到彻底失去了后援，从而内战爆发，开始彻底倒向西方模板，这一点从时间线上来看，是精确而清晰的，类似世界格局的制度沿袭案例不胜枚举。我们说，1860 年前后的美国制度上的变迁是极为剧烈的。这种剧烈程度，从美国经济制度历史来看，毫不低于美国建国时期的制度变迁，相比较美国从英国逐步脱离出来的时代正值清朝最为强盛的乾隆时代，这个过渡是稳定的，而且从本质上来看，从英国失去了这个最有价值的殖民地之后，开始对美国采取的怀柔和拉拢政策，乃至于逐步意识形态输出和平演变的过程，在美国制度历史中很少明显阐述，但是这个脉络在美国经济历史中是极为清晰的。美国的货币历史从来都是从内战开始[①]，因为美国的制度在 1860 年前后几乎是两种不同的类型了。世界格局中清朝失势，对于世界的影响很大，而对于美国的影响更大。

回到主题，从货币金融上的安排来看，如果我们抛开关于奴隶制度和封建制度的名号和他们自带的荣誉和污蔑，抛开所有世俗的偏见和污蔑，可以说人类的任何一种发展都存在其后续继承的血脉中，任何一种后世的安排中都自带其原型的血统和延续。所谓的奴隶制度，从货币金融来看本质上是一种去货币化安排，也即是按照道德礼教的规则束缚来强制要求对特定成员的生存福利进行道德化的安排手段。一个秩序的中心区，没有人会担心按照既定的和公认的价值观念进行的非货币化的安排有什么问题，而且在秩序良好的时候，也就是道德感荣誉感充沛的秩序区，人们更喜欢这样的安排带来的无功利化负担的简单和纯正的生存状态，战时和灾难时代的配给制度是特殊短暂的用道德秩序和组织强力安排起来的社会秩序临时分配方案，具有道德性和强制性，但是毫无疑问充满了人道的味道，也同时反映出公共价值观念和意识形态的完好水平和标准。

在和平时期，不可能完全彻底在所有的区域实现所谓的道德安排的秩序覆盖，这是一个基本的悖论，我们不深入探讨，但是我们要知道，一个学术上的名词很好地反映出这个不完全性产生的次级乃至于非秩序区的严格的分化结构，就是对于边疆的研究产生的一个词语——佐米亚（佐米亚区域）。我们使用这个词语宽泛的概念定义，而不去指原来的具体区域，在非秩序区必然出现任何一种制度级别的佐米亚，但是佐米亚的存在并不一定是人为的，

① 米尔顿·弗里德曼，安娜·雅各布森·施瓦茨．美国货币史［M］．北京：北京大学出版社，2009.

而是由自然的秩序边际递减律决定的。秩序在人群中自然衰减，形成了中国古代的对应概念，就是五服区域。中国古代的社会构建就是依据这个原则，按照秩序逐步衰减的规律建立了自己的世界秩序，可见在数千年前中国的古人构建理想秩序的时候，就已经了然于心这个概念，虽然使用的词汇和形式不同，但是构建的社会结构是几乎类似的，成熟的超前的概念必须从中国寻找，这是世界学术界的共识。

按照最泛化的构建系统来看，自然的意识形态无论是什么以及如何带来的，形成的中心秩序区的大小不是无边界的，但是这个秩序区是可以无财政秩序的，也就是自然按照道德的、礼教的、认知互动的或者封建或者奴隶制度，或者任何一个系统内部构建的基础，建立起来的内环都是不太需要外生法律来维持的。这个秩序内部的所谓道德高地，足以维持一种无可争议的公正的和秩序的完好属性，从而不需要发行货币，也能维持内部成员毫无怨言的稳定，这就是我们所说的非货币化的维持系统的原型，也是奴隶制度早期构建的基本意识形态和社会价值系统的基础。我们没有生存在几千年前的奴隶制度中，没办法想到和感受到那种秩序性，产生人类早期文明的古埃及和三皇五帝时代的基础都是这样的近乎完美无缺的秩序性基础。此处对于上古的概念化阐述关乎叙事，但要了解到我们无法解释的一面，而且也没有解释的能力。

在近代，西方教团内部、东方八旗内部，都是类似的秩序系统，我们称为奴隶制度是不合适的，但是本质上具有类似的非货币化安排。如果我们追究清朝早期的制度安排和道德性质，可以看到，在旗人社会内部主仆关系的稳固，甚至始终有内务府对于“包衣奴隶”的称谓。这些制度阑尾足以说出，这些早期清朝制度滥觞时代的基本特点，也是满洲秩序曾经处于高峰时代的佐证。高级的秩序都是无货币化的，因为主仆之间纯真无瑕质朴的无限忠诚，我们想到的甚至应该是十字军东征期间用血奠基的教团内部的秩序基础，是数百年中前赴后继的狂热的宗教热情带来的秩序内部基础，使西方开始了扩张的基础。没有教团内部的秩序，西方世界不可能还维系着基本的社会内部秩序，但是从秩序的混乱可以看到，与清朝同龄的那些社会，他们的衰弱和秩序下降也是可以察觉的。对于一种内部的秩序高地而言，无论时间还是空间上都存在显著的规律，就是秩序的时间和空间损耗。空间上形成了秩序区和佐米亚区的环形区域的区别，空间上就是可见的历史时段的降级和衰微。

清朝的衰微和同时代的西方制度同步进行，但是衰微得快的就更早崩溃，用衰微者的血为衰微慢的秩序内环和外环续命，是历史的常态。续命也不是可以永续的行为，时间和空间上的规律都是不可抗的。

在两种规则的共同作用下，任何一个佐米亚区域的偶然间重构的秩序高低，都可能在金融上集聚、在财政上累积，如果这个新内环的秩序超越了外部世界的中心秩序区，旧世界被摧枯拉朽是时间的问题，也是空间的问题。

在旧秩序的文人哀叹中写下野蛮替代文明之后随葬旧秩序，此时新秩序的文人笔下是春风得意和摧枯拉朽，解救亡人于危难，食人者缚下的菜人重获新生。晚清的舆论中，接触了新秩序的人口不仅认为清朝具有食人的属性，还一并连带所有的封建时代都具有食人属性，这是对我们熟悉的历史的情绪化的表达，我们不应该顺从旧秩序或者新秩序的解读法，而应该建立更冷静的清晰的思维，不然学术的稳态均衡就变成情绪的垃圾站。尽管如此，均衡如此，也往往不是人力所能及。

到这里，我们已经完成了秩序区的货币金融解读思路，即货币的内环是非货币化的，但是整个对于外环的统治方式是货币化的。也即是，内环非货币区，作为一个整体建立了对于货币的第一级的货币化财政统治区，这个区域因为为之建立了货币和财政支撑，从而取得了具有阶级地位维护属性的金融次级福利保护区，这是封建化的金融秩序的一般构建方式。这个区域因为发行稳定的货币，有一定自由的金融活动，且确保财产稳定的合法占有，维护人与人之间的刑事乃至民事纠纷的财政秩序输出，从而实现了第一级别的财政区。

实现财政区并不容易，因为调节货币是复杂的事情，必须要两步走。第一步，消灭硬通货，或者收硬通货。第二步，发行次级通货才能实现，用贱金属或者纸币调节财政世界，是奴隶制度之后历史的创造。在中国，这个典范是由秦始皇开创的，收天下贵金属，使用铜币来调节经济，中国开始进入大一统的封建财政货币化时代。

封建财政区，最为脆弱的就是货币和财政，因为外环的佐米亚区域只要发现了贵金属或者大批量出现了硬通货，就能带来对于内环财政区的践踏。财政足够的时候，反攻内环的财政区域，甚至彻底瓦解内部的非财政区，就是时间问题了。

所以任何一个制度的秩序中心，都是去货币化的，也就是随时防范未来可能出现的外环佐米亚大反攻。在封建时代，这样的从外部攻入的状况几乎是伴随着时代的同步进行且不断发生的，始终不绝的外环攻入，导致内环秩序不断坚固起来，所以有言："入则无法家拂士，出则无敌国外患者，国恒亡。"如果按照我们的货币金融制度解读，如果内环没有不受物质利益左右的内环非货币区产生的死士，外环没有不断的敌人让我们建立维持军备稳定的财政供应，那么国家很难最终不被佐米亚的新兴秩序攻陷。长期的和平，解构了内环的非货币区，解散了庞大耗费的军事财政，结局就是被小规模的极端分子瓦解，恐怖分子最后成了统治者。但是这种问题一般是在第二世界发生，在第一世界长期反恐的实践中很少出现。我们看到欧亚战败国被拔牙后被迫处于长期的和平环境，国会解散了军事组织，最终的结局真的类似孟子所描述的状况，这也是历史的常态，而不是世界格局顶端竞争的日常。旧式文人常说孟子的时代距今日不远，看来是有道理的。

现在我们使用宽泛的佐米亚概念来叙述英国对应阶段的历史。相对于明清时代，英国长期处于朝贡之外的典型的佐米亚区域，这个区域从历史上来看，大部分时间都是疆域辽阔的边疆之外的区域，在大航海时代开启的时候，对应了明朝的海军财政和军备不足，开始大规模缩减外部秩序维护，主要应对近边的战事。周边的大量佐米亚区开始出现斩不断的硬通货区，满洲的人参和贵重的财货始终无法在明朝的自由财政区禁绝，导致走私猖獗出现在任何一个帝国的衰微时代，都是在核心财政区出现了严峻的走私问题，大量的财富开始出现漏出，这种漏出的治理方式一般而言就是贸易限制。施加日益严峻的贸易制裁，是明代的日常，因为明代的大银池虽然已经建立，但是漏出的财富导致边疆区之外的财政崛起事件绵延不绝，这导致的最大问题就是明军武力虽强但是蛮夷围攻不断，中国历史上的朝贡区域的建立，这几乎是常态。围攻核心区是历史的必然，合围汉唐宋明几乎是历代不绝、连续发生的历史主线。明代的海军在面对小规模的山寨版合围中无用武之力，斩断海疆之下，开启集中清理模式，恰逢小冰河期，土地财政失效，海外供给已经被自己先行斩断，合围中明代结束。清朝说，不是自己革了明，因为是合围，不应该算在自己头上，这尽管是狡辩，但是这类似于法官面对主人被杀的案件，有一个参与合围的强盗说自己不是杀手，因为自己冲上来的时候看到主人已经被先来的杀了（更大的疑点是主人可能还是自杀的）。清朝来的时候，君王已经死社稷了，法官自问，清朝的描述有问题吗？答案是有问题，但是清朝此阶段还是一个很机智的合围的参与犯，因为先冲进来的无论几波人也和他不能撇开关系。依赖佐米亚吸血经济滋养起来的清朝贵族正处于军事和智力的巅峰期，能反间袁崇焕，让汉人朝廷在天下人前颜面尽失。尽管如此，得江山易，治理江山难，是顺治时代感受到的真正的权衡和巨大的挑战，几千年的中国制度，不是佐米亚边疆的英豪能看懂的，主慈仆忠的秩序终究不足以为这么深厚的社会文化提供善治。东西易位此时已经成为历史的必然。

清朝统治者的智力在线是常态，清朝不能维持中国高技术产业的延续，但是以明代超越的技术水准而言，只要保持住技术不外泄，就能提供一段时间“长久”的稳定。顺治之后，历代前清帝王始终不渝地奉行明代的海疆关禁，更严格坚守技术和知识的外泄，不仅对内加强监督，而且对外实施了更为严格的贸易禁运和贸易上的无差别长期制裁，这才带来清朝的国运不衰，但是副作用明显，就是清朝在海外的名誉尽失，西方世界视清朝的统治者为仇，1860 年，从这种意义上是来为百年欺侮报仇的。联军没有洗劫紫禁城，而是洗劫了当时清廷的主要所在地圆明园，因为报仇是报的清朝，不是明代的遗存汉人的象征——故宫。尽管如此，汉人在清朝治下一并受辱，帝国崩解，在列强铁蹄下苟存成为常态，亡国灭种之灾阴影持续百年不绝。

白银经济

近代的货币历史中，白银逐步开始成为主要的货币样式，这必须要从明朝的现实说起，但是我们不是专书明史，所以只能简述，开启背景，重点回到清史。明朝的开国时代，有针对地革除元代的文化是一个当下棘手的问题，而因为复杂的原因决策者又并不希望彻底回到宋代的制度基础上，是明代建政之初的诸多急务的基点。此处我们更不能展开宋代历史，所以，明代统治者对于白银经济的抗拒是明显的，因为白银经济的开启，必然带来更严重的佐米亚边疆区严峻的态势，但是朝贡区外围的贵金属开始系统开发，如果不能使用明朝的财政金融自由区吸纳足够的世界硬通货，必然带来更严重的危害。所以，明代开始实施的白银吸纳计划，具有被迫的属性，为了削弱朝贡外围的边境外的财政实力。但是这样做对于明朝的财政区存在很大的危害，也就是内部可能出现严重的货币分化。此时明朝的内部在白银这样的重宝出现之后，必然出现严峻的分化，也就是一部分明朝的富人开始分化为白银货币区，而将剩余的贱金属持有者排挤到下一级的边缘地带。这种货币效应不仅具有阶级上的分化属性，还具有空间性，也就是明朝的财政内环内部被分化为多层结构，白银区被抬升，而将接近佐米亚的财政外环沦为了贱金属的铜币区域。这种划分具有一定的收入分配属性，也就是部分富人开始出现了财富的极端集聚，非货币区的核心贵族阶层开始对这部分新崛起的豪门贵族失控，这部分人是江南的新贵，他们不仅逐步掌握了财政权利、金融和货币优势，还掌握和控制文教和中央政府机构内部的话语权。明代在此种基础上走上了党争的演化区间和路径，东林党势力庞大，明代中后期不得不用非货币核心系统来钳制文人集团，这就是明代政治格局的形成，皇权不稳，只能用厂公，对阵之下国内舆论哗然，汉人内斗之势即成，外部围攻，帝国烟消云散，历史周期率加速。

清朝贵族上位的时候所面临的意识形态环境是，汉人的文人集团已经完成了国内舆论的一边倒，清朝权贵从开始就笑纳了文人集团在前朝用于党争的极端模板，将其作为三流，有生之年坚持自学且推广。清朝尽管智力在线但是积累不足，认错了宝，拿了个仿品供起来两百年后，东南互保既成，清朝帝后自斗八国联军，文人豪强集团围观，帝国崩解。

清代的财政区意识形态如上所述，来自前朝的既定事实，清朝坚持旗人不经商的原则，维持旗人的非财政核心性质，是确保清代能够维持两百年的制度基础。在既定规矩传承有序的维持下，清代不仅取得了稳定的秩序持续输出，还能维持和白银财政区的一种平衡。清朝的财政区道德基础来自军事贵族的承诺，清朝对于前朝的契约被维持下来，所以清代的经济恢复很快，在疫情和战乱结束之后就开始了人口增长，这是这个时代的最大看点。乾隆时代的经济、财政和金融都达到清季的巅峰样式，唯一的问题在于，清代尽管进行了一些尝试，但是仍旧维持了两种货币的财政分化。

清朝尝试过恢复单一货币的思路，但是很快就放弃了。乾隆时代，专注于明代的历史政策，就是经营白银财政区，主要吸纳外部的白银，来弱化边疆之外的佐米亚军阀的财政实力。从乾隆时代开始，英国就成为最大的西方军事挑战者，尽管远隔海疆，但是清廷对其的忌惮是持续的。乾隆的政策是协调法国和新兴的美国殖民者，来让英国的海外财政区独立，以此来瓦解英国崛起的财政来源。

美国对于英国，极为类似清代崛起时候的政策，美国殖民者几乎尝试种植了清朝关外的一切中原财政区最喜爱的贸易产品，如人参（就是后来的西洋参）、貂皮、大米、靛蓝等。但是毫无疑问，所有这些都逃不出清朝贵族的法眼，他们不可能坐视英帝国按照自己的模式重新发达起来瓦解自己，乾隆一代花尽了心思，来取得美国的独立，让美国成为清朝的财政佐米亚区，而不是英帝国的直接殖民地，是乾隆手中的十三行（以及对口的东印度公司）的主要外交策略。这个策略是十分有效的，在清朝联合英国的传统敌人和竞争对手法国的直接军事介入以及清朝对美新兴殖民者集团的外贸财政支援下，前清的世界政策在向着对帝国有利的路径发展：华盛顿奇迹般地取得了美国的独立。如果说，没有当时世界第一位的帝国的支撑，美国能够获得独立，逻辑上似乎也几乎不可能。但是清朝在乾隆身后戏剧般的衰落和迅速瓦解，使这段历史沉默于世间。美国人也不愿意再提。乾隆也万万想不到，身后就是深渊，“嘉道中衰”来得如此突然。

全汉升对中古自然经济以及帝国财政和货币金融政策的超然态度，很显然不是中古时代的财政货币实践，而是清朝的独特行为。其后，清朝贵族在货币上和财政上始终处于被现实频繁惊吓的过程中。在嘉庆看来，和珅的存在是可怕的，尽管和珅是内部非货币区的人员，但是牵涉的货币财富数量和对财政的庞大影响力，已经远远超过了普通帝王的心理承受边界，不是简单地超越，是超越红线太远了。但这就是双重货币的现实状况，文人集团控制的货币数量和货币的财富体量，此时已经超过了清廷的一般接受能力，本质上这就是明代帝王面临的危机，在清代是始终贯穿的。明代帝王的不信任，在清代表现得更加剧烈和反弹。巨大的货币数量和难以忍受的远超帝王规定的礼法，是实际上奢靡的现实文人贵族集团的生态，红楼梦还原的是浪漫视角下的生活细节，但是帝王家面对这样的世界，如何做想？佐米亚外围的随时混乱，财政区奢靡的巨量财富，忠不忠诚，成了明清两代帝王家自困的一个严峻的治理问题了。嘉庆和道光首开简朴的规范，是从儒术入手重整朝纲和礼教的尝试。清朝没有明朝庞大的海军实力，却用明朝的儒术，导致的结局就是佐米亚区的沸腾，伴随着边疆的乱局不断。从为清朝利益着想来看，慈禧不愧是和珅之后的天才，竟然用英国掌管关税，来克制内外的骚动，究竟也取得了稳定的平衡。这样的帝王之术，几百年来极为罕见，连维多利亚都常对对面的女皇叹为观止。咸同中兴竟然在此乱局中稳定了边疆，甚至还短期克制住列强的攻势，维持了社会秩序的稳定，几乎是半殖民地区统治集团所能做到的极致了。

要知道，慈禧时代的中国大银池，已经不是世界的中心了，世界的中心移动到英帝国，英国为了克制巨大的清朝内部财政区的货币存留，极力转舵，开启金本位时代，因为只有金本位才能压制银本位的地位，并且瓦解清朝的财政和货币金融。但是银池太大，这个做法英国坚持了百年，直到英国衰落美国崛起的时代，才最终完成了对于清朝财富的彻底泄尽。

类似于乾隆时代确保白银流入中国，慈禧时代全力确保白银的价值缓慢而不是极速下降，在这件事情上，慈禧做到的甚至比较乾隆的并不差，维持的时间也比较乾隆足够长。为清朝续命，全依赖白银的货币购买力不降低，几乎所有的晚清货币金融上的举措都为此而设计实施，直到末年逊位，在极度恶劣的世界形势和格局中，清朝的金融都不算得分太低。从某种形式上说，清朝在乾隆的鼎盛时代和慈禧的中兴时代始终是金融领域的高分选手。但是慈禧的政治和军事策略则显得分数非常低。咸同中兴年代，清朝似乎冲昏了头脑，竟然开启了扩张模式，似乎要重塑当年的辉煌，这是慈禧最大的败笔。但是毫无疑问，这是清朝军事贵族集团最迫切的内在需要，是内心最渴望的重获辉煌的老路，但是此时对于清朝而言，这已是“不可能的欲望”，而不是“合理的愿望”了。

上述就是给全汉升以“自然经济”印象的清朝的金融和货币政策，也就是强大的间接控制的帝王之术，清朝没有使用直接的控制方式，但是使用了任何一种可能的甚至基于列强的间接控制术，来对于货币经济极尽操纵之能事，我们只有在特定视角和时间才能够看到其结果是合理有效的，因为控制的方式极为隐秘间接，而没有采取武断的直接控制，但是这不是自然经济，而是间接控制术。

清朝没有放任货币和资本被列强控制，而是使用了所有可能的间接控制手段，来实现自己的目标，所有的列强都联合起来抛弃白银，鼓动黄金本位经济的时候，清朝还能够维持白银的购买力没有彻底崩盘，这就是清朝金融政策的有效体现了。

代价是明显的，文人集团的财富积聚极为迅速，末年百姓的铜币经济经常出现严重的问题，极端的贫富分化以及底层日益边缘化的拮据艰难的生存现实，对于清朝都是难以顾及的问题。在民生领域，清朝举步维艰，对于来自外国的外部贸易品产生了强烈的依赖，对于鸦片和外国的违禁品也再也没有能力抵制了，佐米亚边疆变得逐步合法，大量的内部财富无序流动成为日常，帝国边界以外的生态秩序逐步恶化，亚洲逐步在清朝秩序降级中集体降级到典型的第三世界面貌，这就是漫长的清代历史缓慢而严峻的趋势。清末的帝国终结，面临的是无正统的汉人内斗标准格局，尽管极端痛苦但是相比于东汉之后的漫长痛苦期要短暂，中国迅速经历了军阀混战和重新统一的过程，历史的周期律加速了。

我们理解清代的经济和金融现象，要了解两个基点：第一，清代面临了举世罕见的环境生态变迁，可以理解为我们今天熟悉的气候变迁（climate change），或者沿用古代的说法，就是二十四史《五行志》上的各种灾异频发的状况，这两种意识形态都是清代决策者了解的现实，东西两种解读方式同时进入清代统治者的视线。这意味着，清廷决策参照了足够多的知识和理解。第二，清代尽管国内环境生态问题严重，但是开启了工业化的西方主要工业国沉浸在严重的污染中，这一点我们要理解为，清国内环境的相对洁净度要超过外国的一般标准，或者说远远超过外国的环境水平。

上述两点是我们考虑清代的历史问题需要特别关注的。上述基础参照货币金融的现实，就是清朝的货币贬值比较外部世界的货币贬值状况是相对轻微的。第一点，美国的货币贬值通货膨胀是举世皆知的，而英国的历次货币贬值尽管要远比其他国家好，但是参照清代的贬值问题是更严重，而不是更轻微。第二点，尽管白银本位在世界范围被黄金本位替代，但是清代维持了始终的白银流入，且白银的价值基本稳定，在所有时段都基本上没有出现彻底的坍塌性事件，即使在清政府最艰难的几个时点上，也维持了基本的变动，没有完全背离预设的宏观预期可承受的范围。第三点，在货币金融上，基本维持了作为军事贵族的基本体面，而没有发生类似于欧洲诸多君主悲惨的局面。清代一代的贵族是撑住了自己的基本体面的，直到逊位，参照礼教还算是顾全了大局的。这是与上述金融属性紧密相关的，因为统治者的信用等级同金融的信用等级维持同位关系。第四点，清朝尽管逐步衰弱，但是从本质上维持了中国和外部世界的基本贸易和经济关系的秩序不改变，始终是列强的产品供养清朝百姓，用列强污染自己的土地和资源生产的产品，来供养中央帝国的百姓，这一点始终没有变化。

其中的奥秘是什么？一国资源的质量决定了农产品的质量，而环境质量和产品质量紧密相关。清朝始终是农业国，没有谋求工业化的大量产出替代，所以清朝的农产品质量始终处于世界较高的位置，而且清朝没有放弃传统产业的高价格和高品位。尽管清朝的产品被替代得七零八落，但仍旧是由生产奢侈品级别的手工业和高质量的农业构成的具有稳定的货币金融特点的传统帝国性质。

只要环境不变，国家的产品价格、级别和质量就不会发生变化，尽管产出总量开始明显低于列强，这表现出综合国力的落后和衰弱，但是产品质量维持了稳定。所以国内的百姓尽管自产的工业品匮乏，但是维持了不变的平均生活水平和生活质量。唯一的问题在于，人口过速繁殖下，生活水平被第一次稀释，收入分配拉开差距之后，面临第二次被稀释，所以底层艰难是越来越明显的。

中上层享受到帝国的稳定性和局部繁荣，底层的艰难是显著的。所以本质上此时的清朝显示出奴隶制度的本质，也即是财政自由区的百姓开始感受到自己的奴隶地位本质。在繁荣期的帝国，财政区的百姓感受到的是比其他国家富裕的现实，感受不到饥寒交迫的问题，所以奴隶地位的本质可能被掩盖。但是奴隶制度之所以是奴隶制度，就是随着萧条期的到来，底层社会遇到寒流的时候，才知道自己配享用的是如此的低下。

这似乎在说，根本上的所谓奴隶的地位和制度无关，只要是其生存标准低于牛马等工具牲畜力，那么就似乎被迫感受到奴隶的待遇。似乎奴隶的待遇，不是一种制度从名义上造成的。无论是任何一种制度，只要生存标准很低，也就是处于非人的待遇的时候，那么人们就会觉得自己身处于一种奴隶制度中。无论这是被称为奴隶制度的制度，还是封建制度，还是农奴制度，还是任何一种西方体制，人们只要每天辛劳却不得不挨饿，就会有奴隶的感觉，如果没有合适的居所，就会认为自己身处于奴隶制度。如果这样说，世界的中心国家无论实行什么制度都不是奴隶制度，外国佐米亚群落无论什么制度被实施，本质上都是奴隶制度，因为世界中心没有人不受到合理的待遇，而外围的番邦大王也仅仅是处于很低下的生活水准，那么他驱动的人口，无论是强迫还是温和，都本质上是奴隶，因为生存的艰难和寿命的低下。所以说，奴隶制度是一种五服之外的人口的制度，而不可能是朝贡中心区非货币区的标配，但是本质上非货币的供应者都是仆从，而五服之外的佐米亚却在丛林中自由自在，这就是制度的悖论，自由自在的却随时丧命，号称臣仆的却衣食无忧、温文尔雅。

清朝立国尽管是奴隶制度，但是维系了自己内环始终的稳定，自由货币区的富裕人口始终的富裕。直到民国初年，清朝的地主精英阶层的子女还能充斥世界范围的最好的城市和教育场所。所以说，清朝时代的帝国始终维持了中上层的稳定，但是时代的洪流已经是人民的文化和制度在突飞猛进了，清朝没有让最多的人口享受到世界进步的趋势，却始终压制了人口的自由，不仅中国的底层，而且富裕的中上层也仍旧没有得到自由的发展，这是清朝的无道所导致的问题。民心即天心，清朝没有顾及中国的百姓，失去了统治的基础。驱除鞑虏，恢复中华，始终是有清一代的主线，清朝没有能力做到这一点，也没有做出应有的努力。民国时代的大师们特别儒雅，也有很大的成就，但是中国的灾难让底层的自由和尊严更卑微了，在首都被屠城之后，百姓看到了此时还不如清朝的统治水平高，民心思变。几个日本兵就可能统治一个县的人口，这是清朝一代努力奴化人口导致的悲哀的局面。奴隶制度的好处和坏处都是如此，奴隶虽然痛苦、没有希望，但是在奴化的世界中，他们并不觉得自己痛苦也不觉得难过，他们维持着自己的生活，也很少抱怨，这是稳定的来源。清朝用儒教奴化了百姓，吃苦是百姓的美德，但是美德被用来完美地奴化了一代又一代人口，人们沉浸在自己的美德中，毫无抱怨，且深深为之自豪且快乐着。儒教的奴化作用在此处展示出来的是如此的令人发指。奴隶可能是那些失去了同外界交换认知的本能，却沉浸在特定的自我泡沫中的工具化和物质化的人口。奴隶之所以被比喻为牛马，是因为他们可能完全闭目劳作，不管自己之外的世界。清代灭道崇佛，禅宗是中国的流派，无一例外在清朝的治下都是内求，闭目塞听，沉浸在自己闭锁的世界里，很适合清朝奴化汉人的需要。

这是清朝之后帝国崩解余波中的后话了，在灭族的边缘，年轻人的道德苏醒了，舍弃了家庭和一切，因为他们认为现有的一切很快都将不复存在，社会上奴化、物质化的人口虽然占据多数，不肯离开自己几代人积累的财富，但是战火即将吞没一切，年轻人开始批量舍命投奔革命圣地——延安。新的轮回开始了。

谈社会制度和实际运行

社会制度和实际运行是两回事，社会制度没有好坏，只有适合与不适合，而适合就可能造成比较好一点儿的结果，但是所谓“好一点儿”的现象，往往也不是人们能够轻易观察到的。

此处的评判标准是什么？我们说，本质上任何一种制度都需要避免一种灾难，在任何一种制度中都可能出现被隐瞒的犯罪，但越是信息能够流动且能够追溯，并且越是底层的执法者越愿意承担为弱者伸张正义的成本，而遭受强者制裁或者报复的风险的状况越可能得到比较好的正义的维持。人性的阴暗如果结合策略性的阴谋的得逞，总是可能形成罪恶的延续和惩戒的落空，强者作恶如果越来越容易，那么弱者就越来越成为践踏公正的牺牲品。

所以我们需要评价制度的时候，可能需要的维度十分多，例如我们可能常见的正义，包含着：过程正义性和结果正义性；强者和弱者的自由和各自的正义的容许范围。

如果我们认为强和弱之间的合作，需要进行平均分配，那么本质上强者和弱者就具有自然地分割资源的能力上的差异，就会被社会制度性削弱，这样的制度很大程度上是偏向弱者的，所以在强者的一方面，要么就会在实际中减少和弱者的合作，要么就会在实际中自然践踏社会认可的公正秩序。因此，这样的制度很大程度上不好维系，也就是维系成本很高，弱者无力维系社会成本，需要强者提供财富余额来支付限制强者的制度成本，除非强者认可并且从本质上限制自己的行为，一方面反思自己的行为可能会带来危害，另一方面支付费用惩罚自己的违法行为。这是很大程度上矛盾的社会规则，所以自然的社会制度产生的时候，首选的是强者组织秩序，弱者服从秩序，强者给弱者必要的安排，但是公平来自强弱一般的社会评定规则。社会认可的价值观念，就是制度的价值规范，也是分配的和法制约束的价值规范，所以强者要有尊严地执行承诺，弱者要尊重强者的安排，从而形成一种等级制度。等级制度是强制的也是契约化的，预先给定了强弱的比例和分配的安排。公共认可的制度和等级不容置疑。在历史上等级制度是奴隶制度的基本规则，贫穷和富裕相互之间隔离，彼此尊重对方的世界，所以在奴隶生活稳定、吃饱喝足且信仰稳定的时候，向奴隶输出暴动的观念是不可行的。但是如果奴隶遇到灾荒，无法满足基本的生存要求，此时奴隶主无法提供足够的生活和救灾的时候，在灾难延续的时候，可能就会形成暴动，暴动的原因可能是多样的，但是形成暴动的诱因很可能不是奴隶内部产生的，而是奴隶被输入暴力观念而产生的。美国的南北战争中，南方的奴隶并不艰难，但是即使如此，在战争中逐步变得艰难之后，条件成熟，且输入解放奴隶的观念，从而奴隶制度瓦解。在现实中，强者与弱者组成的社会，弱者被赋予权力，可能成为压制强者的一方，但是在没有权力加持的地方，强者会自然压制弱者。在强者统帅弱者的世界，如果强者迫害弱者，且隐瞒迫害弱者，那么此时弱者必然会遭到严重低于自己应得的地位的待遇，这样的状况我们称之为第一种不公正。

在弱者被赋予权力，从而主动迫害强者的时候，带给强者报复性的惩罚，这类我们称为第二种不公正。奴隶制度，是一种司法裁判比较节约的社会，因为奴隶全部被要求服从自己的奴隶主，从而奴隶主建立起来一种合作的制度。对于拥有大规模的奴隶的主人，他会组织部分有才能的奴隶来管理其他人，就这样的管理系统而言，奴隶与奴隶主并不直接接触，所以在建立起等级制度的基础上，如果奴隶主有可乘之机，也就是奴隶主没有足够的能力驾驭自己的代理人的时候，就会被代理人压制。如果代理人不足够强大，那么就会被下层奴隶压制。上述状况都是强者不够强，从而被弱者压制，甚至于淘汰，所以当强者达不到足够强的能力时，被淘汰是时间问题。但是我们说，在整个制度的顶端，如果不够强大，那么必然被淘汰，所以奴隶制度中最大的奴隶主必然是需要十分强的，在自然形成的制度框架下任何一种制度都是如此，如果制度顶端的决策者不够强大，必然被淘汰，只是时间问题。

人们可能会说，一个弱者如果被赋予了权利，那么这个弱者可能会压制强者，这仅仅是一个维度的问题，弱者可能压制某一个强者，但是弱者无法彻底解决所有的强者，除非这个弱者将所有的强者杀光，但是此时只要有强于他的个体在任何时候出现，弱者还是会被淘汰的。所以弱者不可能在自然状态下存在顶端，而且更重要的是，制度赋予的权利一般而言并不能确保弱者能够淘汰全部的强者，即使如此，这个制度如果真的淘汰了全部强者，那么并行的其他组织和制度，外部的敌人就可能轻而易举地消灭这个弱者组织。一个弱者的自然组织，没办法长期维持，除非世界仅有一个弱者统治了比他并不强大的一大群更弱的群体，这是一个自我淘汰的组织系统，很难长期存在。在一个自然演化的系统中，弱者被淘汰，被自然衰弱弱化，被剥夺生育权利，被剥夺繁殖和交配权利，都是自然的事情，这种状况几乎不可避免。

在漫长的历史演化中，肉体和精神上的强悍仅仅是两个必要的核心维度，肉体强悍但是精神不强大的会很快就像猎人淘汰庞大的大型动物一样被猎杀，精神强大但是肉体脆弱的也同样面临危险，他们很可能在独立中面临无法解决的危险而被肉体消灭。其他维度也是同样，类似的人和弱点都是被淘汰的原因。

如果一个团体建立起合作，那么合作的核心就是结合所有人强大的一面来避免各自虚弱的一面独自面对敌人。我们这里需要的是每个人都有强大的一面，才能够互补结合，如果没有合作，那么必然是各自单独面对，从而被各个猎杀。人类社会如果不是这样合作的，那么必然会被弱化，从而很快面临族群的终结。

第五章　金融货币 I
——金属货币的基本原理

货币与货币的功能之间的协调

货币的第一种重要功能就是交易，货币的交易功能对于基层社会最重要，当然对于不同层次来说其具体的功能意义也不同。注意，本书的探讨是为了清代的社会经济活动而开展的，所以其适用的背景是阶级化、阶层化的社会生态环境，对于非等级社会，本书不设专章。交易对于不同阶层的意义如下：

1. 劳动要素阶层，按照经典理论阐述（典型的是凯恩斯），是基于这样的基本阶层展开分析。他们主要消费自己的生活用品，交易自己能够付得起的产品。他们对于货币的需要是考虑完成上述购买是否真的便利，货币使用需要满足方便的属性，但是需要的面值和额度不会很大。总和而成的这个货币所代表的数量，对于营运成本有极为重要的意义。

2. 中间阶层，要交易生产性的工具和可用实物资本，他们关注这些交易使用什么样的货币比较便利。

3. 上层阶层需要金币辅助交换内蕴价值更大的权利属性的标的。例如，古董艺术这类价值极高的凝聚物、抽象的权利或者某种对于资源的控制权利等，而这样的标的是否能够按照比例进行适度地准确度量，对于上层来看是极为关键的。也就是，带来的是介于交易和储存的功能的差异。而本质上，下层没有储存，而中层有作为营运资本的以及生产性的储存，所以不同阶层的货币使用目的不同，方式和手段都有很大的差异。因此，引出了有关货币计量单位的基本讨论。

货币基本原理（阶层性）

货币要同具体的交易有合适且稳定的数量比例和单位价值比例。抽象来讲，不同阶层的市场不同。可能在近代存在较为交叉的市场，也就是在人群更多地混杂在同一个市场中的时候，市场变得具有多阶级属性，但是我们需要研究的古代社会是阶层差异明显且阶层较为隔离的社会形态。在这样的形态中，市场也是比较分层且隔离的，在不同的层次中存在同类商品差异较大的相互隔离的市场，所以我们对阶级差异较大的社会来进行分析，必须要有这样的基本认识才能展开。因为市场本身隔离分层的属性，导致的结果就是市场主体需要不同的货币来进行交易才比较方便。在不同的社会形态中，货币的阶级分层属性不同，但是一般而言古代社会以阶级化的社会最为典型，所以这样的社会中，在不同的层次市场上使用单位币值不同的货币，来辅助不同单位价值体量的商品的市场交易就是自然而然的事情了。

货币的功能和数量

货币有三种功能：第一，储存价值；第二，交易媒介；第三，价值度量。这三种功能各个分开，具有不同的体量和阶层一般属性，但也有少量交集。一般而言，要想对于货币进行度量往往是不准确的，需要一种大略估算的直觉在里面，要想清楚地厘定任何一种比例关系，小数点之后的尾数往往意义不大，这是实证精神在经验主义下的一般经济学直觉，这同实际管理上精确的对于数学的追求是存在矛盾的，也是经济学的基本特征之一。

作为贮存货币，一般而言是“用脚投票”的准则，也就是强制规定意义不大。这从近代的官方行动上可以看出，但实际上当权利的力量达到一定程度之后，刻意地对于价格的操纵或者形势的控制，达成一定比例，以完成政策的目标，在特定组织度的社会中尤其是原子化的社会中是完全可能完成的。也就是，如果我们规定人们用黄金贮藏自己的价值，那么假设有人用珠宝，有人用银币，那么我们并没办法对他们的实际金融行为进行精确控制，但是我们假设不用黄金（甚至规定禁用），可现实中人们却可能偏要用黄金，那么只要持续打击金价，让大量贮存黄金的人得不到什么回报，就可以基本完成政策目标的大半了。不少抱着中短期投资的心态来进行黄金投机的人，在历史上乃至近代都绵延不绝，但是只要官方持续打击金价，那么中短期的投资者无利可图时[①]，就自然将这部分财富转移到其他领域了。但是政策制定者无法控制更大的贮存者的行为，所以我们这里不得不说，一般而言，官方可实现的货币政策是控制小规模的中小个体，达成社会基本调节。对于拥有巨量货币的投资者或其他主体，尤其是古代流行的货币窖藏者，当局基本上从历史的角度来看也是没有办法的实施。例如，以现代的例子来说，索罗斯希望撬动的资本体量，就不是这里能够讨论的问题。

按照历史上几千年通行的货币金融政策的实施模式来说，对于控制市场而言，只需回收黄金并且持续压低市场上可兑换的金价，我们就可以让政策目标希望的要么是白银、要么是纸币盛行于世。

清代的货币基本状况

按照上述理论阐述，清代的货币政策延续了传统中国的基本货币制度，拿去（即取消或者压制）黄金作为本位的可能，而使用更为廉价的货币作为通用货币。从官方的角度来看，这是很灵活、安全且稳定的货币金融实践，这样的实践在中国有千年历史，直到近代。这个制度是历史性的最优制度，我们需要特别加以深入地探讨。此处，我们先引用学者的观点来做一个概述。

“從清初到十九世紀中葉，中國幣制爲銀錢平行本位制：不過在經濟發展過程中，由於交易上的需要而有信用貨幣的產生——即除銀和錢兩個金屬貨幣部門外，更有以銀或錢爲準備的私票部門出現。到十九世紀後期，中國常被外人稱爲是個銀本位的國家。民國三年（1914）「國幣條例」公佈，北京政府且正式確立銀本位幣制。然而，事實上廿世紀早期的中國貨幣，紛紜錯綜，紊亂不堪。銀的部門，除生銀之外，有各式各樣的銀元主幣和輔幣——外國鑄造的，中央鑄造的，及各省鑄造的，成色重量互异，流通於市。銅錢部門，清末最後十年有以現代機器鑄造的無孔當十銅元出現，此後各省紛紛大量鑄造，成色、重量、和面額更是隨時隨地不同。更復雜的是紙幣部門，

① 交易成本超过了现实交易的权衡阈值。此时，如果交易成本更大，很可能对于市场有毁灭性的打击作用。所以，维护自然经济秩序的官方不会这样做，这是近代之前通行的政策制定法则。

有私家銀錢鋪或商家發行的（私票或私帖），有外國銀行發行的，有中國各銀行發行的，有各省市銀行或地方當局發行的，有兑現的，也有不兑現的。因此，若干中外貨幣學者認爲中國根本没有幣制可言。或者我們可以按照甘末爾（Edwin W. Kemmerer）的説法，把這種紛繁的貨幣狀況稱爲「多元本位」（the multiple standard）：即在市場上同時流通着各種各樣的金屬貨幣和紙幣，它們之間並無固定的關係，每一種貨幣和其他各種貨幣的交换價值是隨時在變動的狀態中。①”

我们认为这是一种有秩序的传统货币自然样式，人们可能会因为今天世界范围的货币更加统一划齐而认为这是一种混乱的货币状况。我们要想了解什么是秩序，什么是混乱，就需要引用另一个作为对比时期的货币状况，才能找到一种合适的视角来观察其中的秩序。

“在中國近代史上，軍閥時期（1916～27）的貨幣，混亂無秩，達於極點。在這段期間，北京政府威信毫無，全國各地大小軍閥，割據自主，很少受中央控制，政治上形成四分五裂的局面。其次，這段期間戰亂頻仍，你攻我伐，軍事力量的强弱成爲政治生命存亡的决定因素。各地軍閥，力圖擴張軍備，於是横征暴斂，不一而足。發行貨幣也就普遍地成爲他們一個方便的籌款工具。這樣一來，一方面造成許多大大小小的人爲貨幣畛域，甲地發行的紙幣甚至銀、銅幣不能流通於乙地，乙地發行者也不能通行於甲地。他方面各種貨幣在市場上的價值，隨着發行當局的信用狀況而隨時變動。濫發及貶值成爲各省的普遍現象。”

这才是相对的货币混乱期。尽管如此，在极端混乱中也仍旧存在货币本身的演化秩序和一般的经济学原理。所谓的混乱和秩序，是针对某一些阶层而言的，对于不同的阶层而言，出现的混乱可能对于特定阶层是稳固的秩序的体现。在清代，精英阶层的秩序性是显著的，也就是当局对既得利益的阶层尽量给出秩序性的货币政策。如果在繁荣时候，最底层的百姓也能有一定稳定生活的机会，那么就是很好的时代了。但是随着帝国崩解，越来越多的底层处于彻底的失序状态，希望有一个稳定的生存状况而不可得，所以货币从最底端向上逐步呈现出失序，才会牵扯到更多阶层的利益。但是本质上，

① 王业键．清代经济史论文集（一）［M］．台北：稻乡出版社，2003．见第三章“货币银行与财政”，第203页。

任何一个失序的社会总会有维持特定的财政或者秩序的中介工具（如货币工具）的存在，只是这种工具不是中下层所能够接触到的而已。为了获取短期利益，舍弃多数的中下层是失序时代的常态。

如果说货币本身的不统一带来的是混乱，那么我们需要了解这样的混乱带来的问题，是不是同其带来的灵活性和好处，可能相提并论，如果加以权衡，如何才能决定哪个才是更好的货币政策？这需要我们了解为什么允许私人铸造货币，为什么需要允许不同地域实施不同的货币流通政策，这是一个牵扯很广的非常庞大的论述主题，所以我们此处需要更多的探讨来为之铺垫。

银本位的崩坏期间

“由於外國銀元在東南沿海普受歡迎，早在道光十三年（1833）林則徐即主張自鑄銀元，以爲抵制，但是當時朝廷没有采納。中國自鑄銀元開始於1890年，首先創行於廣東，接着各省相繼仿傚。這些自鑄銀元，稱爲龍洋。龍洋之鑄造，除基於當時外國銀元流行各地這一原因以外，各省當局鑄造銀元有利可圖；而且貿易日益發達，傳統的銀錠愈來愈不便於市場交易，也爲重要原因。民國三年（1914）公佈「國幣條例」，規定一元銀幣重七錢二分，成色銀九銅一（後改爲銀八九），各省陸續鑄造，於是自鑄銀元除清末所鑄龍洋（約200,000,000元）外，又有國幣（又稱袁頭幣）。中國自鑄銀幣數量，據金融專家耿愛德（Edward Kann）估計，截至1931年止共鑄出1,627,000,000元（其中包括清末所鑄約200,000,000龍洋，但輔幣在外）。

“從國人自鑄銀元開始，尤其民國以後，中國自鑄銀元大量增加，不但傳統的銀錠很快地在市場上銷聲匿迹，外國銀元也逐漸被逐於流通境界之外。其主要原因約有數端：第一，中國各地自鑄銀元的含銀量，幾乎都低於外國銀元。第二，世界各國紛紛改採金本位制，停鑄銀元。例如，1905年墨西哥實行金本位，不再鑄造鷹洋。外國銀幣之流通於中國者，或被收藏，或被銷熔改鑄國幣，或被輸出。民國以後，國幣於是取代外國銀元而成爲國内流通的主要硬幣。126到1920年代，外國銀元幾乎絶迹於市。”（王业键，214页）

银本位本质上可能浮动的范围是很大的。在银本位遭到剧烈撼动的时期之前，几乎都没有必要对于本位货币的形态进行干预，因为如此干预导致的结果是成本高而收效甚微的。但是到了需要干预的时候，本质上就几乎没有什么政策空间了。这就是1890年的状况。此时的白银购买力已经跌破康熙时代30000元人民币等值购买力的三分之一，到了危险的边界。在此关键时刻，清朝开始及时铸造银币。限制银币的市场流通，可以说这样的政策还是适度延缓了银本位的迅速衰败，银本位的衰败本质上是生产和民生的衰败，但是经济的极速收缩下降，还是需要有白银的购买力来维护人们的生存底线，若是货币先行崩溃，那么造成的局面将更加具有灾难性。从1890年到清帝退位，白银的购买力贬值了三分之一，几乎是整个清代贬值的比例，此时江河日下的趋势是极为明显的。但是我们还是要说，这相对于大多数现代的货币贬值来看，都还是比较轻微的。如果我们用第一次世界大战期间各国货币的贬值速度来进行对比，我们说清代最后时期的银币政策几乎可以说是很成功的了，因为此时西方世界的贬值和经济危机更加深重。此后，到20世纪30年代银本位退出，白银又渐次贬值了三分之一，也就是此时的白银货币价值已经跌落到1000元每两以下。此时进入了纸币可能适用的合理范围，而这正是法币登上历史舞台成为国际货币之林中的弄潮儿的时代。法币是一个庞大的主题，我们这里暂时不对这个问题进行深入讨论。

需要说明，我们生活的年代相对于中国历史漫长的一般状况而言，尚处于复兴的阶段，是相对贫穷的年代，与帝国的富贵是不可比较的，如果有一天货币开始提升购买力10倍以上或者更多，我们必然还是会恢复到金属货币的使用的。

货币单位——两与元

“關於貨幣單位問題，自從銀元在中國流通後，便形成兩與元角逐的局面。作爲記帳單位的虛銀兩，重量成色各地各業互异，官方也有庫本、漕本之分。各種銀元的重量成色也參差不齊，所以元的單位在市場上也無一致標準。更加復雜的是，各地消費者對於各種銀元有不同的偏好，它們的交換價值隨供需狀況而變動，可能和含銀量脱離關係。然而，從十九世紀中葉開始，我們依然可以觀察到，在商業發展的需要之下，呈現出二種趨於統一的發展：一爲各個商埠作爲記帳單位的虛銀兩之局部統一爲各種銀元行市的逐漸劃一。1933年的廢兩改元，可說是這兩種統一趨勢的匯合。”（王业键，215页）

元是西方货币单位，而两才是中国货币单位。两就是欧文·费雪所说的按照重量来自然称重贵金属所形成的货币单位，也就是重量单位作为金属货币单位的代称。而元是纯粹的货币符号，可以是任何一种货币符号，也就是抽象化的货币单位，这样的单位在西方式经济发展中，适合用作中下阶层的货币调节单位。日本西化后改为日元，中国在逐步沿用外国货币的时候，也使用了元。开始元是银币形态的，用以代用银两，在逐步掺杂减重之后，就形成了单独的货币单位。在废两之前，元包含了银币属性，也即受到银本位制约。法币有过一段稳定的时期，但是在帝国秩序崩解的背景下，金融制度的毁坏是迟早的事情。货币最坏的状况就是开启了被动乃至于主动的没有限制的贬值。同一时期西方货币政策所上演的剧本也很类似，所差别的仅仅是不同国家的程度和限制不同而已，fisher 所研究的货币的幻觉就是这段时期世界范围泛滥的货币贬值的景观。法币单位元的崩坏终于民国在内战的战败。废两改元之后的民生逐步进入更加艰难的境地，生活水平的跌落更加迅速，从贫困逐步过渡到世界级的贫穷状态，中华人民共和国成立之初的极端贫困和一穷二白状态就是这种货币金融政策的直接后果。

汇率概念

把如此重要的概念放在金属货币这一章进行概述，究其主要原因，就历史上实际的货币运行来看，汇率（在我们讨论的这个历史时期）是金属货币留下来的一个概念，是在各个国家的货币都来自同类金属的贸易金融基础条件下（在对外金融和进出口或者等价市场中），对于货币进行交换产生的汇率比例问题。

在一个国家内部，由汇率市场决定了不同国家的货币之间进行交易的比例和价格。同样是银币，不同国家的货币可能交换的比例不同，这不仅取决于含银数量的不同，还决定于市场上鉴别和铸币的综合成本，但是现场的汇率交换一般而言不涉及运输的成本问题，但是涉及稀有程度。稀缺的货币在市场需求较为旺盛的条件下，可能市场汇率会超过其含银量的基本比例。

在自然经济条件下，基本上不会出现上述因为市场稀缺而产生的货币问题，因为那将被认定为是文物或者具有独一或者稀缺属性的工艺品的问题。所以在具有完全信息的纯粹金属货币的市场上，任何一个国家的货币都不会稀缺，而稀缺的仅仅是银或者金本身。这样一个理想的市场，就是清代早期的基本市场状况。此处排斥了信用货币的存在问题，也就是纸币的存在问题。

但是中国的优势货币，尤其是铜币，常常流入外国的货币市场被当作货币来使用，此时铜币就是一种外国通用的信用货币，而兼具贸易货币和硬通货的一般属性。在中国的古代，除了清代有部分银币铸造之外，多数时候白银都是自然经济运行的产物，尤其是银锭。而铜币兼具金属货币和信用货币的基本属性。纸币是纯信用货币，但是在明代的主要时期以及清代，纸币不是主要的货币形态。

清代的货币资料[①]

“外國銀元的流入，在中國的貨幣文化上，引起一次大革命。人類史上，主要只有兩種獨立的貨幣文化：一是希臘的體系，一是中國的體系。西方貨幣是以金銀爲主，没有穿孔，一開始就在幣面鑄些鳥獸人物草木。東方貨幣以銅鐵爲主，有方孔，幣面只有文字，没有圖型；甚至若在一種錢幣上發現有雲朵或飛鳥走馬，錢幣學家就要疑心它不是正用品。由此可以知道，兩種貨幣文化，是完全不同的。有些民族也曾有過獨立的貨幣，印度便是一個例子，但這種獨立的貨幣文化，還没有充分地發展，就爲希臘的貨幣文化所征服了。西方的貨幣文化，在中世紀非常低落，自文藝復興以後，又開始進步，後來完全適合資本主義經濟的需要。中國的貨幣文化，自南宋以後，也開始後退，一直達到清朝末年，水平越來越低。自然更不足以適應資本主義社會的要求。所以中國的封建勢力無論怎樣强，經過兩三百年的鬥争，終於完全爲西方資本主義的貨幣文化所征服[②]。

“外國銀元，在明代就已流入中國。那時中外已有接觸，一方面有葡萄牙人來到澳門、廣州、寧波、泉州等地經商。同時菲律賓的華僑來往頻繁。西班牙人在十六世紀就佔據了吕宋，西班牙的銀元在當地通行，華僑們不斷把這種銀元帶到中國來。

“順治四年（公元一六四七年）曾限制外人只許在澳門貿易，但實際上他們的活動範圍，一天一天推廣，外國銀元流入中國的，也一天一天多了。當

① 见彭信威《中国货币史》清代部分的第二节“二、白银和银币”，第 539 页。

② 这是彭信威的观点，也是多数中国学者的观念，从结果论上推定从而否定中国的制度，而制度本身不是重要的核心，是因为结果失败了，所以归咎于制度。

時的中外貿易，幾乎是單方面的，因爲中國人不用外國貨，外國商人要買中國的絲、茶、瓷器，就必須用白銀來買。所以他們到中國來的船，載的全是銀元，而回去的船載的是貨。

“康熙年間，流入中國的外國銀幣，除雙柱（pillar dollar）以外，還有威尼斯銀元（duccatoon），法國銀元（ècu），以及荷蘭的銀元（rixdollar）。所謂雙柱，因篇幣面有兩根柱子，這是西方神話中赫居里斯的柱子（Pillars of Hercules），代表吉布羅陀兩岸的山岩，傳説該處歐洲和非洲原是相連的，被力大的赫居里斯所拉開。銀元上的雙柱上各有一卷軸裹着，這是後代 $ 記號的來源。這些銀元，成色有高低，以威尼斯銀元成色最好，其次是雙柱和法國銀元。荷蘭的銀元成色差一點，因此在康熙四十二年（公元一七〇二年）發生貼水的現象，每百元貼水五元，當時外國銀幣的洗流通，還是憑重量。

“干隆年間，外國銀幣更加通行，除了購買中國土産外，還有一部分是爲中國的高利率所吸引進來的。當時廣州的利率自年息一分八到兩分，以複利計算；有大批的銀錢自印度流入中國。在干隆四十四年（公元一七七九年）的時候，估計廣州商人欠外商的債在三百八十萬元以上，而他們實際借到的本金或賒到的貨物不過一百萬元。中國人稱外國銀幣爲洋錢，廣東人則稱之爲番銀。

“干隆初年在中國最通行的外國銀幣有三種：最大的是馬錢，其次是花邊錢，再次爲十字錢。馬錢是荷蘭各省在十七八世紀所鑄的大銀幣，重庫平入錢六七分，相當於三盾，一面有人騎馬持劍，所以後來又稱爲馬劍。一直鑄到一七九二年荷蘭被法國軍隊佔領時爲止。各省所鑄，圖型稍有不同，如同中國清末的銅元一樣。花邊錢是指變柱，因爲自一七三二年起墨西哥城用機器鑄造新式的雙柱銀幣，邊上有切紋。一七四〇年以前的馬劍是光邊的，所以變柱被稱爲花邊，這名詞後來變成銀元的通稱。當時雙柱有大小幾種都在中國流通。大的重七錢二分，小的有半元的，有四分之一的。還有八分之一的，但中國書中没有提到。十字錢（crueado）是葡萄牙的銀幣，一面有一十字，所以葡人和中國人都名之爲十字錢，重約五錢六分。此外還有各種人像的銀幣。”

这里我们看到了对于清代铜钱价值的一般思考，但是上述思考是不精细的。《中国货币史》（彭信威，如第 591 页）有不少例证：中国物价的变化，在金本位开始对中国发起冲击之前，是维持了稳定的物价水平的。从独立的物价系列，逐步变为融入世界，接受外国廉价产品供养的状况。资本主义，本来是一种殖民地的供养经济，但是本质上的供养产生了低利率的多种好处，从宗教道德和政治上获得了制高点，从而在高点上建立了金融秩序，摧垮了旧世界。

第六章　金融货币Ⅱ
——商品货币的本位问题

不同阶层适应不同货币（东方内部问题为主线）

一般而言，黄金代表了黄金级别的市场主体，白银代表了下一个级别的主体，而铜币代表了再下一个级别的主体，最下的是纸币的主体。这些主体的财富数量（总体比例）逐级递减，而个体数量则逐级递增（见本章附录）。

如果从上述结构性来看，一个银本位的社会（中国传统经济体），很大程度上应该是以中上的主体为主要政策驱动的精英社会群体。黄金是世界范围的自由主义贸易[①]的诉求，在汉代是刘贺这样的海昏侯等级的社会主体为本位的经济社会样式（驱动和控制“国”际贸易和金融），铜币是地方绅商势力（驱动底层劳动和资源）为基础的社会主体（局部共同体）结构，而纸币则是资本主义的劳动要素占据最主要的社会比例的社会结构的基本样式。从本质上来看，我们观察任何一个朝代都存在这些主体复杂的生态结构，但是因为我们的视角不同，而不同层次的主体能观察到的信息差异很大，就观察的容易度和信息的可得性来看，越是上层的信息越看到得少，而越是下层的信息在近代则看到得多。我国的历史资料，主要是士大夫的视角，而不同时代尽管看问题的角度有区别，但是他们的视角基本上还是占据舆论风口的顶级

① 自由货币是有趣的概念，在美国史上白银代表自由，称之为“自由白银”，在西方围剿中国的背景下黄金是自由贸易的货币。这暗示了东方白银本位为世界金融霸权的时代，西方以自由黄金反抗东方大银池，发动鸦片战争。而北美殖民地反抗宗主国的金本位金融霸权，则称自由白银。这也暗示了清美历史上的共同利益诉求。这种利益上的关系，从乾隆时代在外交和贸易上就很突出，参见本书贸易关系章节。

精英的视角。所以他们关注的内容中，可能低级市场的财货问题是进入不了视野的，而且古代往往推崇自由主义无为而治的观念，形成了士大夫不屑于也不愿意了解底层的事情的习气，但是也蕴含了均衡的意味。

每次英国政府的战争之后都会产生要恢复金本位兑付的动机，而战时为了驱动庞大的社会不得不进行禁止汇兑，来进行一定程度的通货膨胀。这说明英国的这些实践本质上是按照持有黄金者的利益来考虑的，因为这部分黄金持有者在这个国家看来是为了战争付出了前期付款，所以战后不应该贬损他们的投资，这才是一个世界级的金融中心的经营理念。而只有这样，讲信用的事情才会在资本商业界甚至民间普遍接着发生（信任危机比之于经济危机更危险，所以以彼易此），而所谓的讲信用主要还是对于这些隐匿在世界的大量的出资人而言的，相对比法国人则仅仅对于自己国内的营运资本负责，而一般不考虑外国的投资人，他们首先就做了背信弃义的事情，所以法国永远成不了金融中心。有人认为信用的产生，是自十字军东征以来频繁的战事产生的，即金融和战争息息相关的关系是的确如此的，但是这样的因果关系是不确然的，因为法国就是一个现成的反例。

粮食作为货币的社会基本属性

粮食的规模化生产形态在历史中的出现和演变，不是任何一种浪漫的发明，从来就是社会驱动的因素带来的发明，极为类似于现代人们通过基因工程努力发明更高产的粮食的经济动力。古代粮食的种植、推广和消费，也首先是一种可储存的高能量集成产品。这种产品是自然界最符合货币属性的自然收获物：第一，储存；第二，能量集中，这意味着价值的储藏，在任何高寒和缺乏食物的环境下，都可能维持最长时间的人类生存；第三，交易便利，容易按照重量或者容积来对于交易进行度量，提供了异常方便和准确的价值度量单位。然而，粮食这种天然货币的问题在于，其价值和金属货币来说还是储存的价值单位较小，高价值的储藏重量偏重。例如，一个官吏的收入是五斗米，如果按照封建社会（未污染的农业社会）的高质量粮食来看，今天的价格可能是每斤 100 ~ 200 元，根据明朝斗的容积大致推算五斗米为 90 斤（5 × 18），此时工资是 9000 ~ 18000 元，基本上类似于今天的一个中级公务员综合平均福利收入水平。

自古以来，粮食都是驱动基层社会的一种标准货币形式，但是粮食的产量、品质和价值随着市场的变动而变动，所以这种价值度量单位在农业社会应该是一种政府主导的货币运行模式。受这种货币驱动影响最大的主要是政府雇员，包含了政府的军队、政府人员，即系统内的雇员、公人以及基本的劳动要素，这里的要素主要是农业劳动者。而其他行业的人口则同这类人员的相关性，因为他们经营的产品相对于农产品的市场价值的相对比例而存在差异。驱动的形式，主要是通过这些人员的收入和消费带来的一个整体的循环，这个机制就是重农主义者魁奈从中国介绍到欧洲的主要经济治理原理，也就是中国传统的经济思想精髓。尽管我们很难说这些思想是如何进入魁奈的视野中的，但是可能主要是通过明代开始的传教士的交流来实现的，可见魁奈的信息来源是身居社会上层士大夫圈层的传教士接触的熟悉中国运行制度的中国官员。

在中国传统社会中，铜钱一般是商用，银一般是税收使用以及绅商阶层的主要贮存货币，但粮食是上述社会一般流通的主要媒介。作为货币形式存在的粮食，是各级工资的最准确标准，这个标准是累代不变的，这是一个很重要的锚定标准，按照金本位的说法，这是米粮本位。这个基本本位有特定的经济特点（或财政约束），要求官员阶层的工资基本稳定不变，要求雇员阶层的收入不变。从史料来看，至少从周礼开始的实践中，就已经明确规定了粮食在各级社会阶层中的固定收入标准，且该标准确定了周礼的基本典范。也就是说，尽管周代之后，对于周礼的理解各有不同，但经济账上还是严格按照这个标准来实行的。尽管秦代比较特殊，不仅创设了年终奖，而且个人实际分配的相对较多，但从历史的制度沿革来看这一社会标准始终未变。

既然有这个大夫、士、农的社会锚定货币本位标准，那么这种社会的经济基础就基本上固定下来了。只有到了近代，粮食产量极大增加之后，才出现了完全不同的对于农业本位的冲击，这一点可以从美国经济史上发生的农产品数量首先突破式增加，冲击了农业社会本位，带来了农业社会的本位贬值。对于农业社会而言，农产品生产过程必然形成一种高度对于粮食产品管控的社会核心部门，农产品的价格已经完全不重要了，重要的是“货币基础来源于（社会可调动的）农业总产量”。这是中国式“粒食主义”千年以来的财政金融的核心。这种社会的诉求是农产品要较为均匀地遍布于所有个体，除非这个人能够不依赖社会主体供养，也就是不吃粮食，或者少吃也能维持生存。而这样的人在周代有确定的名称，就是相对于国人称号的“野人”。这个名称没有今天的贬义，仅仅是一个财政分类或者身份概念。

前述本位制度，可以概括为维系如下各类人员的经济和基本生存的经济制度：

第一，农民维生；

第二，系统内人员维生，尤其是战争动员；

第三，其他产业的维生问题。

铜钱（金属货币）

铜钱的功能是，商业尤其工业产品对于农产品的价格比例问题。农民可以不用铜钱，因为可以物物交换，但是农民如果要购买土地，那么必然需要积累财富，财富本身就是金融和商业的支撑下才有的社会性概念，从而必然需要金融业支撑下的货币形态，提供给对应阶层需要的金融服务的对应价值尺度——铜钱。农民要想得到更多的工业品，也需要铜钱，所以农民按照市价交易粮食，从而产生了社会的工业同农业的基本兑换比例问题。而上述循环，对于国家而言的财政系统的内部问题就是税收问题本身。

白银

白银是较大量值（购买力更为集中）的货币，对应了资本，也就是用于驱动土地、工具和运营等所有要素的资本复杂运作体系。这个层次上，如果白银匮乏也会带来农业的减产，甚至于落荒。因为每个人（对应白银消费的经济人）对于粮食的需求都是有限的，但是对于土地的总需求在农业经济中很大。所以，一般而言土地价值对应了白银经济，资本价值也对应了白银经济。一个白银经济体中，白银的体量代表了这个经济体基本运行所需要的总体量，至少需要进行交易的部分，需要有足够的白银来支撑交易。在这个层次上讨论不同货币本位的功能问题，铜钱不能支撑上述这个庞大体量的金融需求。

白银级别的其他商品类型的传统货币

丝织品和高档的奢侈品是这个社会财富的来源，也就是换取白银的主要手段。中国传统工业产品，就是这类高价值的奢侈品，可以实现通过贸易从外部获取白银资源。另一个重要的产业就是蛋白质的获取渠道（牛羊肉类），这类产品的经济体量也是巨大的，每个朝代都有详细的记录。在粒食社会，这个问题更加尖锐，但这是中国古代几千年历史的典型问题，此处暂不叙述。清代起家的人参经济和貂皮经济，是比白银价值更为集中的药品和奢侈品，在专章讨论，这里亦不赘述。

农产品的比例是否可以计算出整个GDP？这个比例是否固定？以上问题的回答可以参考重农主义的魁奈，大致来看，在这样的背景下：农产品仅仅是系统内的工资收入（税收）加上农民的总收入，等于总粮食产量中用于当期对应的部分。作为消费来看，是公人消费基础部分（基本工资）加上农民消费总量（基本和其他），加上其他消费粮食的个体的主食消费。如果粮食是公人和粒食消费者的所有主食消费，还是不足够准确的。其他类型的消费、消耗，各类型的储积和延期消费在详细计算时需要考虑各种重复计算的问题。所以说，按照一般的计算来看，如果主食不是粮食的大量人口，他们的粒食比例是很低的，例如畜牧、渔业等。即使要计算主要的生产性要素主食支出，在古代社会也是一个不稳定的比例。在宋朝、明朝处于和平的期间，这个比例也应该是很低的。所以我们说，这个估算GDP的方法基本上对于极为富庶的时代是失效的（即使现代社会大家也可以体会出，当副食和油料的使用很大时，粮食消费就变得非常有限了），这同大多数中国学者的观点是类似的。但是对于开国时期，国家相对较贫困时期的计算，应该是具有一定参考意义的。例如，我们前三十年的经济中，如果按照口粮来计算，那么得到的大致数据还是能够反映一定比例的GDP水平的，尤其是在其他产品以重工业为主，商品化和货币化的水平比较低的阶段上。

对于清代的经济体，通过银、铜钱和（粮食）米本位，可以计算出对应部门相关的产业规模和运行状况，即使我们不了解总和，只要知道变动的大小，也能够基本从原理上讨论经济体经历的现象，并推出财政和货币金融变量之间的逻辑关系，见表1。

表1　　货币本位类别对应表

货币类型	对应的经济驱动份额
粮食（米本位）	粒食消费和政府部门

续表

货币类型	对应的经济驱动份额
铜通货	底层农业和工商部门运行（局部共同体）
银通货本位	固定资本、土地和其他财富
金本位	国内高阶层、外国贸易

核心工业运行（烧造和织造等）

下面最重要的问题是帛绢这类丝织品的性质和度量问题。

官窑要比民窑产生的产品价值大，因为标准高。类似地，官帛要比民间仿品的标准高得多，织造产业的特点也是类似的。所以说，卖炭翁愿意在大雪纷飞的天气来找中官换宫内御用级别的丝织品，其价值可以说是市场最认可的。如果今天我们还能找到宫廷级别的丝织品，哪怕是比较晚近年代的博物馆级别的藏品，其市场价值也是难以估测的。我们可以进行下面的类比，银通货的质量价值可以依赖特定的银炉来厘定，但是需要一定的交易费用。那么对于特定类别的可以用作通货的丝织品的价值，从一般意义上说更是可能出现价格悬殊的状况（不确定性很大），如何厘定这类丝织品的价值就是市场存在的意义了。显然宫廷御用可以解决类似的问题，因为显著具有技术或者质量纹样上的不可模仿性质。但是一般而言，既然唐代丝织品已经成为通货可以在市场上自由流通，那么对于丝织品极为发达的传统中国社会，这类问题也必然是有市场解决办法的。可以想见，中国古代的货币市场应该是极为发达的。我们不深入探讨清代之前的货币市场现象和逻辑，但是我们要了解上述背景，才能更好地理解清代的历史和社会基础。

一般而言，生产周期越长，做工越精细，价格越高。所以在中国，大量的奢侈品工匠开创了巨大的今天难以想象的工期投入过程，我们必须要从这个过程中才能计算出基本的价值和其运营资本的数量。很多艺术品甚至一些民用产品都凝聚了我们今天的“轻劳动”（更多的机械自动化替代了传统的手工劳动）生产过程中高度标准化和同质化的产品难以与之比较的、手工劳动的价值注入过程。在传统的手工业没有衰败式微的时代，产品的“奢侈品化”程度是我们今天所不容易想象到的一种程度。例如，前面讨论的帛绢。再如漆器，典型的日本仿品批量生产的漆器就大大简化了中国漆器的繁复耗时的工艺来批量化生产较低价的产品。还例如金属加工的中国产制成品以及民用级别的大量供货的产品等。所以，传统中国经济下的产业发展需要巨大的资本投入才能维系如此庞大的对外输出品的制造和贸易过程。而上述手工业的技术难度和劳动以及知识积累的注入密度，乃至于资本密度都是将西方廉价产品拒之门外、形成长期出超局面的主要产业特点。关键是要通过国际贸易和加工过程的资本特征，来对这些问题进行度量，才能对上述问题进行深入正确的分析。而使用的方法就是购买力比较法，换算单位就是今天这类产品的对应人民币价值，从而可以将其同现代的经济等量物进行对比。类似的农产品也可以使用此法，例如，明代的粮食，如果等价于今天的农业社会无污染等级的高品质粮食，如果是每斤 100 元（农业社会的环境品质造成了其稀有性和低产量），就可以将这个数值兑换为今天的 GDP 等值数量。

米价的理论——米本位

经济史学的学者历来都十分重视米价[①]，然而这种重视很大程度上不是因为将米作为货币意义上的重视，而是因为米既是农业文明的标志，也是社会运作的一种核心商品。但是很少有人真的把米作为一种核心的货币来进行研究。然而事实上在中国这样的文明样式中，米早已是作为货币而存在的一种社会核心运作产物了。

从政策设计来看，为什么有时候需要压制铜钱或者压制银（问题一），而很大程度上从来都是积极推动米的生产和运作（问题二）？这是因为当米作为货币的运转受到任何一种其他商品的压制的时候，作为社会基本运作的干预者和调节者，监管方面都不可能坐视上述状况的出现，因为这样的事情在封建社会从来都是大事件，而不是一件可有可无的事情。所以上述两个问题中，往往问题二就是问题一的答案。

在一个社会开始建立和组织的初期，货币尤其是作为高阶使用的大额单位的银本位，往往并不稀缺（这对于中国每次重归大一统的时代而言尤其如此），但是社会物资极为匮乏，此时需要压制银本位。而此时，普通劳动百姓

---

① 相关研究文献很多，例如：赵冈、刘永成、吴慧、陈慈玉的《清代粮食亩产量研究》（农业出版社 1995 年版）；吴慧的《中国历代粮食亩产研究》（农业出版社 1985 年版）。

手中的（历代）铜币在中国一般而言也从来并不稀缺，因为战争的蔓延，在中国境内尤其是我们所讨论的明清时期，并没有将铜币系统灭失的经验，即使在秦代，将金属铸成铜人来收贵金属，而用贱金属来进行有效的货币调节，也是当时的类似方式。所以，从帝国开始由中央统一调节货币，最早的范例如秦统一之后金融货币政策开始实施，任何一个中央帝国都有意做着类似的事情。我们这里还需要顺便简单阐述（此时）控制高价值货币的另外考量，这个考量（或者所顺应的历史趋势）是任何一个世界范围的和平稳定期都有的基本问题，而无论远至秦朝的“铸金人十二”，还是明太祖时代的纸币政策，还是近代美国主导下的布雷顿森林体系的解体，都是面对类似问题给出的相同的回答。也就是，收上来贵金属而用贱金属货币，或者印刷术发达之后用纸币来进行调节。我们已知的中国历史上的面对大范围尤其是世界范围的和平期的基本问题的解决方案，还都是采用上述统一方法来进行应对的。

回到主题，任何一种币值超过米本位币值（或称重量价值）基本单位的足够大量（甚至巨量）货币的存在，在和平时期都（可以）是极为正常和有效地促进经济融通的必要的货币存在，但是在一个国家物资极为匮乏的时代，如果社会或者市场散见的货币尤其是单位和总数量都很大（即超量）的货币类型的存在，会导致物价处于一种不正常的状态，而下面的这个规律是一个简化版本，易于理解王朝币值调节规律，就是史书价格约束。因为王朝历史按照统一口径来进行数千年的统一记载，任何一个时期都是按照统一的标准来进行度量的，所以，控制各种货币和粮食的总量，就成为皇帝和政府工作的基本日常调节原则。尤其是粮价不能太高，粮价超出上限，对于皇帝的历史评价将产生毁坏性的影响①，而粮价也不宜过低，因为此时必然会导致农业经济的基本米本位被处于边缘化的状况。一般而言，对米价超出上限的调节是非常严格的，而米价下滑在特定区间是经济繁荣的标志，但是如果下滑到区间之外，也是需要进行特殊干预的，因为会摧毁米本位本身。

很简单的调节原则是：如果粮食价格过高，就会不惜一切代价来进行干预，至少从信息上扭曲，也要短暂平息“米价腾贵”这个对于皇帝和执政者最大的名誉威胁。这是古代社会评价社会基本状况的一个很严格的指标性要

① 这涉及社会信用的基本维持以及数千年之间的不同时代的比较问题，所以是皇帝最关注的对治理评价的历史地位乃至合法性的关键问题。

求，如果达不到这个要求，那么基本上皇帝的名誉就会超出可控的范围，在后代被重复抹黑、被书生随意指摘的概率会变得很大。当然，为了史书不记录，皇帝很大程度上尽管有干预史官的动机，但是干预史官是更大的恶名来源，所以一般的朝代是不会这样的。但是对于现实中的米价，则经常会采取非常规手段来进行干预。但是也的确存在例外，面对市场能够躺平，让真实信息处于市场可得范围，是更高明的也是更推崇的做法，这是各派治国理念的分歧点，我们先不讨论上述问题了。

古代价格为什么会很夸张地腾贵起来？为了回答这个问题，我们需要了解中国古代社会的一个基本建构基础，就是道德化的建构。

道德化社会的实际经济行为和选择偏好

这一经典主题涉及古代中国人的性格和文化。中国古代推崇不干预，而且因为古代社会富裕富足的时间很漫长，所以就社会群体而言很少存在我们今天这样被贫穷创伤后应激障碍（PTSD）的集体潜意识状态，古代的慷慨就成为中国上下的一个基本的行为和偏好特点。一个个体如果表现出些许吝啬，会被认为是极为不可理解的。我们需要从实践上了解古代实际生存状况以及人们经济选择偏好的道德基础：维护他人的合理利益诉求，是利他的基本内容，也是一个道德化的社会文明的基本，在这样的环境下，打赏就具有基本的道德和经济行为的双重复合特征。对于自己欣赏的商家或者服务提供者进行超常规打赏，往往是这类社会规范的基本特征，甚至延续成为一种社会行为准则，即“面子”的文化基础。也就是一个人打赏的数量应该基本和自己的身份和社会角色成合理的比例关系，之后才能评定这个人是处于慷慨的区间还是吝啬的区间。而上述仅仅是社会成员相互视野范围内的道德教化的内容和相互监督的社会规范的诸多原则中的一个。类似的原则导致中国古代社会是处于复杂的社会规范的限制之下的人的行为选择的社会类型中。这种社会类型对今天的人们来说已经相当陌生。人们的行为更多地体现出上述约束条件下的自由选择经济属性，我们看到的人们的慷慨，不一定完全是个性的体现，而更多是社会性或者时代性的塑造。我们很难说古代总不同于我们今天的道德沉睡式社会，但是在道德教化下，很大可能是人们尽管不追求功利目的下的教育和单一的智力开发，而的的确确追求的是道德上的醒觉状态以及道德基础上的个人选择，这往往是社会评价、人才选拔和社会交往中人们最看重的一点。

道德上的醒觉状态，排斥 NPC（non - player character）式的生活状态，而人们更多的是愿意用自己道德化的行为来为自己的社会选择负责，而不是保持一种道德上的沉睡，维持一种功利性的自我保护。这种精致的自私属性不是中国性的，而是西方传播来的外来的文化对我们社会的一种集体感染（原子化趋势的必然结果）。自私从认识角度上来看，是一种疾病，是一种刻意短视、刻意自我矮化自我压制的产物，将目光焦点聚焦在功利上而不是全局上，这不会给自己带来全局性的好处，但是如果作为一个狭隘的评估，当一个人仅仅追求可见的眼前利益的时候，可能狭隘的视距和认知范围中自私的确能够确保自己看守着这个利益，但是为了这个看守，导致的认识上的自我阉割而失去的是很多的，乃至于对于社会整体而言必然是更多的。从这种意义上来说文明逐步进阶最终不选择这样的西方式近代的道路，这是不开化、不自由以及落后的路径。

农民，在中国古代位列士农工商的高级社会地位阶层。所以农业社会中的农民并不像西方意义下的或者现代语境中农民一样看守自己的土地，具有一种狭隘的领土意识，中国古代的农民很大程度上并不在乎自己的土地所有，甚至在明代，我们常见的现象是他们会将自己的土地强迫让大户接收，而自己才可以享受不纳税的状况（出自《船山遗书》记载）。这种状况在今人眼中是极为奇特的，但是确实是清代之前的中国人性格的真实反映（尽管在书籍中作者是按照负面典型状况来记述这个例子的）。

道德教化下，人们以作为一个人的尊严为最大的追求，而将人限制在一块土地上的狭隘观念是人们所不齿的。

米价的基本经济学特征

米的价格是关系到社会正常运转的，这里所说的米的价格是作为一个社会的基本运行所需要的那种米的价格，因为米的质量和价格分布差异很大。以今天为例，作为米的消费大国，东亚国家都对于米的管控实施了严格且执着的监管，以日本对于米的执着最为显著，也引起了世界范围显著的特别关注。西方人，尤其美国人，在同日本进行各种贸易谈判的时代，逐步了解到米不是日本人愿意妥协的领域。所以很大程度上，各方都知道日本官方最不愿意将米的监管领域作为自己贸易谈判的妥协领域。日本的米价很典型，除了大量耕种的送到普通超市的一般米的价格之外，在米的质量竞争上，各个地区都相互竞争激烈，不少地区特殊培育的米的质量和价格，都是不同于西方一般市场现象的。在日本很多农业专家和农民在特殊的培植耕种领域取得了日本市场的认可，将米价卖到普通米价的数倍乃至于数十倍的价格之上，这也是我们很熟悉的日本市场的独特现象了。日本的环境和土壤污染在东亚是比较早的，因为明治维新开始工业化的起点在东亚是比较早的，而且日本在开发铜矿和银矿的近代，对于环境的污染和破坏也是触目惊心的。在延续到近代的农业耕作中，因为日本的人口密度较大，所以日本农业政策和实践中尽管有一定的环保意识，但是日本的农药化肥的施用量始终在世界范围都是比较密集的，而不是属于克制的政策倾向。所以，普通的日本大米，就土壤的状况（包括土壤的天然肥力以及环境污染程度等指标）来说并不是属于非常优越的，但是日本民众的环保和健康意识的觉醒相对于第三世界国家是比较早的。日本市场尤其是米市、餐饮、食品产业等对于高质量的大米的追求是比较执着的，也就是愿意为了更高质量的边际提升支付超越常规的费用（这里的常规是相比较于西方的米市和其他类似国家的米市消费类定价机制而言的），所以日本存在或者能够存活执着的生产者，因为慷慨的农业社会遗留下来的消费习惯和消费者态度，广大消费者有部分愿意为了“农业社会级别”的大米留出高昂的社会利润的空间，让这类大米的科研、生产和销售有生存的空间。所以，日本有“天价”大米的市场，这个市场上每斤的米价可能达到几十元、上百元，甚至几百元，据称还有更高的米价，但是这类米已经超出一般的作为市场运作的奢侈品农产品的范围，只在极少数的特殊供应的渠道出现了。新泻县比较昂贵的市场米价在50元每斤，或者也可以比较容易买到上百元每斤的米，但是更贵的米的确消费渠道受限，在一般的市场，尤其是海外市场不太容易找到。在中国开始进口日本米之后，也出现了这类进口的日本米，但是消费市场的狭小是显然的，我们看到的也仅仅是几十元每斤的进口米。

我们从每斤几元到几十元，甚至上百元的米都可以看到，那么我们说的一个国家的国内的米价，到底是哪种米的价格呢？就如同我们说的，一个国家平均的家庭收入，或者处于平均位置的典型家庭的收入，就是我们说的计算宽分布时候找到的典型家庭的代表性收入数值，这个米价我们也采取类似的态度，米价的平均意义上的价格，就是上述这个阶层所最经常大量消费的米的一般平均价格。

我们所说的日本平均米价，不是上述新泻县最贵的米的价格，而是一般的日本典型家庭最大量消费的平均米价，很大程度上就是我们在日本的最普通销售的日常米的米价，可能这个超市米价还是比政府发布的米价高出一些，但是我们最终的办法还是采取了使用日本政府发布的米价。如果我们采取的不是这个米价，而是一个典型的抽样调查的米价，很大程度上，可能我们的调研米价还是超出政府公布的米价的数据，因为政府总需要符合上面那个规律，就是“史书价格约束”，或者“舆论价格约束”。这个约束让我们了解到，政府在任何涉及舆论的场合，似乎都有意将米价压下来，这是一个一般的态度，几千年无论任何时代几乎都是如此，这是由其角色地位和动机决定的。

使用上述数据还需要特别注意的一点是，上述动机不仅对均值产生很大的影响力，还会对方差或者趋势发生一定的影响。很大程度上，当将米价的浮动减弱之后，方差就会变小，趋势也变得不太明显，似乎维持一个不变的稳定状态，这是规制者的理想，也是倾向于写在官方的史书和文件中的一般的状态。

总结：不同本位的关系（货币购买力的视角）

铜钱、银和米价之间的关系，是具有阶层属性的。从很大的意义上来看，铜钱是普通的小民和针对小民的商人的主要货币流通方式，他们因为使用银这么巨大的购买力，是很不便利的。我们知道银的购买力在中国传统社会超高，5 两银子就可以购买一头用作耕种或者拉脚的牲口，而一两银子的购买力在不同时代，也在 4 万 ~ 10 万元（以今天的人民币购买力计算），甚至在经济发达时期，白银的购买力构成的换算价格更高。

这意味着，这样的货币单位，即使是散碎银子，我们必然也还是将上述购买力归入今天的万元作为单位的计价视角。如果我们最小的计价单位是万元，那么我们很难顾及这个单位之下的任何微小的变动了，这是一个清代贵族或者与之类似的人的阶层性质的视角。他们很少考虑更少的价格变动以及引起上述变动的任何原因和机制，在他们看来上述变动都不足以引起他们认真的思考，因为上述所有变动对于他们的世界不会发生任何影响。他们打赏（犒赏）下人或者仆役的额度，也是上述视角的产物。他们最少的打赏，也需要以个位数的单位银两来计价，而一般程度的客套也需要至少在十位或者几十这样的程度上来进行增减，才显得合理。但是对于底层的人口来说，上述计算标准和尺度刻度还是太大了，他们需要更细的刻度，来度量自己视野上的价值，这就是普通百姓视角下的金融和财富度量标准。依据金银和银钱的兑换关系，我们可以推测出上述不同的阶级层次之间的差距和相互之间的比例和数量关系。当然，作为帝国存在的具有复杂阶层结构的帝国内部，相互之间的阶层生态是极为复杂的，但是如果简化来进行有效地说明或者叙述，我们必须要给出一些比较尺度或者方法，能作为参考尺度的、今人比较容易理解的度量标准，才能对上述问题实施一种有效的沟通和探讨。而这种尺度都是在购买力测度理论和实践中才能找到的。

很大程度上，帝国的总体贵族或者生活在类似圈层的人口的生活水准是不可能发生显著改变的，无论他们表现出显著的奢侈，例如乾隆时代，还是表现出显著的节俭的风尚，本质上都不会改变这个阶层短期所掌握的财富的数量。但是长期而言，上述消费风尚显著地可能带来社会财富的趋势性的走向。就一般而言，消费风尚的趋于保守，会显著减少这个主要消费阶层消费的数量和消费的层次和结构，带来消费的本质性降级。从人参消费到鸦片消费这个转化，就具有一个典型的消费降级的特征。

粮价和金价的相关比例关系（米本位和金本位的汇率不可用性）——西方内部的问题

在以黄金或者白银为本位的农业社会，即在所生产的主要产品类型（GDP 中）为农业品，而工业品（即污染性产品）还没有兴起的时代，本位货币同粮价具有高度稳定的相关关系。而这种相关性，在近代被纸币的高变动随意性（arbitrary）所替代了。

我们很难用黄金本位带来的货币价值度量功能实现对于现代的货品进行价值评估（尤其是跨越时间的评定）的原因（很多西方的研究是按照这样的方法论开展的），是黄金本身不可能被正常估值，非常类似于农产品。在近代黄金的价值也是被逐步低估了，因为人们无法跨国用黄金进行支付，因为各国禁运黄金，而且在日常消费中，纸币化之后的世界贸易中黄金也不再是通货的性质（失去了大众的消费使用和基础估值市场），所以对于黄金的需要大大降低了，即使有特殊的需求也被管制，从而限制个人在非工业原料的领域，在特定时期囤积黄金也是违法的（尤其是美国黄金法案出台之后），黄金才被迫退出了流通领域。而粮食被化肥农药和基因改造的化学方法工业化了，从而也从一种高度稳定的自然属性的农产品生产过程退出，成为一种基于工业化的中间品。而现代粮食产出形成了较为脱离土地自然肥力的一种规模化和工业化的产出形态。农业产品的标准化产出，使农产品的自然属性大大减损了，导致自然属性的农产品，也就是农业社会品质的农产品，类似于黄金的价值标记和价值度量自然产物，在今天也不再存在。以奢侈品形态出现的农业社会标准的农产品逐步兼有类似黄金的一种收藏品属性，即成为奢侈品甚至药膳品。

但是只要有市场，这些“物品”工业化之后仍旧有价值，只是价值到底是多少，才可能让我们恢复对于农业社会的正常度量呢？讨论到中国古代问题，就涉及银本位的购买力度量问题，如果能够正确评估白银的购买力，那么我们必然可能得到正确的对于清代社会 GDP 的正确估价。

在具体施行中，我们可能需要列出一些可用的数据，才能计算出所有这些内容，而且还需要参考中东“封建社会”的央行调节货币的特点，也就是穆斯林式的封建社会金融特点，而不是使用近代的凯恩斯主义的央行政策观念，来对于金融运行进行理解，因为这些内容都是金本位失去之后，工业化的社会典型的金融现象。

这类方法需要估算出有用的参考数据，例如，社会总的货币数量，这一点很多人计算过了。还要计算出社会的活期储蓄的数量、社会的定期储蓄的数量。还要计算出社会资本总量，或者交易总数量，也就是要分出来固定资本、营运资本以及另外的流动资本的数量。后者需要的内容就是农业以及其他奢侈品制造产业的产品总和。而农业仅仅是其中养活本国人的一部分的产业。但是按照重农学派的理解，这部分对于理解整体很重要，甚至于对于理解整个社会的结构具有极为重要的原理性的基础。

上述过程在学术界的数据和方法上还在积累，即使号称掌握数据最全的学者或者机构，也几乎不可能计算出所有的部分，一些学者计算出来（实际是估算出来）一部分而不是全部数据，但是也很难得到其他学者的认同，主要原因是具体的估算标准差异太大。要想绕过别人认为重要的部分，只计算自己认为重要的部分，可能会简单一些，但得到的结果很大程度上不符合基本的理论预期，也很难和当时的实际状况相符合。

清末各种金属货币的粗略比例关系估计[①]

“銀元中外國銀元的數目據宣統二年度支部的調查为十一億元。中國銀元没有清末的數字，但民國三年‘財政部’的調查是二億三千五百三十九萬八千零五十元，清末似乎應當少一點，若以二億元計，則清末共有十三億枚銀元，明末全國存銀據估計是二億五千萬兩，所以清末單以銀元来説，已經是超過明末許多倍了。實際上還有許多銀錠。若以一元合制錢一千三百五十文的兑價來折合成錢文，則十三億枚銀元共計爲十七億五千五百吊。

“銀角的數目，據民國二年‘財政部’泉幣司的調查，爲十五億枚，但没有説明各種面額的銀角所占的比重。銀角中有五分、一角、二角、五角共四種，不过以二角的占絶大多數。這里姑且全都以雙毫計算，而且照他們的額面價值計算，這樣合得三億元，或錢四萬零五百萬吊。

“銅元的數目，照前面所估計，以單銅元二百億枚計算，合銀元一百四十六萬一千四百八十一元，或錢二億吊。清末銅元的流通，还只限於都市，鄉村幾乎全是用銅錢，就是在都市中，也還是有銅錢流通的。

“銅錢的數目最難估計，似乎還没有人作過估計。清朝治下的銅錢供給，可以説得上正常。數量也許比不上北宋元豐時那樣多，但年年有鑄造，直到光緒末年銅元使用以後才停止。在清廷方面，除了順治的厘字錢和咸豐大錢以外，將制錢收回改鑄的事比較少，雖然順、康、雍三朝的錢有被私鑄者銷鎔的，但銷鎔是爲了改鑄，數量只有增加。到清末才有一部分銅錢被用來改鑄銅元。此外清錢落土的也比較少。所以清代所鑄造的制錢，大部分都是在流通界的，這裏流通界的範圍自然包括暫時貯藏的銅錢。不過清朝兩百多年到底鑄了多少錢呢？却不見有完全的記録，實録所載順、康、雍三朝總共鑄了約四百三十四億文，平均每年爲四億三千萬文，这無疑是北京寶泉寶源兩

① 彭信威．中国货币史［M］．上海：上海人民出版社，1958.

局的數字，而不是全國的數字，因單是雲南一省每年就有幾億文，據估計清代每年鑄錢要用銅一千多萬斤，約可鑄三十億文，就是鑄錢比較少的同治年間，據説每年還有二十四五億文，不過同治年間籌的大部分恐怕是當十錢，而且實際也没有这樣多。整個清朝兩百多年所鑄的錢，應有八千億文。清末流通的銅錢中，並不全是清錢。就算清末曾銷镕一千億文來改鑄銅元，也還有七千億文。又假定落土和改鑄以及有些停鑄或少鑄的年份，共减去其中四成，也還有四千二百億文。尚有許多前朝的舊錢和外國錢。这些舊錢和外國錢在銅錢中所占的比重各地方不同。有些地方，可能專用清錢，或僅有極少數的寬永錢和五銖開元等錢。但另外有些地方，這種舊錢和外國錢所占的比重比較大。大體上，閩廣一帶，因雜用輕小的錢，所以安南錢占的比例很大，例如廈門，在光绪十八乍後，流通着大量的安南錢，不下銅錢總數的百分之四十，清錢只占全部的半數，其餘爲日本的寬永錢和唐宋元明的舊錢。福州情形大概也差不多。但浙江、江蘇一帶，因爲不使用輕小錢，所以只有寬永錢和舊錢，安南錢不能流通。北京據説有許多琉球錢，道是外國人的記載，不一定可靠，因爲詢之當時正在北京居住的錢幣收藏家，則北京在清末只用當十錢，根本不用小平錢，鄉下則間有安南的光中、景興等錢，大概外國人以为这些錢是琉球錢。總之，全國看來，在流通的铜錢中，大概有百分之五的外國錢和舊錢。照這樣計算，清末至少有四千四百一十億文，或三億二千六七百萬元。”

第七章　金融货币Ⅲ
——清代的货币政策与其治理理念

清代的货币政策有与明朝的完整朝贡体系为基础的货币政策不同维度的考虑——西方维度的侵入和明代教训的吸取，带来了清代特有的治理理念。吸取教训不一定能带来好处，一个儿子在年轻的时候目睹了父亲的教训，从而采取了针对性的纠偏行为，但是到了老年才发现父亲实际上早预料到上述灾难，儿子惊讶地发现原来父亲是主动选择了这个灾难来避免别的更大的灾难，但是已经晚了，因为自己的一生是按照校正父亲的修正主义策略来进行算计的，到最后发现还是父亲当年更聪明，自己的一切都是父亲当年见过的而且自己没见过的父亲也见过，只为自己好才没让自己经历更多的痛苦。但自以为是的校正，招致本可以躲过的灾难都重新经历了一番，才体会了父亲的善良和智慧，这可能就是自己一生要来看到的东西吧，早知道还不如难得糊涂。作为教训，如何体味本来可以而且已经避免了的灾难，反思到自己一面不信任一面刚强执着，才又重新经历了一遍。清代的统治者在明末的经历中，看到了种种不堪，于是开国就加强舆论的钳制。不仅如此，西方的侵入本来在元代也已经重复经历了一遍，但还是重新走回了老路。后金就这样重复着金代、宋代和明代三个朝代的无端无妄，其所经历的漫长的两百多年，值得史家玩味。

清代的基本货币财政问题——清代凯恩斯主义的货币调节模式

第一，使用单一金属货币的基础。

这种基础是由社会结构和金属的供给至少两个方面决定的。越是贱金属，越能提升货币发行当局对于货币的掌控力，因为货币币值很低，而且任意的充实货币供给都能给持币者带来价值影响。无论谁来铸币效果都差不多能够起到类似的货币调节的效应，除非出现超出金融领域的普遍的信任危机而带来背叛和政变。

单一货币，就意味着低值货币一般而言同货币本位保持特定的比例关系，这样的状况在社会结构相对稳定且社会结构可控，尤其是贫富之间的差距是固定的时候，是比较容易进行调节的。对于小型经济体，尤其是不发达的经济体（相对于世界顶级的国家货币制度）而言，这样的币值结构是比较合适的。英国在世界顶端的时候，遇到的货币问题很多，单一的货币金属本位系统带来的问题很多，但是此时实行金本位的好处要比银本位和其他的本位货币要好很多，所以英国实施了金本位。当然除了上述的社会结构调节功能之外，还有很多其他的原因，促使英国作为世界金融中心使用金本位，这里不再切换话题进行详述了。

第二，使用复杂的多种金属货币的主要社会和货币金融基础。

中国复杂的多货币并存系统，是为了适应复杂的朝贡体系的金融货币政策而设计实施的，在几千年的实践中被不断完善，而形成了固定而易用的模式，在清朝一代也适应了多种复杂而巨大的冲击，而清朝在逐步降落为非顶端国家的巨变中，也因为有这样一个天然的金融护盾，而在帝国崩解之后数十年仍旧能够确保货币金融系统的正常运转和经济良好运行。这是一个对于这一套货币金融系统的超限检验，在货币超量、超限实战攻击的条件下，该套货币金融系统保持了完好的定力和实战的效果，确保清朝能经历鸦片战争的巨大冲击而能出现一个咸同中兴小阳春，经济面没有受到太大的影响。

这套中国传统的货币金融系统就是我们这部书重点介绍的内容，其可能具有的多维性、复杂性和超限抵抗力，可能都远远超过了我们的认知维度和深度，但是我们从清代帝国崩解的过程中，可能体会到这套系统强大的生命力和设计者的智慧，在至少两千年的历史穿越中，经受了多种复杂场景的考验，而历久弥新，宛如木星这个地球的护盾，在数亿年间维护着地球系统不受侵犯，我们可能把中国的货币系统用岁星的名称来命名，象征了财富、平安和幸运，称为岁星货币系统。传统上中国的货币系统就纯粹的金属货币而言至少包含了贱金属铜币和金银这两种贵金属货币，但是在晚近一千年中，似乎黄金已经很少使用，而特别使用了白银作为突出的本位货币尤其是标准的外贸货币的功能，这反映了中外之间的实际发展水平，中国国内的实际社会阶级结构以及本质上的财富控制机制。

越是珍稀的货币，越不可能作为幅员辽阔且作为朝贡体系控制广大的域外地区贸易的货币的基础本位货币单位，但是对外的稀有性和对内的控制性相矛盾，对外的货币价值越高，对外部的控制力越大，但是对内的使用就刚好发生反作用。所以，在平衡两种力量的基础上，选择了白银而不是黄金作为基础本位货币，是在宋代乃至明代开始的一种世界货币体系本位系统。这套系统放弃了黄金作为基础本位的一个优势，但是避免了黄金本位带来的缺陷，比较低贱的金属货币更适合进行更大范围的货币控制，来调节社会结构的不平衡。如果采取全域金本位，则宏观货币调节能力大打折扣，类似于日不落帝国范围的货币政策，是比较难以进行更灵活的调节的。好处也是坏处，坏处也能变成好处，这是货币政策的灵活性和多维性带来的不同选择的结果。

铜币的货币系统，对于持币者的调节最为方便，所以对于铜币持币者的货币调节，往往最能反映官方当局对于持有铜币的百姓的福利和政策，而持有铜币的百姓，不仅不包含外国贸易者，也不包含富人群体，仅仅包含了部分中产或者与底层百姓接触的工商业和农业地主群体。所以从本质上来看，铜币才是一个国家最为核心的内政或者财政管理货币，而对于持有白银货币的富裕群体、外国贸易者和国内各类上层人士，一般的宏观货币政策都很难对他们实行有效的调节，从某种意义上来说这就是全汉升所谓的白银自然经济的基本要点。大部分史家对于白银的论述，在局部都是成立的，但是对于中国传统的货币系统而言，很难说是全面探讨了其本质的宏观政策工具箱，因为这个工具箱中可用的工具以及可能适应的超限状况几乎是无穷的，所以我们也无法穷尽其好处，但是最简单的一些基本宏观调节功能在这样的系统中很大程度上都可能有多重选择空间，且在不进行强制规定的政策条件下，都具有自我调节和自我实现的自然属性。

在传统的货币系统中，至少有三种典型的货币。第一种是为了维系官方的调节功能，尤其是对于底层的扶助救济功能而设计的财政货币系统。第二种是自生的私人铸币地方铸币系统，这一般是半官方的由当地享有地位的乡绅和技术知识官僚联合发行的半官方货币，但是这部分货币性质比较复杂，因为在不同的财政区这类货币的法币性质程度不同，有的地方接近于比较完善的官方货币，有的地方接近于私人铸币性质，但是也不全然是违法的货币，在不同时期有时候维持合法运行和兑换，有时候被部分限制，甚至执行短期的禁止都是可能的，甚至于银币在大部分的明清时段都存在这样的待遇，因为流入的渠道很难确定，被第一次市场化也就是洗白的途径也不同，所以本质上因为具体财路的渠道差异，可能处于任何一种法律的认定的区间上。相比于紧缺的铜币，银币这种属性是正常的，但是在货币奇缺的地区，尤其是自由财政功能区，铜币是绝对不允许表现出严重的稀缺属性的，因为这样会危害到百姓的生活。

从本质上来看，中国传统货币可以同时对货币实行（和实现）两种截然相反的货币政策，对于铜币实行鼓励通胀的政策，对于白银实行鼓励通缩的政策，这几乎都是一种常态，但是对于西方单独币种的货币体系，这几乎是无法实现的。所以铜币的存在显著提高了货币政策的灵活性、目标群体的针对性和福利分配的有效性。

第三种货币是中国最古典的货币类型，即商品货币。商品货币是最合理最实际以及最有效的货币交易形态，对于彻底无法读写的大众（尤其是清代钳制舆论和教育导致的文盲率飙升的背景下，复杂的货币现象很大程度上对于底层的认知形成了一种挑战）是更简单的维持生存方式的存在，对于底层福利的维护是最有效率的，所以延续了千年的米、布、丝织品等的货币属性是始终维系的，在地方上也维持了长期的这类实物货币的专门市场，而且此类市场相当发达和简单，且具有很大的公正性的基础性体系，在乡绅和宗族的结合下，这类市场是监督最为良好的，适合于直接以及间接维护公正的基础性体系，这就是中国传统货币金融体系的基础设施。

在中国的基层，依赖上述基础设施，可能实现对于底层人口，在不使用铜币的基础上，或极少使用铜币的基础上，完成基本生活的循环。他们依赖分布极广泛的市集和商户，可能通过直接的商品货币同基本的生活物资交换，在不借助金属货币的基础上，实现最大的交换价值，而减少了中介费用，这样的基础设施最有利于底层维持基本的生存。直到民国期间，底层小民的民生还完全可能没有货币而单纯依赖商品货币的简单交易关系得以维系，这个系统是极为重要的基层经济世界的中介最小化架构，他们很大程度上不承担任何中介和赋税，甚至在财政充分货币化的较为发达的封建经济中，仍旧能够在充分避免交易成本的基础上实现独立地有尊严地生存。他们的纳税形态一般是通过征发劳役的形态进行的，也就是在结合了上述金融货币基础设施的基础上，依赖乡绅的管理实现对这些“无货币”层次人口的征税。这部分赋税在一般的财政意义上是比较低微的，而且在国家繁荣富裕的时候是相对很低甚至没有的。因为在国家特定时段，封建的人口流动限制措施被放松之后，底层的劳役往往也是通过给薪来完成征税的。

底层的凯恩斯主义在中国实行得更早，很大程度上没有中间阶层的辅助根本无法完成庞大的财政目标，中央财政目标的宗旨，根本不在于将底层的税收吸收到中央层面，因为在和平时期，根本不需要来自底层的这类零散的税收来供养军事，财政的根本目标实际上是输出秩序，而不是吸收财富。在此过程中的“吸收财富”，是为了供养秩序输出的庞大机器，如果没有输出秩序的机器，根本不需要所谓的颗粒归仓式的吸收财富。如果超出清代范围，从更宽泛意义上来看，以工代赈才是底层役力征发的主要目标，也就是因为两极分化的大萧条基本社会结构已经在地方局部形成，为了实现社会基本秩序的维护需要开发大量的半民间项目来维持地方的秩序，尤其是底层的原子化群体的日常生存和收入项目来源，所以从创造基础劳动岗位的角度来看，我们审视以工代赈的政策目标，就可以理解这是使基层得以在环境冲击或者经济冲击较为猛烈的时候维持社会基本运转的条件。

用社会基层的组织力和中央财政的号召力来输出秩序，维护短期的社会运行，以图恢复社会正常的运转。在元代黄河决堤的情况下，基本上中央的财政号召力和基层组织力都已经耗尽，所以元顺帝直接离开中国，回到蒙古老家了，也算是对于基层的评估极为准确的行为。河工的愤怒已经无法承受上述用组织力换时间的财政策略了。

凯恩斯主义是现代的说法，用国家的组织力和号召力来换取艰难条件下的共度时艰。本质上，对于缺乏实际社会基础的当局，这种政策基本上无法完成。例如，英国可能完成的，轮到法国可能就发生大革命了，秩序低微无法支持凯恩斯主义的理想主义财政目标。

现象

“除了新增一個部門——私票——之外，銀的部門也有明顯的變動。這便是銀元流通範圍的擴大。從十八世紀中葉到太平天國動亂前夕，西班牙銀元在中國不斷地取代固有的銀錠或銀塊，而作爲市場交易的媒介；而且也有逐漸替代各地固有的銀兩，而成爲貨幣單位的跡象。西班牙銀元早在十六世紀便隨中西海上貿易的開展而流入中國。最初是被鎔成銀塊或按其重量而流通，清初開始以其本身資格而流通市面。由於銀元的形式、重量、成色都很一律，它滿足了當時貿易較爲發達地區對於簡單而方便的交易媒介之迫切需求。大約在十七世紀末或十八世紀初它便已成爲廣州商業上普遍接受的通貨。隨後它的流通範圍往北擴展至福建、浙江、和江蘇。到十九世紀中葉時，更流佈到江西、安徽、湖南、和廣西等南方各省。

“從西方流入的銀元不但在沿海及長江中下游各地成爲廣泛接受的交易媒介，而且很快就和各地原來的銀兩競充貨幣單位。例如蘇州一帶，乾隆四十年（1775）洋錢（即銀元）才開始流通。但是十年之後（1785 左右）竟至「蘇城一切貨物漸以洋錢定價」。到 1828 年，據包世臣記述，「江浙各省市易，皆以洋錢起算。」又據北華捷報的 1856 年一篇報導，上海的批發貿易依然沿用銀兩，但是大多數零售商已采用銀元爲記賬單位。這篇報導並指出，當時市面上流通的銀票價值，大多以銀元表示。此外，到十九世紀中葉，東南沿海省份的地方賦税和低級軍官、士兵、水手的薪資等也漸改爲以銀元計算。不過，在中國大部分地區，銀兩勢力在當時依然屹立無損。兩與元的爭霸在鴉片戰爭以後還持續了將近一個世紀，一直到 1933 年「廢兩改元」後才告結束。①”

按照本书的核算口径，康熙时代的白银每两大约核算为今天 30000 元人民币的购买力，在雍正朝代开始初步显示出下跌的趋势，在 1775 年大致的购买力已经为 25000 元。之后在嘉庆初出现乾隆整个时代货币政策都在极力避免的货币灾难，嘉庆货币购买力倾泻直下，在 1800 年达到了一个历史的小低潮，大约在 15000 元，之后开始回升，形成了嘉道中衰的基本趋势，也直接导致清政府情急之下和西方对抗的愈演愈烈之势。从乾隆朝的所有治理方略来看，这些都是乾隆一朝始终努力在避免的问题。乾嘉之间发生了几乎彻底的货币金融政策的转变，此处不展开叙述。

从本质上来看，洋钱的巨量进入是乾隆朝刻意为之设计的经济发展刺激计划的一部分，此期间经济在极为活络中迅速发展，经济上需要货币的刺激，也适逢此时中国的技术领先性维持在明末之后的高点，此时文治武力维持在

① 王业键．清代经济史论文集（一）［M］．台北：稻乡出版社，2003.

高点，西方既没有武力可能冲破清廷的海防，类似于其后倾销鸦片或者廉价品，也没有能力提供可以与中国产品竞争的输出品，鸦片已经在路上，在殖民化的印度帝国加速培育，但是对清朝的贸易威胁还完全处于可控的状况。

此时，只有清朝需要的白银海量流入，乾隆朝是清朝经济旺盛发展的时期。

嘉庆时代，货币购买力的急速下探，是如何造成的呢？嘉庆实施了对唯一的外交和商贸巨头的冷冻措施，加上嘉庆开始崇尚节俭的消费降级主张，从贸易、货币和消费上开始了整体降级，此际尽管惯常的贸易和白银还在流动，但是豪商巨贾不敢消费且将巨资暗度的趋势已经形成，嘉庆朝的逆转是极为凌厉的。

清代货币经济发展的区域差别——自由财政区和佐米亚边疆区的日益差异化

“到十九世紀上半叶，清代貨幣的演變還有一點很值得注意的事，便是各種貨幣流通區域的分佈。概括地説，銅錢爲全國人們日常小額交易（數額不超過千文，且通常少於五百交）及支付小額税款的最普遍支付工具。其次，錢票在北方、西北一大部分、及南滿一帶最爲流行。大宗交易以及交易數額在千文以上者，多以錢票支付。第三，在南南方各省（包括東南沿海及長江中下游），銀元、私票（銀票及錢票）、和銀錠（銀塊）在大宗貿易市場中互争雄長。最後，西北及西南極邊地區（如新疆與雲南），貨幣結構殊少變動，交易媒介仍沿用銅錢及銀錠，私票和銀元所見甚少。根據以上觀察，我們可以大致把當時的中國區分爲三大貨幣區域：①北部從南滿以至陝甘倉銅錢與錢票兼行區域；②南方（絶大部分白銀集中於此）爲銀、私票、及銅錢三角鼎立區域；③極西邊陲地區則依舊爲傳統的銀銅複本位所支配。”（王业键，186－187 页）

上述描述反映了货币金融在实践端的具体演化和分布规律，北方、西北和满洲为钱经济区（流通铜钱为主），并不意味着这个区域的白银体量不大，而是因为从政治上和产业上，这些区域为最核心的内核财政区，产业发达形成了基于高度稳定的铜钱为基准的财政核心区，其经济发展主要依赖自主性高的地方银行的钱票来推动并维持经济的繁荣，这种财政区很接近现代经济的形态，是财政宏观管控运行最为良好的地区。南方地区是白银自由货币区，这些地区因为外贸白银的自由流动，获得了外部的货币补给，本地经济的发展主要依赖外部白银吸纳带来的货币扩张，在运行良好的时代，白银巨量流入，形成了高度自觉的自主财政区。这部分在清代的控制也是合理合适的，在乾隆的布局下，白银扩张区是帝国经济的货币主要补给来源，对整个帝国的货币吸纳和合理扩张都具有极为深远的意义，是经济财富最为富集的地区。以上两个区域可以成为财政核心区和财政富集区。对应我们现代的概念，可以称为财政核心区和经济开发区。在财政核心区，本币具有绝对优势，而在财政富集区，本币和外币相互之间具有竞争性，但是这种竞争性带来的好处远大于坏处。

最后一个区域是财政的秩序输出区，这个区域经济发展相对稳定，富裕，但是因为在帝国的边缘，且常需要帝国的秩序输出，所以是财政供养区，内部尤其是财政富集区提供了不小比例的秩序输出，而当地的经济没有太多的竞争性，以帝国输出的财政货币作为最优势货币，其他货币居于次要地位，所以这些地区尽管在财政区内部，但是显示出了一种秩序逐级递减的一般趋势。当地的金融并不足够发达，经济稳定，毫不内卷，是传统土司的势力范围。

在帝国之外，就是更为广大的佐米亚边疆区，这些地区从性质来看极为类似纳入帝国的土司结构，但是其区别常仅限于其在帝国之外的相对更高的独立性质，从而采取朝贡的形态，与帝国形成复杂的关系，很大程度上他们也实行极为类似的货币财政制度，唯一的区别就是内部的财政秩序并不直接输出于诸土司邦国，而是通过更加复杂的朝贡关系输出秩序，从而得到边境的贸易、金融和货币的稳定和一定程度的繁荣。在帝国兴旺时，外部土地的生活水平较低，内部享有帝国提供的更高的福利，在帝国衰弱之后，纷纷脱离的趋势明显，在经济相对差距较大的时候，外部就开启“去中国化”的措施。一般而言，这些土司在西方殖民者围剿清政府的各个不同阶段都被首先沦为殖民地的地位，但是在历史上他们很大程度上都不贫穷，只有中央帝国衰弱的时候才一同沦落的。尽管他们不是中央帝国的财政区，但是命运从来都是紧密相连的。在漫长的1000年时段中，中央帝国的朝代更迭默认不会对他们的生存造成影响，所以不少土司延续千年家族统治。但西方列强来到之后的历史，打断了中国也打乱了他们的延续，从此才开始出现大量中断的土司社会。直到今天，一些地区还处于世界最贫困的地位。这是千年少有的状况。

局部金融财政的强势发展——近代中国经济格局的逐步显现

“鴉片戰争後一躍而爲全國金融中心的上海[①]，西班牙本洋早已流行，而且成爲商場的普遍記帳單位。如前所述，自從墨西哥獨立後，本洋停止鑄造，來源斷絶。他方面，長江三角洲一帶産絲地區偏好本洋，墨西哥鷹洋雖含銀量與本洋相等，但其價值遠低於本洋。十九世紀中葉，上海本洋缺乏，價值日昂，嚴重影響交易。1857 年上海商界於是商議決定，改採九八規元爲記帳單位。九八規元原爲上海南市豆麥行交易之記帳虚銀兩。從此以後一直到 1933 年廢兩改元，九八規九成爲上海最通行之記帳單位，無論華洋交易及匯兑行市，都以此爲計算標準。其他各埠，如漢口開埠後之采用洋例銀，天津之采用行化銀，也都成爲各該埠匯兑及大宗貿易記帳的統一標準，其他各種商場上的平色（虚銀兩）隨着逐漸消滅。”（王业键，215 – 216 页）

上海的崛起与历史的命运紧密相关，上海崛起的具体时间是与太平天国期间西方的外部军事输出紧密相关的。在西方联手倾力围剿太平天国的军事集结基础上，形成了以上海为中心的西方军事和金融中心的基本殖民地。上海优越的远洋航运和内河航运的地理优势，无疑是西方选择这个位置的主因，而太平军将南京定位首都，更是西方选择上海作为军事对峙的集结地的最主要因素。而此后因为西方势力成功，鸦片战争战败导致清政府的财政秩序逐渐居于次要地位，巨量的金融和商贸物资开始投入上海作为远东西方最安全的前哨，从而确立起上海的金融和贸易地位。

“銀元行市的統一也以上海爲樞紐。清末民初上海銀元與銀兩交換價值（稱爲釐價）的决定操於銀錢業。清末上海銀錢業所開釐價，分英洋（即鷹洋）、龍洋兩種價目，大約以英洋爲主，龍洋價值稍低。民國三年開鑄國幣（袁頭幣），中國、交通兩銀行和上海錢業公會協議，將各種龍洋行市取消，即將龍洋與國幣視同一律，於次年八月實施。於是上海銀元行市，只有國幣和英洋兩種。民國八年（1919）錢業公會更進一步决議，取消英洋行市。因

① 此处也提供了鸦片战争和上海崛起为金融中心的时序关系（甚至因果由来）。

爲自墨西哥改採金本位（1950）後，英洋停鑄，流通漸少。他方面則國幣鑄造日多，各省流行。而且當時的英洋和國幣行市漸趨於本。所以只開國幣行市一種易於實行。上海銀元行市因而完全統一，即流通市面的各種銀元一律視同國幣，無分軒輊。”（王业键，216 页）

在整个清末民国期间，上海都是西方推行金融贸易政策的桥头堡。而清政府在第二次鸦片战争之后，名存实亡，表面只用力维护帝国的经济安全，也就是财政安全。其后在慈禧治下出现了咸同中兴的局面。在这样的经济政策下，白银本位维持了相对平稳的一段时间。从本文的测算角度，因为专注于经济和货币金融的稳定，清代从第二次鸦片战争之后，尤其是太平天国平定之后，维持白银的购买力稳定直到 1890 年前后。在长达半个世纪的时段中，白银有一些起落，但是始终维持在康熙年间白银购买力的 1/2 到 1/3 之间，在 19 世纪 70 年代前期有一段时间购买力较为低落，其他时间都基本能维持白银的购买力在 1/2 的基本购买力水平上。这几乎是一个不容低估的经济奇迹。在日本开始强势军事对赌之前，清代维持了相当体面的经济成就，此时号称东亚大国，在世界范围也是强国的姿态。甚至此际人们忽略了，清朝也曾走过扩张路线。此处不再详述。

东北的“崛起”

“由於具有豐富的礦產及農業資源、以及鐵路交通的發達，東北一隅在二十世紀初一躍而爲中國經濟中的樞紐地區，在 1929 年到 1931 年間，東北進口占全國進口貿易的 15%，出口則達全國的三分之一。而且這是全國唯一有大量出超的地區，在這個期間全國貿易入超平均每年六億一千八百萬元，東北則每年平均有二億二千二百萬元的出超。其次，東北也是中國本部各地消費工業產品的大市場。1931 年前中國本部工廠所產棉布有四分之一，所產麵粉有 15%，都是銷售東北。1931 年日軍强佔東北，不但加深中國的國際收支問題，而且使國內消費工業失去了一個迅速擴張的良好市場。”（王业键，227 页）

在历史资料上，似乎人们认定是东北地区崛起的时段，但是本质上，应该认为东北不是崛起，而是富裕水平不变的条件下，从非现代经济转型成功，从而在现代化的统计口径开始实施的时候，展示出来一种现代化的富裕的一般表象而已。东北从没穷过，所以不存在所谓的变富或者崛起，而是在现代科技的引入之后，呈现出一种相对富裕的现象而已。在清代的产业经济中东北多富贵人口，在现代经济进入之后，很轻易引入了现代化的经济形态和产业模式，从而展示出一种现代的富裕。我们要好好利用东北的样本，来了解不同时代富裕的表达形态的差异性和结构性。东北的稳定性是由清朝的基础所决定的，清朝不会放任东北经济的下降，即人口基本的富裕程度相对其他地区而言几乎没有变化，所以东北的富裕本质上是周围的小伙伴变穷导致的相对现象。这一点我们要清楚了解。

本章参考文献：

［1］王业键．清代经济史论文集（一）［M］．台北：稻乡出版社，2003．

［2］倪玉平．清代财政史四种：清朝嘉道关税研究［M］．2 版．北京：科学出版社，2017①．

［3］倪玉平．从国家财政到财政国家——清朝咸同年间的财政与社会［M］．北京：科学出版社，2017．

［4］倪玉平．清朝嘉道关税研究［M］．北京：北京师范大学出版社，2010．

［5］倪玉平．清代关税：1644—1911 年（清代财政史四种）［M］．北京：科学出版社，2017．

［6］吴慧．中国经济史若干问题的计量研究［M］．福州：福建人民出版社，2009．

① “清代财政史四种”丛书有较早版本，如倪玉平的《清代漕粮海运与社会变迁》，上海书店出版社 2005 年版等。

第八章　金融货币Ⅳ
——清代的通货膨胀

“清朝自乾隆末年起，吏治已壞，各級官吏，貪污聚斂，人民的儲蓄，集中在少数人手里。嘉慶初年政府的歲入是七千萬兩，而和珅做了二十年宰相，私財就有幾萬萬兩了，平均每年所得爲四千萬兩，占全國歲人一半以上①。這就是説：人民的租稅等負擔，大部分流入和珅的私囊。而貪污豈止和坤一人。所以表面上看來，清初的賦稅井不重，但人民的實際負擔是很重的。道樣就引起人民的反抗。又因個人反抗没有力量，於是形成各種教園，如白蓮教、八卦教。當局爲謀應付，乃賦外加賦，横征暴斂，因果循環，社會就亂了。嘉慶道光年間，連接不斷的事件，都證明清廷的無能。嘉慶十五年（公元一八一〇年）有天理教徒的暴動，道光初新疆伊斯蘭教教徒開始反抗。及至鴉片戰爭失敗，清廷對内對外都威信掃地。結果出現洪秀全等人發動的太平天國運動。②

“銀錢的關係，嘉慶年間是一個轉換點。以前是錢貴銀賤，嘉慶以後，變爲銀貴錢賤了。錢賤的原因在于私鑄小錢和外國輕錢的流入。乾隆末年，小錢如水涌山出，販者馬騾重載。道光間，外國錢除日本的寬永錢外，還有安南的景興、光中、嘉隆等錢，更加輕薄。嘉隆通寶的重量只有一公分八上下，不到中國標準制錢的一兰。

“銀貴的原因，在於白銀的外流，這和鴉片貿易有關。銅錢減重，白銀減少，結果是銀價上漲。清初白銀一兩易制錢七八百文。嘉慶年間可以換到一

---

① 间接说明了，财政赋税和民间的财富之间的比例差异极大。藏富于民的政策下，这二者是不成比例的。

② 本段及以下引文资料引自：彭信威. 中国货币史［M］. 上海：上海人民出版社，1958. 见第576页，“第二节 太平天国革命时清朝政府的通貨貶值”。

千多文，道光咸豐年間，有换到二千文的。如果是小制錢（即所謂京錢）還要更多，於是人民就重銀輕錢了。

“銀錢比價的變動，對於物價自然會發生影響，但影響的性質，要看物價是根據什麼計算，用什麼來支付；如果是用銀支付，物價應當有下跌的傾向，至少不會上漲；如果是用銅錢支付，則應當有上漲的趨勢。有些物價是以銀爲標準，而用銅錢支付，這種物價一定會上漲。實際上嘉慶三年（公元一七九八年）就有人説物價比百年前漲了幾倍，這從米價數字得到證實。十八世紀底用銅錢計算的米價，等於十七世紀底的四五倍。在道光年間以白銀計算的物價還是低廉，但銅錢因爲私鑄和外國錢的流人，都已减重，雖然道光年間有十一省停鑄，而且自嘉慶元年到道光末年的五十五年間，人口增加一半，但用銅錢計算的物價，在十九世紀的前半，比十八世紀後半增加約一倍。不過這種增加是漸進的。

“銀錢比價的轉盤，對於農民是一種打擊；因爲他們賣糧的收入是以銅錢計算和支付，而納稅要用白銀。如果銀價對銅錢上漲五成，即意味着農民的租稅貨擔要增加二分之一。這樣使他們的生活水平降低，并且一定有許多人無力繳納租稅，因而影響政府的財政。所以嘉慶以後，一方面政府的剝削和官吏的勒索加强了，另一方面人民的生活更苦了，逼得起來反抗，如白蓮教和八卦教等民閑精結社就是在這個時期興起的。終於引起太平天國的革命運動。”

上述历史资料，对于嘉庆道光年间的货币问题进行了分析，这样具有经济直觉的分析是很难得的。对于嘉庆初年之间的现象，是非常严峻的。乾隆始终维持贸易和外交，以达到白银持续流入的基本货币政策，如果白银不持续流入，经济就会遭到灾难性的打击。道光年间就经历了这样的双重打击。一方面，十三行手握重金的财阀遇冷，开始冻结大批的白银消费，而此时超长时间的经济高速发展已经形成了严重的产能过剩，全靠奢侈品经济支撑，而消费遇冷，导致的结果就是消费端引起的供给侧的严重打击，导致消费降级下的产业产品降级。另一方面，嘉庆开始了超长时间的倡导紧缩的政策，约束消费，倡导节俭的政策一直延续到道光，所以，双管齐下导致经济严峻。此时白银购买力最低的时候几乎接近到 1890 年左右的购买力，也就是提前下探到清末结束时代的白银崩溃的极点。尽管如此，小民的产业还是延续发展态势，所以逐步降级之下，出现了铜钱本位的严重通胀，伴随着白银的极度短缺。白银阶层不消费，导致奢侈品供过于求，此时还出现了外部的技术替代，产业降级态势明显，但是消费决定的均衡出货量紧缩，铜币过剩没有标的，从而产生严重的通货膨胀，而缩减小民的购买力，连带白银的购买力一起缩减，国家的整体降级极为明显。

“清代幣值，變動得最劇烈的一次，是在太平天國得勢的時候。道光二十七年廣西大饑饉，三合會的人起義，打反清復明的旗幟。咸豐元年（公元一八五一年）洪秀全領導的太平軍就佔領永安州，不到兩年便佔領南京，東西八九省，前後十五年，各種情形和明末李自成張獻忠的時候相像，而政治意識則更進一步。清朝在那時便應當覆亡了。可惜太平天國内部分化，而清廷羅致的一些人仍想維持舊日的秩序，後來又得到英美等帝國主義國家的幫忙，所以竟延長了腐化的清朝政權的壽命。

“咸豐三年的時候，軍餉已用兩千萬，而太平軍的進攻，勢如破竹，賦稅收入大爲减少。當時鴉片貿易已合法化，白銀不但不能增加，而且不能禁止其向外流出。雲南的銅也因交通線被太平軍切斷而運不來，那麼怎樣應付呢，只有鑄造大錢和發行舐幣了。首先鑄造的大錢是當十大錢，那是咸豐三年三月發行的，每枚重六錢。雍正以來的標準重量是每文一錢二分，咸豐小錢曾减爲一錢重，但係試行性質。所以鑄造當十大錢，就等於减重百分之五十。七月間王懿德請在福建添鑪鑄當十當二十當五十當百大錢。八月寶泉局鑄當五十大錢，每枚重一兩八錢，等於减重百分之七十。十一月又議加鑄當百當五百和當千的大錢，當百錢每枚重一兩四錢，减成九分之一；當五百的每枚重一兩大錢，减成三十七分之一。當千的每枚重二兩，减成六十分之一。道些大錢都在咸豐四年正月呈様開鑄。並將當五十大錢的分量减爲一兩二錢，當十大錢减爲四錢四分，成色不變。此外加鑄鐵錢，制錢每文重一錢二分，當五重二錢四分，當十的重量不詳，证諸實物是四錢五分上下。又有鉛制錢，每文重一錢二分。

“當千等大錢一出，私鑄者風起雲湧。用銅四兩，鑄大錢兩枚，便可以抵白銀一兩，以之買舊錢，可得淨銅大十兩。這様套下去，最後可使制錢絶跡。當時政府鑄造大錢的數目，由於銅的供給有限，大概不多；但私鑄的數目可能超過官鑄。所以大錢跌價。當千和當五百大錢，在咸豐四年七月間每千文只值得四五百文，當百和當五十大錢自每千值五六百文跌到三百多文，以至於没有行市。

“然而單靠大錢，還是不够應付戰爭的開支，所以又發行紙幣。先發行銀票，那是咸豐三年的事。當時發行不多，流通不廣，所以産生的影響不大。到年底（即一八五四年年初）發行錢票，三四個月就發行了一百幾十萬串，後來爲了收回當幹當五百大錢，發行更有增加。使領到紙幣的人，不容易兑到現錢。因爲總局收鈔，隔日一次，每文限收幾十個號數，每號又限不得過一百張；所以持鈔的人，多守候整日而换不到錢。私人錢莊的錢票，信用比較好，所以人民重私票而輕官鈔①。這使鈔價下跌。起初寶鈔一千文還可以值得四五百文，這正是咸豐四年七月間當於大錢所值的數目。咸豐大年十二月銀票一兩在北京只值制錢入九百文，京外更少。當時請朝政府的各種開支，都用紙幣搭放，甚至只發出而不肯收進；人民拿紙幣去買東西，商人或則故意加價，或則把貨物藏起來；人民拿紙幣去向官號兑現，即使能兑到，也是大錢；加以官吏作弊，濫發秖幣，使其價值大跌。咸豐九年十一月銀票每兩在北京只值得京錢五大百文，合制錢兩三百文，而實銀則每兩值京錢十二千以上，這就是説，要二十兩官票，才抵得實銀一兩。

“在大錢貶值和紙幣膨脹的情形下，物價自然要受影響。咸豐四年，北京一帶豐收，鄉下糧價很低，北京却缺糧，因爲大錢和紙幣主要是在北京城内流通，農民不願把糧食運進城去販賣。所以鄉下小麥每斤只要制錢十六七文，城中却要三十七八文，一城之隔，相差一倍。這就説明當時當百當五十大錢的購買力已減低一半。中秋以後，形勢更加嚴重，當鋪停止收當，糧店紛紛關閉，使物價進一步上漲。七年春間，粟米一石，要京錢十幾千，八年正二月閑漲到二十幾千。彭藴章也説“自改用大錢，城中米貴”。所以該年四月間當局不得不增加兵餉，每兵餉一兩加一千文。十一年大月間米價每石漲到紙幣六七十千，銀價每兩二十八九千到三十千。當時勞動人民每天所得不過幾百文，只能買一二昇米。

“膨脹期間，大部分物價，是以制錢計算；大錢和秖幣，多按市價折合成制錢。買東西的時候，搭用幾成大錢，物價就上漲幾成。所以人民持錢買物，價格不一樣。在咸豐七年春天的時候，若用銅制錢來買，則物價比起戰前來，並没有多大漲跌；若用鉛鐵制錢來買，則物價就要高百分之二三十；著用當十銅錢，物價就要加倍；紙幣和當十銅錢相同；若用當十鐵錢，則物價還要

① 对钞而言，人们发现私人信用好于官方信用。

高幾倍。

“鐵錢局設於咸豐五年。起初有東西南北四廠，八年添設中廠，共有二百二十五爐，每爐五卯，一個月鑄錢二十六萬五千六百二十五串，到九年四月共鑄九百幾十萬串。當初每月搭放二成兵餉。因製作精整，民間並不加以歧視，甚至比當十銅錢還受歡迎。在八年春間，鐵制錢每千文可抵當十銅錢二千。但後來開始跌價，到九年春天，就和當十銅錢平價流通；七月間當十銅錢二百文可換鐵制錢一千。而且鐵錢不僅有制錢，還有大錢，大到當千爲止，而以當十錢鑄得比較多，也以當十錢的問題比較大。這當十鐵錢最不受人歡迎。在咸豐七年正月初十日，北京商人拒不肯用，十一日所有米店和零賣食物的鋪户大半關閉，等於罷市。少數繼續營業的店鋪，也用各種辦法來拒收大鐵錢。譬如白麵，若以當十銅錢去買，雖然價格要比制錢價格高得多，但到底還買得到真面；若用當十鐵錢去買，則不但價錢要高五倍，而且商人在麵中機摻雜他物，以致不能食用①。

“這次通貨膨脹，前後雖然也有幾年之久，但膨脹的重心是在北方，譬如當五百和當千的大錢，只有北方幾省鑄造過；南方似乎完全没有鑄造，這因篇南方各省老早就被太平軍所攻佔，許多省份，連當百錢都來不及鑄造。而在北方，膨脹得最厲害的地方是北京，各種大錢，在外省不大流通；鈔票的使用，大概也多集中在北京等大都市。至於太平軍所佔領的許多省份，自然不受清廷貨幣政策的影響，他們有他們自己的幣制。

“物價既多根據制錢計算，而制錢的供給不但不能增加，反因銷熔而減少，因此在通貨膨脹中，又發生錢荒的現象。所以用制錢計算的物價並没有上漲。這從米價上便可以看出來。”

太平天国运动对于晚清的冲击是很大的，在太平天国之前的一段时间，白银购买力似乎还有恢复到乾隆时代的趋势，甚至已经接近 2 万元每两（康熙白银购买力的 2/3），但是太平天国直接将清代的白银购买力打到 1 万元的购买力，也就是康熙白银购买力的 1/3 成为常态，之后作为起点，才开始逐步恢复。但是太平天国所恢复的经济不是控制在清朝的经济形态了，已经逐步转移到各个地方豪强、外国人或者买办手中。清代的经济控制力和财政维持力都大大减弱了，所谓名存实亡，毫不为过。

---

① 价值不足导致的典型的掺杂使假现象，类似状况在市场流通中很常见。

“自咸豐年間到同治初年，銅錢對白銀的比價，會有不規則的波動。自同治十年起，銀錢的關係，又發生一次轉變：就是和清初一樣；錢貴銀賤。那時歐洲國家，先後採行金本位，對白銀的需要大減，同時白銀産量增加，銀價下跌，銅價上漲。白銀每兩所能换得的制錢數目，逐漸減少。在咸豐年間，每兩曾换過制錢二千文，同治十年還能换到一千八百多文，但光緒三十一年，每兩只能换到一千零幾十文了。

“用銅錢計算的物價的上漲，不由於産米的減少，或人口的增加，而是由於銅錢價值的減低。銅錢價值的減低也不是因爲銅價下跌，而是因爲銅錢減重。銅錢減重，主要不是通過制錢，因爲制錢的重量，在長期看來，幾乎是不變的。順治元年的制錢，每文重一錢；光緒年間廣東的機器制錢，每文也是一錢重。清初三朝的制錢，甚至有增重的事實。但乾隆以來，私鑄猖獗；咸同以後，更是厲害。私錢比重很大，而私錢總是不够分量的，光緒錢有輕到三分以下的。到了末年，就是機器制錢也有減作四分重的。

“物價的上漲，既非由於銅價下跌，而是由於銅錢減重，所以物價和銅錢的重量或含銅量成反比例變動。以中國人尤其是北方人，最重要的食物饅頭來説，康熙年間大約是一兩文錢一隻，乾隆年間要兩三文錢一隻，光緒年問就要四五文錢一隻，約高於清初三四倍。如果清朝政府能始终維持一文一錢的重量，則以制錢計算的物價，一定要平穩得多。

“光緒二十六年開始鑄造銅元，這在中國貨幣史上，是一次大的變革；這種變革不止是制度上的，同時還影響了人民的生活水平，因爲銅元的采用引起一次物價革命。所謂物價革命和普通的通貨貶值或通貨膨脹不同。中國歷史上有過許多次貨幣貶值和通貨膨脹，但在膨脹過後，物價多少總是回復以前的水平。所以過去的貨幣貶值和通貨膨脹所引起的物價變動，只是一種暫時的波動。好像一個人患病一樣，病體復元之後，往往不現形跡。中國自漢以來，不問統治階級用金也好，用銀也好，用鈔票也好，一般老百姓總是使用銅錢，甚至冒禁使用。而實際上，政府禁來禁去，最後總是讓銅錢流通的。銅錢的分量和成色雖然代代不同，常常減重，但減來減去，結果總是回復到一錢或相近的標連重量去。過去之所以有那種情形，是因爲兩千年間，一般人民是以銅錢爲貨幣單位。政府方面雖然也會屢次發行過大額的貨幣，但人民總是極力抵抗，而且最後都得到勝利。先有王莽的大錢，最近又有咸豐的大錢，都没有得到人民的信任，結果總是恢復小錢。自鑄造銅元以後，情形就大不同了。從制度上說起來，使用銅元，和使用當十大錢，并沒有什麼不同。咸豐時的當十大錢最初每枚有六錢重，後來經過幾次減重，每枚還有二錢六分重。而當十銅元每枚只有兩錢重。當十大錢一出不久就跌價，後來一枚止值制錢兩文。而銅元雖也對白銀和銀元跌價，但對制錢只有短時期内在個別地區會跌價，一般說來，始終保持當十的身份。這是銅元和大錢不同的地方，也就是物價革命的關鍵。中國人民經過了兩千年才找到並接受了一種新的貨幣單位，以代替舊式的銅錢。以錢文計算的物價，應當要上漲幾倍。不過這一次物價革命在清末只是一個開端，到民國年間才完成。

“人民之所以接受銅元，和他們接收銀元是同一理由，就是形制精巧，大小一致。因爲銅元减重最少。也可以說是機器戰勝手工，或資本主義戰勝封建主義。所以初出的時候，市價竟超過他的名價，原定銀元一元當銅元一百枚，而實際上在光緒二十八年時，銀元一元只能換到八十枚到九十枚。而銅元的成本則每百枚只要白銀三錢三分七厘五毫。差不多有對倍的利潤，各省官僚認爲這是發財的捷徑，於是大買機器，從事鼓鑄。在光緒三十一年，設有鑄造局的有十二省，共十五局，有機器八百四十大具。據當時上海外國商會的估計，這些機器如果全數開工，則每年應製造銅元一百六十四億一千三百七十萬枚。全國人口以四萬萬計，每人占四十枚。幸而道些機器只有十分之六開工，有些機器，還沒有運到。後來因爲外國使領館方面的勸告，曾停鑄一個短時期，但到清末止，銅元鑄造的總數，當接近兩百億枚。因此價格下跌。白銀一兩，由八十枚增到一百三十多枚。

“在以前大錢跌價，則人民用制錢，物價又復原。但這次銅元跌價，都市人民的生活費就跟着漲了，再也沒有人主張廢銅元用制錢，這就是物價革命的一個特點。而且銅元跌價並不是因爲白銀漲價的關係，實際上在這個期間，白銀本身也在跌價中，這就涉及物價革命的基本原因了。

“中國同外國接觸雖有很久的歷史，但中國的物價以及生活水平是孤立的，一向不大受外國的影響①。這因爲在生活必需品方面，中國大部能自給。自太平天國失敗以後，中外的關係漸密切了，對外貿易額也逐漸增加，中外的物價多少有接近的趨勢②。接着歐美各國采用金本位，銀價大跌，中國各種

① 中国物价孤立说。说明了相当时期的物价具有类似特点，直到物价革命期间为止。

② 中国国内必需品接受外国供给（供养）的开始。

支付，是以銀計算，因此物價難免被牽動而上漲。

“在物價上漲的過程中，通貨的數量也增加了。清末中國貨幣的種類極多，就是不算各種銀錠銀塊，也還有銀元、銀角、銅元、銅錢、鈔票等。而且每一種貨幣中，又包含許多種類。如銀元中包括外國銀元和中國銀元；鈔票中不但有外國鈔票和中國鈔票之分，而且還有銀兩票、銀元票、銅元票、銅錢票之分。非常複雜。這些貨幣的數量，都沒有確實的統計數字，我們只能根據零星的數字和估記來作一個總估計。”

咸同中兴的局面是很典型的一种产业和经济发展的代表性货币金融现象。此时，产业尤其是西方产品涌入之后，带来的产品和生产样式都促进了经济的活络，铜币的标的物开始逐步增加，也就是铜币所追逐的产品、能买得起的产品开始增加，铜币的价值或者货币购买力开始恢复，此时生产样式开始向着西化的方式靠拢，也就是小民都可以用上外国的廉价消费品了。所以对底层而言，这类外贸改善有助于提升实际的消费水平，而经济活络带来的另一个效应（西方为反制清朝白银经济而开始实施金本位下）是大量白银开始流入清朝。奇怪的现象是，在清日战争开始前，尽管白银流入，但是清朝的经济以及白银的购买力不降反升，国力日盛，如果日本再不抓住机会就会被清朝反而压制住，所以日本开始豪赌在军事上。日本抛弃白银，世界范围开始围堵清朝的局面形成了。清朝的经济尽管维持在相对平稳的条件下，但是战败后民心尽失。民心思变导致的政治和社会问题成为清代结束的主要内因。从货币经济上来看，我们应该对于中国古代的这种复杂的货币系统有新的认识。如果不是中国延续了数千年的货币系统的顽强生命力，清朝的经济和财政早已经崩溃了。清朝的货币和财政当局认识到了这是好东西，需要维持而不是擅自改变，才是正确的策略。但是在反清和西化声浪一浪高过一浪的近代舆论中，中国的传统也随着清代的过去而被抛弃得干干净净。过时的东西还更容易随着潮流的变迁回来甚至被找回来，被抛弃的却被彻底遗忘甚至污名化，从而消灭得更为彻底。